W0302028

a_tope.com

Berufliche Schulen

Cornelsen

a_tope.com Berufliche Schulen ist konzipiert für Lernende an Beruflichen Schulen, insbesondere an Beruflichen Gymnasien, die Spanisch als neu einsetzende Fremdsprache erlernen. Es ist ein einbändiges Lehrwerk, das Stoff für die Klassenstufen 11 bis 13 bietet, und dabei auf eine mögliche Abschlussprüfung vorbereitet.

a_tope.com Berufliche Schulen hält neue, interessante Texte, aktuelle Themen und einen auf den Lehrplan abgestimmten Aufgabenapparat bereit. Das Lehrwerk beinhaltet alles, was Sie für einen erfolgreichen Spanischunterricht benötigen:

- insgesamt zehn *Unidades*, in denen neue Grammatik und Wortschatz in interessanten und schülernahen Lektionstexten sowie einem kompetenzorientierten Aufgabenapparat vermittelt werden
- fünf *Evaluaciones* zum eigenständigen Überprüfen des Lernstands mit hinterlegtem Lösungsschlüssel in der PagePlayer-App
- fünf *Panorama*-Einheiten, die als Plateauphasen dienen und weiteres landeskundliches Wissen vermitteln
- drei flexibel einsetzbare Module: Das erste Modul ist für Baden-Württemberg obligatorisch im ersten Lernjahr (nach der Unidad 3) zu bearbeiten. Für andere Bundesländer ist dieses Modul ein fakultatives Angebot. Modul 2 kann flexibel ab Unidad 4 eingesetzt werden, Modul 3 ab Unidad 7.
- zwei Dossiers: Hier werden weitere lehrplanrelevante Inhalte durch (teils authentische) Texte vertiefend behandelt und gleichzeitig das Leseverstehen weiter geschult. Zudem bieten zahlreiche Rechercheaufgaben die Möglichkeit zu Projektarbeiten.
- ein umfangreicher Anhang, der neben Wortlisten und einer Grammatik u.a. auch ein landeskundliches Wörterbuch sowie einen Methodenteil enthält

Jede Unidad verfügt über differenzierte Übungen, die die unterschiedlichen Lernniveaus ansprechen. ⊙ kennzeichnet eine einfachere Übung und ● eine Übung mit mehr Herausforderung.

Sämtliche Audio- und Videomaterialien zum Schülerbuch sowie weitere Lese- und Hörtexte inkl. Übungen finden Sie in der kostenlosen PagePlayer-App. Die zusätzlichen Hörtexte eignen sich zudem für die eigenständige Vorbereitung auf die zentrale Hörverstehensprüfung in Baden-Württemberg. Mehr Informationen hierzu finden Sie auf Seite 10.

Wir hoffen, dass Ihnen die Arbeit mit **a_tope.com Berufliche Schulen** Freude bereitet und das Lehrwerk zu einem gelungenen und erfolgreichen Unterricht beiträgt.

Die Autor/innen und der Verlag

Symbole und Verweise

🎧 12 Hörverstehen: Tracknummer	Medienkompetenz
Material auf der PagePlayer-App	Video
⊙ Differenzierungsaufgabe (leicht)	ES/DE Sprachmittlungsaufgabe
● Differenzierungsaufgabe (schwer)	PF Aufgabe, die Vorbereitung / Teil der Lernaufgabe ist
Partnerarbeit	* Neues Wort; Bedeutung in der *Lista cronológica*
Gruppenarbeit	facultativo Fakultative Aufgabe
Schreibaufgabe	

Inhaltsverzeichnis

kommunikative Lernziele	sprachliche Mittel	Methoden und interkulturelles Lernen	Seite
Hablamos español			**12**
• Namen und Herkunft angeben • angeben, welche Sprache/n man spricht	• *Me llamo* [...]. • *Soy de* [...]. • *Hablo* [...] *y también un poco de* [...]. • Besonderheiten des spanischen Alphabets und der Interpunktion • **Themenwortschatz:** Länder und Sprachen	• Assoziationen und Vorwissen zur spanischsprachigen Welt • die spanischsprachigen Länder	
1 ¡Hola!			**14**
Lernaufgabe (Punto final)	• eine spanische Austauschschülerin vorstellen (Dialog)		
¡Vamos!			**14**
• jemanden vorstellen • sich begrüßen und sich verabschieden • fragen und sagen, wie es jemandem geht	• der unbestimmte Artikel • Aussprache: *r/rr, l/ll, n/ñ*	• Begrüßungsrituale • Begrüßungsformen im Laufe des Tages	
A ¿Estudias o trabajas?			**17**
• etwas über sich erzählen	• die Subjektpronomen • die Verben auf *-ar* • das Verb *ser* • die Verneinung mit *no*	***El mundo del español:*** • duzen oder siezen? • Anredeformen	
B ¿Preparamos el examen?			**20**
• Fragen stellen	• Verben auf *-er* und *-ir* • der bestimmte Artikel • Substantive (Singular und Plural) • Aussprache: *h, y*		
C ¿Cuál es tu número de teléfono?			**23**
• eine Telefonnummer angeben • buchstabieren	• Zahlen bis 10 • das Alphabet • Subjektpronomen (Gebrauch) • Aussprache: *g/j, c/z*	• *usted, ustedes* • regionale Aussprachevarianten des Spanischen *c/z*	
2 Mi gente y mi barrio			**26**
Lernaufgabe (Punto final)	• die Familie und den eigenen Wohnort beschreiben (E-Mail)		
¡Vamos!			**26**
• Alter, Adresse und E-Mail angeben • Familienmitglieder benennen	• Zahlen bis 100 • Aussprache: *ei/ie/ue, qu, ch, d, b/v* • **Themenwortschatz:** Familie	***El mundo del español:*** • Klingelschilder in Spanien	

kommunikative Lernziele	sprachliche Mittel	Methoden und interkulturelles Lernen	Seite
A Fotos de mi familia			**29**
• Charaktereigenschaften beschreiben	• Gruppenverben *(e/ie)* • das Verb *tener* • *ser* + Adjektiv		
B Vista Alegre, mi barrio			**32**
• angeben, wo sich etwas befindet • den eigenen Wohnort beschreiben	• die Verben *estar, hay* • die Kontraktion *del* • Possessivbegleiter • die Begleiter *mucho/-a, poco/-a* • Adjektive (Stellung) • Aussprache: *y, h* • **Themenwortschatz:** Stadtviertel/Dorf	• einen Blogeintrag schreiben ***Estrategia:*** • Wörter erschließen	
C ¿Adónde vamos?			**35**
• sagen, was man am Wohnort unternehmen kann • sagen, wie oft man etwas macht	• Gruppenverben *(o/ue)* • die Verben *hacer, ir* • die Kontraktion *al* • Aussprache: *d, v, b*	• eine E-Mail schreiben	
facultativo **Evaluación 1** Unidades 1–2	Grammatik, Wortschatz und Kompetenzen		**38**
facultativo **Panorama 1**	*El español en el mundo* (Sachtext), Persönlichkeiten aus Spanien und Lateinamerika		**42**
3 ¡Me gusta!			**44**
Lernaufgabe (Punto final)	• für einen spanischen Tandempartner ein Portrait von sich selbst oder jemand anders entwerfen (Aussehen, Vorlieben, Abneigungen)		
¡Vamos!			**44**
• Freizeitaktivitäten • sagen, was man (nicht) gerne macht	• *gustar* + Infinitiv • *también, tampoco* • **Themenwortschatz:** Freizeitbeschäftigungen	• Freizeitaktivitäten spanischer Jugendlicher	
A ¿Qué estáis haciendo?			**47**
• angeben, was jemand gerade macht • sagen, wie man sich fühlt	• *estar + gerundio* • die indirekten Objektpronomen • *estar* + Adjektiv		
B Ropa para una entrevista			**50**
• Kleidung beschreiben • etwas einkaufen	• *gustar* + Substantiv • Demonstrativbegleiter und -pronomen (*este, ese*) • **Themenwortschatz:** Kleidung und Farben		

kommunikative Lernziele	sprachliche Mittel	Methoden und interkulturelles Lernen	Seite
C ¡Así soy yo!			**53**
• das Aussehen von Personen beschreiben	• das Relativpronomen *que* • **Themenwortschatz:** Aussehen		
Módulo Mi fin de semana en Barcelona für Baden-Württemberg obligatorisch im ersten Lernjahr!			**56**
• über Erlebnisse in der Vergangenheit sprechen	• Einführung ins *indefinido* (regelmäßige Verben)	• Sehenswürdigkeiten Barcelonas	
4 El día a día			**60**
Lernaufgabe (Punto final)	• über den Schulalltag berichten (E-Mail)		
¡Vamos!			**60**
• Uhrzeit und Datum erfragen und angeben	• **Themenwortschatz:** Uhrzeiten und Monate, Wochentage	• *La siesta*	
A El instituto			**63**
• Schule, Stundenplan, Fächer, Noten • jemanden zu etwas auffordern	• der Begleiter *todo/-a* • der bejahte Imperativ • indirektes Objekt im Imperativ (Stellung) • **Themenwortschatz:** Schulfächer	• das spanische Notensystem ***Estrategia:*** • Sprachmittlung ***El mundo del español:*** • Spanisches Zeugnis	
B ¿Quedamos?			**66**
• Vorschläge machen und darauf reagieren • sich verabreden	• *ir a* + Infinitiv • die Verben *venir, saber/poder*		
C Cintia, una chica de Perú			**69**
• wiedergeben, was jemand anders sagt • Tagesablauf beschreiben	• das Verb *decir* • indirekte Rede und Frage ohne Zeitverschiebung • die reflexiven Verben	• die fremde Lebenswelt mit der eigenen vergleichen	
Evaluación 2 Unidades 3–4	Grammatik, Wortschatz und Kompetenzen		**72**
Panorama 2	Feste und Traditionen in Spanien und Lateinamerika (Kalender)		**76**
5 En Madrid			**78**
Lernaufgabe (Punto final)	• einen individuellen Mini-Reiseführer für Austauschschüler/innen vorbereiten		
¡Vamos!			**78**
• Empfehlungen geben	• der reale Bedingungssatz der Gegenwart • **Themenwortschatz:** Sehenswürdigkeiten	• Sehenswürdigkeiten in Madrid	

kommunikative Lernziele	sprachliche Mittel	Methoden und interkulturelles Lernen	Seite
A Buscar piso en Madrid			**81**
• eine Wohnung / ein Zimmer beschreiben • etwas vergleichen	• der Komparativ • Ortspräpositionen • Zahlen ab 100 • **Themenwortschatz:** Zimmer und Wohnung	• spanische Wohnungsanzeigen verstehen	
B ¿Cómo llego a la oficina?			**84**
• telefonieren • den Weg beschreiben	• die direkten Objektpronomen • Ordnungszahlen bis 10	***Estrategia:*** • Hörverstehen	
C Mis sitios favoritos			**87**
• Besonderheiten hervorheben • in einem Café bestellen	• der Superlativ • Mengenangaben		
6 Perú – un país andino			**90**
Lernaufgabe (Punto final)	• eine Región und ein Land in Lateinamerika vorstellen (Zeitleiste)		
¡Vamos!			**90**
• historische Ereignisse berichten	• das *pretérito indefinido* • *desde, hace, hasta* • Jahreszahlen	• *Región andina* • Geschichte, Sehenswürdigkeiten und peruanische Persönlichkeiten	
A Un viaje por Perú			**92**
• Erlebnisse berichten	• das *pretérito indefinido* (regelmäßige Verben; unregelmäßige Verben I)	• peruanisches Spanisch	
B Un lago, dos países, otro mundo			**96**
• etwas umschreiben	• das *pretérito indefinido* (unregelmäßige Verben II) • die Konjunktionen *cuando, como* • Verben mit orthographischen Besonderheiten	***Estrategia:*** • Wörter umschreiben ***El mundo del español:*** • Werbeanzeige	
facultativo **Evaluación 3** Unidades 5–6	Grammatik, Wortschatz und Kompetenzen		**100**
facultativo **Panorama 3**	*Mala conexión*, Yvonne Miller (Kurzgeschichte); *Yo soy así*, Gloria Fuertes (Gedicht); *Cuando me siento bien*, Efecto Pasillo (Lied)		**104**
Módulo Los medios digitales flexibel einsetzbar ab Unidad 4			**108**
• berichten, was du schon einmal gemacht hast	• das *pretérito perfecto*	Medienkompetenz: • eigene Mediennutzung reflektieren	

kommunikative Lernziele	sprachliche Mittel	Methoden und interkulturelles Lernen	Seite
7 ¿A qué te quieres dedicar?			**112**
Lernaufgabe (Punto final) • sich auf ein Vorstellungsgespräch vorbereiten (Dialog)			
¡Vamos!			**112**
• Berufswünsche	• *me gustaría* • **Themenwortschatz:** Berufe		
A ¿Qué quieres hacer después de la ESO?			**115**
• die eigenen Fähigkeiten beschreiben	• unpersönliche Konstruktionen (*se, uno*) • *conmigo/contigo* • verkürzte Adjektive (*buen, gran, mal*)	• Berufsausbildung (Vergleich Spanien und Deutschland) • Schulsystem in Spanien	
B La vida laboral en España y Alemania			**118**
• eine Bewerbung schreiben	• *ni… ni* • **Themenwortschatz:** Arbeit und Bewerbung	• der Berufsalltag in Spanien und Deutschland ***El mundo del español:*** • Stellenanzeigen ***Estrategia:*** das zweisprachige Wörterbuch benutzen	
C El futuro del trabajo			**122**
• über die Zukunft sprechen • Vermutungen äußern	• das *futuro simple* • die doppelte Verneinung		
8 Andalucía			**126**
Lernaufgabe (Punto final) • eine Region anhand von Fotos vorstellen *(gallery walk)*			
¡Vamos!			**126**
• eine Region beschreiben • ein Bild beschreiben	• **Themenwortschatz:** Landschaft	Geografie Spaniens	
A El turismo antes y hoy			**129**
• beschreiben, wie etwas früher war • eine Meinung äußern	• das *pretérito imperfecto*	• eine Stellungnahme schreiben ***El mundo del español:*** • comentario	
B Una semana en Andalucía			**132**
• von Ereignissen aus der Vergangenheit sprechen • Wetter	• *pretérito indefinido* und *pretérito imperfecto* (Gebrauch) • **Themenwortschatz:** Wetter	• ein Bild beschreiben	
facultativo **Evaluación 4** Unidades 7–8	Grammatik, Wortschatz und Kompetenzen		**136**
facultativo **Panorama 4**	*Comunidades Autónomas* und Regionalsprachen in Spanien (Sachtext)		**140**

kommunikative Lernziele	sprachliche Mittel	Methoden und interkulturelles Lernen	Seite
9 Comprometidos con el planeta			**142**
Lernaufgabe (Punto final) • eine Diskussion führen			
¡Vamos!			**142**
• jemanden auffordern, etwas nicht zu tun	• der verneinte Imperativ • **Themenwortschatz:** Umweltschutz		
A Una solución sobre ruedas			**145**
• Gefühle und Wünsche ausdrücken	• der *subjuntivo* (I) nach Verben der Willens- und Gefühlsäußerung		
B Almería, ¿milagro bajo un mar de plástico?			**148**
• deine Meinung darlegen • Vor- und Nachteile benennen	• der *subjuntivo* (II) nach unpersönlichen Ausdrücken und Verben des Denkens	• eine Diskussion führen	
C ¿Te la vas a comprar?			**152**
• Wortwiederholungen vermeiden	• doppelte Objektpronomen • der *subjuntivo* (III) nach Konjunktionen	• el comercio justo	
Módulo La Unión Europea y España flexibel einsetzbar ab Unidad 7			**156**
• Handlungen passivisch ausdrücken	• das Passiv (*ser* + *participio*)	• Eramus +	
10 La Economía			**160**
Lernaufgabe (Punto final) • ein innovatives Unternehmen erfinden und vorstellen (Präsentation)			
¡Vamos!			**160**
• über die Wirtschaft einer Region sprechen • Statistiken auswerten	• die Relativpronomen *el que, el cual* (mit Präpositionen)	• Auswerten wirtschaftlicher Zahlen	
A La economía de España			**164**
• sagen, was man (nicht) tun würde	• das *condicional*		
B Una empresa con futuro			**168**
• Bedingungen formulieren • über ein Unternehmen sprechen	• der irreale Bedingungssatz der Gegenwart • **Themenwortschatz:** Unternehmensstruktur	• Werbung analysieren • Organigramm	

kommunikative Lernziele	sprachliche Mittel	Methoden und interkulturelles Lernen	Seite
C Nuevos horizontes			**172**
• über eine Handlung in der Vergangenheit sprechen, die einer anderen vorausgeht	• das *pretérito pluscuamperfecto*	• Migration von und nach Spanien	

facultativo **Evaluación 5** Unidades 9–10	Grammatik, Wortschatz und Kompetenzen	**176**
facultativo **Panorama 5**	La música, el cine y el deporte en el mundo hispanohablante	**182**

Dossier 1 América Latina		
Las regiones de América Latina	Überblick über Regionen Lateinamerikas	**184**
Los mayas, aztecas e incas	präkoloniale Kulturen	**187**
La leyenda del Lago Titicaca	lateinamerikanische Legende (I)	**189**
La leyenda de la yerba mate	lateinamerikanische Legende (II)	**190**
Jordi Sierra i Fabra: La memoria de los seres perdidos	Auszug aus einem Jugendroman Militärdiktatur in Argentinien	**191**
Latinos Unidos de América	Migration: Hispanics in den USA	**194**
Los retos de América Latina	politische und soziale Herausforderungen Lateinamerikas	**196**
América Latina se levanta	aktuelle gesellschaftliche Entwicklungen in Lateinamerika	**199**
Mientras tanto, en Latinoamérica...	Schlaglichter zu Kunst, Gesellschaft und Kultur	**202**

Dossier 2 La historia de España		
Las etapas de la Historia de España	Überblick über spanische Geschichte	**204**
Al Ándalus	Wirken und Erbe der Araber in Spanien	**207**
La conquista del Imperio azteca	Eroberung Mexikos durch die Spanier	**210**
María, un siglo en la memoria	das 20. Jahrhundert in Spanien	**213**
La dictadura de Franco	Spanischer Bürgerkrieg und Franco Diktatur	**215**
España hasta hoy	politische/gesellschaftliche Ereignisse in Spanien ab 1975; *la transición*	**218**

Anexo

Differenzierungs- und Partneraufgaben **220**
Palabrateca **240**
Cultura **243**
En clase **250**
Indicaciones para los ejercicios **251**
Las letras y los números **252**
Grammatik **254**
Destrezas y estrategias **276**
Lista cronológica **288**
Lista alfabética español-alemán **344**
Deutsch-spanisches Wörterbuch **359**
Red de metro y plano de Madrid **372**
Mapa de España .... **Umschlagseite 2**
Mapa de América Latina y Perú .... **Umschlagseite 3**

Zusatzmaterialien in der PagePlayer-App

a_tope.com bietet eine neue Dimension des individuellen Lernens. Die zusätzlichen Materialien können zu Hause, unterwegs oder auch im Kurs mit dem Smartphone oder dem Tablet direkt aus dem Buch heraus angesehen und -gehört werden.

Und so können Sie die Materialien abspielen:

1. Laden Sie die kostenlose **PagePlayer-App** herunter. Sie können die Inhalte zu **a_tope.com** auf Ihrem Smartphone oder Tablet speichern und jederzeit aufrufen.
2. Scannen Sie mit Ihrem Smartphone oder Tablet die ausgewählte Buchseite, die Verweise auf Audio- und/oder Videomaterialien enthält, sowie Seiten mit diesem Icon. Das Material wird angezeigt und Sie können es direkt starten. Alternativ können Sie auf die Inhalte der App über das Medienmenü zugreifen.

Auf der PagePlayer-App finden Sie die folgenden Materialien:

- alle Audios und Videos zum Schülerbuch
- die Lösungen zu allen fünf Evaluaciones
- weitere Lesetexte inkl. Übungen zu jeder Lektion, die die Themen der Unidad vertiefen (Das PagePlayer-Icon zum Aufrufen der Lesetexte finden Sie oben auf den Auftaktseiten der Unidades.)
- weitere Hörtexte inkl. interaktiver Übungen, die thematisch an einzelne Fotos oder Graphiken anknüpfen

Lesetexte	Hörtexte
Unidad 1	
¡Bienvenidos a España!	Un paseo por Salamanca (p. 16)
Las comunidades autónomas	
¿Conoces Latinoamérica?	
Unidad 2	
Una familia real – Los Borbones en España	
Tapas, paella y más: La cocina española	
Una visita al Barrio de La Boca	
Las Navidades en España y Latinoamérica	Don Quijote de la Mancha: Un libro que hace historia (Panorama 1 / p. 43)
Unidad 3	
El fútbol en el mundo hispanohablante	¿Qué hacen los jóvenes españoles en su tiempo libre? (p. 44)
De Allende a García Márquez: Autores latinoamericanos	
¿Qué llevas en el cole? – Los uniformes escolares en España y Latinoamérica	
Módulo 1	
¡No más turistas! – Turismofobia en Barcelona	
Unidad 4	
Por fin vacaciones... El año escolar en España	El tango, baile de una nación (p. 68)
Un día en España	Las Fallas de Valencia (Panorama 2 / p. 76)
Unidad 5	
Breve Historia de Madrid	Madrid y el arte (p. 78)
Madrid: centro político, económico y cultural del país	
La leyenda de los gatos	

Lesetexte	Hörtexte
Unidad 6	
Machu Picchu: ¿maravilla del mundo en peligro?	El boom gastronómico en Perú (p. 91)
Lima, vibrante metrópoli del Pacífico	El quechua y la diversidad de lenguas en América Latina (p. 91)
La historia de la patata	
Módulo 2	
¿Enganchados a la red? – El uso de los medios digitales	
Unidad 7	
El mercado laboral y los jóvenes españoles	Hacer un voluntariado social en Latinoamérica (p. 121)
El sistema educativo en México	
Unidad 8	
Federico García Lorca: Un poeta excepcional de Andalucía	Sevilla, la capital de Andalucía (p. 127)
La Feria de Abril en Sevilla	
¡Descubre Granada!	
Alternativas al turismo masivo: El etnoturismo en Latinoamérica	
Unidad 9	
Naranjas ecológicas a un clic – Crowdfarming en España	Ciudad de México: de la capital azteca a la capital mexicana (p. 145)
El boom del aguacate y sus consecuencias	El cultivo del café en Latinoamérica (p. 154)
¿De dónde viene el litio para los coches eléctricos?	
Módulo 3	
Mortadelo y Filemón: el cómic español más famoso	¿De dónde saca Europa su nombre? (p. 158)
	Conociendo Europa: El programa Erasmus (p. 159)
Unidad 10	
Los trabajadores invitados españoles en el milagro económico alemán	El canal de Panamá (p. 162)
Microcréditos en América Latina	Inditex, el imperio español de la moda (p. 169)
Venezuela, un país en crisis	
Dossier América Latina	
	¿Por qué no se habla español en Brasil? (p. 184)
	¿Puerto Rico pertenece a América Latina o no? (p. 184)
	La Amazonía y la mitología griega (p. 186)
	Maíz, tomates y chocolate: Alimentos de América Latina (p. 190)
	La dictadura militar en Chile (p. 193)
Dossier La Historia de España	
	El Valle de los Caídos (p. 214)
	1992, el año de la España moderna (p. 218)
	La ETA (p. 219)

Hablamos español

¡Vamos!

1

2

3

Comprensión lectora

1 Was verbindest du mit der spanischsprachigen Welt? Wähle ein Foto aus und erkläre, welche Aspekte der spanischsprachigen Welt es darstellt.

2 **a** Du hörst sechs Sätze. Hebe die Hand, wenn du eine Frage hörst.

b Höre die Sätze noch einmal: Was könnten die Fragen bedeuten?

c Höre die Sätze ein drittes Mal: Finde die Sätze in den Sprechblasen wieder.

Expresión oral

PF **3** **a** Ihr stellt euch in eurem Spanischkurs gegenseitig auf Spanisch vor. ► Los países y las lenguas, p. 240

sagen, wie du heißt, woher du kommst und welche Sprache/n du sprichst	
¿Cómo te llamas?	Me llamo [...]. Soy [...].
¿De dónde eres?	Soy de [...].
¿Qué lenguas hablas?	Hablo [...] y también un poco de [...].

In vielen Situationen, in denen in Deutschland gesiezt wird, verwendet man im Spanischen das Du.

b Fragt euch gegenseitig nach eurer Herkunft. Der/Die Befragte nennt eine lateinamerikanische Hauptstadt und der/die andere nennt das entsprechende Land. ► América Latina, Umschlagseite hinten

Ejemplo: **A:** ¿De dónde eres?
B: Soy de Lima.
A: ¡Eres de la capital de Perú!

Hier lernst du:
- zu sagen, wie du heißt, woher du kommst und welche Sprache/n du sprichst

El mundo del español

4 **a** **Sieh dir die Sätze in den Sprechblasen an: Welchen Buchstaben und welche Satzzeichen gibt es im Deutschen nicht?**

2 **b** **Höre dir an, was die Jugendlichen sagen. Wie wird der Buchstabe ausgesprochen?**

2 **c** **Höre die Texte noch einmal. Welche Buchstabenkombinationen werden anders als im Deutschen ausgesprochen?**

5 **Diese Wörter kommen in der Lektion 1 vor. Erkläre, warum du sie verstehst.** ► Wörter erschließen, S. 282

la plaza | la biblioteca | el texto | la informática | el café | el teléfono

6 **Welche Gruppe ist am schnellsten? Nennt …** ► España, Umschlagseite vorne ► América Latina, Umschlagseite hinten

1. … die Länder, die an Spanien grenzen.
2. … eine spanische Stadt und drei spanische Inseln.
3. … eine berühmte Persönlichkeit aus Spanien oder Lateinamerika.
4. … eine berühmte Sehenswürdigkeit in Spanien oder Lateinamerika.
5. … einen männlichen und weiblichen spanischen Vornamen.
6. … ein spanisches oder lateinamerikanisches Gericht.
7. … drei spanischsprachige Sportler/innen.

1 ¡Hola!

¡Vamos!

Weitere Lesetexte zur Unidad in der PagePlayer-App!

In spanischsprachigen Ländern begrüßen sich Frauen in der Regel mit je einem Kuss rechts und links auf die Wange, während Männer sich je nach Vertrautheitsgrad die Hand geben oder sich umarmen.

Actividad de preaudición

1 **Wie begrüßen sich die Jugendlichen auf den Fotos? Wie begrüßt du deine Freunde?**

Comprensión auditiva

2 a **Escucha y lee el diálogo en silencio.** | Höre den Dialog und lies mit.

b **Escucha y lee el diálogo en voz baja.** | Höre den Dialog und sprich leise mit.

c **Escucha otra vez y apunta la información que falta.** | Höre noch einmal und notiere die fehlenden Informationen.

d **Comparad vuestros resultados y repetid el diálogo.** | Vergleicht eure Ergebnisse und sprecht den Dialog nach.

Hier lernst du:
- jemanden vorzustellen
- sich zu begrüßen und zu verabschieden

Expresión oral

PF **3** **Presentad a los chicos de las fotos.** | Stellt die Jugendlichen auf den Fotos vor.
Ejemplo:

A: ¿Quién es	él? ella?	**B:**	Él Ella	es [...].

PF **4 Sois nuevos en la clase. Saludaos y presentaos en grupos de tres.** |
Ihr seid neu im Kurs. Begrüßt euch und macht euch in Dreiergruppen bekannt.

¡Buenos días! sagt man bis mittags, *¡Buenas tardes!* ab dem Nachmittag bis zum Sonnenuntergang, *¡Buenas noches!*, wenn es dunkel ist, aber selten vor 20 Uhr.

jemanden begrüßen

¡Hola!
¡Buenos días!*
¡Buenas tardes!*
¡Buenas noches!*

fragen, wie es jemandem geht

¿Qué tal? ¿Cómo estás?	😊😊😊	Fenomenal.	¿Y tú?
	😊😊	Muy bien.	
	😊	Bien.	
	😐	Más o menos*.	
	☹	Mal*.	
	☹☹	Fatal*.	

jemanden vorstellen

Mira,	él ella	es [...],	un/a amigo/-a.		Encantado/-a. Mucho gusto.
			un/a compañero/-a	de clase*. de trabajo*.	

Taller de pronunciación

5 **5 a Escucha los pares de palabras y repite.** | Höre dir die Wortpaare an und sprich sie nach.

[ɾ]	[r]	[l]	[ʎ]	[n]	[ɲ]
Madrid	Marruecos	Salamanca	Sevilla	Ana	España
Perú	Navarra	Málaga	Mallorca	una	La Coruña
estudiar	Ronda	él	ella	Panamá	compañero

Ronda

Salamanca

6 **b Escuchas doce palabras desconocidas. Apúntalas. Escuchas cada palabra dos veces.** |
Du hörst zwölf unbekannte Wörter. Schreibe sie auf. Du hörst jedes Wort zweimal.

Ya sé

7 **6 En un encuentro de tándem conoces a Pedro de Madrid. Escucha y contesta sus preguntas.** |
Auf einem Tandemtreffen triffst du Pedro aus Madrid. Höre, was er sagt, und beantworte seine Fragen.

A ¿Estudias o trabajas?

Hier lernst du:
- etwas über dich zu erzählen

Actividad de prelectura

1 a ¿Quiénes son las chicas de la foto? | Wer sind die beiden Mädchen auf dem Bild?

b ¿De qué hablan las chicas?

8

Lucía y Marta charlan en una plaza.

Marta: Lucía, ¿tú eres de Madrid?

Lucía: No, no soy de aquí. Soy de Sevilla, pero ahora mi madre trabaja en Madrid.

Marta: Y Manuel y tú sois amigos, ¿verdad?

Lucía: Sí, somos compañeros de clase. Estudiamos en el instituto Calderón de la Barca. ¿Y tú? ¿Estudias o trabajas?

Marta: Todavía no trabajo. Estudio en el instituto Parque Aluche.

Lucía: Oye, tú hablas alemán, ¿verdad?

Marta: Pues claro. Mi madre es de Salamanca y mi padre es de Múnich. Por eso en casa hablamos español y también alemán.

Lucía: ¡Genial! Yo ahora estudio alemán en el instituto… Es muy difícil.

Marta: Pues quedamos y practicamos un poco, ¿vale?

Lucía: ¡Vale! Gracias.

Comprensión lectora

2 ¿Quién es? ¿Quiénes son? Di a quiénes se refiere cada frase. |
Um wen geht es? Sage, auf wen sich die Sätze beziehen.

1. Son compañeros de clase.
2. Es de Múnich.
3. Habla alemán en casa.
4. Charlan en una plaza.
5. Es de Salamanca.
6. Estudia en el instituto Parque Aluche.
7. Quedan y practican alemán.
8. Trabaja en Madrid.

Comprensión auditiva

9

3 a Escuchas una encuesta sobre jóvenes españoles. Copia la tabla y marca con una cruz. |
Du hörst eine Umfrage über spanische Jugendliche. Schreibe die Liste ab und kreuze an.

	estudia	trabaja	estudia y trabaja
1. José Manuel			
2. Carmen			
3. Paloma			
4. Magdalena			
5. Felipe			
6. Mateo			

9

facultativo

b Escucha otra vez. ¿Dónde trabajan los chicos? |
Höre noch einmal. Wo arbeiten die Jugendlichen?

Expresión oral

PF **4** a **Imaginad qué hacéis en tres años. Haced una encuesta en clase.** | Stellt euch vor, was ihr in drei Jahren macht. Macht eine Umfrage im Kurs.

etwas über dich erzählen

Estudio en (la universidad*) [...].
Todavía no trabajo.
Estudio y trabajo.

Trabajo en	una cafetería*. un hotel*. una empresa*. un restaurante*. un supermercado*. una discoteca*.

b **Presentad los resultados.** | Stellt die Ergebnisse vor.
[...] estudia en (la universidad) [...].
[...] trabaja en un/a [...]

5 **Estás en Madrid con un programa de intercambio. Di en español que...** | Du bist mit einem Austauschprogramm in Madrid. Sage auf Spanisch, dass ... ▸ Grammatik, 3 ↗ p. 220

Ejemplo: No hablo español.

1. ~~du kein Spanisch sprichst.~~
2. du nicht in einem Restaurant arbeitest.
3. deine Mutter nicht aus Spanien kommt.
4. dein Vater nicht in Barcelona arbeitet.
5. du nicht an der Universität studierst.
6. deine Mutter kein Französisch spricht.
7. dein Vater nicht in einem Hotel arbeitet.
8. du nicht auf das instituto Calderón de la Barca gehst.

La lengua

6 **Marta y Lucía charlan. Completa el diálogo con las formas verbales correctas.** | Marta und Lucía unterhalten sich. Ergänze den Dialog mit den passenden Verbformen. ▸ Grammatik, 1 ↗ p. 220

quedar estudiar practicar charlar hablar trabajar

Marta y Lucía [...] en una plaza.
Lucía: Marta, tú [...] en el instituto Parque…, Parque…
Marta: … Aluche. Y Manuel y tú [...] en el instituto Calderón de la Barca, ¿verdad?
Lucía: Sí, él y yo somos compañeros de clase. Mi madre [...] en Madrid. ¿Tú también [...]?
Marta: No, todavía no [...]. ¿Y qué lenguas [...] Manuel y tú?
Lucía: Manuel [...] español, inglés y un poco de quechua. Y yo [...] español, inglés y [...] alemán en el instituto.
Marta: Yo también [...] español y alemán. Lucía, ¿es difícil el alemán?
Lucía: ¡Sí! ¿[...] / [nosotras] y [...] / [nosotras]?
Marta: ¡Vale, fenomenal!

	hablar
[yo]	hablo
[tú]	hablas
[él / ella / usted]	habla
[nosotros/-as]	hablamos
[vosotros/-as]	habláis
[ellos/-as / ustedes]	hablan

7 Contaos de dónde sois/son. | Erzählt euch, woher ihr kommt / die Leute kommen. ▸ Grammatik, 2

A:		B:	
	[tú]?		Madrid.
	Manuel?		[…].
¿De dónde *ser*	Lucía?	*Ser* de	Sevilla.
	tu* familia y tú?		[…].
	Alejandro y Javi?		Lima.

	ser
[yo]	soy
[tú]	eres
[él / ella / usted]	es
[nosotros/-as]	somos
[vosotros/-as]	sois
[ellos/-as / ustedes]	son

El mundo del español

8 a Wie würdest du die Personen auf den Fotos begrüßen bzw. ansprechen? Würdest du sie duzen oder siezen?

10

b Escucha y di si las personas se tratan de tú/usted o vosotros/ustedes. | Höre zu und gib an, ob die Personen sich duzen oder siezen.

	tú / vosotros/-as	usted/es
1.		
2.		

10

c Escucha otra vez y di cuándo usan el nombre y cuándo usan «señor/a». | Höre noch einmal zu und sage, wann sie sich mit Vornamen bzw. mit „señor/a" ansprechen.

Ya sé

PF **9 a Presenta a Tarek.** | Stelle Tarek vor.

- Casablanca, Marruecos*
- lenguas: español, francés y árabe*
- amigo de: Alejandro, Lucía y Manuel
- instituto Parque Aluche
- trabajar: todavía no

Él es…

b Presenta a tu mejor amigo/-a. | Stelle deinen besten Freund / deine beste Freundin vor.

B ¿Preparamos el examen?

Hier lernst du:
- Fragen zu stellen

Actividad de prelectura

1 Deduce el significado de estas palabras de otras lenguas. | Erschließe dir die Bedeutung dieser Wörter mithilfe anderer Sprachen. ▶ Wörter erschließen, S. 282

~~recibir~~	el texto	el móvil
preparar	leer	el momento
el examen	aprender	el mensaje
la biblioteca	la idea	vivir
comprender	escribir	

Ejemplo:

«Recibir» significa*	*to receive*	en inglés.
	recevoir	en francés.
	[…]	en alemán.
	[…]	[…].

11

En la biblioteca:

Lucía: Una pregunta, ¿cuándo es el examen de Inglés?

Manuel: ¡Mañana!

Lucía: Uf, mañana…

Manuel: ¿Y quién comprende los textos?

Lucía: Pues yo. Yo sí comprendo los textos.

Manuel ¿Y cómo estudias?

Lucía: Leo mucho en inglés. Así aprendo.

Manuel: ¿Y por qué no estudiamos juntos?

Alejandro recibe un mensaje.

Lucía: Buena idea, ¿entonces leemos los textos juntos? ¿Verdad, Alejandro? … ¿Alejandro? Pero… ¿qué escribes? Tú y el móvil…

Alejandro: Un momento, solo escribo un mensaje… ¡Ya! … ¿Y por qué no estudiamos en casa? Vivo cerca.

Lucía: ¡Venga! ¿Por qué no?

Manuel: Claro, él vive cerca, pero en casa de Alejandro no estudiamos, solo charlamos.

Lucía: Pues, primero leemos los textos aquí y después charlamos, ¿de acuerdo?

Alejandro: Vale.

Comprensión lectora

2 Forma frases según el contenido del texto. | Bilde Sätze, um den Textinhalt wiederzugeben.

Lucía, Manuel y Alejandro	preparan	un mensaje.
Lucía	lee	los textos juntos.
Alejandro	aprenden	mucho en inglés.
	leen	cerca de la biblioteca.
	recibe	los textos en inglés.
	escribe	el examen de Inglés en la biblioteca.
	vive	inglés.
	comprende	un mensaje.
	charlan	los textos en la biblioteca.
	leen	después.

La lengua

3 a Busca y apunta parejas. | Finde passende Wortpaare und notiere sie.

1. comprender
2. vivir
3. trabajar
4. leer
5. recibir
6. practicar
7. aprender
8. escribir
9. estudiar

la gramática* el vocabulario* el texto
la película* en un restaurante el regalo*
la letra (de una canción)* en España*
en una empresa en Alemania con amigos
el mensaje español la lengua

b A tira el dado dos veces. B formula una frase o pregunta con el número correspondiente. | A würfelt zweimal. B formuliert mit der entsprechenden Zahl einen Satz oder eine Frage. ▸ Grammatik, 1

Ejemplo:

A: 5 = [vosotros/-as]
2 = vivir
B: ¿Vivís con amigos?

	comprender	**escribir**
[yo]	comprend**o**	escrib**o**
[tú]	comprend**es**	escrib**es**
[él / ella / usted]	comprend**e**	escrib**e**
[nosotros/-as]	comprend**emos**	escrib**imos**
[vosotros/-as]	comprend**éis**	escrib**ís**
[ellos/-as / ustedes]	comprend**en**	escrib**en**

4 a Busca la actividad típica para cada lugar y formula una frase. | Suche nach der typischen Aktivität für jeden Ort und formuliere einen Satz.
Ejemplo: la discoteca – bailar → Bailo en una discoteca.

1 
~~discoteca~~

2 
empresa

3 
hotel

4 
instituto

5 
cafetería

6 
biblioteca

7 
restaurante

8 
plaza

9 
supermercado

10 
universidad

leer estudiar ~~bailar~~* comer algo* trabajar descansar*
charlar aprender comprar algo* tomar algo*

b Completa las tablas con los sustantivos de 4a. | Ergänze die Tabellen mit den Substantiven aus 4a.

♂	singular	plural
	el amigo	los amigos
	el examen	los exámenes

♀	singular	plural
	la amiga	las amigas
	la capital	las capitales

c Formuliere die Regeln: Wie enden die meisten weiblichen/männlichen Substantive? Wie wird der Plural der Substantive gebildet? ▸ Grammatik, 6

Expresión oral

PF **5** a **Haz propuestas para estudiar juntos.** | Mache Vorschläge, um gemeinsam zu lernen.
Ejemplo:
A: ¿Primero leemos el texto y después practicamos el vocabulario?
B: Vale, de acuerdo.

A: *leer* *escribir*	el diálogo* el texto	**B:** Vale, de acuerdo. ¡Buena idea! ¡Venga! ¿Por qué no? ¡Fenomenal! ¡Genial! No, primero…
aprender *estudiar* *practicar*	la gramática el vocabulario	

PF b **Tenéis un examen y no comprendéis el tema. Formulad un máximo de preguntas, después haced el diálogo.** | Ihr habt einen Test und versteht das Thema nicht. Formuliert so viele Fragen wie möglich und spielt den Dialog vor.

p. 220

comprender *practicar*	el texto el tema* la gramática los ejercicios* el diálogo el vocabulario	*estudiar*	en casa en la biblioteca
		preparar	el examen

Fragen stellen
¿Cuándo es el examen de (Inglés)?
¿Quién comprende (los textos)?
¿Quiénes practican (el diálogo)?
¿Dónde (estudias)?
¿Cómo (preparas el examen)?
¿Por qué no (estudiamos juntos)?

Taller de pronunciación

12 **6** a **Escucha las palabras y repite.** | Höre die Wörter und sprich nach.

[h]	[ʝ]
hola	yo
hablar	oye
hoy	¡Ya!

b **Lee en voz alta estas palabras desconocidas.** | Lies die unbekannten Wörter vor.

Helena la hamburguesa el helado la hora

la playa el yoga el kayak los reyes

Ya sé

PF **7** **Haces un curso de español en Madrid y quedas para estudiar con un/a compañero/-a de clase. A comienza.** | Du machst einen Spanischkurs in Madrid und verabredest dich mit einem Klassenkameraden / einer Klassenkameradin, um gemeinsam zu lernen. **A** beginnt. ▸ Partner B, S. 221

Ihr schreibt bald einen Test.
1. Du fragst **B**, ob ihr zusammen für den Test lernen wollt.
2. Du verneinst die Frage.
   Du fragst **B**, wie er/sie lernt.
3. Du schlägst vor, dass ihr erst die Grammatik lernt und dann einen Dialog auf Spanisch übt.
4. Du bist einverstanden und fragst, wo ihr lernen wollt.

A

C ¿Cuál es tu número de teléfono?

Hier lernst du:
- eine Telefonnummer anzugeben
- zu buchstabieren

Actividad de prelectura

1 a Mira el título y la foto. ¿De qué tratará el diálogo? | Schau dir die Überschrift und das Foto an. Worum könnte es in dem Dialog gehen?

13 **b Escucha los números del 0 al 9 y repite.** | Hör dir die Zahlen von 0 bis 9 an und wiederhole sie.

▶ Los números, p. 253

14

Manuel y Tarek suben las escaleras de la casa de Manuel.
Manuel: Mira, Tarek, ella es Marta, mi vecina. Es nueva aquí.
Marta: ¡Hola!, ¿qué tal?
Manuel: Hola, Marta, él es Tarek y también estudia en el instituto Parque Aluche.
Marta: Ah, ¿en serio? ¿Y qué estudias?
Tarek: Estudio Administración y Finanzas. ¿Y tú?
Marta: Pues yo Informática y Programación.
Tarek: ¡Genial! Necesito ayuda con el ordenador. El programa de estadística no funciona.
Manuel: ¿Por qué no quedáis para tomar un café y charlar?
Marta: ¡Buena idea! ¿Cuál es tu número de teléfono, Tarek?
Tarek: Mi móvil es el 6 1 9 0 5 8 7 3.
Marta: ¿Y cómo se escribe Tarec? Con «c», ¿verdad?
Tarek: No, se escribe T – A – R – E – K.
Marta: Vale, entonces hablamos mañana.
Tarek: Perfecto. ¡Hasta mañana!
Marta: ¡Hasta mañana!
Manuel: Bueno, Tarek, y ahora nosotros dos también tomamos algo.

Comprensión lectora

2 Contesta las preguntas. | Beantworte die Fragen.

1. ¿Con quién habla Manuel en la puerta?
2. ¿Quiénes suben las escaleras?
3. ¿Quiénes estudian en el instituto Parque Aluche?
4. ¿Qué estudian Marta y Tarek?
5. ¿Quién necesita ayuda con el ordenador?
6. ¿Quiénes quedan y por qué?

Expresión oral

PF **3 Estáis buscando compañeros de tándem para practicar español. Tu compañero/-a te da nombres y números de teléfono y tú los apuntas. B comienza.** | Ihr sucht Tandempartner, um Spanisch zu üben. Dein/e Partner/in nennt dir Namen und Telefonnummern und du notierst sie. **B** beginnt. ▶ Partner B, S. 221

▶ El alfabeto, p. 252 ▶ Los números, p. 253

A
– ¿Cómo se escribe [...]?
– ¿Cuál es el número de teléfono / de móvil de [...]?
...

ll → doble ele
á → con tilde / acento en la «a»

A
–¿Por qué no hablas con [...]?
–[...] - [...] - [...] - ...
–Es el [...] - [...] - [...] - ...
–¿Por qué no hablas también con [...]?
...

Federico 016220894650
Nahuel 016220899820
Verónica 016220905030

Comprensión auditiva

15 **4 Escucha y apunta los números de teléfono.** | Höre zu und notiere die Telefonnummern. ▶ Los números, p. 253

16 **5 Escucha las letras y apunta las palabras.** | Höre die Buchstaben und notiere die Wörter. ▶ El alfabeto, p. 252

La lengua

6 a Lee las frases y explica cuándo se usa / no se usa el pronombre de sujeto. | Lies die Sätze und erkläre, wann das Subjektpronomen verwendet / nicht verwendet wird. ▶ Grammatik, 7

b Lee los diálogos y decide si el pronombre de sujeto es necesario o no. | Lies die Dialoge und entscheide, ob es notwendig ist, das Subjektpronomen einzusetzen oder nicht. ▶ Grammatik, 7

1. ¿[Vosotros] comprendéis los textos?
2. [Yo] sí comprendo los textos, pero [ellos], no.

3. [Vosotras] sois de Múnich, ¿verdad?
4. Sí, [nosotras] somos de Múnich, pero [ella] es de Sevilla.

5. [Yo] estudio Administración y Finanzas. ¿Y tú?
6. Pues [yo], Informática y Programación.

7. Y [vosotros], ¿estudiáis en el instituto Gómez-Moreno?
8. Pues no, [él] estudia en el Calderón de la Barca y [yo] estudio en el Parque Aluche.

9. ¿Es [usted] la señora Pérez?
10. Sí, soy [yo]. ¡Encantada!

yo
tú
él / ella / usted
nosotros/-as
vosotros/-as
ellos/-as / ustedes

Im Spanischen verwendet man zum Siezen „usted“ für eine Person und „ustedes“ für mehrere Personen.

Taller de pronunciación

17 **7 a Una profesora española pasa lista. Escucha y repite los nombres.** | Eine spanische Lehrerin prüft die Anwesenheit der Schüler. Höre zu und sprich die Vornamen nach.

[g]		[x]		[θ]	[k]
Gabriela	Guillermo	Eugenia	Jimena	Cecilia	Candelaria
Diego	Miguel	Javier	José	Lucía	Francisco
Gustavo		Jeremías	Juan	Zulema	Facundo

b Stelle Regeln auf: Wie werden das spanische „g“, „j“ und „c“ ausgesprochen? Welche dieser Laute kennst du aus anderen Sprachen?

In einigen Regionen Spaniens, z. B. in Andalusien, und in Lateinamerika hört man statt [θ] auch oft ein [s].

18 **8 Escucha y repite la frase.** | Höre zu und sprich den Satz nach.

1. Graciela es una amiga de Galicia.
2. Gijón es genial.
3. Camila es una compañera de clase de Carlos.
4. César es un compañero de trabajo de Celia.
5. Guillermina es amiga de Miguel.
6. Lucía y Lucrecia son vecinas de Horacio.

Ya sé

9 **Organizáis una fiesta de despedida con vuestros compañeros de intercambio. Para crear un grupo de chat, necesitáis los contactos de los chicos españoles.** | Ihr organisiert mit euren Austauschschülern ein Abschiedsfest. Für einen Gruppenchat braucht ihr noch die Kontakte der spanischen Jugendlichen. ▸ Partner B, S. 221

Fragt abwechselnd nach den Telefonnummern der spanischen Schüler, wie man die Namen buchstabiert und notiert die Informationen. Überprüft eure Antworten.

A fragt nach …	B fragt nach …
1. Jo, Jo…	Guillermo: 003467850944
2. En, En…	Ignacio: 003460254988
3. Ál, Ál…	Marcela: 003469720012
4. Yo, Yo…	Alejandra: 003461243297

Comprensión audiovisual

10 **a** **Mira la escena 1. ¿Cómo se llama el protagonista? ¿A qué ciudad va y de dónde es?** | Schau dir Szene 1 an. Wie heißt die Hauptperson? Wohin fährt sie und woher kommt sie?

b **¿Qué lugares de la ciudad se presentan?** | Welche Sehenswürdigkeiten der Stadt werden gezeigt?

Punto final

Du stellst Isabel auf einer Party anderen Mitschülern vor.
Du nimmst deine Austauschschülerin Isabel mit auf eine Party und stellst sie anderen Mitschülern aus deinem Spanischanfängerkurs vor. Isabels Deutsch ist noch nicht so gut. Deshalb wollt ihr euch mit anderen verabreden, um gemeinsam mit ihr zu üben.

Preparar y ensayar
Überlegt gemeinsam bzw. schlagt in der Lektion nach …
- was ihr schon sagen könnt.
- welche Redemittel man dafür braucht.

Plant …
- worüber genau ihr mit Isabel sprechen wollt.
- wie das Gespräch ablaufen soll.
- wer welche Rolle übernimmt.

Macht euch Stichpunkte auf Hilfekärtchen.

Übt den Dialog mit verteilten Rollen. Achtet auf die Aussprache und darauf, dass alle möglichst viel sprechen.

Realizar
Präsentiert euren Dialog vor der Klasse.
Sprecht möglichst frei und lest nicht ab.
Achtet auf Requisiten, Gestik und Mimik.

Evaluar
Welcher Dialog hat euch am besten gefallen und warum?

2 Mi gente y mi barrio

¡Vamos!

Weitere Lesetexte zur Unidad in der PagePlayer-App!

Actividad de prelectura

1 Busca en la p. 27 estas palabras en español. | Suche auf S. 27 diese Wörter auf Spanisch:

Postleitzahl · Stadt · Nachname · Adresse · Straße

Comprensión lectora

2 a Prepara un mapa mental sobre el tema «familia» con ayuda del texto. | Erstelle mit den Wörtern aus dem Text ein Vokabelnetz zum Thema „Familie".

b Usa las palabras del mapa mental (2 a) y cuenta qué sabes sobre los chicos. | Verwende die Wörter aus dem Vokabelnetz (2 a) und ergänze die richtigen Satzenden aus dem Kasten.

1. Manuel vive con sus [...]
2. Manuel no tiene [...].
3. El [...] y el [...] de Lucía
4. Las [...] de Lucía
5. La [...] y el [...] de Lucía
6. La [...] de Marta
7. El [...] de Marta
8. Javi es el [...] de

es de Alemania. · viven en Andalucía. · Alejandro. · se llama Lena. · en la calle José Garrido. · viven con ella en Madrid. · son de Sevilla.

Hier lernst du:
- dein Alter, deine Adresse und E-Mail anzugeben
- über deine Familie zu sprechen

Marta y yo somos vecinos. Ella vive también en el número 78 de la calle José Garrido. Su padre es de Alemania. Marta tiene 16 años y estudia Informática y Programación en una escuela de formación profesional. Su hermano pequeño se llama Nico y tiene 13 años. Su hermana se llama Lena y ya tiene 18 años.

Alejandro tiene 16 años. Él también vive con sus padres y su hermano en el barrio de Vista Alegre. Su hermano se llama Javi y tiene 14 años. Alejandro también es alumno de bachillerato en mi instituto, ¡y es muy inteligente!

¿Y tú? ¿Cuántos años tienes? ¿Dónde vives y con quién?

BIBLIOTECA DE VISTA ALEGRE

Nombre:	Manuel
Apellidos:	Rojas García
Dirección:	calle José Garrido, 78, 2°B
Código postal y ciudad:	28019 Madrid
E-mail:	m_rojas@talleres.eu

Spanier und Lateinamerikaner haben meistens zwei Nachnamen: einen vom Vater und einen von der Mutter.

Taller de pronunciación

20

3 a Encuentra en la lista el número que escuchas. Luego repítelo. | Finde in der Liste die Zahl, die du hörst. Sprich sie dann nach.

los números de 10 a 100

10 – diez	14 – catorce	18 – dieciocho	30 – treinta	70 – setenta
11 – once	15 – quince	19 – diecinueve	40 – cuarenta	80 – ochenta
12 – doce	16 – dieciséis	20 – veinte	50 – cincuenta	90 – noventa
13 – trece	17 – diecisiete	21 – veintiuno	60 – sesenta	100 – cien

facultativo

b Nombra números entre 10 y 100. Tu compañero/-a los apunta. | Nenne Zahlen zwischen 10 und 100. Dein/e Partner/in schreibt sie (als Ziffer) auf.

Nimm die Seitenzahlen des Buches zu Hilfe.

Comprensión auditiva

21 **4 Escucha y apunta la edad de las personas.** | Höre zu und notiere das Alter der Personen.

22 **5 Escucha y apunta los e-mails de Marta, Javi, Francisco y la señora Vidal.** | Höre zu und notiere die E-Mail-Adressen von Marta, Javi, Francisco und Frau Vidal.

@ → arroba
_ → guion bajo
- → guion
. → punto

Expresión oral

6 Intercambiad y apuntad vuestros e-mails como en el ejemplo. | Tauscht eure E-Mail-Adressen wie im Beispiel aus und schreibt sie auf. ▶ El alfabeto, p. 252

↗ p. 222

Ejemplo:

PF **7 Manuel quiere saber algo sobre ti. Cuenta algo sobre ti y tu familia.** | Manuel möchte etwas über dich wissen. Erzähle von dir und von deiner Familie. ▶ La familia, p. 240 ▶ Los números, p. 253

dein Alter und deine Adresse angeben

Tengo [...] años.
Vivo en [...], en la calle [...], número [...].
Vivo con [...].

über deine Familie sprechen

Mi familia es de [...].
No tengo hermanos.
Tengo [...] hermanos/-as.
Tengo un hermano / una hermana.
Mi [...] se llama [...] y tiene [...] años.

El mundo del español

8 Du willst Lucía besuchen. Wo musst du klingeln?

An spanischen Haustüren stehen häufig keine Namen, sondern nur die Etage und ein Buchstabe, der die Wohnung bezeichnet.

Ya sé

23 PF **9 Estás de intercambio en España. La familia quiere saber todo sobre tu familia y tu vida en Alemania. Escucha y contesta en las pausas.** | Du nimmst an einem Schüleraustausch in Spanien teil. Deine Gastfamilie will alles über deine Familie und dein Leben in Deutschland wissen. Höre zu und antworte in den Pausen.

A Fotos de mi familia

Hier lernst du:
- Charaktereigenschaften zu beschreiben

Actividad de prelectura

1 **¿Qué crees que significan los siguientes adjetivos?** | Was könnten die folgenden Adjektive bedeuten? ▶ Wörter erschließen, S. 282

Ejemplo: Creo que* «serio» significa *ernst* porque* en inglés es *serious*.

simpático	serio	estricto	tranquilo	tímido	creativo	interesante

24

En el instituto… En el recreo, Tarek y Marta charlan en la cafetería.

Marta: Oye, Tarek, tu familia es de Marruecos, ¿verdad?

Tarek: Sí, de Casablanca. ¿Quieres un café?

Marta: No, ahora no quiero, gracias.

Tarek: Perdón, es un mensaje de Anisa.

Marta: ¿Es tu novia?

Tarek: ¿Mi novia? ¡No! Es mi hermana.

Marta: ¡Qué guapa! Es muy simpática.

Tarek: Sí, y muy inteligente. Estudia en París…

Marta: ¡Qué guay! ¿Tienes más fotos de tu familia?

Tarek: Claro, mira…

Marta: ¿Y quiénes son ellos?

Tarek: Estos son mis padres.

Marta: ¡Vaya, qué serios! ¿Son muy estrictos?

Tarek: No ¡qué va! En realidad son muy divertidos y alegres.

Marta: Mi padre también es así, pero mi madre no. No habla mucho y es muy tranquila.

Tarek: Bueno, mi hermano también es bastante tímido. Mira…

Tarek: … es este: Farid.

Marta: ¿Y él también vive con vosotros?

Tarek: No, vive en Casablanca con mis abuelos. Es artista y es muy creativo.

Marta: ¡Tienes una familia muy interesante!

Tarek: Pues sí… ¿Y cómo son tus hermanos? ¿O no tienes hermanos?

Marta: Sí, tengo dos. Una hermana y un hermano…

Comprensión lectora

2 **Suche folgende Wörter und Wendungen im Text und erschließe ihre Bedeutung, z. B. aus dem Kontext.**
▶ Wörter erschließen, S. 282 f.

el recreo (l. 1)	la novia (l. 8)	¡Qué va! (l. 17)
¿Quieres…? (l. 5)	¡Qué guay! (l. 12)	los abuelos (l. 25)
perdón (l. 7)	¡Vaya! (l. 16)	el/la artista (l. 26)

3 **¿Cómo son los familiares de Tarek? Lee el texto (p. 29) y relaciona las cualidades con las personas del texto.** | Wie sind die Familienmitglieder von Tarek? Lies den Text (S. 29) und ordne die Eigenschaften den Personen zu.

–La hermana de Tarek es: […]
–El hermano es: […]
–Los padres son: […]

simpática inteligente
guapa creativo alegres
tímido divertidos

La lengua

4 **a Completa las frases con el adjetivo correspondiente y formula la regla.** | Ergänze zu jedem Satz das passende Adjektiv und formuliere die Regel. ▸ Grammatik, 10

1. Anisa no es […].
2. Farid es bastante […].
3. Las hermanas de Lucía son […].
4. Los padres de Tarek no son […].

tranquilo seria
creativas estrictos

b Adjektive auf -e und -l: Ergänze die Pluralendungen und formuliere die Regel. ▸ Grammatik, 10

singular	plural
♀ una familia interesante	familias interesantes
♂ un alumno inteligente	alumnos inteligent[…]

singular	plural
♀ una foto genial	fotos geniales
♂ un examen difícil	exámenes difícil[…]

c Forma el plural de los adjetivos. | Bilde den Plural der folgenden Adjektive. ▸ Grammatik, 10

creativo estricta fatal alegre fenomenal tímida guapo seria perfecto

5 **Describe las siguientes cosas y personas. Usa la forma correcta de los adjetivos.** | Beschreibe folgende Dinge und Personen. Gleiche die Adjektive entsprechend an. ▸ Grammatik, 10
Ejemplo: Mi trabajo es interesante.

mi ciudad mi trabajo el texto
el español las clases de Inglés el tema
mis compañeros de clase mi móvil

divertido difícil interesante
simpático tranquilo nuevo
*pequeño aburrido**

6 **A combina dos números y B formula frases/preguntas como en el ejemplo.** | **A** kombiniert eine Zehner- mit einer Einerzahl und **B** formuliert Sätze/Fragen wie im Beispiel.
Ejemplo: **A:** 23
B: Y tú, ¿tienes hermanos?

[Yo]	10		1 una casa en Madrid
Y tú, ¿…?	20		2 amigos en Perú
¿Usted…?	30	(no) *tener*	3 hermanos
Miguel y yo	40	(no) *querer*	4 tomar un café
Tú y Ana, ¿…?	50		5 aprender español
Y tus padres, ¿…?	60		6 vivir en España

	tener (e → ie)	querer (e → ie)
[yo]	tengo	quiero
[tú]	tienes	quieres
[él / ella / usted]	tiene	quiere
[nosotros/-as]	tenemos	queremos
[vosotros/-as]	tenéis	queréis
[ellos/-as / ustedes]	tienen	quieren

Expresión oral

7 **Con tu compañero de intercambio estáis mirando fotos de tu familia y tus amigos. A describe a las personas y B comenta y hace preguntas.** | Du siehst dir mit deinem Austauschpartner Fotos von deiner Familie und Freunden an. **A** beschreibt die Personen und **B** kommentiert und fragt nach.

A

Este Esta	es mi	abuelo / abuela*. tío / tía*. primo / prima*. mejor amigo/-a*. [...].	Es	[...].
Estos Estas	son mis	[...].	Son	

B

Vaya, ¡qué [...]!
¿Es/Son muy [...]?
¿Cuántos años tiene/n?
¿Dónde vive/n?
¿Y quién es él/ella?
¿Y quiénes son ellos/-as?
¿Y este es tu padre?

Charaktereigenschaften beschreiben

Es	muy bastante un poco	tímido/-a.
Son		tímidos/-as.

inteligente interesante alegre
simpático/-a guapo/-a creativo/-a divertido/-a
tranquilo/-a estricto/-a serio/-a majo/-a*
aburrido/-a vago/-a* [...]

Comprensión auditiva

25–28

8 **a** **Marta le muestra fotos a Tarek y le habla de su familia. Escucha y averigua quiénes son las siguientes personas.** | Marta zeigt Tarek Fotos ihrer Familie. Höre zu und finde zunächst heraus, wer die folgenden Personen sind. ▸ selektives Hörverstehen, S. 282

↗ p. 222

1. Jaime y Marina son los [...] de Marta.
2. Soledad y Pablo son los [...] de Marta.
3. Anne es la [...] de Marta.
4. Paula es la [...] de la tía.

25–28

b **Escucha otra vez y apunta cómo describe Marta a sus familiares.** | Höre noch einmal und notiere, wie die einzelnen Familienmitglieder von Marta beschrieben werden.

	sus hermanos	Jaime y Marina	Soledad	Pablo	Anne y Paula
¿Cómo es / son?					

Ya sé

9 **Describe a tu mejor amigo/-a.** | Beschreibe deinen besten Freund / deine beste Freundin.

Es [...].
No es [...].

B Vista Alegre, mi barrio

Hier lernst du:
- anzugeben, wo jemand/etwas ist
- deinen Wohnort zu beschreiben

Actividad de prelectura

1 **Überfliege den Blogeintrag: Worum geht es in dem Blog? An wen richtet er sich?**

▶ globales Leseverstehen, S. 281

¡Hola! Ahora los jóvenes de Vista Alegre tenemos nuestro grupo en internet.
¿Cómo es nuestro barrio? Vista Alegre es bastante grande y está cerca del centro de Madrid. Tiene calles ruidosas con mucha vida, pero también hay zonas bastante tranquilas con poca gente y poco tráfico. Hay muchos edificios viejos, parques, una biblioteca moderna y un polideportivo. Tenemos un centro comercial grande, pero también hay muchas tiendas pequeñas, restaurantes, cafeterías, supermercados, panaderías y kioscos…
¿Y tú? ¿Eres nuev@ en el barrio? ¿Tienes preguntas? ¡Este es tu grupo!

Marta
¡Hola! Soy nueva en Vista Alegre, ¡y en vuestro grupo! 😊
Busco amigos nuevos. ¿Quién quiere tomar un café? ¡Ah! ¿Y dónde está el polideportivo? ¿También hay un gimnasio?
¡Gracias!

Paula
¡Hola, Marta! 😊 ¿Dónde estás ahora? Yo estoy con dos amigas en una heladería. ¿Quieres tomar un helado con nosotras? Estamos al lado de la plaza Eugenia y el polideportivo no está lejos de aquí.

Marta
¡Genial! 🏃

Estrategia: Wörter erschließen

2 **a** **In welcher Sprache (Englisch, Deutsch etc.) gibt es ähnliche Wörter?**

Den Wortschatz der meisten Texte in diesem Buch findest du im Anhang (S. 193 f.). Du kannst ihn natürlich auch im Wörterbuch nachschlagen. Wenn du die Strategien in 2 a und 2 b konsequent anwendest, wirst du in neuen Texten vieles auch ohne Nachschlagen verstehen.

el grupo — grande — la piscina — el cine
el centro — la vida — la zona — el teatro
el tráfico — el parque — moderno/-a
el centro comercial — el kiosco — el museo

Achtung, falsche Freunde!
Ähnliche Wörter bedeuten nicht immer dasselbe:

el gimnasio	=	das Sportstudio
das Gymnasium	=	el instituto
la capital	=	die Hauptstadt
das Kapital	=	el capital

b **Was bedeuten diese Wörter? Du kennst schon ein Wort aus derselben Familie.** ▶ Wörter erschließen, S. 282

central — helado/-a — el ruido — la bibliotecaria — el pan

Comprensión lectora

3 **Ein deutscher Freund von dir reist nach Madrid und hat ein Hostel in Vista Alegre gefunden. Er ist unsicher, ob ihm das Stadtviertel gefallen wird. Beantworte seine Fragen mit Hilfe des Blogs.** ► selektives Leseverstehen, S. 281

1. Wie zentral ist Vista Alegre?
2. Wie ist das Stadtviertel?
3. Welche Einkaufsmöglichkeiten gibt es vor Ort?
4. Was gibt es für Freizeitmöglichkeiten?

Expresión oral

4 **a** **Prepara un mapa mental sobre el lugar donde vives: ¿qué hay allí?** | Erstelle eine Mindmap über deinen Wohnort: Was gibt es dort? ► En la ciudad / En el pueblo, p. 240

PF **b** **Describe tu ciudad, tu barrio (o tu pueblo) y tu calle con ayuda del mapa mental de 4 a.** | Beschreibe deine Stadt, dein Stadtviertel (oder dein Dorf) und deine Straße mithilfe der Mindmap aus 4 a.

deinen Wohnort beschreiben

Mi ciudad Mi barrio Mi pueblo* Mi calle	es	muy bastante	pequeño/-a ≠ grande. interesante ≠ aburrido/-a. tranquilo/-a ≠ ruidoso/-a. antiguo/-a* ≠ moderno/-a. bonito/-a* ≠ feo/-a*.	(No) hay	un/una muchos/-as pocos/-as	[...].

5 **Estás en Vista Alegre y preguntas a alguien, como en el ejemplo.** | Du bist in Vista Alegre unterwegs und fragst Passanten wie im Beispiel.

Ejemplo: **A:** Perdón, ¿dónde está el cine?
B: Está en la calle Urosa.

angeben, wo jemand/etwas ist

Está (Están)	en	el/la un/una	[...].
	cerca lejos al lado	del de la	

La lengua

6 **Erkläre anhand der Beispiele, wann das deutsche sein mit ser bzw. estar wiedergegeben wird.** ▶ Grammatik, 11

Ella es Marta. Es de Alemania, pero vive en Madrid.
Ahora Marta está en casa. Su casa está en Vista Alegre.
Vista Alegre es un barrio de Madrid.

7 **Siehe dir die Beispielsätze an: Wie würdest du hay übersetzen?**

En Vista Alegre hay zonas tranquilas.
Hay muchas tiendas pequeñas.
Y también hay un centro comercial grande.

8 **Marta cuenta sobre su barrio nuevo. Completa con hay o con una forma de ser o estar.** | Marta erzählt von ihrem neuen Stadtviertel. Ergänze mit hay oder mit einer Form von ser oder estar.

Mi barrio nuevo [...] bastante cerca del centro de Madrid. El barrio [...] interesante. [...] un polideportivo y una heladería nueva. El polideportivo y la heladería no [...] lejos de mi casa. Cerca de aquí también [...] tiendas y un centro comercial. Muchos de los edificios [...] bastante viejos, pero también [...] edificios modernos. Mi calle [...] un poco ruidosa, pero también [...] muchas zonas tranquilas. Ahora [...] en casa. Y vosotros, ¿dónde [...] y cómo [...] vuestro barrio?

„Hay" wird nie mit dem bestimmten Artikel (el/la, los/las) verwendet.

	estar
[yo]	estoy
[tú]	estás
[él / ella / usted]	está
[nosotros/-as]	estamos
[vosotros/-as]	estáis
[ellos/-as / ustedes]	están

Expresión oral

9 **Marta es curiosa. Usa una forma de vuestro y completa sus preguntas. Después formula la respuesta.** | Marta ist neugierig. Verwende eine Form von vuestro und formuliere ihre Fragen. Formuliere auch die Antwort. ▶ Grammatik, 14

1. ¿Cómo es vuestro barrio?
2. ¿Cómo se llama [...] ciudad?
3. ¿Dónde está [...] instituto?
4. ¿Quiénes son [...] amigos?
5. ¿De dónde son [...] familias?

10 **Tu compañero de intercambio (B) y tú (A) estáis en Madrid. Tú le haces preguntas.** | Du (A) bist mit deinem Austauschschüler (B) in Madrid. Du stellst ihm Fragen. ▶ Partner B, S. 222

1. Frage deinen Austauschschüler, ob ihr im Stadtviertel Vista Alegre seid.
3. Frage, ob ihr denn in der Nähe des Zentrums seid.
5. Du findest, dass es ein interessantes Viertel ist. Es ist viel los auf den Straßen.
7. Du willst ein Eis essen. Frage, ob es in der Nähe eine Eisdiele gibt.
9. Du unterbrichst **B** und fragst, was denn der *Parque del Retiro* ist.
11. Du bist begeistert.

A

Ya sé

PF **11** **Escribe una entrada de blog sobre tu barrio/pueblo.** | Schreibe einen Blogeintrag über dein Stadtviertel/Dorf.
▶ En la ciudad / En el pueblo, p. 240

C ¿Adónde vamos?

Hier lernst du:
- zu sagen, was man an deinem Wohnort unternehmen kann
- zu sagen, wie oft du etwas machst

Actividad de prelectura

1 **Averigua cómo se dicen las siguientes palabras en español con ayuda del cartel.** | Finde anhand des Plakates heraus, wie folgende Wörter auf Spanisch lauten.

Schwimmbad · kosten · Kulturzentrum · umsonst · Museum

Kino · Theater · Führung · ausprobieren · einladen

30

Vista Alegre invita...

- al polideportivo: hoy podéis probar gratis el rocódromo nuevo.
- al parque: aquí hay un taller de slackline.
- a la piscina: ¡hoy cuesta solo 2 euros!
- al centro cultural: presentación del libro «¿Y ahora qué?» de *Manuel Vila Baleato*.
- al teatro, al cine y a los museos.
- a las calles: hay visitas guiadas por el barrio.
- a los restaurantes y a las cafeterías: ¡un café gratis!

¡gratis!

31

Hola, Soledad:

¿Qué tal? ¡Madrid es genial y nuestro barrio también! Siempre hago cosas divertidas con mis amigos. (Bueno, casi siempre, porque a veces tengo que estudiar. 😊) Hoy, por ejemplo, voy con Lucía al parque y hacemos un taller de slackline. Los chicos no pueden ir: ellos prueban el rocódromo nuevo en el polideportivo. Bueno, solo van Manuel y Tarek. Alejandro nunca hace deporte. Él va a la presentación de un libro. Después vamos juntos a una cafetería.

Y tú, ¿qué haces?

Un abrazo,
Marta

Comprensión auditiva

32–34

2 **Escuchas tres anuncios de radio. Elige el que corresponde al cartel.** | Du hörst drei Radio-Spots. Wähle denjenigen aus, der zu dem Plakat passt.

Comprensión lectora

3 **¿Las siguientes frases son verdaderas o falsas? Justifica tu respuesta con citas del e-mail de Marta.** | Sind die folgenden Aussagen richtig oder falsch? Begründe deine Antwort mit Zitaten aus Martas E-Mail.

1. Marta hace muy pocas cosas con sus amigos en Madrid.
2. A veces no puede quedar con sus amigos porque tiene que estudiar.
3. Hoy va con su amiga al rocódromo nuevo.
4. Manuel y Tarek van al polideportivo.
5. Alejandro hace mucho deporte.
6. Después, Marta y sus amigos van a un restaurante.

Comprensión audiovisual

4 **a** **Mira la escena 2 y resume su contenido en pocas frases en alemán.** | Schau dir Szene 2 an und fasse den Inhalt in wenigen Sätzen auf Deutsch zusammen.

b **¿Dónde está Isabel antes de ir al bar y cómo se llama el bar?** | Wo ist Isabel bevor sie in die Bar geht und wie heißt diese?

La lengua

5 **a** **¿Adónde vais? A combina dos números y B formula una frase o una pregunta.** | Wohin geht ihr? **A** kombiniert eine Zehner- mit einer Einerzahl und **B** formuliert einen Satz oder eine Frage. ▶ Los números, p. 253

Ejemplo: **A:** 76
B: ¿Vais al cine?

a + el = al

	ir
[yo]	voy
[tú]	vas
[él / ella / usted]	va
[nosotros/-as]	vamos
[vosotros/-as]	vais
[ellos/-as / ustedes]	van

[Yo]	10			1	piscina
¿[Tú]?	20			2	rocódromo nuevo
Lucía	30			3	centro cultural
¿Quién?	40		a la	4	heladería
[Nosotros]	50	*ir*	al	5	teatro
Mi hermano y yo	60			6	cine
¿[Vosotras]?	70			7	museo
Mis padres	80			8	biblioteca
¿Quiénes?	90			9	taller de slackline en el parque

b **Haz preguntas a tu compañero/-a. Él/Ella contesta.** | Stellt euch gegenseitig Fragen und antwortet. ↗ p. 223

Ejemplo: **A:** ¿Adónde vas?
B: Voy al instituto. Tengo clase de Español.

el polideportivo	*necesitar* un libro
la heladería	*tener* clase de [...]
la empresa	*tener que* trabajar
una cafetería	*querer* tomar [...] con [...]
el centro comercial	*querer* comprar [...]
el parque	*querer* probar el rocódromo nuevo
el instituto	*tener que* estudiar para* un examen
la biblioteca	*querer* hacer el taller de slackline

6 **Tres chicos hablan sobre lo que pueden hacer hoy en Vista Alegre. Completa el texto con una forma de poder, querer y tener que.** | Drei Jugendliche unterhalten sich darüber, was sie heute in Vista Alegre unternehmen können. Ergänze mit den passenden Formen von poder, querer und tener que.

1. Lisa: Mirad, chicos, ¡hoy hay muchas cosas gratis! (*poder*/nosotros) ir al rocódromo, ¿no?
2. Mar: No, hoy no (*poder*/yo). (*Tener que*) trabajar.
3. Lisa: ¡Qué pena! ¿Y tú, Tito? ¿También (*tener que*) trabajar?
4. Tito: No, yo sí (*querer*) ir. Pero creo que Julián también (*querer*) hacer algo con nosotros, y él nunca hace deporte.
5. Mar: Entonces (*poder*/vosotros) ir al centro cultural.
6. Lisa: Sí, o (*poder*/nosotros) ir a una cafetería. ¿O no (*querer*/vosotros) tomar un café?
7. Tito: Sí. Oh, mira, un mensaje de Juan y Julia: Ellos también (*poder*) hacer algo con nosotros porque hoy no (*tener que*) trabajar.

	poder (o → ue)
[yo]	puedo
[tú]	puedes
[él / ella / usted]	puede
[nosotros/-as]	podemos
[vosotros/-as]	podéis
[ellos/-as / ustedes]	pueden

Taller de pronunciación

35 **7** **a** **Escucha y repite las palabras.** | Höre die Wörter und sprich sie nach.

36 **b** **Escucha y lee en voz alta estas frases.** | Höre zu und lies die Sätze laut vor.

¿Quieres probar?	Tu novia es divertida.	Eva es creativa.
¿Vamos?	¡Sube!	¿Este es tu móvil?

[ð]	[β]
la discoteca	vale
moderno	voy
Madrid	aburrido

Expresión oral

PF **8** **Contaos qué hacéis normalmente los fines de semana.** | Erzählt euch, was ihr normalerweise am Wochenende macht.
Ejemplo: Normalmente hago cosas en mi barrio.

sagen, wie oft du etwas machst

(Casi) siempre Normalmente* A veces (Casi) nunca	voy a [...] con [...]. hago [...]. tengo que estudiar/trabajar. quedo con [...].

PF **9** **Tu compañero de intercambio quiere saber qué puede hacer en tu barrio. ¿Qué le cuentas?** |
Dein Austauschpartner möchte wissen, was er in deinem Stadtviertel alles unternehmen kann. Was sagst du ihm?

sagen, was man an deinem Wohnort unternehmen kann

Puedes	ir	al	(cine).
		a la	(piscina).
	hacer deporte en el polideportivo. [...].		

el parque
el gimnasio
el centro comercial
el centro cultural el teatro
el museo la heladería
[...]

Ya sé

10 **Escribe un e-mail, donde Soledad cuenta lo que hacen ella y sus amigos en su barrio.** |
PF Schreibe eine E-Mail, in der Soledad Marta erzählt, was sie und ihre Freunde im Stadtviertel unternehmen.

↗ p. 223

Punto final

Du wirst einen Gastschüler aus Spanien bei dir aufnehmen. Schreibe ihm/ihr eine erste E-Mail: Stelle dich und deine Familie vor und schreibe, was sie/ihn in deinem Stadtviertel erwartet.

Preparar

Mache dir Stichpunkte zu folgenden Fragen:
- Was kannst du deinem/-r Austauschpartner/in über dich erzählen (Name, Alter, Wohnort, etc.)?
- Was kannst du über deine Stadt / dein Stadtviertel/Dorf erzählen? Wo bist du häufig und was machst du dort? ► En la ciudad / En el pueblo, p. 240
- Welche Information über deine Familie könnte deine/n Austauschpartner/in interessieren (Wohnverhältnisse, Geschwister, Alter, Charakter etc.)? ► La familia, p. 240

Escribir

- Schreibe die E-Mail auf Basis deiner Stichpunkte. Denke an die Bewertungskriterien. ► Eine E-Mail schreiben, S. 276

Revisar

- Lies deine E-Mail noch einmal durch. Hast du an alle Punkte gedacht?
- Korrigiere deinen Text mithilfe der Fehler-Checkliste selbst. ► Fehler-Checkliste, S. 279

Intercambiar y evaluar

Tauscht eure E-Mails untereinander aus und gebt euch ein Feedback.

Vocabulario

1 ¿Cuál es el contrario de estas palabras? | Wie lautet das Gegenteil dieser Wörter?

1. serio/-a ≠ [...]
2. pequeño/-a ≠ [...]
3. tranquilo/-a ≠ [...]
4. viejo/-a ≠ [...]
5. interesante ≠ [...]
6. mucho ≠ [...]
7. cerca ≠ [...]
8. siempre ≠ [...]

2 ¿Qué se describe? | Was wird beschrieben?

1. Aquí hay muchos libros. Es una [...].
2. Aquí puedes tomar un helado. Es una [...].
3. Alemán, francés e inglés son [...].
4. Vives en este edificio. Es tu [...].
5. Aquí puedes tomar un café. Es una [...].
6. Aquí hay muchos alumnos y profesores. Aquí puedes aprender mucho. Es el [...].
7. Viven también en tu edificio. Son tus [...].
8. Los españoles tienen dos, por ejemplo Rojas García. Los alemanes normalmente solo tienen uno, por ejemplo Schmidt o Müller. Es el [...].
9. Son los padres de tus padres. Son tus [...].
10. Es la madre de tu primo. Es tu [...].

3 Busca el intruso. | Welches Wort fällt aus der Reihe?

1.	la calle	la dirección	el código postal	la ciudad	la arroba
2.	la heladería	el supermercado	el ordenador	la panadería	el kiosco
3.	el gimnasio	el polideportivo	el rocódromo	la biblioteca	la piscina
4.	los amigos	los padres	los hermanos	los tíos	los abuelos
5.	el museo	la discoteca	el teatro	el cine	la prima
6.	simpático	aburrido	divertido	inteligente	alegre
7.	la abuela	el compañero	el novio	el helado	la amiga
8.	la clase	el examen	el compañero	el alumno	la foto
9.	el punto	el guion	el e-mail	el número	la arroba
10.	aprender	estudiar	practicar	bailar	escribir

Gramática

4 Verbos: **Tarek quiere quedar con Alejandro. Completa el diálogo con las formas verbales correctas.** | Tarek möchte sich mit Alejandro verabreden. Setze die richtigen Verbformen ein.

▶ Grammatik, 9, 16, 18, 20

Tarek: Oye, Alejandro, Manuel y yo (*ir*) al rocódromo nuevo. ¿(*Querer*) ir?
Alejandro: Sí, (*querer*), pero hoy no (*poder*). (*Tener que*) estudiar para el examen de Inglés. (*Ser*) mañana. ¿Manuel no (*tener que*) estudiar también?
Tarek: Nunca (*hacer* / tú) deporte. Solo (*estudiar* / tú) para los exámenes.
Alejandro: Sí (*hacer*) deporte, pero no siempre. A veces (*ir*) a la piscina.
Tarek: ¡Venga, Alejandro! Hoy (*poder* / tú) probar el rocódromo gratis con nosotros. (*Poder* / nosotros) quedar en la plaza…
Alejandro: Sí, pero no (*poder* / yo). ¿Pero por qué no (*probar* / nosotros) el taller de slackline en el parque mañana? ¿(*Poder* / vosotros) quedar después del examen? (*Costar*) solo tres euros. Marta y Lucía también (*ir*)…
Tarek: Bueno, ¿por qué no? Entonces (*quedar* / nosotros) en el parque mañana y hoy (*ir* / yo) al rocódromo con Manuel.
Alejandro: Y después (*poder* / tú) invitar a Marta a la cafetería nueva en el parque…
Tarek: Y tú ¿qué (*hacer*) después? ¿(*Estudiar*)?
Alejandro: No, (*ir*) al cine con Lucía.
Tarek: Interesante. ¡Hasta mañana entonces!

Hier kannst du überprüfen, was du in den Lektionen 1 und 2 gelernt hast.

5 Los verbos hay, ser y estar: **¿Qué hay en los dibujos? ¿Quiénes son y dónde están?** | Was ist auf den Bildern zu sehen? Wer sind die Personen? Wo sind sie?
► Grammatik, 11, 12

Ejemplo:

un chico • Nico / el hermano de Marta / ¿dónde?

En la foto hay un chico.
Es Nico. Es el hermano de Marta.
Está en el polideportivo.

1 un chico • Javi / el hermano de Alejandro / ¿dónde?

2 un chico y una chica • Tarek y Lucía / ¿dónde?

3 una chica • Paula / una amiga de Marta / ¿dónde?

4 dos chicas • Mariana y Natalia / las hermanas de Lucía / ¿dónde?

6 Los determinantes posesivos y los adjetivos: **Jorge escribe un e-mail a sus primos que ahora viven en Berlín. Completa su e-mail con los determinantes posesivos y con la forma correcta de los adjetivos.** | Jorge schreibt eine E-Mail an seine Cousins, die jetzt in Berlin leben. Ergänze seine E-Mail mit den Possessivbegleitern und setze die richtige Adjektivform ein. ► Grammatik, 10, 14

es_mail | enviar | insertar ⌄ | ortografía | opciones ⌄ | cancelar

Hola, Maite y Manolo:

¿Qué tal [...] vida en Berlín? [...] fotos son muy (*interesante*). Ahora vivís cerca de un parque (*grande y tranquilo*), ¿verdad? Es (*perfecto*) para [...] perro (*nuevo*)... ¿Cuál es [...] nombre? ¿Y qué tal con el alemán? Ahora habláis en alemán con [...] padre y en español con [...] madre, ¿verdad?

@ Maite: Oye, ahora aprendes francés en [...] instituto (*nuevo*), ¿verdad? Es una lengua (*difícil*), ¿o no? Y [...] profesores, ¿qué tal? ¿Son (*estricto*)?

Bueno, aquí en Segovia todo va muy bien. [...] trabajo (*nuevo*) es (*interesante*) y [...] compañeros de trabajo son (*genial*) y muy (*simpático*). Pero siempre tenemos mucho trabajo. [...] abuela ahora necesita mucha ayuda en casa. Ya es bastante (*viejo*), pero [...] vecinos van al supermercado con ella.

Un abrazo por internet,
[...] primo Jorge

Comprensión auditiva

37

7 a Escucha el diálogo. ¿Por qué se tiene que identificar el chico? | Höre den Dialog. Warum gibt der Jugendliche seine Daten an?

a) Er befindet sich auf einer Polizeiwache.
b) Er befindet sich am Flughafen.
c) Er will sich für einen Kurs anmelden.

37–38

b ¿Qué datos son verdaderos? Escucha y elige la opción correcta. |
Welche Angaben stimmen? Höre zu und wähle die richtige Option aus.

Diálogo 1

1. El chico se llama…
   a) Pablo Navarro Rodríguez b) Paolo Rodríguez Navarro c) Pedro Navarro Robredo
2. Su dirección es…
   a) calle Roja 2
28016 Madrid b) calle Roja 12
28018 Madrid c) calle Roja 12
28016 Madrid
3. Su número de teléfono es el…
   a) 91-74-78-36 b) 91-64-78-36 c) 91-64-68-36
4. El e-mail es…
   a) Pablo_navrod18@j_mail.xy b) Pablo_navrod16@elmail.xy c) Pablo_navrod_16@mail.xy

Diálogo 2

1. El nombre de la chica es…
   a) Paula Tozal Billar b) Paula Tosal Villar c) Paula Tocal Villar
2. Vive en la…
   a) calle Villar y Macías 45
37002 Salamanca b) calle Villar y Macías 54
37002 Salamanca c) calle Villar y Macías 43
37012 Salamanca
3. Su teléfono es el…
   a) 92123810 b) 92321820 c) 92321810
4. Su número de móvil es el…
   a) 6-69-50-20-4 b) 6-79-50-20-4 c) 6-79-05-20-5
5. Su e-mail es…
   a) paula-villar45@mi-blog.org b) paula_villar45@mi-blog.org c) paula.villar45@mi-blog.org

Comprensión lectora

Los apellidos en España y América Latina

Algo especial en España y en América Latina son los apellidos. Normalmente, las personas tienen dos apellidos. Y cada[1] persona lleva[2] sus apellidos para toda la vida. Además, padres e hijos[3] tienen apellidos diferentes.

¿Cómo es posible? Muy fácil…
Por ejemplo, Javier Sánchez Rodríguez y Cristina Villar Morales tienen un hijo: Santiago. Santiago también tiene dos apellidos: normalmente, el primer[4] apellido es también el primer apellido del padre. Y el segundo[5] apellido es el primer apellido de la madre.

1 cada jede/r
2 llevar tragen
3 los hijos Kinder
4 el primer(o) der erste
5 el segundo der zweite

8 ¿Cuáles son los apellidos de Santiago? | Wie lauten die Nachnamen von Santiago?

a) Morales Rodríguez b) Sánchez Villar c) Rodríguez Villar

9 Encuentra a los padres de estas personas. | Finde die Eltern der folgenden Personen.

1. María Vela González
2. Jorge Tosal Baeza
3. Ramón Nadal García

Hernán González Fernández
Rosa Nadal Naranjo — Antonia Sánchez Vela
José Vela Fernández — Paula Baeza Fernández
Iván Baeza Naranjo — Luis Nadal Cortez
Ana García Lorca — Soraya González Tosal
Mario Tosal Iglesias

Expresión escrita

10 **Imagínate que eres alumno/-a de intercambio en Salamanca. Escribe un blog sobre la ciudad y tu vida allí.** | Stell dir vor, du bist Austauschschüler/in in Salamanca. Schreibe einen Blog über die Stadt und dein Leben dort.

- viele Cafés im Zentrum
- eine neue Eisdiele in deiner Straße
- fast immer viele Leute auf der *plaza Mayor* im Zentrum
- immer viel los in den Straßen
- zwei moderne Schwimmbäder
- drei Kinos
- eine Bücherei
- viele kleine Museen
- viele Diskotheken
- auch ruhige Zonen und Parks

Expresión oral

11 **a** **Le muestras una foto de tu familia a tu familia de intercambio. Explica quién es quién.** | Du zeigst deiner Austauschfamilie ein Foto deiner Familie. Erkläre, wer wer ist.

Este/Esta es mi/su [...]. Estos/Estas son mis/sus [...].	Vive con [...] en [...]. Se llama/n [...]. Es/Son de [...]. Vive/n en [...]. Tiene/n [...] años. Es/Son + *adjetivo*.

b **Hablad sobre la familia de la foto. A pregunta y B contesta.** | Sprecht über die Familie auf dem Foto. A fragt und B antwortet.

¿Cómo [...]? ¿Quién/es [...]?
¿Cuántos [...]? ¿Dónde [...]? ¿De dónde [...]?
¿Trabaja? ¿Con quién [...]?

12 **Encuentras a un/a amigo/-a español/a en la calle. Preguntaos adónde vais.** | Du triffst einen spanischen Freund / eine spanische Freundin auf der Straße. Fragt euch gegenseitig, wohin ihr gerade unterwegs seid.

Ejemplo: **A:** Hola, Luis. ¿Adónde vas?
B: Voy al centro. Quiero tomar un café con Isabel. ¿Y tú? ¿Adónde vas?

Ir	a la al	biblioteca. cafetería. piscina. plaza. heladería. instituto. polideportivo. museo. centro. centro cultural.	*Tener* que *Querer*	hablar con [...]. estudiar para el examen de Inglés. trabajar en la tienda de mis padres. practicar para el examen de Alemán. quedar con [...]. hacer una visita guiada. probar el rocódromo nuevo. leer más libros de Isabel Allende. escuchar la presentación del libro de [...]. hacer un taller de slackline. tomar un helado/café con [...].

El español en el mundo[1]

Actualmente más de 470 millones de personas tienen el español como lengua materna[2]. Es la segunda[3] lengua del mundo por número de hablantes nativos[4] después del chino y antes del inglés.

Igual que tú, ¡más de 20 millones de alumnos lo estudian! En total, si sumamos[5] todos sus hablantes, más de 560 millones de personas hablan español en todo el mundo.

El español (o castellano) es lengua oficial en 21 países[6] en África, América y Europa. La mayoría[7] de los hablantes vive en América Latina.

Sin embargo, en casi todos los países latinoamericanos se hablan, además, lenguas indígenas como el quechua en Perú o el maya en México. Algunas[8] de ellas son lenguas cooficiales. Y también en España hay regiones bilingües donde el catalán, el vasco y el gallego son lenguas cooficiales.

En otros[9] países hay muchos hablantes de español, pero esta no es la lengua oficial, por ejemplo en Estados Unidos. Allí más de 42 millones de personas dominan el español, que es la lengua extranjera[10] más importante en escuelas y universidades.

Otro dato interesante es que el español es la tercera[11] lengua en internet, y la segunda lengua en plataformas como Wikipedia, Twitter o Facebook.

¡Aprender español es, definitivamente, una idea genial!

Extracto del artículo «El español: una lengua viva. Informe 2015», del Instituto Cervantes

1 **el mundo** Welt 2 **la lengua materna** Muttersprache 3 **la segunda** die zweite 4 **hablantes nativos** Muttersprachler
5 **sumar** zusammenzählen 6 **el país** Land 7 **la mayoría** Mehrheit 8 **algunas** einige 9 **otros** andere
10 **la lengua extranjera** Fremdsprache 11 **la tercera** die dritte

Comprensión lectora

1 a Encuentra la siguiente información en el texto y en el mapa. | Finde folgende Informationen im Text und auf der Karte.

1. Wie viele Menschen auf der Welt insgesamt Spanisch sprechen.
2. Die Zahl der Länder, in denen Spanisch Amtssprache ist und ihre geographische Verteilung.
3. Ein afrikanisches Land, wo Spanisch Amtssprache ist.
4. Zwei Sprachen in Lateinamerika und drei Sprachen in Spanien, die neben Spanisch gesprochen werden.
5. Der Status der spanischen Sprache in den USA.

b Explica por qué es «genial» aprender español. Nombra al menos tres ventajas. | Erkläre mithilfe des Textes, warum es „genial“ ist, Spanisch zu lernen. Nenne mindestens drei Vorteile.

El mundo del español

Don Quijote, figura literaria

Atahualpa, emperador[1] inca

Frida Kahlo, pintora[2]

James Rodríguez, futbolista

Gael García Bernal, actor

Letizia y Felipe, reina[3] y rey[3]

1 el emperador Herrscher 2 la pintora Malerin 3 el rey, la reina König, Königin

2 **Was weißt du über diese berühmten Persönlichkeiten aus Lateinamerika und Spanien?**

3 **a Busca información sobre una de las personas y apúntala en una ficha.** | Recherchiere Informationen über eine der Personen und notiere sie in einem kurzen Steckbrief. ► Cultura, p. 243–249

b Con ayuda de la ficha sobre «vuestro» personaje, haced diálogos. | Führt Kennenlerndialoge mithilfe der Steckbriefe.

Hola. ¿Cómo te llamas?

¿De dónde eres?

¿Qué haces?

Nombre: […]
Apellidos: […]
País (y ciudad): […]
Ocupación:[1] […]

1 la ocupación die Tätigkeit

¿Qué hacen los jóvenes españoles en su tiempo libre?

- quedar o salir con amigos
- escuchar música
- viajar
- usar el ordenador
- ir al cine
- hacer deporte
- descansar
- ver la televisión
- ir a conciertos
- leer libros
- escuchar la radio
- ir a bares o cafeterías
- leer periódicos, revistas
- ir al teatro
- ir a discotecas, bailar
- ir a museos, exposiciones
- jugar con videojuegos

Injuve 2014

1

2

3

4

39

Comprensión lectora

1 **Busca las actividades de las fotos en la lista.**
Ejemplo: «Ir a conciertos» es la foto número…

2 **Suche in den Dialogen, wie man auf Spanisch sagt, dass du ...**

- etwas gerne machst.
- etwas sehr gerne machst.
- etwas ziemlich gerne machst.
- etwas überhaupt nicht gerne machst.
- auch etwas gerne machst.
- etwas auch nicht gerne machst.

Expresión oral

PF **3 Haz tu propio ranking de actividades con la lista de la página 44. Busca en la clase a dos compañeros/-as con al menos dos actividades en común y dos diferentes.**

Ejemplo: **A:** ¿Te gusta ir a conciertos?
B: No me gusta mucho.
A: A mí tampoco. ¿Y [...]?

sagen, was du (nicht) gerne machst

☺ (A mí) me gusta [...]	A mí también. A mí, no.
☹ (A mí) no me gusta [...]	A mí tampoco. A mí, sí.

4 a ¿Qué (no) te gusta hacer los domingos? Escribe en un papel tres actividades que te gusta y otras tres que no te gusta hacer.

► Actividades de tiempo libre, p. 240

los domingos*

☺	☹
[...]	[...]

b Repartid los papeles en la clase. Cada uno busca al autor / a la autora de su lista.

Ejemplo: **A:** Mia, ¿a ti te gusta tocar la guitarra*?
B: No, a mí no me gusta. ¿Y a ti te gusta ir al teatro?

Comprensión auditiva

40 **5 a Escucha la encuesta y apunta en una tabla qué actividades de tiempo libre nombran los chicos.**

	Lucía	Alejandro	Manuel	Tarek
bailar	X	[...]	[...]	[...]
escuchar música	[...]	[...]	[...]	[...]
hacer deporte	[...]	[...]	[...]	[...]
ir a conciertos	[...]	[...]	[...]	[.
ir al cine	[...]	[...]	[...]	
leer revistas	[...]	[...]	[.]	
quedar con amigos	[...]	[...]		

40 **b Escucha otra vez y cuenta con qué frecuencia los chicos hacen las actividades.**

(casi) nunca — a veces — normalmente — los domingos — (casi) siempre

Ejemplo: Lucía siempre hace mucho deporte.

Taller de pronunciación

41 **6 a Höre zu: Sind das Aussage- oder Fragesätze?**

b Lies die Sätze vor und betone sie als Frage oder Aussage. Dein/e Partner/in sagt, was er/sie gehört hat.

1. Hacemos deporte mañana.
2. Marta también hace deporte.
3. Mañana es el concierto.
4. Lucía toca la guitarra.
5. Vamos al concierto o al cine.
6. Primero tomamos un café y después vamos al concierto.

A ¿Qué estáis haciendo?

Hier lernst du:
- anzugeben, was jd gerade macht
- zu sagen, wie man sich fühlt

Actividad de prelectura

1 **Tienes un minuto para leer el texto. ¿Por qué chatean los chicos?**

Los chicos chatean* porque están
- preparando una fiesta*.
- estudiando inglés.
- haciendo planes* para salir.
- practicando para el examen de Alemán*.

grupo de chat

42

Tarek: Chicos, ¿qué estáis haciendo?

Alejandro: Estoy leyendo. ¿Qué pasa?

Marta: ¿Qué tal? Estoy escribiendo un e-mail.

Tarek: ¿Os gusta escuchar rap? Hoy hay un concierto superguay en el «Palacio Vistalegre». ¿Vamos? Manuel ya está haciendo cola para comprar las entradas. Es que a nosotros nos gusta mucho…

Alejandro: ¿En serio? ¡Mola! ¡A mí también me gusta!

Marta: ¡Qué sorpresa! ¡Bieeeeen!

Tarek: ¡A Lucía le gusta escuchar rap! ¿Lucía? ¿Qué estás haciendo? ¿Por qué no nos contestas?

Lucía: No puedo. Estoy estudiando para el examen de Alemán. Y por eso estoy un poco nerviosa y cansada…

Lucía: Es que estamos aprendiendo el *Dativ* y el *Akkusativ* y no entiendo nada.

Alejandro: ¿El qué? ¿Me estás tomando el pelo?

Marta:

Marta: ¡Venga, Lucía! Mira, mis padres están pasando el fin de semana en el pueblo. ¿Por qué no pasas mañana por casa y practicamos alemán?

Lucía: ¡Venga, vale! Mañana en tu casa. Entonces sí puedo ir al concierto. ¡Ahora estoy súper feliz! @Marta: ¿Me das tu dirección?

Tarek: Pues, quedamos en una hora en el «Palacio Vistalegre». Os mando un enlace del grupo, ¿vale?

Marta: ¡Sí, perfecto! ¡Yo también estoy muy contenta! @Lucía: Es…

Tarek

Alejandro

Marta

Lucía

Comprensión lectora

2 **Lee la conversación de chat y cuenta: ¿qué están haciendo?**

Alejandro · Manuel · Los padres de Marta · Los chicos · Lucía · Marta

están quedando para salir. · está escribiendo un e-mail. · está haciendo cola. · está leyendo un libro. · están pasando el fin de semana en el pueblo. · está estudiando.

La lengua

3 a Sieh dir diese Verben im gerundio aus dem Text an. Wie lauten die jeweiligen Infinitive? ▶ Grammatik, 24

estáis haciendo | estoy escribiendo | estoy estudiando | están pasando | estamos aprendiendo

b Wann endet die gerundio-Form auf -ando? Wann auf -iendo?

c Forma el gerundio de los verbos preparar, comer, recibir, trabajar y salir.

ir → estar yendo
leer → estar leyendo

d Was wird mit estar + gerundio ausgedrückt? In welchen Sprachen kennst du eine ähnliche Form? Wie würdest du sie auf Deutsch wiedergeben?

1. Tarek hace deporte los domingos. Hoy es domingo y Tarek *está jugando* al fútbol.
2. Lucía hace música. Ahora *está tocando* la guitarra.

4 **Hablas con tu compañero/-a por móvil. Contaos qué estáis haciendo.** ↗ p. 223

Ejemplo: **A:** Hola, Julia, ¿qué tal? ¿Qué estás haciendo?
B: Estoy […]. ¿Y tú?
A: […]

escribir […] estudiar […] trabajar […]
comer […] preparar […] salir […]
aprender […] probar […] comprar […]
hacer […] bailar […] descansar […]
tomar […] […]

5 **Completa el diálogo entre Lucía y sus hermanas con los pronombres de complemento indirecto.** ▶ Grammatik, 23

Lucía: Natalia, ¿[…] das mi móvil?
Natalia: Un momento.
Lucía: ¿[…] estás tomando el pelo?
Natalia y Mariana: No […] estamos tomando el pelo, hermana.
Lucía: Es que no tengo tiempo. […] quiero escribir un mensaje a Marta.
Natalia y Mariana: Nosotras también […] estamos mandando un mensaje a nuestros amigos. Es solo un momento.
Lucía: A vosotras […] gusta mucho escribir con mi móvil…
Natalia y Mariana: Nuestros amigos no […] contestan el mensaje.
Lucía: Chicas, […] doy solo un minuto* más, ¿vale?

Marta	me te le nos os les	da el móvil.

Comprensión auditiva

6 a ¿Qué crees?: ¿Cómo están los chicos? ¿Por qué?

Creo que Marta está […]	bastante muy súper	feliz cansado/-a nervioso/-a contento/-a	porque […]. Es que […].

Marta

Lucía

Alejandro

Manuel

Tarek

43

b Escucha y comprueba o corrige tu respuesta de 6 a.

Expresión escrita

7 **Marta (A) está chateando con Alejandro (B) para quedar hoy. Escribid el chat entre ellos. A comienza.** ▶ Partner B, S. 224

Begrüße Alejandro und frage, wie es ihm geht.
Gib an,
- wo du bist (zu Hause – im Sportzentrum – in der Schule – [...])
- mit wem du dort bist (mit Lucía und Manuel – mit deinem Bruder / deiner Schwester – mit [...])
- wie du dich fühlst (müde – nervös – zufrieden – [...])
- und warum

Frage Alejandro, wo er ist und was er gerade macht.
Verabrede dich für heute mit ihm (Kino – Sportzentrum – Park – [...]).
Verabschiede dich.

A

Expresión oral

PF **8** a **Mirad los adjetivos y buscad más para caracterizar a vuestros compañeros de clase.**

b **Describe a un chico / una chica de tu clase. Tus compañeros adivinan quién es.**

Es	muy un poco bastante	creativo/-a. divertido/-a. tranquilo/-a. serio/-a. simpático/-a. estricto/-a. alegre. inteligente. [...].

No le gusta	mucho	tomar el pelo a los amigos. ver la tele. salir los fines de semana. ir al teatro. ir a discotecas. ir a museos. ir al gimnasio. ir a la piscina. [...].
Le gusta	mucho bastante	

9 a **¿Qué le dices a tu compañero/-a? Elige la reacción adecuada para cada frase.**

- Este año viajamos a Cuba.
- Quiero pasar un año en Perú.
- ¿Vamos al cine hoy?
- Tengo un regalo para ti.
- Tú tienes las entradas para el concierto, ¿verdad?

Erstaunen ... ausdrücken	und Begeisterung
¿En serio?	¡Buena idea!
¿Me estás tomando el pelo?	¡Perfecto!
¡Vaya!	¡Qué guay!
¡Qué sorpresa!	¡Mola!
	¡Venga, vale!

b **Elegid una situación. Preparad el diálogo y presentadlo en clase.**

Tu amigo/-a quiere ir al cine hoy, pero tú no puedes. Estás un poco nervioso/-a y tienes que estudiar para el examen de Español.

Tu compañero/-a de trabajo es también tu amigo/-a. Hoy no puede ir a la empresa porque está enfermo/-a* y muy cansado/-a. Tú tienes que preparar su presentación.

B Ropa para una entrevista

Hier lernst du:
- Kleidung zu beschreiben
- etw. einzukaufen

Antes del concierto la pandilla está paseando por un centro comercial.

Lucía: ¡Qué camisa más chula! ¡Me encanta!
Alejandro: ¿Cuál?
Lucía: Esta camisa rosa de manga corta de aquí.
Alejandro: Pues, el color no me gusta y es bastante cara. Prefiero la blanca o la azul.

Tarek: Chicos, ¿me echáis una mano? Necesito ropa nueva porque tengo una entrevista para unas prácticas. ¿Por qué no entramos en la tienda?
Marta: ¡Muy bien! A ver, ¿qué te parece ese pantalón?
Tarek: ¿Cuál? ¿Ese marrón de ahí?
Marta: ¡No, ese no! ¡El gris! Es elegante y bastante barato.
Tarek: Pues sí, me gusta. Parece cómodo. ¿Cuánto cuesta?
Marta: Es bastante barato y además, está de oferta: cuesta solo 35 €.

Alejandro: Mira, estos zapatos.
Tarek: ¿Qué zapatos?
Alejandro: Estos negros de cuero. Son cómodos, prácticos y de buena calidad.
Tarek: Yo solo compro cuero ecológico. ¿Y qué te parece ese cinturón?
Alejandro: No va bien con el pantalón… ¿Y tienes chaqueta?
Tarek: Tengo una chaqueta, pero no tengo camisa.
Vendedor: ¿Qué talla necesitas?
Tarek: La L…

Comprensión lectora

1 **Mira las fotos y busca en el texto cómo se llama cada prenda* y su color.**

2 **Explica en alemán o en español las siguientes expresiones:**

echar una mano a alguien (l. 7)	ir bien con algo (l. 22)	estar de oferta (l. 14)

La lengua

3 a Prepara, con las palabras del texto, un mapa mental.

PF **b ¿Qué ropa lleváis hoy? Completad el mapa mental.**

▶ La ropa y los zapatos, p. 241

c Pregunta a tu compañero/-a qué lleva en cada situación.

Ejemplo: **A:** ¿Qué llevas para ir a una entrevista de trabajo?
B: Pues, llevo una camisa blanca…

a una entrevista de trabajo
a una primera cita*
al instituto
a la discoteca   a una boda*
al cine con amigos
a unas prácticas en un polideportivo

- azul
- gris
- naranja*
- violeta*
- verde*
- rosa
- marrón
- amarillo/-a*
- blanco/-a
- negro/-a
- rojo/-a*

3

4 En la tienda, Tarek le pregunta a Marta su opinión. ▶ Grammatik, 23, 26, 27

Tarek:			Marta:			
¿Qué te parece/n	este estos esta estas	cinturón? pantalones? chaqueta? camisetas? jersey? vestido? vaqueros? zapatos?	No me gusta/n (mucho/nada). El color no me gusta. No va/van bien con nada.	Prefiero	ese esas esos esa	(de allí).

Expresión oral

5 a Haz adivinanzas. Describe las prendas de un/a compañero/-a. Tus compañeros adivinan quién es.

▶ La ropa y los zapatos, p. 241

Ejemplo: **A:** La persona X (= equis) lleva vaqueros azules.
B: Es Stefanie.
A: No. También lleva una chaqueta gris y una camiseta verde.
C: ¡Es Timo!
A: Si, es él.

b Preparas tu maleta para un viaje.

Llevo una camisa y zapatos.

Llevo una camisa, zapatos y un jersey.

Llevo una camisa, zapatos, un jersey y dos vaqueros.

Comprensión auditiva

45

6 **a** **Escucha la entrevista en la calle y completa la tabla: ¿Qué ropa compran los jóvenes y por qué?**

	Luz	Pablo	Clara
¿Cómo es su ropa?			
¿Por qué?			
¿Qué ropa compra?			

práctica   elegante   de buena calidad
cómoda   cara   barata   de oferta

b **¿Qué ropa te gusta comprar? ¿Por qué?**

Expresión oral

7 **Estáis en una tienda de ropa. Preparad el diálogo en parejas. A comienza.** ▶ Partner B, S. 224

Du suchst nach etwas zum Anziehen.
Dein/e Freund/in berät dich.

- Du findest ein Teil, das dir gefällt und fragst deinen Freund / deine Freundin, wie er/sie es findet.
- Du entscheidest dich für eine Farbe. Nachdem du das Teil anprobiert hast, fragst du deinen Freund / deine Freundin, was er/sie davon hält.
- Du sagst, welche Größe das Teil ist (z. B. S) und sagst ihm/ihr, dass du eine andere Größe brauchst (z. B. M oder L).
- Du hast die andere Größe anprobiert und fragst deinen Freund / deine Freundin, was er/sie davon hält.
- Du entscheidest dich, das Teil zu kaufen.

Mediación

ES DE

8 **Dein Austauschpartner, Pedro, kommt ohne Koffer in Deutschland an. Du gehst mit ihm einkaufen. Hilf ihm, sich mit der Verkäuferin des Geschäfts zu verständigen.** ▶ Dolmetschen, S. 281

Pedro: Bueno, creo que necesito vaqueros, una camiseta y un jersey. → Tú: […]
Vendedora: Hier habe ich zwei Jeans. Welche magst du lieber: diese blauen oder diese grauen hier? → Tú: […]
Pedro: Me gustan estos azules de aquí. ¿Tiene camisetas y jerséis de oferta? → Tú: […]
Vendedora: Ja, die T-Shirts dort sind im Angebot. Sie kosten nur 7,50 €. → Tú: […]
Pedro (zu dir): ¿Qué te parece esta camiseta? → Tú (zu Pedro auf Spanisch): *Welches?* […]
Pedro (zu dir): Esta verde de manga corta. → Tú (zu Pedro auf Spanisch): *Du ziehst das gelbe da vor.* […]
Pedro: Sí, también me gusta. ¿Y qué jerséis están de oferta?
Vendedora: Diese hier sind alle im Angebot. Sie kosten 12,50 € und sind sehr bequem. → Tú: […]
→ Tú: […]
Pedro: No me gustan nada. ¡Parecen de mala calidad! Llevo solo los vaqueros azules y la camiseta amarilla. → Tú: *(etwas diplomatischer)* […]
Pedro: ¿Cuánto es? → Tú: […]
Vendedora: Das macht 37,50 €. Vielen Dank. → Tú: […]
Pedro: Gracias, adiós. → Tú: […]

Hier lernst du:
- das Aussehen von Personen zu beschreiben

46

Proyecto cine
En nuestro curso de cine estamos preparando una película de aventuras para niños pequeños y necesitamos a dos chicos y chicas.
Para los chicos: ¿Eres bajo, delgado y tienes el pelo largo y castaño?
Para las chicas: ¿Eres baja, no muy delgada?
¿Tienes el pelo rubio y los ojos azules o verdes?
Podéis escribir un mensaje a Paula (profesora):
pau@madrid.es

¿Hablas **alemán** y quieres aprender **francés** o **árabe**? Soy Arib y estoy buscando a **compañeros de tándem** para aprender alemán.
Me encanta tocar la guitarra, charlar con amigos e ir al cine. Y también me gusta mucho nadar. Podemos quedar en la biblioteca, los lunes por la tarde siempre estoy ahí. Soy bastante alto, no muy delgado, llevo gafas y tengo el pelo rizado.
arib3000@ies.es

Empresa de publicidad

busca a jóvenes para fotos (16 a 18 años)
Somos una empresa que tiene mucha experiencia en publicidad. Para una campaña de ropa para jóvenes necesitamos a chicos y chicas pelirrojos de pelo corto y liso.
tupublicidad@espana.com

Siempre estamos buscando a jóvenes para nuestras campañas de publicidad. ¿Quieres ser modelo? Aquí puedes describir cómo eres.

Soy [X] chica [ ] chico
Tengo [ ] 10–12 años [ ] 13–15 años [X] 16–19 años
Estatura: alta y no muy delgada
Pelo: castaño
Ojos: grandes y claros
Más información: Tengo dos tatuajes y un piercing en la nariz.
E-mail: sara_xyz@email.es

enviar

Comprensión lectora

1 Relaciona las imágenes con los anuncios de arriba.

PF **2** Busca en los textos palabras para describir a una persona. Haz un mapa mental.

[…]
los ojos – verdes
el aspecto físico*
el pelo
la estatura

Comprensión auditiva

47

3 Escucha y encuentra a la persona. | Höre zu und finde die Person.

1 Pedro Almodóvar

2 Daniel Brühl

3 Pep Guardiola

4 Reina Letizia

5 Penélope Cruz

6 Icíar Bollaín

Comprensión audiovisual

4 Mira la escena 3. ¿Qué personas ves en el video? ¿Qué llegas a saber sobre ellas?

Expresión oral

PF

5 Describe a un/a compañero/-a de clase. Tu compañero/-a adivina quién es.

Ejemplo: Lleva una camiseta azul y lleva gafas. ¿Quién es?
¿Quién tiene el pelo [...] y lleva [...]?
¿Quién es el chico / la chica que lleva [...]?

das Aussehen von Personen beschreiben

Es	alto/-a. bajo/-a. [...].	Tiene	el pelo [...]. los ojos [...]. [...].	(No) Lleva	gafas. [...].

La lengua

6 ¿Qué hacen las personas? Formula frases y preguntas con o sin a.

↗ p. 224

1. [yo] 2. [tú] 3. [usted] 4. Tarek 5. [nosotros/-as] 6. [vosotros/-as] 7. Los amigos de Tarek 8. [ustedes]	(no)	*buscar* *ver* *necesitar* *escuchar* *querer* *comprender*	(a)	la música de Shakira la tele un café su móvil mi madre Tarek sus amigos ayuda con los deberes los libros [...]

Wenn das direkte Objekt eine Person ist, steht davor ein „a":
Tarek necesita **a** sus amigos.
Tarek necesita ropa.

7 a Lee las definiciones. Tu compañero/-a adivina la palabra.

1. Un chico o una chica que está en tu clase.
2. Una cosa que llevas en la nariz.
3. Una prenda que un chico lleva en una boda.
4. Un grupo de amigos.
5. Un lugar con muchas tiendas.
6. Una cosa que necesitas para entrar en un concierto.
7. Un chico o una chica que lleva ropa para campañas de publicidad.
8. Un lugar donde escuchas música.
9. Un lugar donde hay muchos libros.
10. Aquí puedes ver películas.
11. Sesenta son una hora.
12. Aquí puedes hacer deporte.

b Busca, para cada palabra, una pareja.
Ejemplo: el concierto – la música / la guitarra

el concierto | la boda | el periódico | el tiempo libre | la televisión | la moda* | la ropa | el bar

la pandilla | el museo | la hora | el fin de semana | el centro cultural | el curso | el parque

la nariz | las prácticas | el amigo | la arroba | la ciudad

Expresión escrita

PF **8 Contesta a uno de los anuncios de la p. 53.**

Punto final

Eure spanische Austauschklasse kommt nächsten Monat das erste Mal an eure Schule. Ihr werdet Tandems bilden, d. h. immer eine/e spanische/r Schüler/in und ein/e deutsche/r Schüler/in werden möglichst viel Zeit miteinander verbringen. Damit sich die richtigen Tandems finden können, bereitet möglichst genaue Portraits von euch vor.

Preparar
Überlegt,
- ob ihr ein Foto von eurer Klasse anfertigt oder einzelne Fotos von jedem/jeder von euch. Ihr könnt euch auch in einem Handyfilm präsentieren.
- ob jede/r sich selbst beschreibt, eine/n Klassenkameraden/-in oder zum Beispiel seine/n Banknachbarn/-in.
- was ihr alles mitteilen wollt: Vorlieben – Abneigungen, das Lieblings-Outfit, auch das Aussehen bzw. besondere Merkmale?

Realizar
- Je nachdem, ob ihr euch mündlich vorstellen wollt oder einen schriftlichen Text verfasst: Formuliert eine erste Version möglichst vollständig.

Revisar
- Lies deinen Text und korrigiere ihn. ▶ Fehler-Checkliste, S. 279

Intercambiar y evaluar
- Prüft eure Texte gegenseitig und macht ggf. Vorschläge zur Korrektur oder Verbesserung.
- Stellt eure Texte/Videos der Klasse vor.

Actividad de prelectura

48

1 Mira el texto y las fotos. ¿Qué tipo de texto es? ¿Cuál es el tema del texto? ¿Conoces la ciudad?

1

57 ♥ Me gusta
Marta17 ¡Un fin de semana super guay con mi prima Soledad en mi nueva ciudad favorita! Barcelona me gustó muchísimo y me encantó ver a mi prima.
#laprimeravezbarcelona #primas

2

24 ♥ Me gusta
Marta17 Primero visitamos la Sagrada Familia, la obra más famosa del arquitecto Gaudí. ¡Wow!
#antonigaudi #sagradafamilia

3

32 ♥ Me gusta
Marta17 ¡El Parc Güell no puede faltar! Es un parque muy grande y con muchos colores, también de Gaudí. Allí descansamos un rato.
#parcgüell #antonigaudi

4

35 ♥ Me gusta
Marta17 El segundo día visitamos el centro de la ciudad. Aquí estamos en el Barrio Gótico, el barrio más antiguo de Barcelona.
#barrio gótico

5

28 ♥ Me gusta
Marta17 Después, pasé la tarde con Sole y sus amigos en la Playa de la Barceloneta. Nadamos, charlamos y luego tomamos algo en un chiringuito. ¡Genial!
#barceloneta #lavidaenlaplaya

Barcelona

habitantes:	1,6 millones
comunidad autónoma:	Cataluña
lenguas:	catalán y español

Hier lernst du:
- über Erlebnisse in der Vergangenheit zu sprechen

6

27 ❤ Me gusta
Marta17 Del Barrio Gótico caminamos a las Ramblas que es una calle muy famosa con muchas tiendas y muchos artistas callejeros. Allí encontré ropa muy bonita.
@Sole: ¡Me encanta el vestido que compraste!
#lasramblas #moda

7

2 ❤ Me gusta
Marta17 Y claro, no todo es positivo: ¡Hay un montón de turistas! A las 3 de la tarde aparecieron cientos de turistas al mismo tiempo en las Ramblas. En una hora tomaron fotos, comieron algo y compraron recuerdos. A las 4 la gente desapareció y volvió al puerto a sus cruceros. ¡Qué horror!
#turismofobia

8

42 ❤ Me gusta
Marta17
Aquí, en la Font Màgica, conocimos a Jacob, un chico muy simpático, y charlamos con él. Primero habló con nosotras en catalán pero ¡no comprendí nada! Nos preguntó: *Vau visitar el Parc Güell ahir?* que significa *¿Visitasteis el Parc Güell ayer?*
#catalán #FontMàgica #nuevagente

9

35 ❤ Me gusta
Marta17 El último día paseamos por el Mercat de la Boquería. ¡Cuánta gente! Ahí comí un pa amb tomàquet (¡qué rico!), compré una postal y le escribí a mi amiga Laura.
@Sole: Y tú, Sole, ¿¿le escribiste a Jacob?? 😉

10

45 ❤ Me gusta
Marta17 Al final subí al Tibidabo en funicular. Allí hay un parque de atracciones muy antiguo y bonito. Ahí tomé esta foto=)
Tibidabo #quierovolver

Comprensión lectora

2 **Prepara un mapa mental en tu cuaderno sobre el fin de semana de Marta en Barcelona.**

descansar
visitar el Parc Güell
ver a su prima, Soledad
El fin de semana de Marta

La lengua

3 a Busca todas las formas del pretérito indefinido en el texto y apúntalas en la tabla. ▶ Texto, p. 56/57

	-ar	-er	-ir
[yo]			
[tú]		comiste	
[él/ella, usted]			subió
[nosotros/-as]	visitamos		vivimos
[vosotros/-as]		aprendisteis	
[ellos/-as, ustedes]			

b ¿Cómo es la conjugación del pretérito indefinido para los verbos regulares? Completa la tabla.
▶ Grammatik, 47

	tom**ar**	com**er**	escrib**ir**
[yo]	tomé		
[tú]			
[...]			

c Was wird mit dem pretérito indefinido ausgedrückt?

d Completa la biografía de Antoni Gaudí, el arquitecto más famoso en Barcelona, con la forma correcta del pretérito indefinido. ▶ Grammatik, 47

Hola, me llamo Antoni Gaudí i Cornet y (*nacer**) en Reus el 25 de junio de 1852. Fui un arquitecto español muy famoso.
Mi familia (*vivir*) primero en Francia y luego (*llegar*) a Cataluña hace muchos años. En España (*vivir* / nosotros) en Reus. Yo (*salir*) de mi pueblo para ir al instituto en Barcelona. (*Recibir*) mi título de arquitecto en 1878. Después (*participar**) en la creación de muchas obras que hoy son muy famosas como el Parque Güell, la Sagrada Familia y la Casa Batlló. ¿(*ver* / tú) mis obras cuando (*visitar* / tú) Barcelona?
(*Diseñar*[1]) muchas obras y además (*crear*[2]) muchas nuevas técnicas para trabajar con materiales diferentes. Me (*inspirar*[3]) las muchas generaciones de mi familia que (*trabajar*) con cobre. Muchas de mis obras (*pasar*) a ser[4] Patrimonio de la Humanidad[5]. En junio de 1926 (*morir**) en un accidente.

1 diseñar entwerfen 2 crear schaffen 3 inspirar inspirieren 4 pasar a ser werden 5 el Patrimonio de la Humanidad Welterbe

Comprensión audiovisual

4 Mira la escena 4 del DVD y haz apuntes.
¿Qué pasó con el gato[1] Félix?

1 el gato Kater

Expresión oral

5 **Habla con un/a compañero/-a sobre tus últimas vacaciones o sobre tu fin de semana.**

En mis últimas vacaciones mi familia y yo viajamos a Berlín y visitamos a mi tía…

¡Qué guay! Yo visité a mi primo. Quedamos con sus amigos y…

über Erlebnisse in der Vergangenheit sprechen

En mis últimas vacaciones* El fin de semana pasado* Primero Luego Después Al final	[yo] mi familia y yo mis padres mis amigos mi hermano/-a […]	*visitar* (a) *descansar* *comprar* *pasar* por *quedar* con *viajar* a *aprender* *estudiar* *volver* a/de *salir* con […]	inglés/español/[…] mucho/[…] una camiseta / un vestido / […] Barcelona/Roma/Berlín/[…] mis/nuestros amigos / […] para el examen / […] el parque / la plaza / […] […]

Comprensión auditiva

49 **6** a **Escucha la conversación entre Marta y su amigo Pablo. ¿Por qué visitó Pablo Barcelona?**

49 b **¿Qué lugares visitó Pablo en Barcelona y en qué orden? Ordena las imágenes, sobra una.** ▶ selektives Hörverstehen, S. 282

1 el museo MACBA

2 la Barceloneta

3 el Port Olimpíc

4 la Casa Battló

5 la Sagrada Familia

6 el Camp Nou

7 el Parc de la Ciutadella

8 Carrer dels Tallers

49 c **¿Cuál es su lugar favorito y qué lugar no le gusta a Pablo? ¿Por qué?**

Expresión escrita

7 **Prepara una entrada de blog sobre un viaje que te gustó mucho o un viaje que te gustaría hacer. Puedes tomar el texto de Marta (p. 56/57) como modelo. Busca fotos en internet y escribe un texto para cada foto.**
▶ Quellendokumentation, S. 287

4 El día a día

¡Vamos!

Weitere Lesetexte zur Unidad in der PagePlayer-App!

50

Comprensión lectora

1 ¿Cómo se dice en español? | Wie fragst du auf Spanisch ...

... um welche Uhrzeit eine Einrichtung öffnet und schließt?
... wie spät es ist?
... wann und um welche Uhrzeit etwas beginnt und endet?
... wann etwas stattfindet?

Expresión oral

2 a Planeas un viaje a Madrid, pero no sabes cuándo son los eventos que te interesan. Pregunta a tu compañero/-a. Él/Ella contesta con ayuda del cartel.

ein Datum erfragen und angeben

¿Cuándo ¿Qué día	es [...]?	El	uno dos [...]	de enero. de [...].

Hier lernst du:
- die Uhrzeit zu erfragen und anzugeben
- ein Datum zu erfragen und anzugeben

b Preparad un calendario de cumpleaños de la clase para vuestra clase de intercambio.
Ejemplo: **A:** ¿Qué día es tu cumple(años)*?
B: Es el [...].

enero febrero* marzo* abril mayo
junio* julio* agosto* septiembre
octubre* noviembre diciembre*

c ¿Cuándo es/son...? Pregunta a tu compañero/-a por las siguientes fechas. ▶ Panorama 2, p. 76–77

el cumpleaños de [...] | el examen de Español | tus prácticas | los Reyes Magos
los Sanfermines | el Día de los Muertos | las vacaciones* | el Día de la Hispanidad

3 ¿Qué hora es?

▶ Los números, p. 253

2:00	6:05	8:10
11:15	12:25	8:30
8:40	3:45	9:55
1:30	1:00	10:35

die Uhrzeit erfragen und angeben

¿Qué hora es?	Es la una Son las [...]	y media.	
		y menos	cinco. cuarto. [...].

4

a Pregunta a tu compañero/-a por los horarios. Él/Ella mira los letreros y contesta.

▶ Los números, p. 253

Biblioteca pública:
De lunes a jueves 9:00–20:00
Viernes 13:00–20:00
Sábados 10:00–14:00

Piscina:
De martes a domingo
11.00–21.00

Panadería «El pan»
De lunes a viernes:
8:00 a 14:30
17:00 a 20:00
Sábados y domingos:
8:00 a 15:00

Cafetería Mar
De lunes a viernes
9:30–15:00 y 19:00–23:00
Sábados 9:30–15:00

Gimnasio «Las pesas»
De lunes a viernes de 8.30 a 22 h
Sábados de 10 a 14.30 h

Centro comercial Vista Alegre
De lunes a sábado: 10–21 h

In Spanien haben viele Geschäfte zwischen 14 und 17 Uhr geschlossen.

Uhrzeiten erfragen und angeben

¿A qué hora	abre cierra	la biblioteca [...]	los lunes*? los martes*? los miércoles*? los jueves? los viernes*? los fines de semana?	A la/s [...]. De [...] a [...].*

b Es tu primer día en el instituto en España y le preguntas a tu compañero/-a de intercambio por los siguientes horarios. Él/Ella contesta.

empezar la clase de Inglés — *terminar* las clases hoy — *abrir* la cafetería del instituto — *cerrar* la cafetería — *ser* el recreo — *poder* ir a casa — *ser* la clase de Alemán — [...]

Comprensión auditiva

51

5 ¿Qué día y a qué hora...? Escucha los diálogos y completa las frases.

↗ p. 224

1. Las vacaciones empiezan el [...].
2. Son las [...].
3. El concierto es el [...].
4. La piscina cierra a las [...].
5. La entrevista es a la [...].
6. La tienda abre de [...] a [...].

A El instituto

Hier lernst du:
- über den Schulalltag zu sprechen
- jemanden zu etwas aufzufordern

Victoria Díaz, una chica sobresaliente

9,91 es la nota final del Bachillerato de Victoria Díaz. Como muchos jóvenes, en estos días ella está preparando la Selectividad para estudiar en la universidad.

Pero Victoria no es una «empollona». Sus compañeros en el instituto Parque Aluche piensan que ella es una chica normal y simpática.

«No tengo una asignatura favorita, pero tenemos un profesor de Inglés muy divertido y, por eso, a todos nos gustan las clases de Inglés», explica Victoria. También le gustan mucho las Ciencias: Sus asignaturas optativas son Biología y Química porque quiere estudiar Medicina.

«¿Mi secreto? Para sacar buenas notas, es muy importante poner atención en clase y estudiar un poco todos los días. Trabajar solo el día antes del examen no es suficiente.»

Pero el tiempo libre también es muy importante para ella: «Hago deporte dos veces por semana: nado todos los martes, y los jueves juego al voleibol. Los fines de semana salgo con mis amigos: vamos a bailar o al cine.»

¿No queréis sacar malas notas? Entonces leed y practicad los consejos de Victoria:

✓ Pon atención en clase.
✓ ¿Hay algo que no comprendes? ¡Pregunta!
✓ Haz siempre los deberes.
✓ Prepara los exámenes con tiempo.
✓ Duerme bastante antes de un examen.
✓ Sal con tus amigos los fines de semana y piensa en otras cosas.

Comprensión lectora

1 ¿Verdadero o falso? Indica las líneas del texto para justificar tu respuesta.

1. Para estudiar en la universidad en España tienes que hacer la Selectividad.
2. La nota final de Victoria es muy buena.
3. Victoria saca buenas notas porque solo piensa en el instituto.
4. La asignatura favorita de Victoria es el Inglés porque tiene un buen profesor.
5. Victoria es muy inteligente. Por eso, solo tiene que estudiar el día antes del examen.
6. Para Victoria también es importante hacer deporte y pasar el fin de semana con sus amigos.
7. Tres consejos de Victoria son: poner atención en clase, hacer siempre los deberes y salir con los amigos.

Estrategia: Sprachmittlung

2 Dein kleiner Cousin hat Probleme in der Schule. Erkläre ihm mithilfe des Artikels über Victoria Díaz, wie er seine Leistungen verbessern kann.

Falls deine Familie oder Freunde kein Spanisch (oder Deutsch) sprechen, kannst du ihnen als „Sprachmittler/in" helfen und die für die Situation relevanten Informationen vermitteln. ► Sprachmittlung, S. 281

1. Suche die Textstellen heraus, in denen etwas über Victorias Erfolgsgeheimnis gesagt wird und gib sie wieder.
2. Erkläre deinem Cousin nun Victorias Tipps für bessere Noten.

Expresión oral

3 a Mira el horario de Victoria. ¿Cómo se llaman las asignaturas en alemán? p. 224

hora	lunes	martes	miércoles	jueves	viernes
8:15–9:10	Matemáticas	Lengua y Literatura	Química	Biología	Historia de España
9:10–10:05	Inglés	Arte	Matemáticas	Inglés	Biología
10:05–11:00	Historia de España	Biología	Geografía	Lengua y Literatura	Matemáticas
11:00–11:30	**recreo**				
11:30–12:25	Lengua y Literatura	Física	Lengua y Literatura	Geografía	Química
12:25–13:20	Arte	Historia de España	Biología	Física	Inglés
13:20–14:15	Química	Geografía	Arte	Química	Física
14:15–15:20	**recreo**				
15:20–16:15		Inglés		Matemáticas	

PF **b Cuéntale a tu compañero/-a de intercambio sobre el día a día en tu instituto.** ► Las asignaturas, p. 241

über den Schulalltag sprechen

Aquí, las clases normalmente empiezan/terminan a las [...].
Los lunes / [...] tenemos clases de [...] a [...].
Una hora de clase tiene [...] minutos.
No tenemos [...], pero tenemos [...].
Mi asignatura favorita es [...] porque [...].
Pero no me gustan las clases de [...] porque [...].
Saco buenas/malas notas en [...].
En el recreo normalmente [...].

La lengua

4 a Busca las formas del imperativo en el texto (p. 63) y completa la tabla en tu cuaderno.

infinitivo	tú	vosotros/-as
[...]	practica	[...]
[...]	[...]	pensad
[...]	lee	[...]

b Formuliere die Regeln zur Bildung des Imperativs. ► Grammatik, 31

2. Person Singular (tú): [...]. 2. Person Plural (vosotros/-as): [...].

c Encuentra las tres formas irregulares del imperativo en la lista de consejos de Victoria (p. 63). ¿A qué infinitivo corresponden?

5 Dale consejos a tu compañero/-a: ¿Cómo puede mejorar sus notas? Él/Ella pone excusas. p. 225

Ejemplo: **A:** Estudia bastante antes de un examen.
B: No puedo. Es que trabajo mucho y tengo poco tiempo para el instituto.

estudiar [...] *dormir* [...] *preparar* [...] *poner* atención [...] *escribir* [...] *terminar* [...] *descansar* [...] *hacer* [...] *leer* [...] *pensar* en [...] *practicar* [...]

No puedo porque [...].
No quiero porque [...].
Es que [...].

6 a El imperativo con pronombre. **Encuentra el consejo correspondiente para cada frase.**
▶ Grammatik, 32

p. 226

compradle échale cómprales escríbele explícame cómprate

1. Hoy mi madre tiene mucho trabajo en su tienda. – Entonces [...] una mano.
2. Tengo una entrevista de trabajo y no tengo ropa. – Entonces [...] ropa nueva.
3. Mañana es el cumpleaños de nuestra hermana. Le gusta mucho leer. – Entonces [...] un libro.
4. Quiero quedar con mi novia, pero no contesta el móvil. – Entonces [...] un mensaje.
5. ¡Es que nunca comprendes que no puedo salir los fines de semana! – Entonces [...] por qué no puedes.
6. A mis padres les gusta mucho el flamenco. – Entonces [...] un CD.

b Forma el imperativo **para dar consejos.** ▶ Grammatik, 32

1. Mi prima pequeña quiere un helado. – Entonces (*comprar a ella*) un helado.
2. El teléfono de mis abuelos no funciona. – Entonces (*escribir a ellos*) un e-mail.
3. Nuestros hermanos no entienden el ejercicio. – Entonces (*explicar a ellos*) el ejercicio.

El mundo del español

7 a Lee el documento y contesta las preguntas.

1. ¿Cómo se dice *Zeugnis* y *Schuljahr* en español?
2. ¿Qué significa NT, SB y SU? ¿Cómo se dice eso en alemán?

Las notas en España:
9–10: Sobresaliente
7–8,9: Notable
6–6,9: Bien
5–5,9: Suficiente
0–4,9: Insuficiente

BOLETÍN DE CALIFICACIONES

Alumno/a: Lima Navamuel, Felipe
Numero exp: 5444
Convocatoria: 1ª EVA
Año académico: 2017/2018
Grupo: 1A
Curso: 4° E.S.O.

Don Gabriel Lima Gómez
C/La Churra N° 98
Barrio – 39211 (Cantabria)

Asignaturas	1EVA		2EVA		FOR	
Biología	NT	8				
Geografía (opt.)	SB	9				
Lengua y Literatura	SB	9				
Inglés	SB	9				
Matemáticas	NT	7				
Educación Física	SU	5				
Arte	BI	6				
Química	SU	5				
Física	BI	6				
Historia de España	SB	9				

Resumen de faltas de asistencia desde 01/09/2017 hasta 30/06/2018

	Justificadas	Injustificadas	Retrasos
Día/s completos	2	0	
Tramo/s horario/s	1	0	0

IES Gómez-Molina
C/Lauria, 9
39211 Santander

Les saluda cordialmente,

Tutora: Rut Sanz Morales
Horario de tutoría: Viernes de 10:35 a 11:25

ES DE

b Deine Nachbarin hat eine eigene Firma. Nun hat sie eine Praktikumsbewerbung aus Spanien erhalten, kann aber mit dem Zeugnis nichts anfangen. Sie bittet dich um Hilfe. ▶ Sprachmittlung, S. 281

p. 226

- Hat er gute Noten?
- In welchen Fächern ist er besonders gut? Welche Noten hat er in diesen Fächern?
- In welchen Fächern ist er nicht gut? Welche Noten hat er in diesen Fächern?
- Was sind seine Wahlpflichtfächer?

Comprensión auditiva

53

8 a Escucha la conversación entre dos jóvenes. ¿De qué temas hablan? ▶ globales Hörverstehen, S. 282

53

b Escucha otra vez. Luego describe a Pablo y a Cristina y justifica tu opinión.
▶ detailgenaues Hörverstehen, S. 282

p. 226

Ejemplo: Pienso que Pablo es [...] porque [...].

un/a empollón/-ona divertido/-a aburrido/-a
serio/-a simpático/-a majo/-a tímido/-a vago/-a

B ¿Quedamos?

Hier lernst du:
- Vorschläge zu machen und darauf zu reagieren
- dich zu verabreden

Actividad de prelectura

54

1 Escucha la conversación entre Alejandro y sus amigos y di cuáles son los dos temas principales. ▶ globales Hörverstehen, S. 282

los exámenes · un festival de música · el trabajo y el dinero* · las próximas* vacaciones · sus planes* para salir · la novia de Tarek

54

Es martes y Alejandro y sus amigos están charlando en el parque.

Alejandro: Chicos, ¡el próximo fin de semana hay un festival genial! Van a tocar grupos de todo el mundo. ¿Vamos?
Manuel: ¡Qué pasada! ¿Sabes cuánto cuestan las entradas?
Alejandro: No, no sé. Voy a mirar en internet…
Manuel: Quiero ir, pero ahora no tengo mucho dinero.
Lucía: Yo voy, ¡mola mogollón! Marta, tú también vienes con nosotros, ¿verdad?
Marta: Lo siento, pero no puedo. Viajo a Alemania el viernes…
Lucía: ¡Qué pena! Tarek, ¿y tú? Anda, ¡va a ser genial!
Tarek: Hmm, todavía no sé. Quizás.
Alejandro: ¿Qué pasa, tío? ¿Tampoco tienes dinero? ¿O ya tienes otros planes?
Tarek: Es que el sábado viene una amiga a comer a mi casa…
Marta: ¿Y tú sabes cocinar? ¡No me digas!
Tarek: ¡Claro que sé cocinar!
Alejandro: Chicos, ¿y por qué no hacemos algo hoy? ¿Tenéis tiempo?
Marta: ¡Claro! Podemos ir al cine…
Lucía: ¿Otra vez al cine? Por favor, ¡no! Yo prefiero salir a tomar algo y charlar…
Tarek: ¿Qué tal si venís a mi casa a las siete y decidimos qué vamos a hacer?
Marta: Vale. Entonces a las siete en tu casa.
Manuel: Yo no puedo. Realmente no tengo dinero. ¡Qué palo!

Comprensión lectora

2 a ¿Cuáles son los planes? Lee el diálogo y cuenta qué van a hacer los chicos.

		decidir adónde quieren ir hoy.
Marta		ir porque no tiene dinero.
Alejandro		cocinar con una amiga el sábado.
Quizás, Manuel no	va a	mirar en internet cuánto cuestan las entradas.
Tarek	van a	viajar a Alemania el próximo viernes.
Los amigos		quedar en casa de Tarek a las siete.
		ir a un festival el próximo fin de semana.
		salir esta noche.

b ¿Cómo dices estas expresiones en alemán?

¡Qué pasada! (l. 6) · ¡Qué pena! (l. 15) · ¡Anda! (l. 15) · ¡Qué palo! (l. 29)

Expresión oral

3 **¿Y qué vais a hacer vosotros/-as el próximo fin de semana? Habla con tus compañeros/-as.**

► Actividades de tiempo libre, p. 240 ► Grammatik, 33

Ejemplo: **A:** ¿Qué vas a hacer el próximo sábado?
B: El sábado voy a [...]. ¿Y tú?

PF **4** **Haz propuestas para quedar con un/a amigo/-a español/a. Él/Ella es un poco tímido/-a y al principio pone excusas.**

p. 227

ir al cine / rocódromo · ir a la «Noche en Blanco» · tomar un helado / un café · estudiar juntos · quedar · cocinar juntos · salir a bailar · jugar con videojuegos · [...]

Vorschläge machen und darauf reagieren

¿Tienes ganas de* [...]?	Sí, claro. ¡Mola mogollón! • Vale, ¡buena idea!
¿Por qué no [...]?	Quizás otro día.
¿Qué tal si [...]?	Lo siento, pero [...].
Podemos [...].	Es que no me gusta [...], pero podemos [...].

La lengua

5 **Tarek encuentra a Alejandro y Lucía en la calle. Completa el diálogo con las formas de venir.**

Alejandro: Hola, Tarek, ¿qué tal? ¿De dónde [...]?
Tarek: [...] del trabajo. Y vosotros, ¿de dónde [...]?
Lucía: [...] de la piscina y ahora vamos a tomar un helado. ¿Por qué no [...] con nosotros? Marta y Manuel también [...].
Tarek: Ahora no puedo. Hoy [...] mi hermano de Marruecos y tengo que estar en el aeropuerto* en una hora.
Lucía: ¡Qué guay! ¿Y mañana?
Tarek: Mañana tampoco puedo. Farid y yo vamos al Museo del Prado. Ya sabéis que es artista y le gustan esas cosas. ¿Pero por qué no [...] [vosotros] a mi casa después?
Alejandro: ¡Vale! Hasta mañana.

venir
vengo
vienes
viene
venimos
venís
vienen

6 **¿Saber o poder? Pregunta a tu compañero/-a si sabe o puede hacer las siguientes cosas. Él/Ella contesta.**

1. ¿Me [...] echar una mano?
2. ¿[...] bailar salsa?
3. ¿[...] trabajar con programas de estadística?
4. ¿[...] quedar el sábado?
5. ¿[...] cocinar?
6. ¿[...] nadar?
7. ¿Me [...] explicar los deberes de Química?
8. ¿[...] hablar francés?
9. ¿[...] tocar la guitarra?
10. ¿[...] venir a mi casa, por favor?

7 **a** **¿Qué verbo va con qué preposición? Busca parejas.**

ser · vivir · quedar · buscar · ir · venir · tener ganas · invitar · jugar · pensar

a · de · en · con

b **Formula una frase con cada verbo.**

Ejemplo: ¿Eres de aquí?

Comprensión auditiva

55 **8 a Lucía y Alejandro hablan por teléfono. Resume la conversación en dos frases.** ▶ globales Hörverstehen, S. 282
Ejemplo: Hablan de [...]. Alejandro quiere [...], pero Lucía [...].

55 **b Escucha la conversación otra vez y corrige las frases.** ▶ detailgenaues Hörverstehen, S. 282

1. Lucía todavía no sabe qué va a hacer el fin de semana.
2. El martes, Lucía tiene un examen de Inglés.
3. El domingo, Alejandro y Lucía van a la piscina.
4. Alejandro no tiene planes para el sábado.
5. Los dos pueden quedar el sábado a las 16 horas.
6. Lucía quiere salir a bailar el sábado.

Expresión oral

9 Queréis quedar una tarde. Mirad las agendas y buscad un día y una hora. ▶ Partner B, S. 227
Ejemplo:
A: ¿Tienes tiempo el lunes?
B: El lunes juego al fútbol hasta* las seis y media. Pero después tengo tiempo.
A: ¡Qué pena! Después no puedo porque [...].

sich verabreden

¿Tienes tiempo el [...]?

¿A qué hora / ¿Dónde — quedamos?

lunes	martes	miércoles	jueves	viernes
	16:30–17:45 voleibol	estudiar para el examen de Inglés	16:00–17:15 curso* de teatro	
19:00 cine con Pablo	20:00 cumple de Ana			19:00–21:00 voleibol

A

Ya sé

PF **10 Estás en España y quieres salir con tu compañero de intercambio (B) y un amigo (C). Discutid entre los tres qué vais a hacer y poneos de acuerdo.**
▶ Partner B & C, S. 227

- Du willst unbedingt den Film „También la lluvia“ (2010) sehen, weil du die Filme von Icíar Bollaín magst.
- Du hörst gerne Salsa, kannst aber nicht tanzen.
- Findet einen Kompromiss.

A

película, 21:00

taller de tango, 17:00

fiesta de salsa, 23:00

C Cintia, una chica de Perú

Hier lernst du:
- deinen Tagesablauf zu beschreiben
- wiederzugeben, was jemand sagt

Actividad de prelectura

1 **¿A qué hora hacéis qué? Pregunta a tu compañero/-a.**

A

¿A qué hora	te	levantas*? acuestas*?

B

Siempre Normalmente A veces Nunca	me	levanto acuesto	a las [...].

56

Un día normal

Cintia vive en un pueblo pequeño en la región de Piura, en Perú.

Es la mayor de seis hermanos y, por eso, ayuda mucho en la casa aunque solo tiene 13 años. Se levanta temprano: a las seis de la mañana. Se ducha y se pone el uniforme escolar mientras su madre prepara el desayuno. Después de desayunar, Cintia lleva a sus hermanos a la escuela. Primero, todos van veinte minutos a pie y después, ella tiene que tomar un autobús. «A veces pierdo el autobús porque mis hermanitos no se apuran. Entonces tengo que esperar una hora y llego tarde al instituto. Y cuando llueve, no hay clases. Entonces nos quedamos todos en casa y tengo que aguantar a mis hermanos todo el día», dice Cintia. Sin embargo, Cintia dice que le gusta mucho ir al instituto y no se queja. Ella sabe que es importante para poder estudiar en la universidad.

Por la tarde, ella recoge a sus hermanos y después todos ayudan a su madre en el campo. ¿Y su padre? «Veo poquito a mi papá porque él trabaja en Lima. ¡Pero este fin de semana viene y nos va a traer regalos!».

Por la noche, antes de dormir, la familia ve un poco la tele. Después, todos se acuestan bastante cansados.

La madre de Cintia en el campo

Perú	España
apurarse	darse prisa
el hermanito	el hermano

4

Comprensión lectora

2 **¿Cómo es un día normal en la vida de Cintia? Ordena las imágenes según la información del reportaje y describe cada actividad con pocas palabras.**

1

2

3

4

La lengua

3 a Sieh dir die beiden Sätze an. Wo steht im Spanischen das Reflexivpronomen in Bezug auf das konjugierte Verb? Wo steht es im Deutschen? ▶ Grammatik, 36

1. Cintia siempre **se** apura por la mañana.
2. No **me** puedo quejar.

b ¿Qué dicen Cintia y su madre? Completa el diálogo con los verbos reflexivos. ▶ Grammatik, 36 ↗ p. 228

levantarse (2x) *acostarse* *quejarse* (3x) *apurarse* (2x) *ducharse* (3x) *ponerse*

Madre: Cintia, ¿por qué no [...]? Ya son las seis y cuarto.
Cintia: Ya [...].
Madre: Después [...] porque pierdes el bus.
Cintia: No [...] por eso. [...] porque Óscar y Carlitos nunca [...].
Óscar: ¡No es verdad! Siempre [...].
Madre: Bueno, bueno. ¿Quieres desayunar ya, Cintia, o [...] primero?
Cintia: [...] primero.
Madre: Bueno, pero apúrate.
Cintia: Sí, sí, ya, [...] voy a [...], después [...] el uniforme y voy a desayunar.
Madre: Oye, pareces muy cansada. Hoy [...] temprano, ¿eh? Y ahora, ¡apúrate!

ducharse
me ducho
te duchas
se ducha
nos duchamos
os ducháis
se duchan

4 a ¿Qué les dices a las personas en estas situaciones? Relaciona las imágenes con las frases. ▶ Grammatik, 36

¡Duchaos! ¡Levantaos! ¡Acuéstate temprano hoy! ¡Ponte la camiseta verde!

1

2

3

4

b Completa las frases. Usa el imperativo del verbo reflexivo. ▶ Grammatik, 36

1. Tienes helado en el pelo. Anda, (*ducharse*/tú).
2. ¿Vienes a Madrid? ¡Entonces (*quedarse*/tú) en mi casa!
3. ¡(*Quedarse*/vosotros) un poco más!
4. Chicos, está lloviendo. (*Ponerse*/vosotros) una chaqueta.
5. Parecéis cansados. ¡(*Acostarse*/vosotros) a dormir!
6. ¿Todavía estás durmiendo? (*Levantarse*/tú), ¡ya son las siete!

Reflexivpronomen werden an den Imperativ angehängt. In der *vosotros*-Form entfällt das Endungs-*d*:
ducha + te → ¡dúchate!
duchad + os → ¡duchaos!

Expresión escrita

facultativo

5 Estás haciendo prácticas en una revista que quiere publicar una entrevista con Cintia sobre su día a día. Convierte el reportaje (p. 69) en una entrevista con preguntas y respuestas.

Comprensión auditiva

6 Escucha la conversación entre Cintia y su padre y completa las frases. ↗ p. 228

57

1. Por la mañana, el padre [...].
2. A las 12 [...].
3. Por la noche, [...].
4. Al padre le gusta/n [...].
5. Pero no le gusta [...].
6. Cintia quiere [...].

Expresión oral

7 **Cuéntale a tu compañero/-a cómo es un viernes normal en tu vida: ¿Qué haces cuándo? Después presentad tres cosas en común y/o tres diferencias.** ↗ p. 228

deinen Tagesablauf beschreiben

Por la	mañana tarde noche	[…].
Primero · Después Antes de (+ *inf.*) Después de (+ *inf.*)		

8 **Cintia habla con su padre por teléfono. Sus hermanos quieren saber muchas cosas. ¿Qué le dice Cintia a su padre y a sus hermanos?** ▶ Grammatik, 38

Ejemplo: –Óscar pregunta dónde estás.
–Papá dice que […].

1. Óscar: ¿Dónde está papá?
2. Carlitos: ¿Cuándo viene?
3. Óscar: ¿A qué hora llega?
4. Alberto y Juan: ¿Nos va a traer regalitos?
5. Isabel: ¡Yo quiero un libro!

1. Todavía estoy en Lima.
2. Voy el sábado.
3. Llego a las 8 de la noche.
4. Sí, tengo regalos para todos.
5. ¿Qué libro quiere?

wiedergeben, was jemand sagt

[…]	dice/n que […].	
	pregunta/n quiere/n saber	si* […]. cuándo […]. dónde […]. a qué hora […].

4

Punto final

Du hast von deinem spanischen Austauschschüler folgende E-Mail erhalten. Schreibe ihm und beantworte seine Fragen.

Preparar

Überlege dir und notiere:
- für jede Frage von Julio eine mögliche Antwort.
- Ideen für Aktivitäten, die du ihm vorschlagen kannst.

Realizar

- Formuliere eine erste Fassung der E-Mail.
- Berücksichtige die formalen Voraussetzungen für eine E-Mail (Anrede ...). ▶ Eine E-Mail schreiben, S. 276

Revisar

- Prüfe, ob der Inhalt verständlich ist und ob du ausführlich genug geschrieben hast.
- Verwende die Checkliste, um mögliche Fehler zu finden und zu korrigieren ▶ Fehler-Checkliste, S. 279

Intercambiar y evaluar

- Prüft eure E-Mails gegenseitig und macht ggf. Vorschläge zur Korrektur oder Verbesserung.

Hola ☺
¿Qué tal? En tres semanas voy a estar allí – ¡qué pasada! Ya estoy un poco nervioso… Me pregunto cómo van a ser mis días en tu instituto: ¿A qué hora empiezan y terminan las clases? ¿Qué vamos a hacer por las tardes y los fines de semana? A mí me gusta mucho hacer deporte y salir con los amigos. Y quiero ver mucho de tu país. ¿Podemos viajar también a otras ciudades?
Quiero llevar algo de aquí para tu familia, pero no sé qué os puede gustar… ¿Me puedes dar una idea?
Mi madre pregunta si puede hablar con tus padres por teléfono. ¿Qué día tienen tiempo? También quiere saber cuándo vas a venir tú a España con tus compañeros.
Un abrazo y hasta pronto,
Julio

Vocabulario

1 Nombra el contrario de estas palabras.

1. alto/-a ≠ [...]
2. corto/-a ≠ [...]
3. barato/-a ≠ [...]
4. bueno/-a ≠ [...]
5. temprano ≠ [...]
6. abrir ≠ [...]
7. levantarse ≠ [...]
8. el pelo liso ≠ el pelo [...]

2 Busca parejas.

tocar · echar · estar (2x) · tener (3x) · ser (3x) · llevar · salir · escuchar · usar · ver · jugar · sacar · poner

buenas notas · de oferta · el ordenador · el pelo corto · la guitarra · una mano · bajo/-a y delgado/-a · gafas · los ojos claros · enfermo/-a · con amigos · verde · música · atención · cómodo/-a · la tele · al voleibol · ganas

3 Busca el intruso.

1. la camisa – los zapatos – el pantalón – las gafas
2. pelirrojo – moreno – simpático – rubio
3. la cita – la estatura – los ojos – el pelo
4. cansada – cómoda – elegante – barata
5. rojo – naranja – chulo – azul
6. rizado – liso – largo – bajo
7. la asignatura – el cumpleaños – las notas – el recreo
8. el enero – el jueves – el sábado – el lunes
9. la mañana – la tarde – la noche – la feria
10. levantarse – llover – desayunar – acostarse

Gramática

4 a El verbo gustar. Di si te gustan estas prendas. Nombra también el color de cada prenda. ► Grammatik, 23
Ejemplo: No me gusta esta camisa blanca.

b ¿Qué les gusta a los chicos? Completa las frases con los pronombres de complemento indirecto y gusta/n.
► Grammatik, 23

¿A vosotros qué [...] hacer en vuestro tiempo libre? Seis jóvenes nos cuentan qué [...] hacer después del instituto.

Eva y Sofía, 17 años: A nosotras [...] hacer deporte. Y claro, en el instituto [...] las clases de Educación Física.

Alicia, 16 años: A mí y a mi novio [...] ir al cine. Pero a él [...] las películas de acción, y a mí no [...] nada.

Felipe, 18 años: En mi tiempo libre [...] leer libros y descansar. A mis amigos no. A ellos [...] salir, jugar al voleibol o ir a discotecas.

Abel y María, 18 años: [...] mucho la música y [...] salir a bailar los fines de semana. Pero en el instituto las clases de Música no [...] nada, aunque a nuestros compañeros [...] bastante.

Hier kannst du überprüfen, was du in den Lektionen 3 und 4 gelernt hast.

5 Los pronombres de complemento indirecto.

Completa las frases con me, te, le, nos, os, les. ▶ Grammatik, 23

1. –Disculpa, ¿[…] puedes decir qué hora es?
   –Un momento, ya […] lo digo… Son las cuatro.
2. –Marta y Lucía preguntan si vamos a su fiesta el sábado. ¿Qué […] digo?
   –[…] puedes decir que sí.
3. –El sábado es el cumple de Ana. ¿[…] vamos a comprar un regalo?
   –No, no […] gustan los regalos.
4. –Mirad, chicos. ¿Qué […] parecen estos pantalones?
   –¿[…] estás tomando el pelo? ¡Son muy feos!

6 Verbos y verbos reflexivos. Tu compañera de intercambio te escribe sobre su día a día.

Completa el e-mail con la forma correcta de los verbos. ▶ Grammatik, 36

es_mail | enviar | insertar | ortografía | opciones | cancelar

Hola:

¿Qué tal? Me preguntas por mi día a día… Pues, en mi familia todos (*levantarse* / nosotros) a las 6:30 de la mañana –¡qué palo! Solo mi madre (*levantarse*) un poco más tarde. (*Ducharse* / yo), (*desayunar* / yo) y (*salir* / yo) de casa a las 7:40. (*Recoger* / yo) a mi amiga Mar en su casa y (*ir* / nosotros) al instituto. Las clases (*empezar*) a las 8:15. (*Comer* / nosotros) en la cafetería del instituto. Todos siempre (*quejarse*) de la comida[1], pero a mí no me (*parecer*) mala. Por la tarde, (*salir* / nosotros) del instituto a las 16:20. Después (*hacer* / yo) los deberes.

Por la noche normalmente (*quedarse* / yo) en casa: (*ver* / yo) la tele, (*leer* / yo) o (*jugar* / yo) con videojuegos. A veces también (*ir* / yo) al cine. Los fines de semana (*dormir* / yo) hasta tarde y por la noche también (*acostarse* / yo) tarde. Por eso los lunes siempre (*estar* / yo) muy cansada.

¿Cómo es en Alemania? ¿A qué hora (*ir* / tú) al instituto y a qué hora (*levantarse* / tú)? ¿Qué (*hacer* / tu) por la tarde y los fines de semana?

Un abrazo,
Mar

1 la comida das Essen

7 a El imperativo. Lucía quiere salir con sus amigos, pero su madre no está de acuerdo. ¿Qué le dice su madre?

Formula las frases en imperativo como en el ejemplo. ▶ Grammatik, 31

Ejemplo: Tienes que ayudar a tu primo con sus deberes. → **Ayuda** a tu primo con sus deberes.

1. Tienes que hacer tus deberes.
2. Tienes que estudiar para tus exámenes.
3. Tienes que pensar más en el instituto.
4. Tienes que dormir más.
5. Tienes que salir con Héctor.
6. Tienes que recoger a tu primo de la escuela.

b ¿Qué tienen que hacer Lucía y su hermana Mariana? Usa tus frases del ejercicio 7 a y usa el imperativo en plural. ▶ Grammatik, 31

Ejemplo: **Ayudad** a vuestro primo con sus deberes.

8 a El imperativo con pronombre de complemento indirecto. **Tu amiga siempre tiene consejos para todos los problemas. Formula sus consejos como en el ejemplo.** ▶ Grammatik, 32

Ejemplo: (*Mandar* a mí) un e-mail. → Mánda**me** un e-mail.

1. ¿Necesitas un regalo para tu madre? (*Comprar* para ella) un libro.
2. ¿Tus amigos necesitan ayuda? (*Echar* una mano a ellos).
3. ¿Te gusta ese chico? (*Preguntar* a él) cómo se llama y (*dar* a él) tu número de teléfono.
4. ¿No sabes nada de Eva y Juana? (*Escribir* a ellas) y (*preguntar* a ellas) cómo están.
5. Nunca nos escribes a Pablo y a mí. ¡(*Contestar* a nosotros) los mensajes!
6. No sé llegar a tu casa. (*Explicar* a mí) qué autobús tengo que tomar.

b ¿Qué os dice tu amiga a tu hermana y a ti? Reformula los consejos del ejercicio 8 a y usa el imperativo en plural con pronombre de complemento indirecto. ▶ Grammatik, 32

Ejemplo: (*Mandar* a mí) un e-mail. → **Mandadme** un e-mail.

9 El imperativo con pronombre reflexivo. **Diles a las personas qué tienen que hacer. Usa el imperativo.** ▶ Grammatik, 36

1. Alberto, ¡(*apurarse* / tú)! Vamos a llegar tarde.
2. Oye, pareces cansado. (*Acostarse* / tú).
3. Chicas, ya es tarde. (*Acostarse* / vosotras).
4. Cintia, ¡(*levantarse*) ya y (*ponerse*) el uniforme!
5. ¿No estás bien? Entonces (*quedarse* / tú) en casa.
6. ¡(*Ducharse* / vosotros) después de hacer deporte!

10 El gerundio. **¿Qué están haciendo los chicos? Formula las frases con estar + gerundio.** ▶ Grammatik, 24

1 Javi (*usar*) el ordenador.	2 Marta y su familia (*viajar*) a Alemania.	3 (*Ir* / yo) al instituto.
4 Manuel (*leer*) una revista.	5 ¿Qué (*hacer* / vosotros)?	6 (*Ver* / nosotros) la tele.
7 Lucía (*escribir*) un mensaje.	8 El señor García (*abrir*) su tienda.	9 ¿Qué (*comer* / tú)?

Comprensión lectora

11 Marta pone un anuncio en el rocódromo. Lee las respuestas y elige a la persona que mejor corresponde al anuncio de Marta.

*Hola, chicas y chicos: Busco a un compañero (o compañera) para escalar[1]. Quiero venir al rocódromo dos o tres veces por semana y puedo los martes (por la noche), los jueves (por la tarde) y los sábados (todo el día). ¿Quién tiene ganas? Escribidme a: **marta.madrid@talleres.eu***

1 escalar klettern

Hola: ¿Qué tal? Soy Mario y quiero aprender a escalar. Podemos quedar el martes a las siete o el jueves a las cuatro en el rocódromo. ¿Vale?

Hola, Marta: Soy Eva. Me encanta escalar, pero a mis amigos no les gusta. ☹ Yo puedo los lunes y los jueves de las 6 hasta las 9.
Los sábados también tengo tiempo. ¿Quedamos?

¡Hola, chica! Soy nuevo aquí y quiero descubrir el barrio. En realidad, no me gusta mucho hacer deporte, pero podemos hacer otra cosa. ¡Yo también puedo los martes, los jueves y los sábados! ☺ Rubén

Mediación

12 **Deine Freundin sieht Martas Zettel (Übung 11) in der Kletterhalle. Sie sucht auch eine/n Kletterpartner/in. Beantworte ihre Fragen auf Deutsch.**

1. Wie oft will Marta klettern gehen?
2. Wann hat sie unter der Woche Zeit?
3. Und am Wochenende?

Comprensión auditiva

58 **13** **¿Qué le cuenta Tarek a Marta sobre su día a día en el trabajo? Escucha y elige las respuestas correctas.**

1. Por la mañana, Tarek...
   a) se levanta temprano.
   b) empieza a trabajar a las 9.
   c) quiere estar tranquilo.
2. Al mediodía[1], Tarek...
   a) sale a comer con sus compañeros.
   b) se queda en la empresa.
   c) tiene dos horas para comer.
3. Tarek trabaja...
   a) de las 9 de la mañana a las 3 de la tarde.
   b) de las 8 de la mañana a las 7 de la tarde.
   c) de las 7 de la mañana hasta la una.
4. Por la noche, Tarek...
   a) normalmente sale con sus amigos.
   b) está cansado.
   c) llega a casa a las 7.

1 **al mediodía** mittags

Expresión oral

14 **Hablas con un/a amigo/-a (B) para quedar con él/ella. Poneos de acuerdo: ¿Qué vais a hacer?, ¿cuándo?, ¿a qué hora y dónde vais a quedar?** ► Partner B, S. 229

A

- Du sprichst **B** an und erkundigst dich, wie es ihm/ihr geht.
- Du willst dich mit **B** verabreden und schlägst vor:

  Kino | Schwimmbad | Videospiele

- Du kannst:

  morgen Nachmittag | am Wochenende | nächsten Montag

¿Tienes ganas de [...]? ¿Por qué no [...]?
¿Qué tal si [...]? Podemos [...].

¡Mola! ¡Anda! ¡Guay!
¡Qué palo! Qué pena.

Expresión escrita

15 **Estás de vacaciones. Escríbele un e-mail a tu amiga Mar de Madrid y cuéntale cómo pasas tus días libres. Usa las expresiones:** ► Eine E-Mail schreiben, S. 276

Por la	mañana tarde noche	a la una a las [...]	primero después al final
(casi) siempre		normalmente	de la/s [...] a la/s [...]

16 **Quieres quedar con Marta en el rocódromo. Contesta a su anuncio (ej. 11). Escríbele:**

- cuándo y a qué hora puedes quedar con ella.
- cómo eres (estatura, pelo, ojos etc.).

	enero	febrero	marzo	abril	mayo	junio
1						
2						
3						
4						
5						
6	Los Reyes Magos					
7						
8						
9						
10						
11						
12						
13						
14		Día de los enamorados				
15						
16						
17						
18						
19			Las Fallas			
20						
21				Día Internacional del libro		El Inti Raymi
22						
23						
24						
25						
26						
27						
28						
29						
30						
31						

El **Carnaval** es una fiesta alegre que se celebra entre febrero y marzo en casi todos los países hispanos. Muchas personas se disfrazan[5] y bailan en las calles y plazas. En España, el carnaval de Cádiz es muy conocido[6]. En Perú, los carnavales de Ayacucho y Cajamarca son los más famosos.

El 5 de enero los **Reyes Magos**[1] pasan por las calles y regalan golosinas[2] a los niños[3]. Por la noche, los niños ponen delante de la puerta algo de comer y beber para los reyes y sus camellos[4]. El 6 de enero por la mañana, los niños reciben regalos de los Reyes Magos.

En **Semana Santa**[7] hay muchas procesiones por las calles. La más importante es la del Viernes Santo[8]. En Andalucía, especialmente en Sevilla, puedes ver las procesiones más populares de España. Siempre tiene lugar en marzo o abril.

El **Inti Raymi** es la fiesta del Sol[9]. Este día empieza el Año Nuevo[10] en los Andes. Los peruanos bailan con máscaras[11] y trajes[12] en las calles de Cuzco, la capital del Imperio inca.

1 **los Reyes Magos** die Heiligen Drei Könige 2 **golosinas** Süßigkeiten 3 **los niños** Kinder 4 **el camello** Kamel 5 **disfrazarse** sich verkleiden 6 **conocido** bekannt 7 **Semana Santa** Osterwoche 8 **Viernes Santo** Karfreitag 9 **el sol** Sonne 10 **el Año Nuevo** Neujahr 11 **la máscara** Maske 12 **el traje** Tracht

Actividad de prelectura

1 a Mira las fotos: ¿Qué fiestas ya conoces?

b Mira el calendario y di cómo se dice *Silvester*, *Valentinstag*, *Ostern* y *Weihnachten* en español.

Comprensión lectora

2 Completa la tabla con información del calendario.

Fiesta	¿Cuándo?	¿Dónde?	Actividades especiales
Los Reyes Magos	[…]	[…]	[…]
[…]			

	julio	agosto	septiembre	octubre	noviembre	diciembre
1						
2					Día de los Muertos	
3						
4						
5						
6	Los Sanfermines (6–14)					
7						
8						
9						
10						
11						
12	Los Sanfermines			Día de la Hispanidad		
13						
14						
15						
16						
17						
18						
19						
20						
21						
22						
23						
24						
25						La Navidad
26						
27						
28	Día de la Independencia					
29						
30						
31						La Nochevieja

Durante los **Sanfermines**, miles de personas con ropa blanca y pañuelos rojos corren delante de los toros por las calles de Pamplona hasta llegar a la plaza.

En el **Día de los Muertos**, las familias van al cementerio[7] y llevan flores[8] y velas[9]. Además, las familias preparan en sus casas un altar con comida, fotos y objetos de sus muertos[10]. Esta fiesta es muy popular en México y también es conocida en Cajamarca, Perú.

El **Día de la Hispanidad** es el 12 de octubre porque este día Colón[1] llegó[2] a América. Algunos países hispanos lo celebran con grandes desfiles[3], bailes y comidas[4]. Sin embargo, en muchos países de América Latina no se celebra, sino que[5] se recuerda[6] la colonización española.

En España, la **Nochevieja** es una fiesta muy especial. A las doce, los españoles comen doce uvas[11] para tener buena suerte[12] en el año nuevo.

1 **Colón** Kolumbus 2 **llegó** kam an 3 **el desfile** Festumzug 4 **la comida** Essen, Festessen 5 **sino que** sondern
6 **recordar** sich erinnern an 7 **el cementerio** Friedhof 8 **la flor** Blume 9 **la vela** Kerze 10 **el muerto** der Verstorbene
11 **la uva** Traube 12 **tener buena suerte** viel Glück haben

Competencia intercultural

3 ¿Qué fiestas celebras en tu familia? Elige una y cuenta cómo se llama, cuándo, dónde, con quién y cómo la celebras.

La fiesta más popular se llama [...].
Se celebra cada año en [...].
Celebro con mi familia / mis amigos / [...].
En la fiesta bailamos/cantamos/comemos / [...] / no podemos [...].

Comprensión audiovisual

4 En las fiestas de cumpleaños en México, muchos niños reciben una piñata. Mira la escena 5 y explica en español o alemán como se hace una piñata.

5 En Madrid

¡Vamos!

Weitere Lesetexte zur Unidad in der PagePlayer-App!

1 Parque del Buen Retiro

Si quieres pasar un día tranquilo, puedes ir al Retiro. Es perfecto para descansar y los fines de semana hay muchos artistas. ¡Es muy chulo! ¿Estás cansado de caminar? Entonces alquila una bici o un segway para pasear por el parque.

2 El Rastro

¿Necesitas algo, pero tienes poco dinero? No hay problema: puedes ir al Rastro. Si quieres ver muchas cosas, tienes que ir temprano porque es muy grande. Pero ten cuidado con la mochila...

3 Museo Reina Sofía

¿Te interesa el arte? Entonces visita el Museo Reina Sofía, que es uno de los museos más importantes de Madrid. Hay cuadros de Pablo Picasso, Salvador Dalí y Joan Miró.

Actividad de prelectura

1 ¿Qué sabes de Madrid?

Es (una ciudad) [...]. Está en [...]. Hay un/a [...]. Hay muchos/-as [...].

Comprensión lectora

2 Busca la información en el folleto sobre Madrid y cuenta qué puedes hacer allí.

1. Si quieres ver a muchos artistas,
2. Si ya no quieres caminar,
3. Si vas al Rastro,
4. Si te interesan los cuadros de Pablo Picasso,
5. Si quieres comprar ropa nueva,
6. Si te interesa el fútbol y tienes dinero,
7. Si te gusta ir a los bares y comer tapas,

ten cuidado con tu mochila.
visita el Museo Reina Sofía.
te va a gustar el Estadio Santiago Bernabéu.
vale la pena ir al barrio de Malasaña.
tienes que ir al Parque del Buen Retiro.
puedes ir a la calle Fuencarral.
alquila una bici en el Parque del Buen Retiro.

Hier lernst du:
- Empfehlungen zu geben

4 Calle Fuencarral

¿Te gusta la moda? Pues tienes que ir a la Calle Fuencarral. Allí encuentras muchas tiendas con zapatos y ropa de moda.

5 Barrio de Malasaña

Si quieres ir de tapas o salir por la noche, haz un tour por los bares de Malasaña. Allí puedes probar tapas muy ricas. Este barrio también es famoso por su ambiente alternativo. ¡Vale la pena!

6 Estadio Santiago Bernabéu

Si te gusta el fútbol, tienes que visitar el Bernabéu para ver al Real Madrid. ¡Es fenomenal! Pero las entradas son bastante caras. Si no tienes mucho dinero, también puedes visitar el museo.

Expresión oral

3 a Imagínate que estás en Madrid. ¿Qué quieres hacer, qué no y por qué?

Me interesa Tengo ganas de	ver los cuadros de [...] visitar el estadio comprar ropa/zapatos pasear por los barrios ir en bici a [...] hacer un tour por los bares salir por la noche	porque	me gusta	el arte. la moda. el fútbol. [...].
			quiero	descansar. pasar un día tranquilo. probar/ver cosas nuevas. comer tapas. [...].
También/Además Pero no Tampoco	[...].			

b Usa tus apuntes de 3a y ponte de acuerdo con tu compañero/-a.

¿Quieres ¿Te interesa ¿Tienes ganas de	ir al ir a la	Parque del Buen Retiro? Rastro? Museo Reina Sofía? calle Fuencarral? Estadio Santiago Bernabéu? barrio de Malasaña?	¡Mola mogollón! ¡Es fenomenal / guay / genial / fantástico/-a! ¡Es (muy) interesante / chulo/-a / famoso/-a! ¡Es perfecto/-a para […]! ¡Vale la pena!

Sí, No, no	quiero ir me interesa ir tengo ganas de ir	porque […].

4 ¿Qué puede hacer un/a joven español/a en tu ciudad/pueblo/barrio? Dale recomendaciones.

PF

↗ p. 229

Empfehlungen geben

Si	quieres te interesa tienes ganas de te gusta/n	[…],	tienes que puedes ir al / a la te va a gustar haz visita	[…].

Comprensión auditiva

60

5 a Estáis de intercambio en Madrid y vuestros compañeros proponen actividades.
Escucha los mensajes y ordena las fotos.

1

2

3

60

b Escucha otra vez las propuestas y apunta por qué vale la pena ir a estos lugares.

Comprensión audiovisual

6 Mira la escena 6. ¿Qué lugares de Madrid se presentan? ¿Qué más entiendes sobre estos lugares?

A Buscar piso en Madrid

Hier lernst du:
- ein Zimmer zu beschreiben
- etwas zu vergleichen

Actividad de prelectura

1 Mira los dos anuncios: ¿qué palabras puedes entender?

Chamberí:
habitación compartida
(1 chica)
12 m²

350 €/mes (gastos incluidos)
Habitación interior
Estancia mínima de 3 meses
Amueblada

603 202 326 (Gabriela)
¡Solo mensajes! ☺

Barrio Retiro:
habitación en piso compartido
(1 chica, 1 chico)
18 m²

570 €/mes (gastos incluidos)
Habitación exterior con balcón
Estancia mínima: 7 meses
semiamueblada (cama, armario)

606 243 023 (Juan)

61

La prima de Marta va a hacer prácticas en Madrid.
Marta ayuda a Soledad a buscar un piso compartido y encuentra dos anuncios.

Marta y Soledad hablan por teléfono.
Marta: Mira, Sole, hay dos pisos que pueden ser interesantes para ti…
Soledad: Genial. ¿Cómo son?
Marta: Uno está en el barrio de Retiro y el otro, en Chamberí.
Soledad: Ajá, ¿y qué significa eso? No conozco Madrid…
Marta: Bueno, el barrio de Retiro es más central que Chamberí y también es más bonito…
Soledad: ¿Pero…?
Marta: … pero también es más caro. La habitación en Chamberí cuesta 350 euros por mes y la habitación en Retiro, 570 euros.
Soledad: Uff, ¿y cómo son las habitaciones?
Marta: La de Chamberí es menos grande que la otra. Tiene solo doce metros cuadrados. Además, es una habitación compartida e interior con una ventana pequeña que da al patio. Pero está amueblada…
Soledad: ¿Y la de Retiro no?
Marta: No, solo tiene una cama y un armario. Pero es más grande y más luminosa. ¡Y tiene un balcón!
Soledad: Bueno, eso no es tan importante. Voy a pasar solo seis meses en Madrid y no voy a estar mucho en casa… A ti, ¿qué habitación te parece mejor?
Marta: Creo que la de Chamberí. Claro, no es tan grande como la otra y está más lejos del centro, pero es mucho más barata. Además, puedes alquilar la habitación por seis meses, y en la otra te tienes que quedar siete meses…
Soledad: ¡Vale, fenomenal! Para mí este piso también es mucho mejor que el otro. Y está muy bien tener una compañera de habitación porque no conozco a mucha gente en Madrid. Gracias, prima.

Comprensión lectora

2 a Busca en el diálogo (p. 81):
- la información sobre las habitaciones y
- los aspectos positivos y negativos de cada habitación según Marta.

b ¿Qué habitación va a alquilar Soledad? ¿Por qué?

Comprensión auditiva

62 **3 a Escucha las entrevistas: ¿En qué orden escuchas estos números?** ▶ Los números, p. 253

60 80 150 176 210 236 300 380 550 700 995

62 **b Esucha las entrevistas en las calles de Madrid y completa la tabla con los precios de los pisos.**
▶ Los números, p. 253

	alquiler*	gastos	total
Clara			
Santiago			
Juana			
Pablo			

facultativo **c Marta lee anuncios de pisos. ¿Qué dice?**

La habitación tiene [12 / 15 / 22 / 33 / 8] m^2 y cuesta [350 / 525 / 375 / 494 / 255] € por mes.

63 **4 Soledad llama a Gabriela para saber más sobre la habitación en Chamberí. Mira el plano del piso, escucha el diálogo y contesta las preguntas:** ▶ En casa, p. 241

- ¿En qué orden Gabriela nombra las habitaciones?
- ¿Qué significan en alemán?
- ¿Qué habitaciones no nombra?

la cocina, el pasillo, el baño, el salón, el comedor, el dormitorio, el balcón

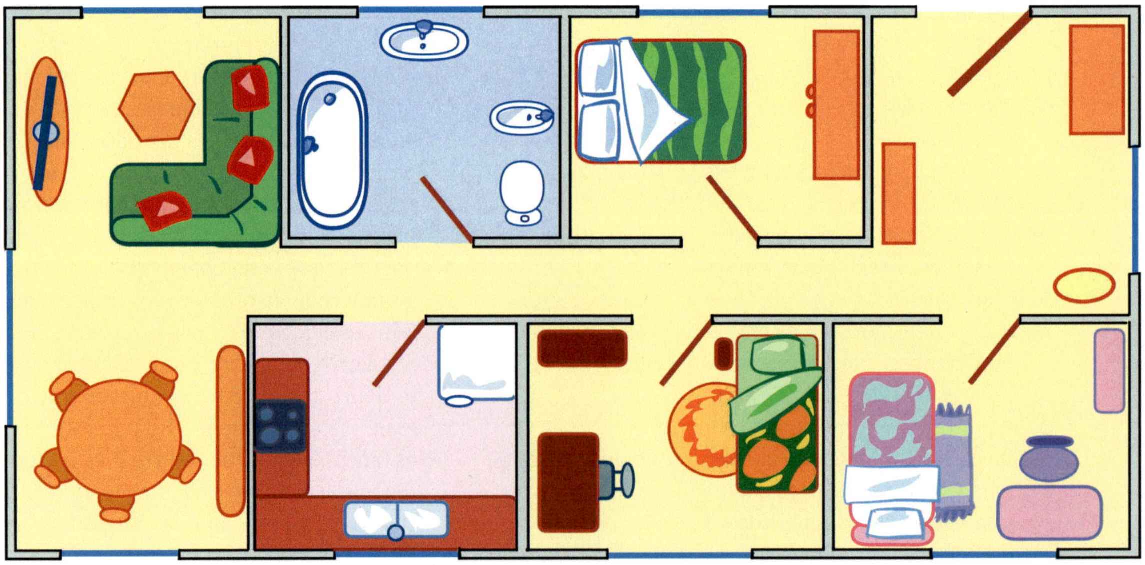

La lengua

5 La gente tiene opiniones diferentes sobre dónde y cómo vivir. Completa las frases y usa el comparativo.

1. Compartir una habitación con hermanos puede ser (= *difícil*) con compañeros.
2. Prefiero vivir en Malasaña porque el ambiente es (+ *alternativo*) el ambiente en otros barrios.
3. Vivo en casa de mis padres porque es (– *caro*) vivir en un piso compartido.
4. Los pisos en el barrio de Chamberí son (+ *barato*) los pisos más centrales.
5. Las habitaciones interiores son (– *luminoso*) las habitaciones que dan a la calle.
6. Vivir lejos del centro es (+ *tranquilo*) vivir en el centro.
7. Las habitaciones con ventanas grandes son (+ *bueno*) las habitaciones con ventanas pequeñas.
8. Esta habitación es (+ *malo*) la otra porque tiene menos metros cuadrados.

+ más [...] que [...]
= tan [...] como [...]
– menos [...] que [...]

⚠ bueno/-a: **mejor** que [...]
⚠ malo/-a: **peor** que [...]

Expresión oral

6 ¿Y tú? ¿Cómo quieres vivir? ¿Qué es importante para ti?

Para mí, es importante	vivir	cerca/lejos del centro. con mi familia. en un piso compartido. [...].
	tener un piso	luminoso. barato. tranquilo. con balcón. [...].

7 a Soledad alquila la habitación de Gabriela. ¿Qué muebles hay? ¿Qué más necesita para seis meses? ▶ Los muebles y otras cosas, p. 241

b Ayuda a Soledad a poner los muebles.

Ein Zimmer beschreiben

Puedes poner [...] El/La [...] está	entre*	el/la [...] y el/la [...].
	encima* debajo* delante* detrás* al lado	del [...]. de la [...].

B ¿Cómo llego a la oficina?

Hier lernst du:
- einen Weg zu beschreiben
- zu telefonieren

Actividad de preaudición

1 **Estás de intercambio en Madrid y tu compañero/-a te explica el camino con el metro. Trabajad en parejas y buscad primero dos estaciones en el plano (p. 372). Después explicaos mutuamente el camino como en el ejemplo.**

Ventas – Banco de España
Goya – Bilbao
Sevilla – Noviciado
Avenida de América – Alonso Martínez
Callao – Plaza de España
Colón – Atocha Renfe
Sol – Argüelles
Retiro – Santo Domingo
Lavapiés – Ciudad Universitaria

Estoy en la parada* Ventas. ¿Cómo llego a Banco de España?

Coges* la línea* roja en dirección a* Cuatro Caminos y te bajas* en la quinta* parada.

einen Weg mit der U-Bahn beschreiben

Coges la línea	roja amarilla marrón verde	en dirección a	[...]	y te bajas en la	primera* (1^a) segunda* (2^a) tercera* (3^a) cuarta* (4^a) quinta (5^a) sexta* (6^a) séptima* (7^a)	parada.

2 **a Estás en la Puerta del Sol. Pregunta a tu compañero/-a el camino.**

¿Hay	una panadería una cafetería un supermercado	por aquí cerca?

Claro, mira, cruzas* esta calle y sigues* todo recto* hasta la esquina*. Coges la primera calle a la derecha*, ahí está.

Bueno… a ver… ah, sí, coges la segunda calle a la izquierda* y sigues todo recto.

b Relaciona los dibujos con las expresiones.

1. girar* a la derecha
2. ir todo recto
3. cruzar la calle
4. coger la segunda calle a la izquierda

Estrategia: Hörverstehen

3 **Im Unterricht können Hörtexte in der Regel zwei- oder dreimal gehört werden. Folgende Leitfragen helfen beim Verstehen:**

64 **a Escucha por primera vez el diálogo y explica:**
Erstes Hören: Wie viele Sprecher gibt es? Um was für eine Gesprächsart handelt es sich (z. B. Telefonat, Diskussion)? Wo sind die Sprecher (auf der Straße, auf einer Party)? Hier kommt es noch nicht auf Details an.
▶ orientierendes Hörverstehen, S. 282

1. ¿Quién/es habla/n?
2. ¿Dónde está/n?
3. ¿Cuál es la situación?

64 **b Escucha otra vez: ¿Cuál es el tema?**
Zweites Hören: In welchem Kontext findet das Gespräch statt (beruflich, privat)? In welchem Verhältnis stehen die Sprecher zueinander (z. B. Freunde, Chef/in und Angestellte/r, Unbekannte)? Was ist das Thema?
▶ globales Hörverstehen, S. 282

1. El señor López y la señora García hablan de trabajo.
2. Soledad habla de sus prácticas con el señor López.
3. La señora García le explica un camino al señor López.

64 **c Escucha por tercera vez y di si las frases son verdaderas o falsas.**
Drittes Hören: Nach welchen Informationen wird in der Aufgabe gefragt? Konzentriere dich beim Hören nur auf diese Details und mache ggf. Notizen. ▶ selektives, detailgenaues Hörverstehen, S. 282

1. El señor López quiere hablar con la señora García.
2. El señor López está en la oficina.
3. El señor López es un compañero de trabajo de la señora García.
4. Llama a la oficina para preguntar por el camino.
5. No tiene móvil y su GPS no funciona.
6. Tiene que coger la línea azul en dirección a Chamartín.
7. Tiene que bajarse en la quinta parada.
8. Tiene que tomar la calle San Bernardo.
9. La cafetería está cerca de la Plaza de Puerta Cerrada.
10. La señora García va a llegar en veinte minutos.

64 **d Escucha una vez más y sigue con el dedo la descripción del camino en el plano de la p. 372. ¿Cómo se llama la plaza de la cafetería Triunfo?** ▶ detailgenaues Hörverstehen, S. 282

La lengua

4 **a Welche Antwort gehört zu welcher Frage? Worauf beziehen sich lo/la/los/las?** ▶ Grammatik, 42

¿Conoces	la calle Alcalá?	No, no	**lo**	conozco.
	el parque del Retiro?	Si	**la**	
	las cafeterías de mi barrio?		**los**	
	los barrios de Madrid?		**las**	

b Vergleiche die spanischen Antworten mit der deutschen und der englischen Version: Wo steht jeweils das direkte Objektponomen?

1. ¿Conoces a Ana? Sí, **la** conozco.
2. ¿Ves a Juan? No, no **lo** veo.

Yes, I know **her**.
Ja, ich kenne **sie**.
No, I don't see **him**.
Nein, ich sehe **ihn** nicht.

5 **La señora García y Soledad están esperando al señor López en la cafetería. Completa el diálogo con los pronombres de complemento directo.** ▶ Grammatik, 42

Sra. García: Conoces al señor López, ¿verdad?
Soledad: No, no creo. Bueno, [...] conozco de fotos.
Sra. García: Mira, ahí está: el señor en la puerta, ¿[...] ves? Parece que [...] está buscando.
Sr. López: Hola, buenos días, ya [...] están esperando, disculpen* el retraso.
Sra. García: Mire, esta es Soledad, está haciendo prácticas y [...] ayuda en el proyecto. – ¿Tiene problemas con su móvil? Seguro que [...] puede cargar* aquí.
Sr. López: Perfecto. Pues, aquí tengo los folletos* del proyecto. A ver, ¿dónde [...] tengo? Ah, aquí están. Pero necesito más información.
Sra. García: Pues, [...] encuentra aquí en la página* 3, ¿[...] ve?
Sr. López: Muy bien. Mis compañeros de equipo tienen muchas preguntas, pero eso ya [...] ayuda mucho.

me
te
lo/la
nos
os
los/las

Expresión oral

PF **6** **Tienes visita de un amigo de España. Explícale el camino a tu casa desde...**

el instituto | la estación de trenes* | la parada de autobús

einen Weg beschreiben

Vas Sigues	todo recto hasta la calle [...].	
Coges Tomas	la primera calle la segunda calle	a la derecha. a la izquierda.
Giras	a la derecha. a la izquierda.	
Ahí está	(la cafetería).	

Coges la línea	roja amarilla	en dirección a [...].
Te bajas en la	primera segunda	parada.

64 **7** a **Escucha otra vez la llamada del señor López y ordena los fragmentos:**

A Un momento, ahora se pone.*
B ¿Sí?
C Sí. ¿De parte de quién?*
D Buenos días. ¿Está la señora García?
E Del señor López.
F ¿Diga?*

In Spanien nennt zu Beginn eines Telefonats weder der Anrufer noch der, der angerufen wird, seinen Namen.

65 b **Llamas a una empresa para hablar con una amiga que trabaja allí. Escucha y contesta en las pausas.**

c **Estás haciendo prácticas y contestas el teléfono. Preparad las llamadas y presentadlas en clase.**
▶ Partner B, C, D, S. 229

Du meldest dich, fragst nach dem Namen des Anrufers, beantwortest seine Frage/n.
Die gewünschte Person (Ana Garrido) ist
- nicht da, sie ist krank.
- ist da, will aber nicht gestört werden.
- ist da, aber nicht im Büro.
- will später zurückrufen.

Falls die gewünschte Person da ist, verbindest du den Anrufer.

A

C Mis sitios favoritos

Hier lernst du:
- Besonderheiten hervorzuheben
- etwas in einem Café zu bestellen

66

Soledad está en una cafetería y escribe en su blog sobre sus sitios favoritos en…

MADRID: Gente, tráfico, bares, música, cultura…

Desde hace un mes vivo en esta ciudad y siempre vengo al bar «Casa de Granada» para tomar algo y disfrutar de la mejor vista de **Madrid**.

Claro, la **Plaza Mayor** es el punto más turístico de la ciudad, pero también es el lugar más típico. La tienes que ver. Normalmente quedo aquí con mis amigos.

Cerca de la Plaza Mayor está el **Mercado de San Miguel**. Es un edificio muy bonito que tienes que ver. Allí encuentras los productos más frescos: carne, pescado, verduras… Y también puedes comer las tapas más ricas de la ciudad. Hay tantas tapas… pero yo siempre tomo tortilla de patatas. ¡Me encanta!

Después de una noche larga, la gente se encuentra en la «Chocolatería San Ginés» para desayunar **chocolate con churros**. Es la chocolatería más conocida de la ciudad. ¡Y los churros son riquísimos!

Cuando quiero pasar un momento especial con mi novio, vamos al **Templo de Debod** para ver la puesta del sol. Es el lugar más romántico de la ciudad (y el templo más famoso, claro).

El lugar más creativo de Madrid es **El Matadero**: es un centro cultural con proyectos muy interesantes. Allí también puedes conocer a muchos artistas.

Ahora tengo que salir. Voy al «Microteatro por dinero», otro lugar especial: presentan obras de teatro que duran entre diez y quince minutos. Pero es muy pequeño y solo entran poquísimas personas… Mola mucho.

5

Comprensión lectora

1 **Formad dos grupos: Cada grupo formula el mayor número posible de preguntas sobre el texto en la p. 87. Después los dos grupos se preguntan mutuamente.**

¿Cómo? ¿Adónde? ¿Qué? ¿Cuál? ¿Dónde?

La lengua

2 **¿Qué contesta Soledad a las preguntas de su abuela? Utiliza el superlativo absoluto de los adjetivos.**
▶ Grammatik, 45

rico/-a | bueno/-a | malo/-a | caro/-a | guapo/-a | chulo/-a | majo/-a

1. ¿Qué tal la paella? –Está [...].
2. ¿Qué tal tus prácticas? –Son [...].
3. ¿Cuánto cuestan las entradas? –Son [...].
4. ¿Te gusta tu barrio nuevo? –Sí, es [...].
5. ¿Qué tal el novio de tu hermana? –[...].
6. ¿Qué tal tu habitación nueva? –[...].
7. ¿Qué tal tus compañeros de piso? –[...].
8 ¿Qué tal tus notas en el instituto? –[...].

3 **Usa el superlativo y cuenta cuáles son los mejores sitios para Soledad.**
▶ Grammatik, 44
Ejemplo: Para Soledad, la Plaza Mayor es el sitio más típico de Madrid.

el/la [...] más [...]
bueno/-a → el/la mejor [...]
malo/-a → el/la peor [...]

Para Según*	Soledad,	el Matadero el Templo de Debod la «Casa de Granada» «San Ginés» la Plaza Mayor el Microteatro por dinero el Mercado de San Miguel	es son tiene tienen	los proyectos el lugar los productos las tapas el templo el edificio el sitio la vista los churros el lugar el centro cultural la chocolatería	famoso/-a interesante romántico/-a bonito/-a fresco/-a turístico/-a creativo/-a rico/-a conocido/-a bueno/-a típico/-a	de Madrid.

Comprensión auditiva

67

4 **a** **Escucha, toma apuntes y di por qué vale la pena visitar estos lugares de Madrid.** ↗ p. 229

el Museo del Prado | el Palacio Real | la Plaza de Toros | la Estación de Atocha

PF **b** **Presenta los mejores lugares de tu barrio/pueblo/ciudad.** ▶ En la ciudad / En el pueblo, p. 240

Besonderheiten hervorheben

Vale la pena Podéis Tenéis que	ir a [...]. Allí [...].			
Encontráis	la/el mejor [...] en [...].			
El	lugar sitio	más	conocido típico	es [...].

Mediación

68

5 a **Estás en Madrid con unos amigos alemanes que no hablan español. Mira el menú, escucha al camarero y ayuda a tus amigos a pedir algo para comer y beber.** ▶ La comida y la bebida, p. 241 ▶ Dolmetschen, S. 281

BAR RESTAURANTE
LA PALOMA BLANCA

Espíritu Santo 21 · 28004 Madrid
Tel.: 91 522 0096

BOCADILLOS

Hamburguesa	2,90 €
Jamón y queso	3,30 €
Chorizo o salchichón	3,00 €

TAPAS

Tortilla de patatas	3,15 €
Aceitunas	2,20 €
Champiñones	3,70 €
Ensalada rusa	3,45 €

REFRESCOS

Zumo de naranja/manzana	2,30 €
Agua con/sin gas	2,30 €

In Spanien und Lateinamerika wird bei kleineren Beträgen meistens eine gemeinsame Rechnung bestellt. Alle legen dafür zusammen (*poner fondo*). Es kann als unhöflich gelten, wenn jeder nur für sich zahlt.

b **Repartid los roles y preparad un diálogo como en 5 a.**

5

Punto final

Bereitet für jede/n Teilnehmer/in eurer spanischen Austauschklasse einen individuellen Mini-Reiseführer vor, der folgende Informationen enthalten sollte:

- die wichtigsten Sehenswürdigkeiten eures Ortes
- Wo und mit wem wird er/sie wohnen?
- eine Wegbeschreibung von deiner Wohnung zur Schule und/oder ins Zentrum

Preparar

- Überlegt, welche Informationen ihr gemeinsam erarbeiten könnt und welche jede/r allein vorbereiten muss.
- Einigt euch darauf, welche Orte ihr in dem Reiseführer vorstellen wollt. Falls ihr zusätzliche Informationen benötigt: Wo könnt ihr sie finden?

Realizar

- Markiert in einem Plan eures Ortes die wichtigsten Orte: die Wohnungen, wo die spanischen Schüler/innen wohnen werden, eure Schule, andere Orte, die sie kennen sollten.
- Formuliert die erklärenden Texte auf Spanisch.
- Bereitet auch ein kleines Glossar vor mit den wichtigsten Sätzen auf Deutsch sowie der spanischen Übersetzung, zum Beispiel, wie die spanischen Schüler/innen nach dem Weg fragen können.

Intercambiar y evaluar

- Prüft eure Texte gegenseitig und macht ggf. Vorschläge zur Korrektur oder Verbesserung.

6 Perú – un país andino

¡Vamos!

Weitere Lesetexte zur Unidad in der PagePlayer-App!

69

1

Desde el siglo XIV hasta el siglo XVI, los incas vivieron en una región muy grande en el sur de América Latina.

Los primeros habitantes llegaron a Perú hace más de 12.000 años.

2

En 1492, Cristóbal Colón llegó a América.

En 1532, Pizarro y sus hombres empezaron la conquista del Imperio inca.

1492 1532 1533

3

El Imperio inca terminó en 1533 cuando los conquistadores españoles mataron a Atahualpa. Después, Perú pasó a ser una colonia española.

Actividad de prelectura

1 Mira el mapa de Perú y cuenta: ¿Dónde está? ¿Qué más sabes? También puedes buscar información en el diccionario de cultura. ▶ Cultura, p. 243 ▶ América Latina, Umschlagseite hinten

Comprensión lectora

2 ¿Las siguientes frases son verdaderas o falsas? Corrige las frases falsas.

1. Los incas vivieron cerca de México.
2. Atahualpa es el nombre de un famoso conquistador español.
3. Los incas mataron a Atahualpa.
4. La conquista del Imperio inca empezó en 1532.
5. Cuando el Imperio inca terminó, Perú pasó a ser una colonia de España.
6. Desde el año 1821, Perú ya no es una colonia española.
7. Alejandro Toledo es un escritor famoso.
8. La cocina peruana es muy buena.

Hier lernst du:
- über historische Ereignisse zu berichten

español	**quechua**
¡Hola!	Napaykullayki!

Quechua ist eine von 47 indigenen Sprachen, die in Peru gesprochen werden.

El escritor peruano Mario Vargas Llosa recibió el Premio Nobel de Literatura en el año 2010.

1821 — 2001 — 2010

En el año 1821, Perú logró la independencia de España.

Alejandro Toledo ganó las elecciones del 2001 y pasó a ser el primer presidente indígena en la historia de Perú.

Hace unos años, Perú vivió un *boom* gastronómico y ahora es uno de los mejores destinos gastronómicos del mundo.

Expresión oral

70

3 a Encuentra el año/número que escuchas y repítelo. Escuchas cada número dos veces.

1492 1821 2001 1532 2010 1533 12.000

PF

b Busca la información en el texto y contesta las preguntas.

¿En qué año / ¿Cuándo
- empezó Pizarro la conquista de Perú?
- ganó las elecciones Alejandro Toledo?
- llegó Cristóbal Colón a América?
- terminó el Imperio inca?
- logró Perú la independencia?
- llegaron los primeros habitantes a Perú?
- recibió Mario Vargas Llosa el Premio Nobel de Literatura?
- pasó a ser Perú uno de los mejores destinos gastronómicos del mundo?

über historische Ereignisse berichten

En (el año) 1492,	[...].
En el siglo XV,	
Hace [...] años/siglos,	

Hier lernst du:
- zu erzählen, was du erlebt hast

Actividad de prelectura

facultativo

1 a Mira las imágenes del cómic. ¿Cuáles te parecen interesantes y por qué?

b Finde mithilfe der Bilder und Texte heraus ...

… wie viele Einwohner Lima hat.
… wie das peruanische Nationalgericht heißt.
… wie viele Kartoffelsorten es in Peru gibt.
… was in Peru viel getanzt wird.
… wie lange es dauert, nach Machu Picchu zu wandern.
… was das Besondere an den Nazca-Linien ist.

71

España	**Perú**
vosotros/-as	ustedes
la patata	la papa
el dinero	la plata
bonito/-a	lindo/-a

6

Comprensión lectora

2 **Busca en el cómic (p. 92–93) la información sobre...**

1. los lugares que Manuel y Alejandro visitaron en Perú.
2. las cosas y actividades que les gustaron.
3. las cosas y actividades que no le gustaron tanto a Alejandro.
4. la ciudad de Cuzco.
5. Machu Picchu y cómo puedes llegar allí.
6. las líneas de Nazca.

Comprensión auditiva

72–75

3 a **Escucha lo que dice el guía de turismo sobre estos lugares. Apunta dos informaciones sobre cada lugar.**

p. 230

1 Lima: la plaza Mayor

2 Cuzco

3 el Parque Nacional* del Manu

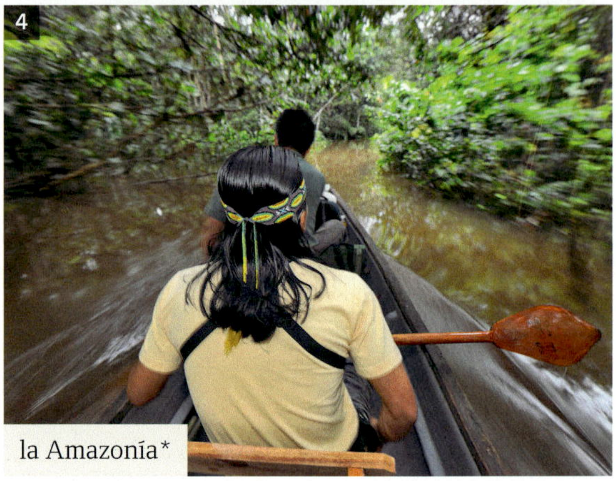
4 la Amazonía*

76

b **Escucha cinco noticias de «Radio Perú». ¿Qué lugares de 3 a se mencionan? Nombra el tema de cada noticia.**

el deporte | la gastronomía | la educación | el turismo | la ecología

La lengua

4 a **Nombra el infinitivo de estos verbos en pretérito indefinido.**

encontré, tomaste, cociné, visitamos, pasasteis, llegaron

conocí, saliste, recibió, comimos, aprendisteis, decidieron

b Completa la tabla con las formas del pretérito indefinido de los verbos en -ar. ▶ Grammatik, 47

	visitar
[yo]	visité
[tú]	[...]
[...]	[...]

Achte auf die Akzente:
Tomo el tren. → Ich nehme den Zug.
Tomó el tren. → Er/Sie nahm den Zug.

c Completa las tablas con las formas del pretérito indefinido de los verbos en -er/-ir. ▶ Grammatik, 47

	aprender	salir
[yo]	aprendí	[...]
[tú]	[...]	saliste
[...]	[...]	[...]

5 Alejandro les cuenta a sus amigos sobre su viaje con Manuel a Perú. Completa el diálogo con las formas del pretérito indefinido.

▶ Grammatik, 47/48

ser/ir
fui
fuiste
fue
fuimos
fuisteis
fueron

Marta: Hola, Alejandro, ¿qué tal? (*Llegar* / vosotros) de Perú ayer, ¿verdad?
Alejandro: Sí, (*llegar* / nosotros) ayer. Todavía estoy un poco cansado.
Tarek: ¿Y qué tal Perú? ¿(*Ver* / vosotros) muchos lugares interesantes?
Alejandro: Pues, sí, ¡(*ser*) un viaje fenomenal! (*Ver* / nosotros) lugares muy bonitos y (*conocer* / nosotros) a mucha gente maja.
Marta: ¿Y adónde (*ir* / vosotros) primero?
Alejandro: Bueno, primero (*pasar* / nosotros) una semana en Lima. Allí (*visitar* / yo) el centro histórico y un día también (*ir* / nosotros) a la playa.
Marta: ¿También (*salir* / vosotros) por la noche?
Alejandro: Sí, (*salir* / nosotros) a bailar una vez. (*Conocer* / yo) a una amiga de Manuel y (*bailar*) cumbia con ella.
Tarek: ¿Y qué otros lugares (*conocer* / tú)?
Alejandro: Bueno, después de Lima (*viajar* / nosotros) a Cuzco. Allí (*quedarse* / nosotros) dos días.
Tarek: ¿Y (*subir* / vosotros) los Andes hasta Machu Picchu?
Alejandro: ¡Claro que sí! (*Subir* / nosotros) a pie.
Marta: ¡Genial!

Expresión escrita

6 ¿Qué hicieron Manuel y Alejandro en Perú? Mira los dibujos del cómic (p. 92–93) y cuenta su viaje.

Ejemplo: Los primeros días en Lima, Manuel y Alejandro visitaron [...].

los primeros días
la primera semana
una noche un día
un fin de semana después
además también

Expresión oral

7 Cuenta tu último fin de semana.

p. 230

erzählen, was man erlebt hat

El viernes El sábado El domingo	pasado	dormí hasta las [...].

desayunar con [...] *ir* a [...]
quedar con [...] para [...] *salir* con [...]
visitar (a) [...] *ver* (a) [...] *conocer* a [...]
estudiar para [...] *chatear* con [...]
hablar con [...] *acostarse* a las [...]

B Un lago, dos países, otro mundo

Hier lernst du:
- etwas zu umschreiben

Los uros

Las islas flotantes con casas de totora

Durante tres meses, la famosa fotógrafa Luciana Mayoral Parra viajó con su cámara por la región andina y pudo sacar fotos impresionantes. Ayer presentó en Madrid su exposición «Un lago, dos países, otro mundo» con más de 100 fotos.

Luciana, ¿nos puedes explicar qué significa «Un lago, dos países, otro mundo»?
Claro. Es una exposición sobre el Lago Titicaca: un lago inmenso en los Andes que une Perú con Bolivia. Es diez veces más grande que Berlín y uno de los lagos más altos del mundo. Allí viví durante cuatro semanas en una isla flotante, y fue como estar en otro mundo: lejos de todo. Ahí saqué las fotos para esta exposición.

Perdón, ¿dónde viviste?
En una isla flotante. Son pequeñas islas de totora, una planta que crece en el lago.

¿Cómo pudiste vivir durante semanas en una isla flotante?
Pues, los uros viven así desde hace siglos. Claro, me tuve que adaptar a la altura porque el lago está a casi 4000 metros. Cuando llegué, estuve muy mal durante un día. Pero me dieron hojas de coca y con eso me puse mejor.

¿Quiénes son los uros? ¿Cómo viven?
Es un pueblo indígena que vive en las islas. Ellos viven de la totora: la usan como alimento, para construir sus casas y botes y también para hacer productos artesanales para los turistas. Porque claro: hoy el turismo es una fuente de ingresos muy importante también para ellos.

Tienen un estilo de vida muy diferente, ¿no?
Pues, sí y no. Es impresionante cómo unen la vida tradicional y la moderna. Los uros viven del lago, pero tienen paneles solares y televisores en sus casas. Y algunos de ellos nunca fueron a la escuela, pero con los turistas aprendieron a hablar inglés, alemán, japonés... Eso para mí fue una sorpresa.

¿Y qué más hiciste durante tu viaje?
Bueno, visité toda la región andina. ¡Fue genial y voy a hacer más exposiciones sobre el viaje!

Gracias por la entrevista, Luciana.

El inmenso Lago Titicaca

Comprensión lectora

1 a Trabajad en parejas. A busca en el texto información sobre el Lago Titicaca (líneas 1–22) y B busca información sobre los uros (líneas 23–41).

b Intercambiad la información: Explicad...

... dónde y a qué altura está el Lago Titicaca.
... qué son islas flotantes y qué es la totora.
... quiénes son los uros y dónde viven.
... cómo y de qué viven los uros.

La lengua

2 a ¿Cuál es el infinitivo de estas formas irregulares del pretérito indefinido? El contexto te puede ayudar. ↗ p. 230

pudo (l. 2) | tuve que (l. 19) | estuve (l. 20) | pudiste (l. 16)
dieron (l. 21) | me puse (l. 22) | fue (l. 11, 36, 39) | hiciste (l. 38)

b Cuenta las experiencias de la fotógrafa en su viaje por la región andina. Usa el pretérito indefinido y termina las frases. ▶ Grammatik, 47/48 ↗ p. 230

1. Luciana *viajar*	mejor.
2. Allí *sacar*	a la escuela.
3. En su viaje, Luciana *poder*	muchas fotos.
4. En el Lago Titicaca, ella *quedarse*	impresionante.
5. Cuando ella *llegar*,	hojas de coca.
6. Entonces los uros le *dar*	al Lago Titicaca.
7. Así, Luciana *ponerse*	*tener* problemas con la altura.
8. Ella cuenta* que muchos uros nunca *ir*	en una isla flotante con los uros.
9. Pero ellos *aprender*	muchas lenguas con los turistas.
10. Para Luciana, el viaje *ser*	conocer muchos lugares interesantes.

3 Luciana escribe un e-mail a su prima. Completa el texto con las formas del pretérito indefinido.
▶ Grammatik, 47/48

En Chivay

Hola, prima:
¿Qué tal? Estoy otra vez en España. Mi viaje por la región andina (*ser*) fenomenal. (*Ver* / yo) muchos lugares interesantes y (*conocer*) a mucha gente simpática. (*Llegar* / yo) a Lima el 15 de julio y (*quedarse*) allí unos días. Una noche (*salir* / yo) en el barrio de Miraflores y (*encontrar*) a unos turistas alemanes muy divertidos. (*Decidir* / nosotros) viajar juntos al Lago Titicaca. Primero (*ir* / nosotros) a Cuzco y allí (*tomar*) el tren hasta Puno, una ciudad al lado del lago. Los primeros días no (*estar* / nosotros) muy bien por la altura: ¡el lago está a unos 4000 metros! Pero la gente nos (*dar*) hojas de coca y entonces (*ponerse* / nosotros) mejor. Después, los alemanes (*quedarse*) en Puno y yo (*pasar*) cuatro semanas geniales en una isla flotante en el Lago Titicaca. (*Sacar*) muchísimas fotos. Los uros me (*explicar*) su vida y me (*invitar*) muchas veces a salir con ellos en sus botes. También (*poder* / yo) ir a Bolivia: un señor simpático me (*llevar*) en su bote a Copacabana, Bolivia. (*Ser*) un viaje largo, pero muy bonito. (*Hacer* / yo) muchas cosas divertidas.
¡Si quieres, puedes visitar mi exposición! Y tú, ¿qué (*hacer*) en tus últimas* vacaciones?
Un abrazo,
Luciana

Expresión oral

4 **¿Qué hicieron tus compañeros/-as en las últimas vacaciones? Pregunta a dos o más personas y apunta las respuestas en una tabla. Después presenta los resultados en clase.** ↗ p. 231

–¿Adónde fuiste?
–¿Con quiénes fuiste?
–¿Qué lugares visitaste?
–¿Qué más hiciste allí?
–¿Qué (no) te gustó?

	Max	Elif
¿Adónde?	Italia	Berlín
¿Con quiénes?	[...]	
¿Lugares?	[...]	

5 **Ya sabes bastante sobre Perú. ¿Te puedes imaginar viajar allí? ¿Por qué (no)?** ↗ p. 231

Comprensión auditiva

78 ES/DE

6 a **Estás con tus padres en Cuzco y queréis tomar el tren a Puno. Escucha el anuncio y explícales a tus padres en alemán qué tenéis que hacer.**
▶ selektives Hörverstehen, S. 282

78 ES/DE

b **Una señora alemana está esperando el tren a Machu Picchu, pero no comprende el anuncio. Explícale en alemán qué necesita saber.**
▶ selektives Hörverstehen, S. 282

Estrategia: Wörter umschreiben

PF ES/DE

7 **Tu compañera de intercambio, Mar, le quiere regalar algo a tu madre. En una tienda veis una publicidad de los bombones «Süße Hoffnung». Explícale a Mar las palabras que no entiende.**

Wenn du Besuch von spanischen Bekannten bekommst, wirst du hin und wieder etwas übersetzen müssen, zum Beispiel Speisekarten, Durchsagen etc. Auch wenn man beide Sprachen sehr gut spricht, gibt es oft Fälle, in denen man etwas nicht in der anderen Sprache ausdrücken kann und es umschreiben muss, auch mithilfe von Beispielen, Synonymen oder Antonymen.

1. Creo que *Pralinen* son bombones. ¿Pero qué significa *handgemacht*?
2. ¿Qué es *Fairtrade*? ¿Y *feinste*?
3. ¿Qué es un *Zulieferer*? ¿Y un *Hersteller*?
4. ¿Qué es *sozial benachteiligt*?
5. ¿Qué hacen con el dinero?

Mit Schokolade helfen

- Feinste Fairtradeschokolade
- Eine große Auswahl handgemachter Pralinen
- Persönliche Kontakte zu Herstellern und Zulieferern in Nicaragua
- Die Gewinne gehen zu 100 % an unseren eingetragenen Verein. Wir unterstützen mit dem Geld sozial benachteiligte Kinder in Nicaragua und setzen uns für bessere Bildung vor Ort ein.

Etwas umschreiben

Significa [...].
Es una/la persona que [...].
Es una cosa / algo que [...].
Por ejemplo, [...].
Es otra palabra* para [...].
Es lo contrario* de [...].

Expresión escrita

8 **Luciana llegó ayer al Lago Titicaca. Hoy le escribe un e-mail a su amiga para contarle el primer día. Lee otra vez lo que pasó cuando llegó al lago (p. 96, l. 18–22), inventa más detalles y escribe el e-mail desde su perspectiva.** ▶ Eine E-Mail schreiben, S. 276

↗ p. 231

El mundo del español

9 a **Tus padres quieren hacer el Camino Inca a Machu Picchu. Estáis en Cuzco y ellos ven esta publicidad. Contesta sus preguntas.**
- Wie lange dauert denn die Tour?
- Und wie viel kostet das?
- Was ist alles im Preis enthalten?
- Wo geht es los?
- Wie lange wandert man da insgesamt?
- Wo übernachtet man?
- Muss man vorher reservieren?

facultativo

b **¿Cuál de las dos caminatas te parece mejor? ¿Por qué?**

A PIE HASTA MACHU PICCHU

¿Te gusta estar en la naturaleza y quieres descubrir más de Perú? ¡Entonces haz el Camino Inca con nosotros! Puedes hacer la caminata en dos o en cuatro días, ida y vuelta desde Cuzco. El paquete incluye el transporte de/a tu hotel, la entrada y la visita guiada de la ciudadela de Machu Picchu, los guías, el tren y comida. ¡Reserva ya!

	Caminata de dos días	*Caminata de cuatro días*
Punto de salida	Cuzco	Cuzco
Distancia total de la caminata	12 kilómetros	45 kilómetros
Duración total de la caminata	Seis horas	25 horas
Hospedaje	1 noche (hotel, incluido)	3 noches (campamento)
Precio	620 dólares	680 dólares

Comprensión audiovisual

10 **Mira la escena 7. ¿Qué llegas a saber sobre el Perú? ¿De qué lugares hablan y qué información dan sobre estos lugares?**

Punto final

Vais a presentar un país latinoamericano.

Preparar

En grupos pequeños, elegid un país de una de estas regiones. ▶ América Latina, hintere Umschlagseite

Cono Sur | región andina | América Central | Caribe | México

Buscar información

Buscad información en el libro y/o en internet sobre...

datos históricos | personajes importantes | capital y lugares especiales

Realizar y presentar

- Elaborad una presentación sobre el país, p. ej. como en las p. 90–91. Si es posible, incluid fotos.
- Buscad criterios para una buena presentación y practicad.
- Presentad «vuestro» país en la clase. Si hay palabras nuevas, explicadlas.

Vocabulario

1 a Mira el plano y apunta qué cosas hay en el barrio.

1. una [...]
2. dos [...]
3. [...]
4. [...]
5. [...]
6. [...]

b En la calle te preguntan por la próxima estación de metro. Completa la descripción del camino.

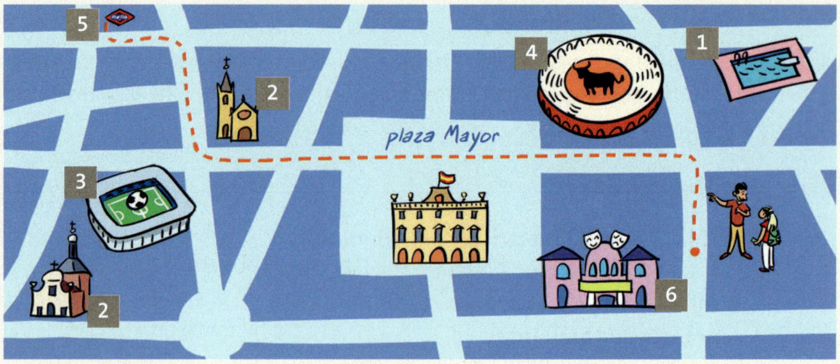

Mira, vas hasta la próxima esquina y [...] a la [...]. Sigues la calle hasta la plaza Mayor. [...] la plaza y [...] todo [...] hasta la iglesia. Detrás de la iglesia [...] a la [...]. Después [...] la segunda calle a la [...]. La estación de metro está en la [...] esquina.

2 ¿Qué se describe? Nombra la palabra que corresponde a cada definición.

1. Es otra palabra para «muy conocido».
2. Es algo blanco que mucha gente le pone al café.
3. Es algo que un fotógrafo necesita para trabajar.
4. Es una persona que está viajando por un lugar.
5. Allí puedes comprar frutas y verduras frescas.
6. Significa que hay una cama, un armario, etc.
7. Es lo contrario de «antiguo».
8. Allí tomas el tren o el metro.
9. Allí tomas el autobús.
10. Así se llaman los habitantes de Madrid.
11. Es lo contrario de «destruir».
12. Es lo contrario de «exterior».

3 Busca parejas.

sacar ponerse
mandar tomarle valer
bajarse pasar compartir tomar
tener estar seguir
girar gracias

cuidado del metro al teléfono
el tren un mensaje con el móvil
fotos por su mensaje la pena piso
unos días en Madrid de moda todo recto
a la izquierda el pelo a alguien

Gramática

4 El comparativo. Completa la información sobre Perú con más... que, menos... que und tan... como.

► Grammatik, 41

Ejemplo: Viajar a Perú es (+ *caro*) viajar a España. → Viajar a Perú es **más caro que** viajar a España.

1. Lima es mucho (+ *grande*) Cuzco. Pero la ciudad de Cuzco es (+ *antiguo/-a*) Lima.
2. Cuzco es (= *turístico/-a*) Machu Picchu. ¡Los dos lugares valen mucho la pena!
3. Hacer el Camino Inca a pie es (+ *difícil*) tomar el autobús.
4. Ir en autobús es (+ *cómodo*) ir a pie, pero también es (– *interesante*) caminar.
5. Muchas capitales de América Latina son (+ *grande*) las capitales de Europa.
6. Como ves en la foto, las ciudades latinoamericanas no son (– *moderno/-a*) las ciudades en Europa.
7. Las ciudades son (= *moderno/-a*) o (+ *moderno/-a*) algunas ciudades en Europa.

Lima, Perú

Hier kannst du überprüfen, was du in den Lektionen 5 und 6 gelernt hast.

5 El superlativo. Completa la información sobre Madrid como en el ejemplo.

▶ Grammatik, 44

Ejemplo: El Museo del Prado es uno de los museos **más famosos** del mundo.

1. En la foto ves la Catedral de la Almudena. Es quizás la catedral (*importante*) de Madrid.
2. Para muchos, el Retiro es uno de los parques (*bonito/-a*) de España.
3. La plaza Mayor es la plaza (*turístico/-a*) de Madrid.
4. El Museo Reina Sofía es uno de los museos (*conocido/-a*) de Madrid.
5. Las tapas del barrio de Malasaña son quizás las (*bueno/-a*) de Madrid.
6. El barrio de Malasaña es uno de los barrios (*alternativo/-a*) de Madrid.

Catedral de la Almudena, Madrid

6 El superlativo absoluto. Un turista que viajó por Perú escribió estas frases en su diario. Reemplaza las partes subrayadas por el superlativo absoluto con -ísimo/-ísima.

▶ Grammatik, 45

Ejemplo: El Lago Titicaca es muy grande. → El Lago Titicaca es **grandísimo**.

¡Perú es un país muy interesante!

Además del español, se hablan muchas lenguas indígenas.

Fui a una fiesta muy divertida.

El quechua, por ejemplo, es una lengua muy difícil.

El plato nacional, el ceviche, es muy rico.

Entiendo solo muy pocas palabras del quechua.

¡Y los peruanos son muy majos!

7 Los pronombres de complemento directo. Un peruano le muestra un mercado de Lima a un amigo español. Completa el diálogo con lo, la, los y las.

▶ Grammatik, 42

Peruano: Mira, este es el ceviche. ¿Ya [...] conoces?
Turista: Todavía no. ¿Qué es?
Peruano: Es el plato nacional de Perú. Es pescado. ¿[...] quieres probar?
Turista: ¡Claro! ¿Y qué son estas frutas? No [...] conozco.
Peruano: Esta se llama «pitahaya» y esta, «carambola». ¿No [...] hay en España? ¿Y esta de aquí, tampoco [...] conoces?
Turista: Sí, esta [...] conozco, pero las otras no. Oye, me gustaría visitar lugares como Caral Supe y Huaca Pucllana[1]: ¿ [...] quieres visitar conmigo?
Peruano: Claro, [...] podemos visitar juntos. Ya conozco Huaca Pucllana, pero [...] quiero visitar otra vez.

1 Caral Supe, Huaca Pucllana archäologische Stätten in Peru

8 a El pretérito indefinido de los verbos regulares. Cuenta qué hiciste y usa el pretérito indefinido.

▶ Grammatik, 47

1. Ayer por la mañana (*desayunar* / yo) con mi familia.
2. El sábado pasado en la discoteca (*bailar* / yo) mucho.
3. El fin de semana pasado (*salir* / yo) con mis amigos.
4. Una vez (*comer* / yo) en un restaurante español.
5. En las últimas vacaciones (*pasar* / yo) dos semanas en España.
6. (*Conocer* / yo) a mi mejor amigo en 2016.

b El pretérito indefinido. **Completa el e-mail con las formas del** pretérito indefinido. ▶ Grammatik, 47/48

https://www.correo.esp

Hola, Juan:

Ayer (*ser*) uno de esos días en que nada funciona: Primero, (*despertarse* / yo) muy tarde. Por eso no (*poder* / yo) desayunar en casa. Solo (*ponerse* / yo) la ropa y ya (*tener que* / yo) salir al trabajo. Claro que (*perder* / yo) el autobús y (*llegar* / yo) media hora tarde al trabajo. ¡Vaya forma de empezar la semana! Ya en la oficina, (*empezar* / yo) a trabajar, pero poco después mis compañeros y yo (*tener*) un problema con los ordenadores y no (*poder* / nosotros) seguir con el trabajo durante dos horas. ¡Qué palo! Entonces (*ir* / nosotros) a comer antes de la hora. Bueno, eso no (*estar*) tan mal. Pero después el director de la empresa (*venir*) a hablar conmigo y (*ponerse* / yo) un poco nervioso. A las 7 (*venir* / yo) a casa. Pero antes (*ir* / yo) al supermercado e (*hacer* / yo) las compras. Y, claro, ¡(*encontrar* / yo) a mi ex con su novio nuevo! ¿Y tú? ¿(*Tener* / tú) un buen fin de semana? ¿Le (*dar* / tú) el regalo a tu novia? ¿Le (*gustar*)?

Un abrazo y hasta pronto,

Tito

Comprensión lectora

Tortilla de patatas

Preparación:

1. Pelar y cortar las patatas y la cebolla.
2. Poner bastante aceite en una sartén.
3. Freír las patatas y la cebolla en la sartén.
4. Batir los huevos en una fuente. Añadir un poco de sal.
5. Sacar las patatas y la cebolla del aceite y mezclar con los huevos.
6. Echar la mezcla de patatas, cebolla y huevos en la sartén con poco aceite.
7. Después de cinco minutos, dar vuelta con ayuda de un plato.
8. Después de otros cinco minutos, está lista.

¡Buen provecho!

Ingredientes:

4 patatas grandes

1 cebolla

3 huevos

aceite para freír

un poco de sal

9 **Lee la receta y pon en orden estos pasos para preparar una tortilla.**

Mediación

10 a **Mira la receta de la tortilla (p. 102) y explica en alemán qué significan las siguientes palabras.**

pelar | cortar | la sartén | batir | la fuente | mezclar | dar vuelta

b **Quieres preparar una tortilla con tu familia. Con ayuda de la receta (p. 102), explícales en alemán cómo se hace.**

c **Mira la escena 8 y explícale a tu familia en alemán, cómo se prepara guacamole.**

Comprensión auditiva

79 **11 a** **Un grupo de alumnos españoles está de viaje por Perú. Mañana van a visitar Lima. Escucha lo que dice el profesor y ordena las actividades.**

a tiempo libre | **b** visitar una catedral | **c** ir a la playa | **d** salir en dirección a Cuzco
e ir al centro histórico | **f** visitar un mercado | **g** visitar un museo | **h** comer algo

79 **b** **Escucha otra vez y apunta las horas y los lugares de encuentro.**

	hora	lugar
1.	8:00	hotel
2.		

Huaca Pucllana, sitio arqueológico

Expresión oral

12 **Tú y tu compañero/-a de intercambio queréis pasar las próximas vacaciones de verano juntos/-as. Haced propuestas y poneos de acuerdo.** ▸ Partner B, S. 231

Du lädst deinen Austauschpartner / deine Austauschpartnerin ein, dich in Deutschland zu besuchen. In deiner Region kann man gut wandern und es gibt ein paar schöne Badeseen. Wenn **B** gerne schwimmt, gefällt es ihm/ihr da bestimmt. Natürlich könnt ihr auch einen Städte-Trip machen, z. B. nach München oder Berlin. Die beiden Städte sollte man unbedingt gesehen haben. Wenn man mit dem Bus fährt, ist es auch nicht so teuer.

A

¿Qué tal si [...]?
¿Qué te parece si [...]?
También podemos [...].

Vale, pero entonces [...].
En realidad no me gusta [...].
Prefiero [...].

Te va a gustar.
Vale la pena.
¡Qué pena!

Expresión escrita

13 **Recibes los siguientes mensajes de tu compañero de intercambio, de su profesora y de una empresa española. Contéstalos.**

Hola, estoy en la estación central. ¿Me puedes explicar cómo llego a tu casa? Es que no puedo ver el plano en el móvil. ¡Gracias! Tito

Hola: Soy Sonia, la profesora de Tito. ¿Sabes algo de él? ¿Está en tu casa? Lo estoy llamando, pero no me contesta. Por favor, dile que necesito hablar con él. ¡Gracias!

Estimado señor Steiner:
Mi nombre es Danilo Moreno, soy secretario de la empresa «Solylux» en Madrid. Le escribo para saber si usted todavía está interesado en hacer prácticas en nuestra empresa el próximo año. Gracias desde ya por una breve respuesta.
Un cordial saludo,
Danilo Moreno

Mala conexión[1]

–¿Aló?

–Hola, mi amor, soy yo.

–Hola, cariño[2], ¿cómo estás? ¿Llegaste bien? ¿Qué tal el vuelo[3]?

–¿Cómo? No te entendí.

–Que si llegaste bien.

–Ah, perdón. Es que la conexión es mala. Llegué bien, sí. Ya estoy en casa de mi mamá.

–No te escuché. ¿Qué dijiste?[4]

–Que la conexión es mala.

–¿Cómo?

–*¡Ay no, pinche[5] teléfono! ¡No me hagas esto!*[6]

–¿Qué, cariño?

–Nada, nada, es que esta madre[7] no funciona.

–No entiendo. ¿Qué le pasa a tu madre?

–No le pasa nada, es que este pinche teléfono… ¿Aló? ¿Sigues ahí?[8] ¿Aló?

–Sí, estoy aquí, cariño. ¿Me escuchas?

–Ah, ahora sí, ya te escucho mejor.

–Bueno, ¿entonces está todo bien por allá[9]?

–Sí, mi mamá está recontenta[10]. Me pidió que cambiara la fecha del vuelo para quedarme un poco más.

–¡Pero si acabas de llegar![11]

–¿Y qué tiene de malo?

–Nada, que me dijiste que te ibas[12] a ver a tu madre un mes, y ahora resulta que pueden ser dos o tres.

–No exageres[13], no he dicho nada de[14] tres meses.

–Pues la última vez fue así, ¿no? Te ibas a pasar Navidad[15] y Año Nuevo con tu familia y de repente me dices que vas a aprovechar[16] para quedarte hasta Semana Santa[17]. Y ya sabes que no me gustan las relaciones a distancia.

1 **la conexión** Verbindung 2 **cariño** *Kosewort* 3 **el vuelo** Flug 4 **¿Qué dijiste?** Was hast du gesagt?
5 **pinche** (*mex., vulg.*) verdammte/r/s 6 **¡No me hagas esto!** Tu mir das nicht an! 7 **esta madre** (*mex., ugs.*) esta cosa
8 **¿Sigues ahí?** Bist du noch dran? 9 **allá** allí 10 **recontento** muy contento 11 **acabas de llegar** llegaste hace poco
12 **te ibas** *hier:* du würdest (dorthin) fahren 13 **no exageres** übertreib nicht 14 **no he dicho nada de** ich habe nichts von … gesagt
15 **Navidad** Weihnachten 16 **aprovechar** die Gelegenheit nutzen 17 **Semana Santa** Ostern

Actividad de prelectura

1 a Escucha el relato y di… ▸ globales Hörverstehen, S. 282

… quiénes hablan y cuál es la relación entre ellos.
… en qué situación están.

b Escucha otra vez. ¿Cómo se sienten los protagonistas? ▸ globales Hörverstehen, S. 282

Él parece…
Ella parece…

contento/-a | alegre | triste | enfadado/-a[1] | tranquilo/-a | irónico/-a | preocupado/-a[2] | enamorado/-a[3]

1 **enfadado/-a** wütend
2 **preocupado/-a** besorgt
3 **enamorado/-a** verliebt

c ¿Por qué crees que ellos se sienten así? ¿Qué detalles entiendes?

–Sí, mi amor. ¿Pero no entiendes que mi mamá me extraña[18] mucho? Y ahora que está cada vez mayor[19]…

–No. Te voy a decir qué es lo que pasa. Lo que pasa es que tu madre nos quiere separar. ¿O por qué nunca me invita?

–Por favor, ¡no empieces! Mira, la conexión mejoró, tenemos que aprovechar[20].

–¿Aprovechar para qué?

–Pues para hablar, ¿no? Ahora que yo te escucho y tú me escuchas…

–Pues, ya no tengo ganas.

–¿Ya no tienes ganas de qué?

–De hablar pues, ¡de qué va a ser![21] Ya me cansé de esta vaina.[22]

–¿Quién es Jaime?

–¡Vaina! V – A – I – N – A.

–Oye, no tienes por qué gritarme[23], ¿vale? Es que no te había escuchado.

–No te grité. Te deletreé[24] la palabra. Son dos cosas diferentes.

–Vale, vale. Lo que sea[25], pero no te enojes[26].

–No estoy enojada. Estoy perfectamente tranquila. Soy la tranquilidad en persona, para que te enteres[27].

–Pues, me alegra. Oye, mi amor, creo que la conexión otra vez está empeorando[28].

–Sí, ya lo creo.

–Mejor hablamos mañana, ¿va?

–¿Sabes qué? Pásalo bien con tu familia. Por mí, ya no regreses.[29] Ya no quiero.

–Yo también te quiero[30]. Hasta mañana, mi amor.

Clic.

Yvonne Miller, 2016

18 **extrañar** vermissen 19 **cada vez mayor** immer älter 20 **aprovechar** ausnutzen
21 **¡de qué va a ser!** Was sonst?! 22 **Ya me cansé de esta vaina.** Ich habe diesen Mist satt.
23 **gritarle a alg.** jdn anschreien 24 **deletrear** buchstabieren 25 **lo que sea** was auch immer
26 **no te enojes** sei nicht böse 27 **para que te enteres** damit du's weißt 28 **empeorar** schlechter werden
29 **Por mí, ya no regreses.** Wegen mir brauchst du nicht wiederzukommen. 30 **te quiero** ich liebe dich

Comprensión lectora

2 a **Lee el texto. ¿Dónde están los protagonistas? ¿Por qué discuten?**

b **Resume el texto. Da información sobre:** ▶ Einen Text zusammenfassen, S. 278

el título	el autor / la autora	el tipo de texto	el tema

Ejemplo: «[…]» es un […] de […] del año 2016 que trata de[1] […].

1 **tratar de** handeln von

c **Comenta las últimas frases de la chica (l. 52–53).**

Expresión oral

🎧 80

3 a **Escucha otra vez y repite las frases imitando la entonación y la pronunciación.**

b **Concurso de lectura dramática: Preparad el diálogo en parejas y presentadlo.**

Cuando me siento bien

Cuando me siento bien[1], la sartén no se pega[2],
me sale la tortilla, redondita, perfecta.
El frío[3] es una excusa para abrazarte más.
Si la casa está muy sucia[4], nos vamos a un hostal.

Me siento bien, la música me inspira:
merengue, bachata en tu voz de dormida.
Con cuatro palabras te hago una poesía.
Enciendo[5] la noche y alargo[6] los días.

(estribillo)
Soy capaz de[7] leerte la mente[8],
arreglar[9] los problemas de toda la gente.
Voy cantando las vueltas[10] del mundo.
En solo un segundo le prendo la luz al sol.
Te doy mi sonrisa[11] y te cambia la vida.
Hoy tu lotería voy a ser yo, voy a ser yo. […]

Cuando me siento bien, aparco[12] donde sea[13].
Pinto[14] los semáforos[15] de verde siempre,
regalando[16] suerte para que tengas un gran día.
Yo soy licenciado en[17] amor y alegría. […]

«Cuando me siento bien» Efecto Pasillo, 2015*

1 cuando me siento bien cuando estoy bien **2 la sartén no se pega** in der Pfanne brennt nichts an **3 el frío** Kälte **4 sucio** dreckig **5 encender, prender (la luz)** (Licht) einschalten **6 alargar** hacer más largo **7 soy capaz de…** sé/puedo… **8 la mente** Gedanken **9 arreglar** lösen **10 la vuelta** Umdrehung **11 la sonrisa** Lächeln **12 aparcar** parken **13 donde sea** irgendwo **14 pintar** anmalen **15 el semáforo** Ampel **16 regalar** schenken **17 ser licenciado en** ein Diplom haben in

Comprensión lectora

4 a Escucha la canción sin leer la letra. ¿Qué te parece? Di también de qué crees que trata.

La canción • la letra • la […] estrofa • el […] verso • el mensaje • el estilo • el ritmo • la voz del cantante	(no) me gusta porque (no) es […].	sencillo/-a[1] bonito/-a divertido/-a metafórico/-a claro/-a alegre cursi[2] aburrido/-a triste[3] marchoso/-a[4]

1 sencillo/-a einfach **2 cursi** kitschig **3 triste** traurig **4 marchoso/-a** lebendig

b Lee la letra de la canción. Nombra en alemán cinco cosas que la persona hace cuando se siente bien.

c ¿Qué te parece la persona de la canción? Justifica tu opinión con citas del texto.

rebelde[1] | enamorado/-a[2] | feliz | optimista | romántico/-a | arrogante

1 rebelde rebellisch **2 enamorado/-a** verliebt

Expresión oral

5 Cuenta qué te hace sentir bien y qué haces cuando te sientes bien.

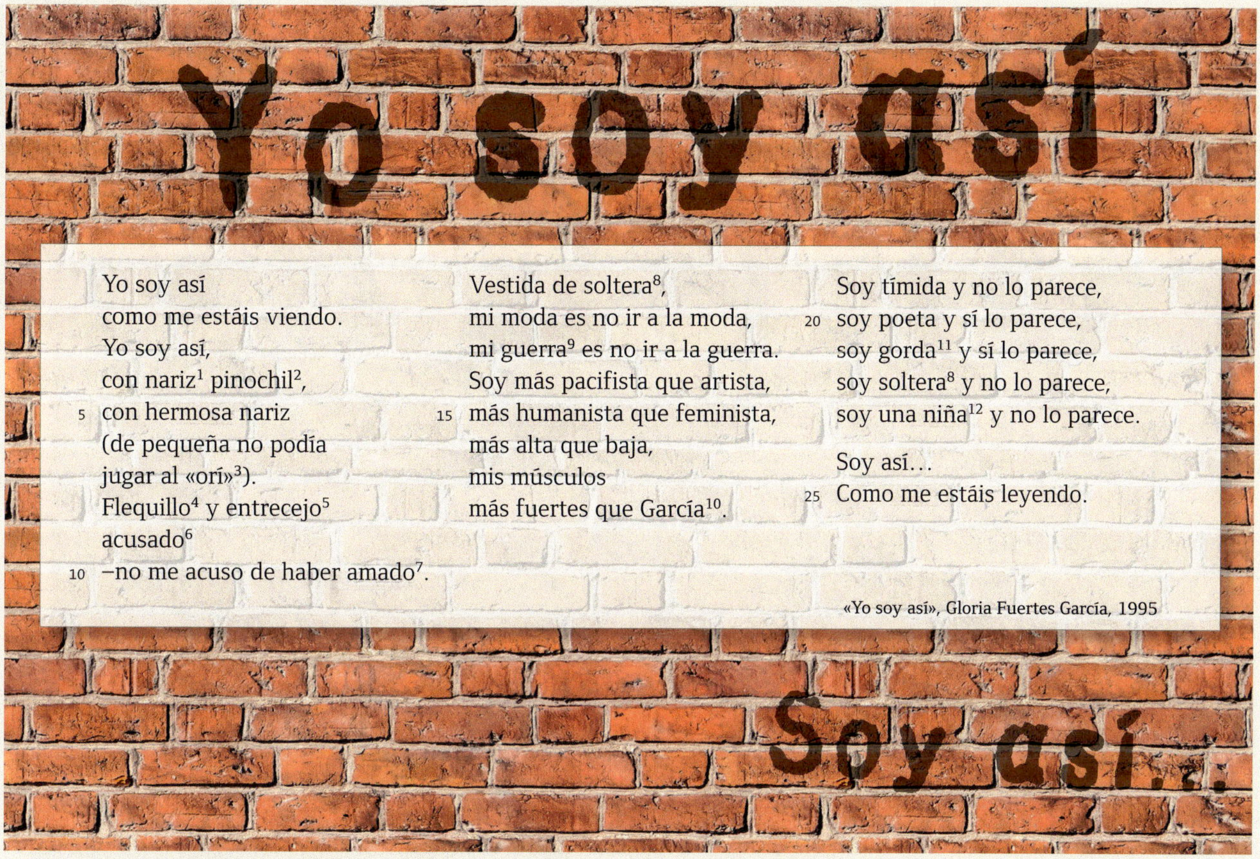

Yo soy así
como me estáis viendo.
Yo soy así,
con nariz[1] pinochil[2],
con hermosa nariz
(de pequeña no podía
jugar al «orí»[3]).
Flequillo[4] y entrecejo[5]
acusado[6]
–no me acuso de haber amado[7].
Vestida de soltera[8],
mi moda es no ir a la moda,
mi guerra[9] es no ir a la guerra.
Soy más pacifista que artista,
más humanista que feminista,
más alta que baja,
mis músculos
más fuertes que García[10].
Soy tímida y no lo parece,
soy poeta y sí lo parece,
soy gorda[11] y sí lo parece,
soy soltera[8] y no lo parece,
soy una niña[12] y no lo parece.

Soy así…
Como me estáis leyendo.

«Yo soy así», Gloria Fuertes García, 1995

1 **la nariz** Nase 2 **pinochil** de Pinocchio 3 **jugar al orí** verstecken spielen 4 **el flequillo** Pony
5 **el entrecejo** Raum zwischen den Augenbrauen 6 **acusado/-a** ausgeprägt 7 **haber amado** geliebt zu haben 8 **la soltera** Single
9 **la guerra** Krieg 10 **García** *referencia al segundo apellido de la escritora* 11 **gordo/-a** dick 12 **la niña** (kleines) Mädchen

Comprensión lectora

6 **Presenta el texto y da información sobre el título, el tipo de texto, la autora y el año de publicación.**
▶ Einen Text zusammenfassen, S. 278

Ejemplo: «[…]» es un […] de […] del año […].

7 **¿Qué te parece el poema? Da tu opinión y justifícala. Puedes usar los adjetivos de 4a.**

(No) me gusta/n	el mensaje · el estilo · el […] verso · los versos […] y […] · la […] estrofa	porque […].

Expresión oral

8 **Elige cinco o más versos y preséntalos como…**

un/a locutor/a de noticias[1] · un/a comentarista de fútbol · un/a locutora de publicidad[2] · un/a cantante de rap

1 **el/la locutor/a de noticias** Nachrichtensprecher/in
2 **el/la locutora de publicidad** Werbesprecher/in

Comprensión audiovisual

9 **Mira la escena 9 del DVD. ¿De qué trata el poema? ¿Te gusta? ¿Porqué (no)?**

¿Una vida sin móvil? Para muchos es algo impensable porque nos facilita muchas cosas. Pero, ¿cuáles son los retos de los medios digitales? Este mes hemos preguntado a los jóvenes por sus experiencias con el mundo digital. Aquí podéis leer sus respuestas.

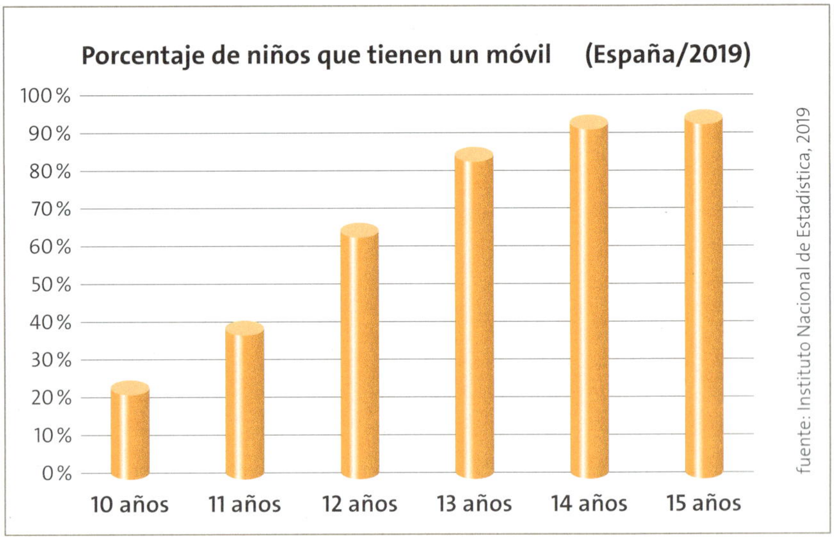

¿Alguna vez...

... has pasado una semana sin usar tu móvil?

¿Una semana sin mi móvil? – ¡No! Soy ciego y, claro, sin mi móvil puedo hacer una vida normal, pero con él soy muy, muy independiente. Hoy, por ejemplo, he hecho la compra en el supermercado. He usado una aplicación para escanear el código de los productos y me dice qué producto es. Tengo otra aplicación que me lee documentos después de sacarles una foto. ¡Es muy práctico!

Diego, 17 años

Actividad de prelectura

1 **Contesta las preguntas del texto según tu experiencia personal y decide:**

a) Ya he tenido esa experiencia.
b) Todavía no he tenido esa experiencia.
c) Conozco a alguien que ha tenido esa experiencia.

Hier lernst du:
- zu berichten, was du schon einmal gemacht hast

sin móvil?

... tú y tus amigos habéis usado los medios para manteneros en forma?

Sí, este año me he comprado un Smart Watch. Llevo este reloj todo el día y registra todas mis actividades. Cuenta mis pasos, las escaleras que subo y las calorías que pierdo. También he descargado la aplicación que me registra mis datos. Mis amigos ya se han comprado también el reloj y tienen la aplicación. Esta semana hemos empezado otra vez una competición para ver quién de nosotros es el más activo.

Laura, 17 años

... te han engañado en internet?

Pues sí, os cuento: Este mes he visto una oferta muy buena en una tienda online. Una smart TV supergrande por solo 299 €. No lo he pensado bien y he pagado la tele ya. Esta semana me han escrito que todavía no pueden entregar la tele. Ahora sé que la tienda online no existe. ¡Qué pasada!

Andrés, 18 años

... has sufrido ciberacoso?

A mí esto todavía no me ha pasado, pero este mes, en mi clase, ha habido mucha bulla. Casi toda la clase ha puesto a nuestro compañero Julián en el centro de todas las críticas. En el grupo de chat (Julián no está en el grupo) hablan mal de él. Difunden rumores sobre él o comparten fotos falsificadas. Hoy han comentado también las fotos de su cumpleaños en su perfil de Amig@s. Es que es muy cobarde esconderse detrás de una pantalla. Pero lo bueno es que ahora en mi escuela hay ciberayudantes: Es un programa donde un grupo de alumnos mayores informan sobre el uso seguro en la red y ayudan por ejemplo cuando hay conflictos en redes sociales. Así también quieren ayudar a prevenir el ciberacoso. ¡Me parece una idea genial!

Carla, 16 años

... has colgado algo en internet y te has arrepentido después?

Yo todavía no he tenido esa experiencia, pero mi amiga Carla ha colgado esta semana un vídeo en internet. Allí cuenta, que este fin de semana quiere hacer una fiesta en casa de sus padres. Han compartido el post una y otra vez. Hasta ahora 536 personas ya han visto el vídeo y quieren ir... Creo que va a tener problemas con sus padres.

Julia, 17 años

Comprensión lectora

2 a **Los jóvenes de esta encuesta han tenido buenas y malas experiencias con el uso de los medios digitales. Haz una lista de los beneficios y retos que ellos mencionan.**

b **Ahora completa la tabla con tus ideas. ¿Cuáles son los beneficios y riesgos que tienen los medios para ti? Después, preséntalas en clase.**

La lengua

3 **a** **Busca en el texto las formas del pretérito perfecto y apúntalas en una tabla. Apunta también el infinitivo para cada forma.**

	-ar	-er/-ir	verbos irregulares
[yo]	he comprado (comprar)		
[tú]			
[...]			

b **Compara los infinitivos con los participios. ¿Cómo formas los participios? ¿Cuáles son irregulares? Después, formula una regla para formar el pretérito perfecto.**

c **¿Cuándo usas el pretérito perfecto? Busca en el texto los marcadores temporales que utilizas con el pretérito perfecto.**

alguna vez, este año, ...

Expresión oral

4 **Usa el pretérito perfecto y hazle preguntas a tu compañero/-a. Él/Ella contesta. Cada persona hace al menos seis preguntas.** ▶ Grammatik, 51

Ejemplo:

¿Alguna vez has pasado un día sin móvil?

No, yo nunca he pasado un día sin móvil, pero un amigo ha pasado una semana sin él.

¿Alguna vez	[tú] tú y tus amigos un amigo tuyo / una amiga tuya tus amigos alguien que conoces	*chatear* con un desconocido*? *ver* el perfil de alguien en las redes sociales en secreto? *subir/colgar* fotos de otras personas sin su permiso? *mandar* mensajes desde otro móvil? *navegar** en internet por más de cuatro horas? *recibir* fotos o mensajes de desconocidos? *compartir* datos personales en las redes sociales? *crear* una cuenta* con otro nombre? *contestar* un mensaje al día siguiente? *leer* los términos y condiciones[1] de una aplicación antes de crear una cuenta? *configurar* las opciones de privacidad[2] en las redes sociales? [...]	

Sí,	ya [...] varias veces / una vez hoy este mes / año / fin de semana / [...]
No,	todavía no [...], (pero) nunca [...], (pero)

sagen, was du schon einmal gemacht hast

Hoy	ya he (estudiado).
	(todavía) no he (desayunado).

1 los términos y condiciones Geschäftsbedingungen
2 configurar las opciones de privacidad Datenschutzeinstellungen anpassen

Comprensión auditiva

83

5 **Escucha el podcast y contesta las siguientes preguntas o completa la información.** ↗ p. 232

a **Muchos jóvenes quieren hacerse famosos en las redes sociales. Esto puede ser difícil, ¿por qué?**

83

b **Completa la información del *influencer* español:**

83

c **Completa las partes que faltan [...]:**

1. Crear contenido único e interesante [...]
2. Cuando subimos fotos al internet, o aceptamos los términos y condiciones antes de bajarnos una aplicación en el móvil, [...]
3. ¿Que recomiendan las campañas para jóvenes?
   a) cuidar [...] c) configurar [...] e) ser [...]
   b) pensar bien antes de [...] d) no compartir [...] f) en caso de [...]

Nombre:
Edad:
Es conocido como:
Temas/Contenido de sus vídeos e historias:

Expresión escrita

6 **¡Tú eliges!**

a **Tú también quieres compartir tus buenas y malas experiencias en el mundo digital. Escribe un texto para la revista.**

b **Elige uno de los temas del texto (p. 108/109) y escribe una entrada de blog sobre este tema. También puedes buscar más información en internet.**

Mediación

ES DE

7 **Tu amigo Nico, que no habla mucho alemán, necesita tu ayuda. Está interesado en el tema de la seguridad en internet y encontró este folleto en la red. Explícale qué recomendaciones da para reconocer noticias falsas.**

↗ p. 232

Versuche, Wörter zu umschreiben, die du nicht kennst ▶ Wörter umschreiben, S. 283

fuente: Handysektor

7 ¿A qué te quieres dedicar?

¡Vamos!

Weitere Lesetexte zur Unidad in der PagePlayer-App!

84

Quiero ser educador porque me encanta estar con niños pequeños. Creo que como educador no ganas mucho dinero. Pero para mí, es importante ofrecer una buena educación a todos los niños de mi país. Ellos son nuestro futuro.
Manuel (17)

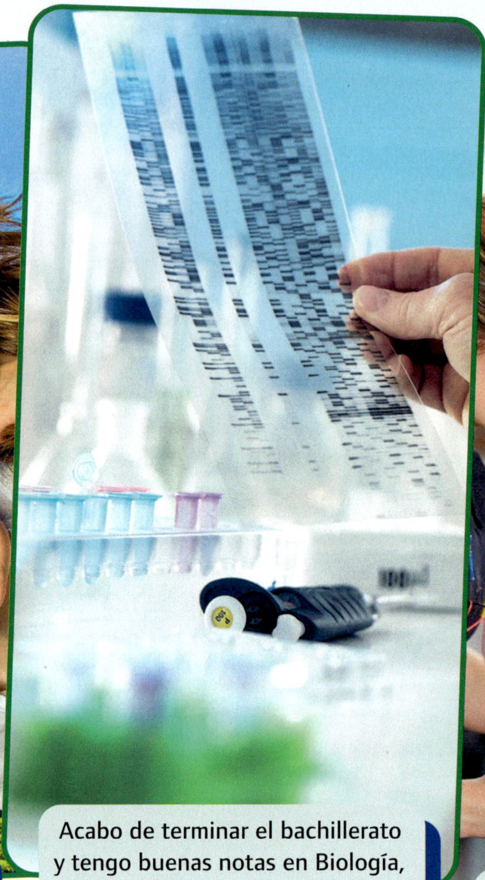

Acabo de terminar el bachillerato y tengo buenas notas en Biología, Química y Matemáticas. Voy a ser bioquímica.
Quiero trabajar en un laboratorio porque mi sueño es curar enfermedades. Puede ser difícil encontrar trabajo porque hay mucho paro, pero soy optimista.
Lucía (18)

Soy deportista, por eso me gustaría hacer una Formación Profesional de Educación Física y Deporte. Además me gusta tener contacto con la gente, por eso es la profesión ideal para mí.
Federico (16)

Actividad de prelectura

1 Usa las palabras y formula hipótesis como en el ejemplo.

el taller | el jardín de infancia* | el laboratorio | la discoteca | el gimnasio | la oficina

Ejemplo: Creo que un/a educador/a trabaja en un jardín de infancia.

Comprensión lectora

2 a Busca y apunta los argumentos de los chicos para elegir una profesión.

b ¿Qué argumentos son importantes para ti?
Ejemplo: Para mí, es importante aprender una profesión con futuro.

Hier lernst du:
- über Berufswünsche zu sprechen

Quiero aprender una profesión con futuro. Me gustaría ser diseñadora web. Creo que es un trabajo interesante para mí porque soy muy creativa y me gustan los ordenadores. Pero todavía no estoy segura.
Romina (16)

Pues yo quiero ser DJ porque la música es mi vida, pero mis padres no están de acuerdo. Por eso en casa hay muchas discusiones. ¿Pero qué voy a hacer? Es que a mí las profesiones tradicionales no me interesan…
Merche (15)

Die ESO *(Educación Secundaria Obligatoria)* wird von allen spanischen Schülern absolviert.
Die FP *(Formación Profesional)* ist die berufliche Ausbildung in Spanien, die durchschnittlich 2 Jahre dauert.

Acabo de terminar la ESO y mi sueño es hacer una FP de mecánica de coches. No me gustaría trabajar en una oficina, prefiero ser mi propia jefa.
Mariana (16)

La lengua

3 **¿Qué dice esta gente? Une y completa las frases con las siguientes conjunciones.**

por eso ya que* pero porque si mientras cuando

7

1. Me gustaría mucho trabajar con jóvenes. [...] quiero ser profesora.
2. Voy a ser mecánico [...] me encantan los coches.
3. [...] quieres ganar mucho dinero, tienes que terminar el bachillerato y estudiar en la universidad.
4. [...] terminé el bachillerato fui a Alemania para aprender alemán.
5. No es fácil encontrar la profesión ideal, [...] hay que ser optimista.
6. [...] estudio en la universidad, trabajo en la heladería para ganar un poco de dinero.
7. [...] soy muy deportista, voy a hacer una Formación Profesional de Educación Física y Deporte.

Comprensión auditiva

85

4 **Escucha a cuatro jóvenes. ¿Qué (no) quieren hacer y por qué?**

↗ p. 233

	Jaime	Isabel	Miguel	Pepa
¿Qué quiere hacer?				
¿Por qué?				
¿Qué no le gustaría hacer?				

Expresión oral

PF **5 a** **Mira las profesiones y cuenta: ¿Qué te gustaría ser? ¿Por qué?** ► Las profesiones, S. 242

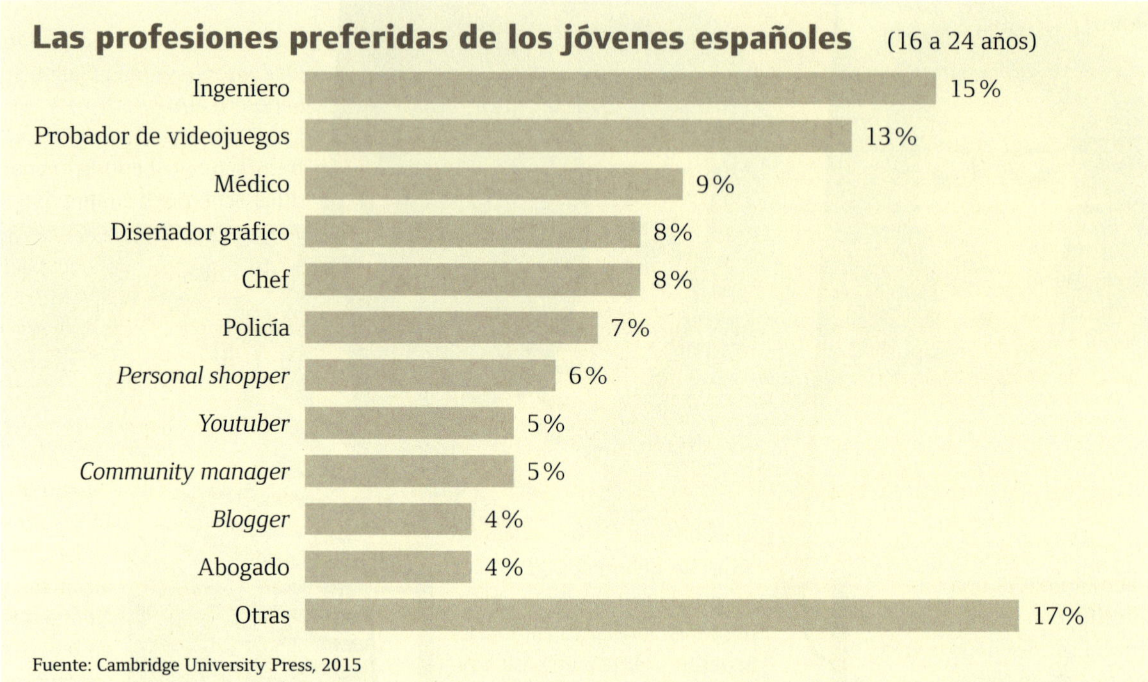

Über Berufswünsche sprechen

Me gustaría Mi sueño es	ser	[…]	porque	me gusta (trabajar con otra gente). me interesa (viajar mucho). me encanta/n (los niños). quiero (ser mi propio jefe). sé hablar muchas lenguas. soy bueno/-a en […]. soy (creativo/-a). […].

b **¿Cuáles son las profesiones preferidas en vuestra clase? Haced una encuesta y presentad los resultados.**
Ejemplo: Pocos alumnos quieren ser abogados.

Pocos/Muchos alumnos […]. Solo […] alumnos […]. La mayoría de la clase […].
Sobre todo los chicos / las chicas […]. (Casi / Más de) la mitad de los alumnos […].
De los […] alumnos, […] quieren ser […].

Comprensión auditiva

86 **6 a** **Escucha la entrevista: ¿Qué sabes de Luz? ¿Qué (no) le interesa? ¿Cuál es su problema?** ↗ p. 233

86 **b** **Escucha otra vez y apunta cinco preguntas.**

c **¿Qué contestarías tú a las preguntas? Prepara tus respuestas.**

d **Trabajad en parejas. Preparad una conversación parecida y presentadla en clase.**

A ¿Qué quieres hacer después de la ESO?

Hier lernst du:
- die eigenen Fähigkeiten zu beschreiben

Actividad de prelectura

1 Vas a leer una entrevista con Santiago Hernández, un orientador laboral en un instituto. Lee el título de arriba y formula una hipótesis: ¿Qué hace un orientador laboral?
Ejemplo: Creo que un orientador laboral es una persona que [...].

87

Ana: Hola y bienvenidos. Estáis escuchando «Radio Madrid». Mi nombre es Ana Velázquez y el tema de nuestro programa de hoy es: «¿Qué hacer después de la ESO?». Aquí conmigo está Santiago Hernández. Es orientador laboral en un instituto y sabe todo sobre el tema. Santiago, cuéntanos qué haces: ¿Cómo es tu trabajo?

Santiago: Bueno, mi trabajo es orientar. Esto significa informar y ayudar a los alumnos. Informar sobre las diferentes opciones que hay después de la ESO. Y ayudar a los alumnos a encontrar sus puntos fuertes y débiles. Si te resulta fácil escribir o si te cuesta estudiar: para todos hay opciones y juntos las encontramos.

Ana: ¿Y qué te preguntan los alumnos?

Santiago: La mayoría de los jóvenes que vienen a hablar conmigo están en 3° o 4° de la ESO. Tienen 15 o 16 años y muchos creen que la universidad es el único camino. Algunos se interesan por una FP, una Formación Profesional. Y otros quieren ir al extranjero y hacer un voluntariado o aprender un idioma, por ejemplo.

Ana: ¿Qué opciones tiene un joven de 16 años cuando termina la ESO?

Santiago: La ESO es obligatoria para todos y dura cuatro años. Luego hay dos opciones: puedes estudiar dos años de Bachillerato si quieres ir a la universidad o hacer una FP Superior, por ejemplo como técnico superior en administración y finanzas. Pero si tienes más facilidad para la parte práctica, después de la ESO puedes hacer una FP Media, por ejemplo como técnico en mecánica de coches. Uno va un año y medio al instituto y en los últimos seis meses hace prácticas en una empresa. Pero para muchos alumnos esto no es una opción porque las prácticas no se pagan...

Ana: Y si alguien se quiere presentar a un puesto: ¿qué consejos le das?

Santiago: Pues yo siempre digo que un buen currículum y una buena carta de presentación son muy importantes. Siempre se puede pedir ayuda a los orientadores del instituto.

Ana: ¡Qué tarea más interesante! Seguimos contigo en unos minutos. Ahora escuchamos a la gran artista...

Comprensión lectora

2 Lee la entrevista y di si las siguientes frases son verdaderas o falsas. Corrige las frases falsas.

1. Santiago Hernández informa sobre las opciones después de la ESO.
2. La mayoría de los alumnos tiene 19 años después de la ESO.
3. La ESO es optativa y dura cuatro años.
4. Si quieres ir a la universidad, tienes que estudiar dos años de Bachillerato.
5. Para hacer una FP Media también tienes que estudiar dos años de Bachillerato.
6. Si no quieres ir a la universidad, puedes hacer una Formación Profesional (FP) Media.
7. Una FP Media dura tres años.
8. Con la FP Media ya ganas dinero en los últimos seis meses de la formación.

La lengua

3 a Busca en el texto (p. 115) una palabra de la misma familia.

orientar interesarse presentar fácil
difícil profesional optativo
practicar educador/a

b No conoces estas palabras, pero conoces otras palabras de la familia. ¿Qué significan?
▶ Wörter erschließen, S. 282

la salida la comida
la obligación contrastar entrevistar
madrugar tapear el cocinero
la estancia el mueble la mirada

4 a Forma sustantivos femeninos terminados en -ción con los siguientes verbos.
Ejemplo: preparar → la prepara**ción**
informar → la informa**ción**
presentar(se) → la presenta**ción**

~~preparar~~ explicar ~~presentar(se)~~ terminar
invitar adaptar(se) fundar ~~informar~~

b Forma sustantivos femeninos terminados en -(i)dad con los siguientes adjetivos.
Ejemplo: real → la real**idad**
fácil → la facil**idad**

~~real~~ moderno/-a tranquilo/-a
normal especial cómodo/-a ~~fácil~~

c Forma verbos terminados en -ar con las siguientes palabras. ¿Qué significan?
Ejemplo: orientador → orient**ar**
pago → pag**ar**

~~el orientador~~ la educación la administración
la planta el contacto el anuncio*
~~el pago~~ el ingreso* el gasto la conquista
el alimento el regalo la habitación

Expresión oral

5 Busca ejemplos y cuenta a tu compañero/-a.

Para mí,	un buen jefe / una buena jefa	siempre [...].
	un buen amigo / una buena amiga	es [...].
	un buen / mal día	tiene [...].
	un buen trabajo	[...].

6 a Explica el sistema escolar en España.

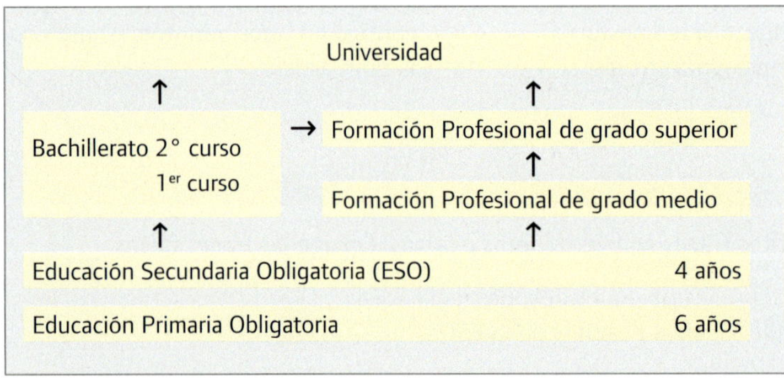

Todos los jóvenes...
Muchos estudian...
Después de la ESO se puede...
Pero otros...
También puedes hacer...
Si uno/-a quiere ir a la universidad...
Pero si uno/-a se interesa por...

b Estás de intercambio en España y tienes que explicar el sistema escolar en Alemania. Haz un esquema del sistema de tu comunidad. Habla también de las diferencias entre España y tu comunidad. Usa las expresiones de 6 a. ▶ Etwas präsentieren, S. 280
Ejemplo: Hoy os voy a presentar el sistema escolar que tenemos en [...]. Aquí el/la [...] dura [...] años, pero en España [...].

Mediación

7 Una amiga española quiere hacer una FP en Alemania.
Le envías este folleto por e-mail y le explicas cuatro puntos sobre cómo funciona la formación en Alemania.

En la formación uno tiene que [...] / es obligatorio [...].
Uno aprende [...].
Normalmente se puede [...].
(No) se necesita [...].
Quizás luego uno puede trabajar [...].
A menudo se estudia / se trabaja [...].

Theorie lernst du in der Schule.
In Deutschland lernst du deinen Beruf nicht nur an einer Schule. Vielmehr erhältst du einen Ausbildungsvertrag in einem Betrieb. Dort lernst du ganz praxisnah, was du an Fach-Know-how für deine berufliche Zukunft brauchst. Diese duale Berufsausbildung dauert, je nach Beruf, zwischen zwei und dreieinhalb Jahren.

Deine Vorteile
- Du kannst mit jedem Schulabschluss starten.
- Du benötigst kein Studium.
- Du setzt das Gelernte direkt in die Praxis um.
- Du wirst vielleicht von deinem Ausbildungsbetrieb übernommen.
- Du verdienst Geld.

Deine Ausbildung im Betrieb
In der Regel arbeitest du an drei bis vier Tagen in der Woche im Betrieb. Hier erlernst du die praktischen Handgriffe deines Berufes.

Ausbildung in der Berufsschule
Zusätzlich besuchst du zwischen acht und zwölf Unterrichtsstunden pro Woche eine Berufsschule. Dort lernst du fachtheoretische Inhalte, die speziell auf deinen Beruf zugeschnitten sind. Darüber hinaus gibt es zum Beispiel noch die Fächer Deutsch, Politik und Sport.

Duale Berufsausbildung in Deutschland. Bundesagentur für Arbeit, August 2014

Comprensión auditiva

8 a Escucha el diálogo entre Natalia y su padre. ¿Cuál es el tema? (88)

b Escucha otra vez la conversación y completa las frases. (88)

A Natalia le cuesta [...]. A Natalia le resulta fácil [...]. [...] es su punto débil.
Natalia tiene facilidad para [...]. A Natalia le gustaría [...]. El padre de Natalia cree que ella [...].

Expresión oral

PF **9** En una entrevista para unas prácticas te hacen un montón de preguntas. ¿Cómo te describes?

Die eigenen Fähigkeiten beschreiben

+	Mi punto fuerte es [...]. Tengo facilidad para (hablar inglés) / con (el inglés). Me resulta fácil [...]. Soy bueno/a en* [...].	–	Mi punto débil es [...]. Tengo dificultades* para [...] / con [...]. Me cuesta [...]. y por eso me gustaría [...].

B La vida laboral en España y Alemania

Hier lernst du:
- eine Bewerbung zu schreiben

Actividad de prelectura

1 a Mucha gente vive en el extranjero.
Qué piensas tú: ¿Cuáles son las causas más importantes?
Ejemplo: Creo/Pienso que mucha gente vive en el extranjero porque…

quiere aprender otro idioma. estudia allí.
quiere conocer otra cultura.
encuentra trabajo allí.
quiere estar con su familia / novio/-a. quiere […].

b ¿Te puedes imaginar vivir o trabajar en el extranjero? ¿Dónde? ¿Por qué (no)?

Hacer la maleta e irse a otro país no es nada fácil:
Trabajar en otro país significa lidiar con otro idioma, otras costumbres y otra cultura.
Pero: ¿realmente somos tan diferentes? Un alemán en España y una española en Alemania cuentan sus experiencias laborales.

Carla García Morales, una española en Düsseldorf

Jan Albers, un alemán en Alicante

Estudié en Salamanca la carrera de traductora de alemán. Después de la universidad, me presenté a muchos puestos y tuve muchas entrevistas, pero no me contrataron. Por eso hice las maletas y vine a Alemania. Ahora ya llevo tres años en Düsseldorf y trabajo como secretaria en una empresa pequeña. Me sorprendió mucho la cantidad de gente que habla español aquí – ¡es increíble! También encontré este empleo porque sé español.
Trabajo media jornada: empiezo a las nueve y termino a la una. Mi sueldo es bastante bueno, pero no gano mucho más que mis amigos en España. Es que en Alemania los impuestos son más altos, entonces la diferencia de salarios entre los dos países no es tan grande. Ahora estoy viviendo en una *WG* con dos compañeros muy majos que me invitan a todos lados. Para mí es ideal porque así no estoy sola y conozco a mucha gente de aquí. Además el alquiler es más barato. Cuando me preguntan qué país es mejor, yo contesto: «Ni uno ni otro. Son simplemente diferentes.»

Yo vine hace ocho años a España por amor. Pronto encontré un buen trabajo en un bufete de abogados. El primer día metí la pata y traté de usted a mi jefa. Me dijo: «¿Cuántos años crees que tengo? ¿80?» Es que aquí todos se tutean. Eso me sorprendió mucho. Otra cosa que me gusta aquí es la pausa de media mañana: todos los días a las once, mis compañeros y yo vamos al bar de la esquina para tomar un café. Es una costumbre en muchas empresas. Pero también hay cosas que no me gustan tanto: ya que al mediodía tenemos una pausa de dos horas, trabajamos hasta las ocho de la noche. Así que en la semana tengo poco tiempo para mi familia. El horario laboral en Alemania deja más tiempo para la vida privada. Cuando recibo visita de Alemania, todos se sorprenden con la siesta: Es que aquí las tiendas de barrio cierran a las dos y abren otra vez a las cinco de la tarde. Pero claro: En verano, hace mucho calor por la tarde y nadie aguanta trabajar con 40 grados.

Estrategia: Wörterbucharbeit

2 a Sieh dir den Wörterbucheintrag aus einem zweisprachigen Wörterbuch (Spanisch – Deutsch) an und beantworte die folgenden Fragen:

- Warum gibt es zwei Haupteinträge zu *horario*?
- Wo findest du die Aussprache des Wortes?
- Was bedeutet das *m* beim Substantiv *horario*?
- Wie viele Bedeutungen hat das Substantiv *horario*?
- Welche Funktion hat die Tilde (~)?

horario, -a [o'ra.rjo] *adj* Stunden-, stündlich

horario [o'ra.rjo] *m* **1.** *(escolar)* Stundenplan; *(de medio de transporte)* Fahrplan; *(de despacho)* Geschäftszeiten; *(de consulta)* Sprechzeiten; ~ **de atención al público** Öffnungszeiten; ~ **comercial** (Laden)öffnungszeiten; ~ **flexible** Gleitzeit; ~ **laboral** Arbeitszeit

b Busca las siguientes palabras y expresiones en un diccionario.

Im Spanischen sehen viele Wörter unterschiedlicher Wortart gleich aus, vgl. *horario*: Es kann das Substantiv aber auch die maskuline Form des Adjektivs sein. Deshalb musst du das Wort immer in seinem Kontext sehen, um dort zunächst die Wortart zu identifizieren. Im Wörterbuch stehen Substantive im Singular, Adjektive stehen zuerst in ihrer maskulinen Form und Verben im Infinitiv, d. h. *cierran* findest du unter *cerrar* und *trabajé* unter *trabajar*.

Zusammengesetzte Wörter wie z. B. *bufete de abogados* oder feststehende Ausdrücke wie *meter la pata* kannst du evtl. nur unter einem der beiden Wörter finden.

hacer la maleta (l. 9) lidiar con (l. 2) contrataron (l. 8) llevo tres años (l. 10)
el sueldo (l. 16) el horario laboral (l. 42) el empleo (l. 14) los impuestos (l. 18)
el bufete de abogados (l. 29) ni uno ni otro (l. 26) traté de usted (l. 30)
hace mucho calor (l. 48)

Comprensión lectora

3 a Según la información del texto, explica las siguientes expresiones con tus propias palabras.
▶ Wörter erschließen, S. 282
Ejemplo: Trabajar «media jornada» significa que [...].

1. Carla trabaja «media jornada». (l. 15)
2. Jan fue a España «por amor». (l. 28)
3. Jan «metió la pata». (l. 30)
4. Jan y Carla dicen: «Me sorprendió mucho.» (l. 33)
5. A Jan le gusta «la pausa de media mañana». (l. 34/35)
6. Todos se sorprenden con «la siesta». (l. 45)

b Cuenta cómo es la vida laboral en España según el artículo sobre Jan. ↗ p. 233

Expresión oral

4 a Una amiga española va a hacer prácticas en una empresa alemana. Explícale las diferencias de la vida laboral según el texto.
Ejemplo: En Alemania, el horario laboral [...].

el horario laboral las pausas los impuestos el piso la familia los compañeros los jefes

facultativo **b Denke an eine Situation, in der du aufgrund interkultureller Missverständnisse ins Fettnäpfchen getreten bist. Erzähle die Anekdote und wie sich das Missverständnis geklärt hat.**

facultativo **c Erkläre, welche Vorteile es hat, in zwei oder mehreren Kulturen aufzuwachsen. Nenne Beispiele aus deinem Alltag oder dem von Freunden.**

La lengua

5 Dilo con otras palabras.

1. Para muchos jóvenes no es fácil encontrar un *trabajo* adecuado.
2. *El número* de jóvenes que busca trabajo en España es bastante grande.
3. Por fin me *dieron un trabajo* en la empresa.
4. Muchos padres prefieren trabajar *cuatro horas al día* y tener más tiempo para la familia.
5. La jefa de la empresa *gana mucho dinero al mes*.
6. A su hermano le gustaría estudiar en *otro país*.
7. Si *te cuesta* aprender idiomas, no es una buena idea estudiar la carrera de traductor.
8. Mucha gente cree que estudiar en la universidad es *el camino perfecto*.
9. Su padre a veces trabaja *por la noche y, a veces, durante el día*.
10. Mi jefe *es bueno con* las lenguas.

6 a Relaciona los verbos con sus complementos.
Ejemplo: aprender un idioma

lidiar con presentarse a
tener estudiar
meter hacer sacar
ir ~~aprender~~
coordinar

una Formación Profesional al extranjero
una entrevista una costumbre la pata
un voluntariado buenas notas ~~un idioma~~ calor
contacto con la gente un proyecto la maleta
prácticas una carrera un puesto

b Hazle preguntas a tu compañero/-a con las combinaciones de 6 a. Él/Ella contesta. Intercambiad los roles.

Comprensión auditiva

90 **7 Tarek llama a una empresa. Escucha la llamada telefónica. ¿Qué opciones son verdaderas? Puede haber más de una opción correcta.** p. 233

1. Tarek llama porque
   a) quiere hacer prácticas en la empresa.
   b) quiere hablar con el Sr. García.
   c) se quiere presentar a un puesto en la empresa.
   d) tiene preguntas.

2. Tarek pregunta
   a) si tiene que enviar su currículum con foto.
   b) cuánto es el sueldo.
   c) si se puede presentar por e-mail.
   d) por los días de las entrevistas.

3. Después de la llamada, Tarek
   a) todavía tiene mucho tiempo hasta la entrevista.
   b) tiene que escribir otra carta de presentación.
   c) sabe qué hacer.
   d) se quiere presentar al puesto.

91 **8 a Hoy Tarek tiene su entrevista.
Escucha: ¿Cuál es su problema y qué hace?**

91 **b Busca el camino que sigue Tarek para llegar a la empresa.** ▸ Karte Madrid, S. 247

El mundo del español

PF **9 a Quieres trabajar en España o en América Latina durante las vacaciones.
Elige uno de los tres anuncios y explica por qué te interesa.**

prácticas

Se ofrecen prácticas en hoteles en España a estudiantes de hostelería. Se necesita buena presencia. Además se necesita un nivel intermedio de inglés (B2) y elemental de español (A2) y conocimientos básicos en Word y Excel. Las prácticas no se pagan, el alojamiento y la comida están incluidos.

Se ofrece trabajo entre uno y seis meses a persona deportista para dar cursos de animación a turistas alemanes e ingleses en nuestro club. Se necesita alemán, inglés y español. Se trabaja por turnos con un equipo internacional. Un día libre por semana. Alojamiento y comida incluidos. El sueldo varía según el horario de trabajo. Los gastos de viaje no se pagan.

voluntariado

¿Te gustan los niños y quieres ofrecerles una educación buena? Entonces puedes trabajar de 3 meses a un año como voluntario en nuestro proyecto «Ayuda» en Argentina o Paraguay. No se necesitan estudios, pero se necesitan conocimientos de español (para poder leer a los niños y para ayudarlos con los deberes). No se paga ni el voluntariado ni el viaje, pero el alojamiento y la comida son gratis.

PF

b Escribe la carta de presentación y destaca tus puntos fuertes y por qué te interesas por el puesto.

► Einen Lebenslauf / eine Bewerbung schreiben, S. 277

eine Bewerbung schreiben

Asunto: Su anuncio de trabajo/prácticas / [...]
Estimado señor [...]: / Estimada señora [...]:
Me dirijo a usted para presentarme a [...] /
Me dirijo a usted con motivo de la oferta de trabajo/ prácticas publicada en [...]
Me interesa mucho porque [...]
Ya que sé [...] me gustaría mucho [...]
Además, tengo facilidad para [...] / soy bueno/-a en [...]
Creo reunir las condiciones requeridas.
Según la información en su página web, su empresa dispone de [...]
Estoy disponible para realizar una entrevista en [...]
En espera de sus noticias, le saluda atentamente

Comprensión audiovisual

10 a Mira la escena 10. En la entrevista, Julio, un carpintero[1], habla de su trabajo. Contesta las preguntas siguientes.

1. ¿Julio hizo una formación profesional o estudió en la universidad?
2. ¿En qué consiste su trabajo?
3. ¿Qué es lo mejor de su profesión?
4. ¿Qué desventajas[2] tiene su trabajo?

1 carpintero/-a Tischler/in 2 la desventaja Nachteil

ES DE

b A tu prima le gustaría trabajar de carpintera. Cuéntale lo que dice Julio sobre su trabajo.

7

Hier lernst du:
- über die Zukunft zu sprechen
- Vermutungen zu äußern

Actividad de prelectura

1 ¿Cómo te imaginas los cambios del mundo laboral en el futuro?

profesiones | lugar de trabajo | nuevas tecnologías | [...]

92

¿Cómo trabajaremos en el futuro?

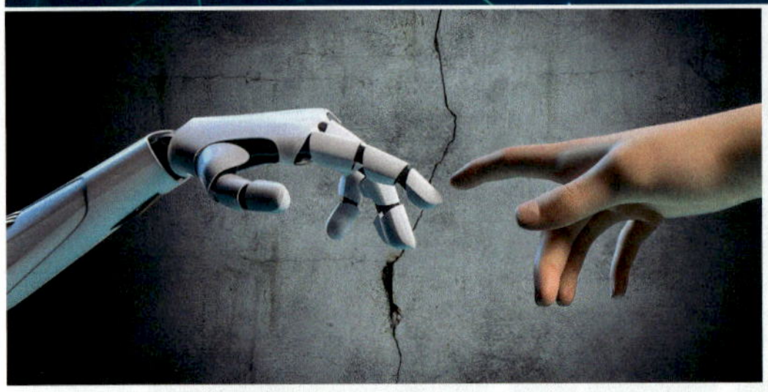

¿Te imaginas como compañero de trabajo a un robot? Los robots y la inteligencia artificial (IA) ya empiezan a cambiar el mundo del empleo, como en la industria y esto aumentará en los próximos años.
Pronto, trabajaremos en profesiones que todavía no existen y veremos cómo otros empleos tradicionales, como, por ejemplo, los cajeros de supermercado o los conductores, casi desaparecerán.

Los supermercados sin cajeros muchas veces ya son una realidad. Incluso hay supermercados que permiten a los clientes pagar con su móvil con ayuda de una aplicación. Las cámaras reconocen los productos que el cliente carga en su carrito de la compra y facturan al móvil cuando sale de la tienda. El cliente no tiene nada de qué preocuparse.

Además, para el futuro del transporte serán importantes los coches autónomos y los drones. Habrá pocos conductores de servicios de Correos porque las cartas y los paquetes pequeños se podrán transportar a su destino en drones. También en el transporte público habrá cada vez más autobuses sin conductores. Seguro que una de las ideas más futuristas para el transporte en las ciudades es la de los taxi-drones: Una aplicación en el móvil permitirá al cliente pedir un coche que lo recogerá y lo llevará a su destino de forma autónoma.

Y si quieres pedir un préstamo en un banco, ya no tendrás que ir al banco de tu barrio para explicarle a un empleado para qué necesitas el dinero. De hecho, existirán pocos bancos físicos con oficinas y empleados, como los conocemos hoy. En el futuro, todo el proceso será online y serán las máquinas las que decidirán si recibes el préstamo o no: El cliente simplemente introducirá sus datos en el portal online del banco, contestará las preguntas que le hará el programa y cargará los documentos necesarios. La decisión sobre tu préstamo no la tomará una persona, la tomará el programa.

Pero, si todo será automatizado, ¿de qué trabajaremos? ¿Y qué conocimientos necesitará tener el empleado del futuro? Según los expertos del mercado laboral, se necesitarán profesionales con carreras técnicas (p. ej. Matemáticas e Informática) o formación en telecomunicaciones. Además, serán importantes para todos los profesionales las competencias digitales para usar las nuevas tecnologías. Si no estás al día con ellas tendrás dificultades para encontrar un puesto de trabajo fijo.
Por cierto, cada vez habrá menos trabajos fijos: Muchas personas ofrecerán sus servicios como autónomos.
Te preguntas: ¿Y dónde trabajaré? En el futuro, el trabajo será digital y online, no irá casi nadie a la oficina todos los días. Las empresas podrán elegir por todo el mundo al mejor profesional porque el lugar de residencia será también su lugar de trabajo.
En el mundo del empleo acaba de empezar la era de la Inteligencia Artificial, pero en los próximos años cambiará nuestra manera de trabajar de forma radical.
Y sí: ¡en tu oficina tendrás un robot como compañero de trabajo! ¿A que no te lo has imaginado nunca?

Comprensión lectora

2 a Pon las imágenes en el orden correcto según el artículo. Después, relaciona las imágenes con los párrafos correspondientes.

1

2

3

4

5

6

b Formula el pronóstico para el futuro que se ve en cada imagen.
Ejemplo: La imagen 1 muestra[1] que en el futuro ya no hay cajeros en los supermercados.

1 mostrar (o → ue) algo etw. zeigen

La lengua

3 a Busca en el texto las formas del futuro simple y apúntalas con el infinitivo y el pronombre sujeto.

[él/ella] aumentará – aumentar

b Explica cómo se forma el futuro simple y completa la tabla.
▶ Grammatik, 55

	trabajar	comer	vivir
[yo]			viviré
[tú]		comerás	
[él/ella/usted]	trabajará		

c Algunas formas del futuro simple son irregulares. Búscalas en el texto. Busca los otros verbos irregulares en la gramática y apúntalas.
▶ Grammatik, 55

poner: pondré; tener:

4 a ¿Cuáles son las consecuencias de la implementación de la inteligencia artificial en el mundo laboral? Relaciona las frases según el texto y utiliza el futuro simple.

A causa de la inteligencia artificial…

1. … los cambios en el mercado laboral
2. … mucha gente
3. … muchos trabajos tradicionales
4. … muchos cajeros, vendedores y otros
5. … las cartas y los paquetes
6. … autobuses y taxis
7. … si no conoces bien las nuevas tecnologías
8. … si estudias una carrera técnica
9. … el mercado laboral
10. … para trabajar

llegar a nuestras casas en drones.
ser todavía más globalizado.
ser difícil encontrar un buen trabajo.
casi *desaparecer*.
perder su trabajo.
no *tener* que salir de tu casa: mucho va a ser online.
aumentar en los próximos años.
tener trabajos que hoy todavía no existen.
tener más posibilidades en el mercado laboral.
funcionar de forma autónoma.

7

b ¿Qué pensáis sobre esos cambios? Trabajad en parejas: formulad y justificad vuestras opiniones sobre algunas frases de 4a.

Ejemplo:

Muchos trabajos tradicionales desaparecerán. Eso me parece problemático porque [...].

Pues, a mí no me parece mal. Es que [...].

Me parece A mí (no) me parece	bien mal práctico triste problemático peligroso[1] [...]	porque [...]

1 peligroso/-a gefährlich

5 a Mira las frases siguientes. ¿Qué expresa el futuro simple en este ejemplo?

Marta: ¿Dónde está Lucía?
Manuel: No sé, estará en casa.

Marta: Wo ist Lucía?
Manuel: Weiß nicht, sie wird wohl zu Hause sein.

b Los amigos quedan en una fiesta, pero ¿dónde está Lucía? Sus amigos hacen suposiciones[1].

1 la suposicion Vermutung

estar en casa / con su novia / en camino / [...]
tener que estudiar
ayudar a sus padres
llegar tarde
esperar el bus
charlar con un amigo
preparar un examen
[...]

93

c Escucha: ¿Por qué llegó Lucía tarde a la fiesta?

6 Marta y su hermano Nico son muy diferentes. A Marta le gustan mucho las nuevas tecnologías, a Nico no. Describe a Nico y utiliza no... nada, no... nadie y no... nunca como en el ejemplo. ▶ Grammatik, 56

Vor dem Verb steht immer ein Verneinungselement. ***Nunca** llega tarde.* ***No** llega tarde **nunca**.*

Ejemplo: Marta sabe todo sobre las nuevas tecnologías.
→ Nico no sabe nada sobre las nuevas tecnologías.

1. Marta siempre comparte fotos en las redes sociales.
2. Marta compra todo en internet.
3. Marta siempre busca información en la red.
4. Marta chatea con todo el mundo.
5. A Marta le gusta mucho pasar horas en internet.
6. Marta reenvía memes[1] a todo el mundo.
7. Marta sabe todo sobre las nuevas aplicaciones.
8. A Marta le importa mucho tener un buen smartphone.
9. Marta comparte vídeos con todo el mundo.
10. Marta siempre lee blogs sobre el mundo digital.

1 reenviar memes Memes weiterleiten

Expresión oral

PF

7 **Estás en España, donde tú (A) hablas con tu compañero/-a de intercambio (B) sobre vuestros planes para el futuro. (A) empieza. Después cambiad de papel.** ▶ Partner B, S. 234

Ejemplo:

¿Crees que en cinco años todavía vivirás con tus padres?

No, en cinco años viviré sola.

Aussagen über die Zukunft treffen

En cinco/diez/veinte años	pienso que seguro que creo que ya (no) todavía (no) probablemente	+ *futuro*

Du fragst B nach den folgenden Aspekten:
- Wohnsituation (wo, mit wem)
- Ausbildung (Studium oder Berufsausbildung)
- Arbeit (Beruf, Zufriedenheit)
- Freunde (Kontakt mit Schulfreunden, gemeinsame Aktivitäten, neue Freunde)
- Freizeit (Freunde, Sport, Reisen, etc.)
- Familie (Freund/Freundin, Kinder)

A

Punto final

Vais a trabajar en parejas y presentar una entrevista de trabajo.

Preparar

1. Elige el puesto al que te quieres presentar, por ejemplo prácticas en un hotel (p. 120), trabajo de animación (p. 121), un voluntariado con niños (p. 121), etc.
2. Lee las preguntas y toma apuntes.

1. ¿Puedes presentarte, por favor?
2. ¿Por qué te interesa el puesto?
3. ¿Ya tienes experiencia laboral (en esa área)? / ¿Trabajas en tu tiempo libre?
4. ¿Por qué eres la persona adecuada para el puesto? / ¿Qué competencias (digitales) tienes?
5. ¿Qué otros puntos fuertes tienes?
6. ¿Cuáles son tus puntos débiles?
7. ¿Dónde te ves en cinco o diez años?
8. Qué crees: ¿Cómo cambiará tu profesión en el futuro?
9. ¿Cómo te puede ayudar este puesto para tus planes del futuro?
10. ¿Tienes alguna pregunta o quieres añadir algo?

Ensayar y realizar

Trabajad en parejas y ensayad la entrevista. Después presentad vuestra entrevista de trabajo en clase. Intentad hablar libremente. Tened en cuenta los gestos y la mímica. ▶ Der Kniff mit dem Knick, S. 280

Evaluar

Dad consejos a vuestros/-as compañeros/-as: ¿Qué se puede mejorar?

7

8 Andalucía

¡Vamos!

Weitere Lesetexte zur Unidad in der PagePlayer-App!

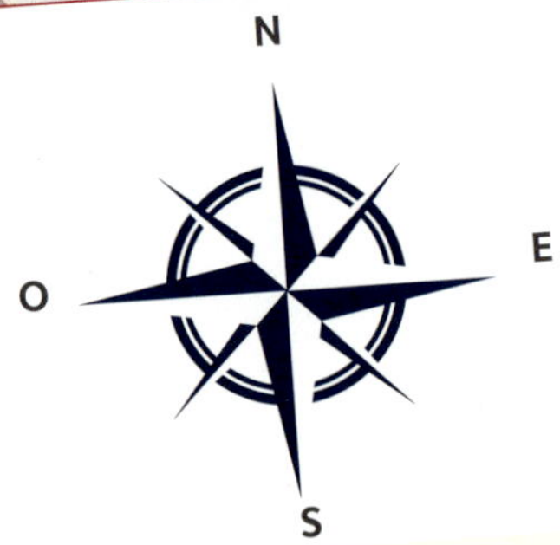

1. Andalucía está situada en [...] de España.

- **a** el norte
- **b** el este
- **c** el sur
- **d** el oeste

2. Andalucía es la segunda comunidad autónoma más grande del país y tiene

- **a** más de 8 millones de habitantes.
- **b** unos 4,5 millones de habitantes.
- **c** 2,9 millones de habitantes.
- **d** casi 12 millones de habitantes.

punto

6. En Andalucía hay playas y montañas. Puedes esquiar en

- **a** la Sierra Madre.
- **b** los Pirineos.
- **c** la Sierra Nevada.
- **d** la Sierra de Gredos.

punto

7. Uno de los andaluces más famosos de la historia es

- **a** Pablo Picasso.
- **b** Miguel de Cervantes.
- **c** Cristóbal Colón.
- **d** Felipe VI.

punto

8. Un producto típico que exporta Andalucía es

- **a** la fruta.
- **b** el café.
- **c** la carne.
- **d** la ropa.

punto

Actividad de preaudición

1 Haz el concurso sobre Andalucía y apunta las respuestas en tu cuaderno. En el ejercicio 2 vas a saber las respuestas correctas.

► España, Umschlagseite vorne ► Cultura, p. 243

Comprensión auditiva

94 **2** Escucha la publicidad de radio sobre Andalucía y compara con tus respuestas. ¿Cuántos puntos tienes?

► Soluciones, p. 251

Hier lernst du:
- eine Region zu beschreiben
- ein Bild zu beschreiben

3. La capital de Andalucía es
- **a** Granada.
- **b** Sevilla.
- **c** Málaga.
- **d** Cádiz.

● punto

4. Uno de los monumentos más famosos de Andalucía es
- **a** la Puerta del Sol.
- **b** el Palacio Real.
- **c** la Alhambra.
- **d** la Sagrada Familia.

● punto

5. Dos cosas típicas de Andalucía son
- **a** la paella.
- **b** la cumbia.
- **c** el gazpacho.
- **d** el flamenco.

●● puntos

9. Dos fuentes de ingreso importantes para la economía andaluza son
- **a** la industria.
- **b** las plantas de energía solar.
- **c** el turismo.
- **d** las fábricas de ropa.

●● puntos

10–11 puntos:	¡Genial, eres un/a experto/-a en Andalucía!
7–9 puntos:	Felicidades, ya sabes bastante sobre Andalucía.
4–6 puntos:	Ya sabes algo sobre Andalucía y en esta unidad vas a aprender más.
0–3 puntos:	No pasa nada porque en esta unidad vas a aprender mucho sobre Andalucía.

8

3 **Escucha la conversación en una oficina de turismo en Sevilla. ¿Qué dicen sobre estos lugares de Sevilla?** ↗ p. 234

95

1. Para comprar ropa en Sevilla la zona de Alfalfa es el lugar [...].
2. Ahí hay edificios [...] y muy [...].
3. En los bares de la zona hay [...] muy ricas.
4. Alfalfa también es un buen barrio para escuchar [...].
5. La Catedral de Santa María es la catedral gótica [...] del mundo.
6. La plaza de España y la plaza de toros también son lugares [...] que valen la pena.
7. El Alcázar es un lugar [...] muy bonito con dos [...].
8. Si te gusta [...] y [...], el Alcázar te va a gustar mucho.

Expresión oral

facultativo **4** Cuenta lo que ya sabes sobre Andalucía.

PF **5** a Prepara un mapa mental sobre tu región en Alemania. ► En la ciudad / En el pueblo, p. 240

eine Region beschreiben

Está situado/-a en el norte / el este / el sur / el oeste de [...].
Tiene [...] habitantes.
La capital es [...].
Uno de los monumentos más famosos es [...].
En la región hay [...]. • Allí se puede [...].
Un producto típico de la región es [...].
La región vive de [...]. • La región exporta [...].
Las fuentes de ingreso importantes para la economía son [...].
Una persona famosa de allí es [...].

b Tú (B) estás de intercambio en España. Tu compañero/-a de intercambio (A) quiere saber todo sobre tu región en Alemania. A empieza. ► Partner B, S. 235

p. 234

Du erkundigst dich nach ...
- der Region, in der dein/e Austauschschüler/in lebt: Name? geographische Lage?
- Berlin (dort kennst du jemanden): Wie weit entfernt ist die Stadt?
- der Hauptstadt der Region: Name? Lebt **B** direkt in der Hauptstadt?
- der Landschaft und was man in der Region unternehmen kann.
- typischen regionalen Produkten, Sehenswürdigkeiten und Persönlichkeiten.

A

Expresión escrita

PF **6** Le mandas una postal de tu región a tu amiga Mar de Madrid. Explícale qué se ve en la foto.
► Eine Postkarte schreiben, S. 276

ein Bild beschreiben

Arriba*/Abajo*	puedes ver [...].
En el centro	se ve/n [...].
Adelante*/Atrás*	hay [...].
A la izquierda/derecha	está el/la [...].

Ya sé

PF **7** Tu compañero de intercambio te entrevista sobre la región en la que vives. La entrevista se va a publicar en el blog del instituto. Trabajad en parejas y escribid la entrevista. ► En la ciudad / En le pueblo, p. 240

Comprensión audiovisual

8 Mira la escena 11. Nombra al menos cuatro aspectos sobre Andalucía (por ejemplo sobre su historia, el turismo, la agricultura o las tradiciones).

A El turismo antes y hoy

Hier lernst du:
- deine Meinung äußern
- frühere Gewohnheiten und Zustände zu beschreiben

Actividad de prelectura

1 ¿Cómo se dicen estas palabras del texto en alemán? ► Wörter erschließen, S. 282

causar problemas | el *boom* inmobiliario | el turismo sostenible | la solución | los clientes | reciclar la basura | ecológico/-a | respetar | la costa | el campo de golf

El futuro del turismo andaluz

Andalucía recibe cerca de 26 millones de turistas cada año. El turismo es muy importante para la economía andaluza, pero también causa serios problemas en el medio ambiente.
Javier García, director del hotel «Andalucía Verde», nos habla del pasado y futuro del turismo andaluz.

Sr. García, usted conoce bien el boom inmobiliario de los años 2000 a 2007 y ya en aquellos años usted hablaba de un «turismo sostenible» para cuidar mejor el medio ambiente. ¿Cómo era la situación antes y cómo es hoy?
Por suerte, hoy todo es diferente. En aquel entonces construían hoteles grandes por toda la costa, muy cerca de las playas. Y el gobierno no hacía nada: para ellos era más importante la economía que el medio ambiente.
Usted dice que el turismo sostenible es la solución para ese conflicto. ¿Me podría explicar cómo funciona?
Primero, el turismo sostenible respeta el paisaje. Nuestros hoteles son más pequeños e intentamos ahorrar agua y energía. Por ejemplo, antes muchos hoteles tenían campos de golf inmensos que necesitaban muchísima agua. Y antes también cambiábamos las toallas cada día, pero ahora los clientes deciden cuándo quieren toallas limpias.
¿Qué piensan ellos sobre eso?
Normalmente les parece bien. ¿Usted cambia en su casa la toalla cada día? También usamos energía solar y reciclamos la basura. Y para cocinar usamos productos ecológicos de la región. En el pasado no siempre era así.
Ya veo que para ustedes la ecología es muy importante.
Es importante para nosotros y para la región. Por eso creemos que el turismo sostenible es el futuro de Andalucía.

Comprensión lectora

2 **a** Busca la información en el texto y completa la tabla en tu cuaderno.

el turismo tradicional	el turismo sostenible
hoteles grandes por toda la costa, cerca de las playas	respetar el paisaje

b Explica qué es el «turismo sostenible».

Expresión escrita

3 a Formula primero una frase introductoria.
Ejemplo: El texto «[título]» es un/a [tipo de texto] y trata de* [tema].

b Resume el artículo. ▶ Einen Text zusammenfassen, S. 278

4 Decides dar tu opinión sobre el artículo (p. 129) en la página web del periódico. Escribe un comentario personal.
▶ Eine Stellungnahme verfassen, S. 278

↗ p. 235

deine Meinung äußern

Para empezar Pero Además En resumen*	quiero decir que [...]. (no) estoy de acuerdo con* [...]. (no) entiendo por qué [...]. para mí [...]. pienso/creo que [...].

La lengua

5 ¿Cómo se dicen estas palabras en alemán? Ya conoces palabras de la misma familia.
▶ Wörter erschließen, S. 278

la causa	el inmueble	la sostenibilidad	la construcción	el/la visitante
el respeto	el intento	la limpieza	la importancia	solucionar

6 a Busca las formas del pretérito imperfecto en el texto (p. 129) y apúntalas con el infinitivo y el pronombre sujeto.

[usted] hablaba – hablar

b Completa la tabla en tu cuaderno. ▶ Grammatik, 54

	-ar	-er	-ir
[yo]	hablaba	hacía	construía
[...]			

Die Verben *ir*, *ser* und *ver* haben im *pretérito imperfecto* unregelmäßige Formen.

7 a Elena Morales Piña recuerda cómo era su vida antes. Completa el texto con los verbos en pretérito imperfecto.
▶ Grammatik, 57

Cuando yo (*ser*) pequeña, (*tener* / nosotros) una vida diferente en Andalucía. Mucha gente (*trabajar*) en el campo. Mis padres (*tener*) campos de olivos. En nuestra familia (*vivir*/ nosotros) de eso. Mis padres siempre (*levantarse*) muy temprano para hacer todo el trabajo. Todos los días mi madre (*ir*) al mercado y (*cocinar*) para toda la familia. En aquel entonces, todavía no (*haber*) supermercados grandes. Mi padre normalmente (*salir*) con nuestros vecinos al campo y (*quedarse*/ ellos) allí todo el día hasta la noche. Mi hermano Jorge y yo siempre (*tener que*) ayudar en casa. (*Ir*/ nosotros) a la escuela y después (*ayudar*) a nuestros padres. Pero los domingos (*tener*/ yo) el día libre. Todos los domingos (*quedar*/ yo) con mis amigas y (*caminar*/ nosotras) por la playa y (*charlar*). En aquellos años, la vida en el pueblo (*ser*) muy tranquila. Ahora, los jóvenes ya no quieren trabajar en el campo…

ser → era, [...], éramos, [...]

ir → iba, [...], íbamos, [...]

facultativo

b Compara la infancia de Elena Morales Piña con tu infancia. ¿Qué era parecido y qué era diferente?
Ejemplo: Cuando yo era pequeño/-a, también [...]. Pero no [...].

8 a ¿Cómo es la vida en Andalucía hoy y cómo era antes? Compara y usa el pretérito imperfecto para hablar del pasado.

↗ p. 235

Hoy

~~(*haber*) mucha gente en las calles~~ (*venir*) muchos turistas a Andalucía
(*haber*) mucha gente en las playas
la gente (*dejar*) su basura en las playas
(*haber*) grandes supermercados y restaurantes
los jóvenes (*trabajar*) en el turismo o (*irse*) al extranjero

Antes

~~la vida (*ser*) más tranquila~~ no (*haber*) tanta basura
los jóvenes (*quedarse*) en Andalucía y (*trabajar*) en el campo
no (*venir*) tantos turistas la gente (*ir*) poco a la playa
(*comprar*/nosotros) en tiendas pequeñas y (*comer*) en casa

b ¿Cómo crees que era Andalucía antes? Usa la información de 8 a y las siguientes palabras.

Ejemplo: Creo que antes la vida en Andalucía era más aburrida porque había menos turistas.

~~aburrido/-a~~ conocido/-a turístico/-a difícil fácil simpático/-a divertido/-a [...]

Expresión oral

9 a ¿Cómo era tu vida antes? Cuéntale a tu compañero/-a. Él/Ella toma apuntes.

↗ p. 236

¿Dónde vivías? ¿Qué te gustaba?

¿Qué hacías en tu tiempo libre?

Ejemplo: Cuando era pequeña vivía en [...].
Todos los días jugaba al fútbol con [...].

frühere Gewohnheiten und Zustände beschreiben

Cuando era pequeño/-a Cuando tenía [...] años En aquellos años En aquel entonces Siempre/Normalmente Todos los días Cada año/semana/domingo	vivía en hacía [...]	[...].

b Cuenta lo que sabes sobre la infancia de tu compañero/-a.

Comprensión auditiva

10 a Radio Andalucía hace entrevistas en la calle. Escucha la primera y apunta tres adjetivos que usa el chico para describir su región. 97

b Escucha las otras entrevistas y elige la respuesta correcta. A veces, hay varias respuestas correctas. 98–101

↗ p. 236

1. Cádiz es
   a) la ciudad más antigua de Europa.
   b) la ciudad más antigua de España.
   c) una ciudad bastante moderna.
2. Málaga
   a) tiene un centro muy bonito.
   b) es una ciudad pequeña.
   c) tiene playa.
3. Tarifa está
   a) a solo 13,5 kilómetros de Marruecos.
   b) lejos de la costa.
   c) cerca de Portugal.
4. Ronda
   a) no es muy turística.
   b) es famosa entre los turistas árabes.
   c) tiene paisajes impresionantes.

Ya sé

11 ¿Cómo era tu ciudad / tu pueblo / tu calle antes? ¿Y cómo es ahora? Pregunta a tus padres o a tus abuelos y escribe un pequeño texto.

Hier lernst du:
- von Erlebnissen zu erzählen

Actividad de prelectura

1 ¿Qué tiempo hace hoy?

102–105

Asunto: su reserva

Estimada Sra. Mayoral:

Con este e-mail le confirmo la reserva de tres habitaciones y de nuestra sala de conferencias desde el 14 hasta el 18 de septiembre.

En cuanto a sus preguntas: El horario de la recepción es de las 7 hasta las 23 horas. El desayuno está incluido en el precio, y también ofrecemos la posibilidad de almorzar y cenar en nuestro restaurante. Por supuesto hay acceso a internet gratis en todo el hotel. En «Andalucía Verde» solo alquilamos bicicletas. Si prefieren alquilar un coche, pueden encontrar diferentes opciones en el centro, cerca del hotel.

Le deseo mucho éxito en el congreso.

Atentamente,
Javier García
Director del hotel «Andalucía Verde»

Hola, compañeros:

¿Qué tal en la oficina? ;-) Aquí en Cádiz todo muy bien. Al principio tuvimos unos problemas en el hotel porque llegamos a las once de la noche del aeropuerto y ya no había nadie en la recepción. Llamamos por teléfono y al final vino alguien. Al día siguiente empezó el congreso, pero el aire acondicionado en la sala de conferencias no funcionaba. ¡Y hacía 30 grados! No podíamos trabajar con ese calor, así que fuimos todos a la playa. ☺

Un saludo a la oficina y hasta pronto,
vuestros compañeros

Hola, Juan:

¡Andalucía es genial! Tuve que trabajar bastante durante el congreso, pero hace dos días terminó y vine a Sierra Nevada. Claro que ahora no hay nieve; hace sol y salgo mucho a caminar. No lo vas a creer: cuando caminaba por aquí, de repente alguien dijo mi nombre. ¡Era Pablo! Él y yo éramos novios cuando teníamos 16 años. ¡Vaya sorpresa! Luego te cuento más.

Un beso, Julia

Hola, familia:

¿Qué tal la semana sin papá? No lo vais a creer: durante el congreso hacía mucho calor todos los días, pero mis compañeros y yo casi no podíamos ir a la playa porque teníamos que trabajar.

El jueves terminó el congreso y yo estaba muy contento porque quería ir a la playa. Pero ahora hace muy mal tiempo: Llueve todos los días y hace un poco de frío. ☹ ¡Pero la ciudad es muy bonita!

Un abrazo y hasta pronto,
papá

Flia. Nieto Fuentes
C/Atocha 59, 3° izq.
28012 Madrid

Comprensión lectora

2 **a** Lee el e-mail de Javier García y describe el hotel: ¿Qué cosas (no) pueden hacer los clientes allí, según el e-mail del director?

b Explica por qué la señora Mayoral entró en contacto con el hotel «Andalucía Verde».

3 a ¿Qué foto pertenece a qué postal? Relaciona las fotos con las postales (p. 132) y justifica tu respuesta.

1

2

3

b ¿Qué experiencias tuvieron las personas durante su viaje? Nombra experiencias buenas y malas.

en el hotel | con el tiempo | en el tiempo libre

La lengua

4 a ¿Qué cuentan los compañeros de trabajo? Relaciona las frases con los dibujos.

1. Llegamos al hotel a las once de la noche.
2. Ya no había nadie en la recepción.
3. Llamamos por teléfono.
4. Al final vino alguien.

b Busca más frases en las postales (p. 132) en las que se describe una situación o una acción en el pasado. Completa la tabla en tu cuaderno.

situación	acción
[...]	[...]

c Wann verwendest du das pretérito imperfecto und wann das pretérito indefinido? ▶ Grammatik, 58

1. Um Zustände, Gewohnheiten und sich wiederholende Ereignisse zu beschreiben, benutzt man das [...].
2. Punktuelle Handlungen und Ereignisse stehen im [...].

5 Unos días después del reencuentro con Julia, Pablo escribe un e-mail. Complétalo con los verbos en pretérito indefinido o pretérito imperfecto. ▶ Grammatik, 58

Hola, Felipe:

Estoy en Sierra Nevada. No lo vas a creer: Un día (*salir* / yo) a caminar por aquí. (*Estar* / yo) contento porque (*hacer*) buen tiempo. De repente (*ver* / yo) a una chica que me (*parecer*) conocida. Y sí: ¡(*ser*) Julia, mi ex novia! (*Ponerse* / yo) muy feliz de verla. (*Caminar* / nosotros) juntos un poco y (*charlar* / nosotros). Ella también (*estar*) en Andalucía de vacaciones. Después me (*invitar*) a cenar. (*Decir* / yo) que sí porque yo también la (*querer*) ver otra vez. Esa noche (*salir* / nosotros) a cenar. Pero al día siguiente ella (*irse*) a Madrid. ¡Qué pena!

Hasta pronto,

Pablo

Expresión escrita

6 Imagínate que estás de vacaciones. Escribe una postal o un mensaje a tu amiga Mar y cuéntale una experiencia especial.
▶ Eine Postkarte schreiben, S. 276 ↗ p. 236

von Erlebnissen erzählen

Normalmente Todos los días Siempre	[+ *pretérito imperfecto*].	Pero después / un día / al final De repente	[+ *pretérito indefinido*].

7 Haces unas prácticas en una empresa alemana. Vas a acompañar a dos compañeros a un congreso en Andalucía. Escribe un e-mail al señor García a y haz la reserva.
▶ Eine E-Mail schreiben, S. 276

Bitte per E-Mail anfragen:
- drei Zimmer im „Andalucía Verde", 14.–18. 9.
- für Alan Witt, Laila Samet und dich
- Frühstück im Preis inbegriffen?
- Anfahrt vom Flughafen?

Danke ☺

Mediación

8 Tus compañeros y tú ya estáis en Andalucía. Escucháis la previsión del tiempo en la radio. Cuéntales cómo va a ser el tiempo hoy y mañana en Cádiz.

106

9 Llegasteis al hotel hace una hora y tu compañera tiene varias preguntas. Haz de intérprete entre ella y el recepcionista. ▶ Dolmetschen, S. 281

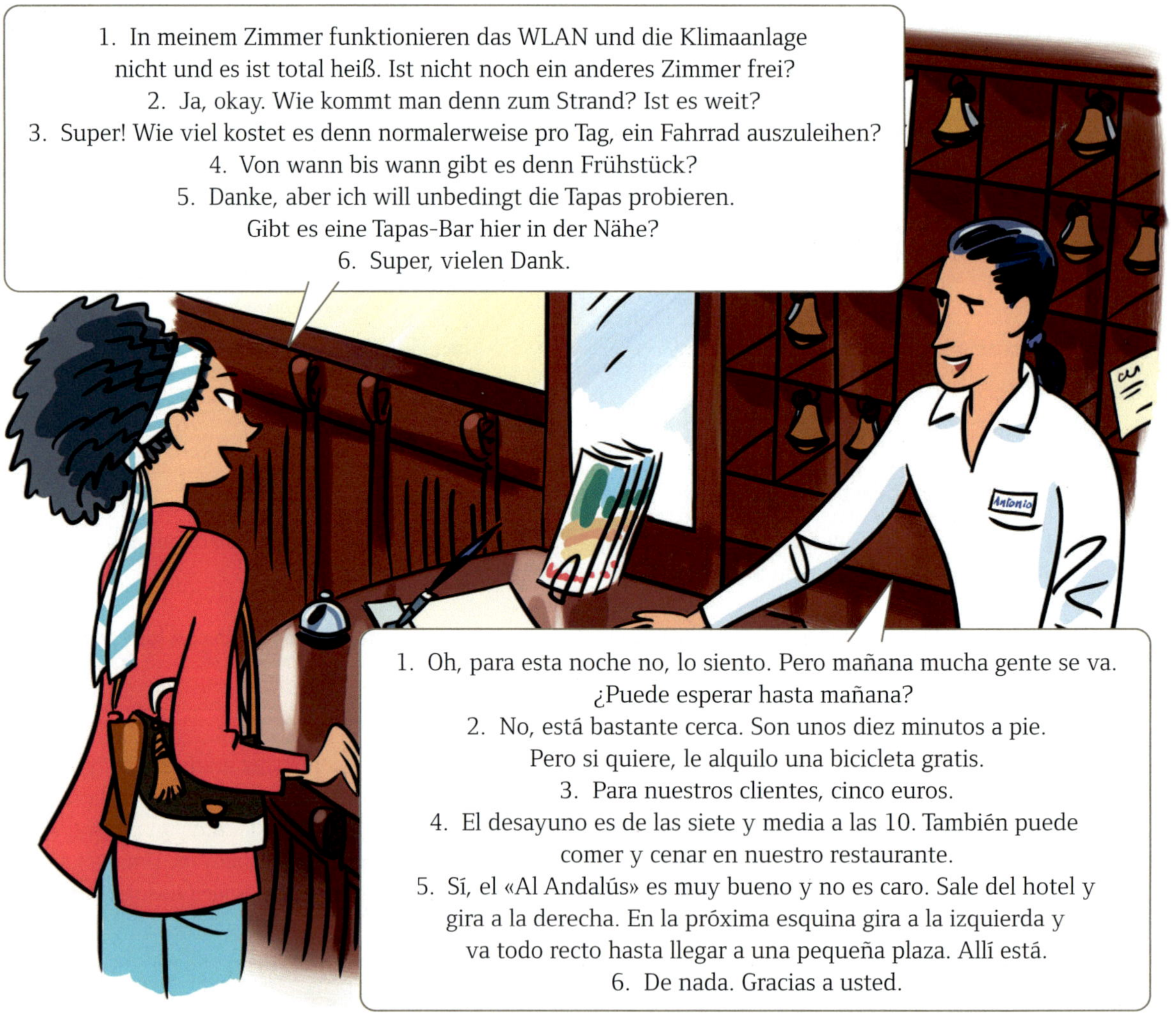

El mundo del español

10 **a** **El cine de tu barrio va a mostrar «El olivo» (2016) de Icíar Bollaín. Mira el cartel y cuenta de qué crees que trata la película.** ▶ Ein Bild beschreiben, S. 278

Creo que Pienso que	la película trata de [...] el tema es [...] es una historia de/sobre [...] [...]	porque [...].

b **Tú quieres ver la película con tu amiga Mar pero ella no sabe si el tema le va a gustar. Trabajad en parejas y haced el diálogo.** ↗ p. 236

c **Mira la escena 12 de la película *El olivo*. Resume el contenido en pocas frases.**

Punto final

Vais a hacer una exposición con textos y fotos históricas y actuales de vuestra región para vuestra clase de intercambio. Además, cada uno/-a va a presentar su región en una breve charla.

Buscar información

- Elige la región que quieres presentar. Puede ser la región donde vives ahora, o una región donde vivías cuando eras pequeño/-a o la región de tus padres, etc.
- Busca información sobre la historia de esa región y toma apuntes.

la gente | el paisaje | la cultura | la economía

la situación geográfica | los monumentos | productos típicos

- Busca también una foto antigua y una foto actual de la región.

8

Preparar

El texto:

- Haz referencias a las fotos, p. ej.: Como se ve en la primera foto, antes era una región [...].
- Intenta usar solo palabras que tus compañeros/-as conocen. Si usas palabras desconocidas, explícalas debajo del texto.

La presentación:

- Estructura tu presentación en introducción, parte central y conclusión.
  ▶ Etwas präsentieren / Ein Referat halten, S. 280
- Apunta palabras clave en tarjetas y habla libremente. Puedes practicar antes.
- Presenta la información (texto y fotos).

Realizar y evaluar

- Cada uno/-a presenta su región y explica qué se ve en las fotos. Después contesta preguntas.
- ¿Qué presentaciones te gustaron y por qué?

Vocabulario

1 ¿Qué profesión se describe? Completa las frases con las palabras que faltan.

1. Una [...] da clases en el insituto o en la universidad.
2. Un [...] trabaja con niños, por ejemplo, en un jardín de infancia.
3. Quien quiere ser [...] tiene que ser bastante creativo.
4. Un [...] necesita una buena cámara.
5. Si te gusta la música y trabajar de noche, puedes ser [...].
6. Una [...] escribe libros.
7. Un [...] hace páginas de internet.
8. En los institutos en España hay [...] que ayudan a los alumnos a encontrar una profesión que les gusta.

2 Di qué tiempo hace en cada imagen.

3 Completa la información sobre Sevilla con las palabras que faltan.

Andalucía está situada en el [...] de España y es la [...] más grande del país. La [...] es Sevilla. Con 700.000 [...], Sevilla es la cuarta ciudad más grande de España. Es conocida por su [...] histórico que es muy grande y ofrece muchas atracciones turísticas. Uno de los [...] más modernos y más famosos de Sevilla es el Metropol Parasol del arquitecto alemán Jürgen Mayer. La [...] de Sevilla, como de Andalucía en general, vive sobre todo del [...]: unos siete millones de turistas visitan la ciudad cada año. Ellos disfrutan de las ofertas culturales y también del buen [...]: en Sevilla hace mucho sol y la temperatura media es de 25 [...].

Gramática

4 ¿Cómo será la vida en ochenta años? Completa con el futuro simple. ▶ Grammatik, 55

Buenos Aires, 20 de enero 2021: Después de la conferencia sobre la tecnología del futuro los expertos están seguros de algo: nuestra vida no (*ser*) como ahora. Muchas cosas (*cambiar*) en todo el mundo. Las ciudades sin coches (*ponerse*) de moda. Pero los coches todavía (*existir*). Algunos no los (*llevar*) gente: (*ir* / ellos) solos. En casa, muchas tareas las (*hacer*) aparatos. Los robots nos (*ayudar*) en muchas cosas: (*limpiar*[1]) la casa o (*cocinar*) para nosotros. No (*tener* / nosotros) problemas de comunicación: nuestros teléfonos (*poder*) ayudarnos a entender otras lenguas. (*Saber*) siempre dónde estamos y qué hay cerca. Mucha gente (*leer*) solo libros digitales. Ya no (*haber*) supermercados: la gente (*comprar*) todo por Internet. Además, ya no (*pagar* / nosotros) con billetes[2], lo (*hacer*) con el móvil. La gente (*cumplir*) más años, porque la medicina (*ser*) mejor que hoy.

1 **limpiar** putzen 2 **el billete** Geldschein

5 Julia habla con su amiga. Contesta las preguntas según el ejemplo y utiliza no... nada/nunca/nadie.

Ejemplo: ¿Te gusta mucho esta peli? –No, no me gusta nada.

1. ¿Conoces a alguien aquí?
2. ¿Vas muchas veces al polideportivo?
3. ¿Entiendes lo que dice el reportero?
4. ¿Hay gente en la calle?
5. ¿Tomas mucho café?
6. ¿Vas muchas veces al teatro?

Hier kannst du überprüfen, was du in den Lektionen 7 und 8 gelernt hast.

6 Los conectores. Completa la entrevista de trabajo con las palabras que faltan.

por eso	pero	porque	si (2x)	cuando	mientras
durante	entonces	aunque	sin embargo	además	

–Buenos días, señor Steiner. Mi nombre es Rocío Cabral. Soy la jefa de personal. Me gustaría saber algo más sobre usted. Cuénteme: ¿Por qué quiere trabajar en nuestra empresa?

–Su empresa es muy conocida. También sé que tienen proyectos muy interesantes. [...] me gustaría trabajar con ustedes. [...], conozco a otras personas que trabajan aquí y les gusta mucho.

–¿Tiene usted experiencia laboral?

–Sí, tengo un poco de experiencia [...] hice unas prácticas [...] estudiaba en la Universidad. [...] claro, fueron solo prácticas de pocas semanas. [...], pienso que fueron experiencias muy positivas que me van a ayudar mucho en el día a día laboral.

–Muy bien. ¿[...] está acostumbrado al horario laboral?

–Sí. [...] mis prácticas siempre trabajé ocho o nueve horas por día. Y [...] era pequeño, los sábados siempre ayudaba a mis padres en su tienda. Estoy acostumbrado a trabajar, eso no es un problema.

–¿Le gusta trabajar en equipo o prefiere trabajar solo?

–La verdad es que me gusta mucho trabajar en equipo, [...] tampoco tengo problemas con trabajar solo.

–[...] nos decidimos por usted: ¿Cuándo puede empezar a trabajar?

–Bueno, soy bastante flexible y puedo empezar la próxima semana [...] usted quiere.

–Muchas gracias por venir. En pocos días lo vamos a llamar por teléfono para darle una respuesta.

7 El pretérito imperfecto. ¿Cómo era Andalucía antes? Completa el texto con las formas del pretérito imperfecto.

► Grammatik, 57

Entre 711 y 726 (*haber*) un emirato[1] árabe en la península ibérica que (*llamarse*) Al-Ándalus. La capital de Al-Ándalus (*ser*) Córdoba. En el siglo XX, Andalucía todavía (*ser*) una región bastante rural[2]. La mayoría de los habitantes (*vivir*) de la agricultura[3] y (*trabajar*) en el campo. Otros (*ir*) a pescar[4]. Muchas personas (*tener*) una vida bastante dura. Al principio no (*venir*) muchos turistas a Andalucía. Hoy, todo es diferente. Andalucía vive sobre todo del turismo y los andaluces son pioneros en la tecnología de paneles solares.

1 **el emirato** das Fürstentum 2 **rural** ländlich 3 **la agricultura** die Landwirtschaft 4 **pescar** fischen

8 El pretérito imperfecto y el pretérito indefinido. Un joven español que vive en Alemania escribe un e-mail a su familia. Elige la forma correcta de los verbos.

► Grammatik, 58/59

Hola, familia:

¿Qué tal? Os cuento que ayer (*tenía / tuve*) mi primera entrevista de trabajo. (*Estaba / Estuve*) muy nervioso. Por eso, (*me levanté / me levantaba*) a las 6 de la mañana, aunque la entrevista era a la una. (*Desayunaba/Desayuné*) muy bien, aunque no (*tenía / tuve*) hambre[1]. Pero como (*decía / dijo*) mi abuela siempre: «Con un buen desayuno, nada puede ir mal». A las 11 (*salía / salí*) de casa y (*llegaba / llegué*) a la empresa a las 11 y media. A la una menos cuarto, (*entraba / entré*) por fin en el edificio. ¡Ya me (*estaban/estuvieron*) esperando! El jefe de personal me (*llamaba / llamó*). Él (*parecía / pareció*) muy simpático. En su oficina de repente me (*decía / dijo*): «Tranquilo, si usted quiere, podemos hacer la entrevista en español». Me (*sorprendía / sorprendió*) muchísimo. (*Empezábamos / Empezamos*) con la entrevista y después de dos minutos, ya no (*estaba / estuve*) tan nervioso. La próxima semana me van a llamar por teléfono. Cruzadme los dedos.[2] ¡Un abrazo a tod@s!

1 **tener hambre** Hunger haben 2 **Cruzadme los dedos.** Drückt mir die Daumen.

Comprensión lectora

9 Lee el extracto de «¿Y ahora qué?» de Manuel Vila Baleato. ¿Las siguientes frases son verdaderas o falsas? Indica el número de la línea para justificar tu respuesta.

1. Mateo está yendo al instituto.
2. A Mateo le gustan las clases de Física y Química.
3. Mateo está muy bien.
4. Sonia está tranquila.
5. Sonia tiene muy buenas notas.
6. El sueño de Sonia es estudiar Farmacia.
7. Mateo ya sabe qué quiere hacer después del instituto.

Mateo estudia en el segundo curso de Bachillerato. Pronto vienen los exámenes finales.

Ya al final de la calle, Mateo piensa en las asignaturas que tiene hoy en el instituto: A primera hora tenemos Física y Química. Uf, ¡qué palo! Luego tenemos Ciencias Sociales y creo que no tengo los deberes. Bueno, menos mal que antes del recreo tenemos Inglés y después…

De repente una chica detrás de él dice su nombre.

–Eh, Mateo, hola, ¿qué pasa? ¿Qué tal?

–Ah, hola, Sonia, ¿qué tal?

–Bien, ¿y tú? Parece que estás en otro mundo.

–No, tranquila, estoy bien, quizás un poco nervioso.

–¿Por qué? ¿Estás bien?

–Uf. Sí, bueno… no sé…

–¿Qué pasa? ¿Es por los exámenes finales? Ya, es verdad, solo faltan unas semanas para la selectividad. Yo también me estoy poniendo un poco nerviosa.

–Sonia, por favor, tienes un nueve o un diez en todas las asignaturas.

–¿Y qué?

–Pues que tú te pones nerviosa porque quieres.

–¡Siempre igual! Ya sabes que necesito más de un ocho de nota media para estudiar Medicina en la Universidad de Salamanca, así que no puedo tener ninguna nota mala.

–Ya lo sé, tranquila. ¡Por lo menos tú ya sabes qué quieres hacer! Y siempre te queda tu plan B: estudiar Farmacia. Pero yo…

Mateo piensa en todas las profesiones preferidas con las que soñó desde niño: primero astronauta, después futbolista o piloto, luego músico o cantante en un grupo de rock, fotógrafo, actor, periodista… Y así una larga lista hasta hoy, con casi 18 años, pocas semanas antes de la selectividad, sin un plan realista para su futuro.

«¿Y ahora qué?», Manuel Vila Baleato, 2015 (extracto, adaptado)

Comprensión auditiva

107 **10 Escucha el diálogo. ¿De qué tipo de conversación se trata? Elige la opción correcta.**

- una conversación entre un alumno y el orientador laboral del instituto
- una conversación entre dos amigos sobre sus planes para el futuro
- una entrevista de trabajo

108 **11 Escucha el resto de la conversación. ¿Cuáles de las siguientes informaciones menciona Javi?**

- **a** Quiere trabajar en la empresa porque es muy conocida.
- **b** Le interesa trabajar en la empresa porque el salario es muy bueno.
- **c** Quiere vivir y trabajar en otro país.
- **d** Los proyectos de la empresa le parecen interesantes.
- **e** Tiene experiencia laboral porque hizo muchas prácticas.
- **f** Puede trabajar solo y en equipo.
- **g** En cinco años quiere tener un buen trabajo.
- **h** Para él es muy importante estar cerca de su familia.

Expresión oral

12 **Javi tuvo una entrevista de trabajo y la empresa le quiere dar un puesto en Alemania. Ahora Javi (A) habla con su novia (B) sobre esa posibilidad. Haced el diálogo en parejas.** ▶ Partner B, S. 237

Erzähle deiner Freundin von dem Jobangebot. Nutze folgende Informationen für den Dialog:
- In einem Monat sollst du in Deutschland anfangen.
- Du hast drei Tage Zeit, dich zu entscheiden.
- Für dich ist der Job eine tolle Möglichkeit, ins Arbeitsleben einzusteigen.
- Du bist schon seit einem Jahr mit dem Studium fertig, findest aber keinen Job in Spanien.
- Deine Freundin bekommt auch nur unbezahlte Praktika.
- Vielleicht kann sie mit dir nach Deutschland kommen.

A

Expresión escrita

13 **Javi ya está en Alemania. Hoy escribe un e-mail a su familia para describir sus primeros días en Alemania. Escribe el e-mail desde su perspectiva.**

piso compartido con tres otros españoles — el idioma — trabajar en el centro de la ciudad — el camino al trabajo — los primeros días en el trabajo — los compañeros de trabajo — vivir en un pueblo — el tiempo — hacer amigos

Mediación

14 **Estás haciendo prácticas en el centro de información turística de Múnich. Un grupo de jóvenes españoles te pide información. Contesta sus preguntas con ayuda del folleto.**

1. Vamos a pasar este fin de semana en Múnich y queremos disfrutar del buen tiempo. ¿Adónde podemos ir?
2. ¿Qué podemos hacer si llueve?
3. ¿Cuáles son los platos típicos de aquí y dónde los podemos probar?

Podéis [...].
Si os gusta [...], entonces [...].
¡Vale la pena! Tenéis que [...].
Un lugar muy conocido es [...].
Os va a gustar.

Der **Englische Garten** ist der Treffpunkt für Freizeitsportler und städtische Naturliebhaber. Auf 78 Kilometern trainieren hier Radler und Jogger. Im Sommer balancieren zwischen den Bäumen Seiltänzer über ihre Slacklines und Bolzplätze laden zum Fußballspielen ein. Ein besonderes Highlight sind die Surfer, die auf dem Eisbach zu jeder Jahreszeit ihr Können unter Beweis stellen – zur Freude vieler Ausflügler und Zuschauer.

Fans von Technik und Naturwissenschaft sollten sich das **Deutsche Museum** auf der Museumsinsel nicht entgehen lassen. Rund 1,5 Millionen Besucher bewundern jährlich die 30.000 Exponate in einem der größten naturwissenschaftlich-technischen Museen weltweit.

Auf dem **Viktualienmarkt** im Herzen Münchens erfreuen Bäcker, Metzger und Fischhändler ihre Besucher mit einem breiten Angebot an frischen Produkten. Auch wer das berühmte Weißwurstfrühstück oder Obatzter probieren möchte, ist hier an der richtigen Adresse.

Wer Entspannung sucht und keine Lust aufs Schwimmbad hat, trifft sich im Sommer am Ufer der **Isar**.

Actividad de prelectura

1 «España es un país plurilingüe.» Mira el mapa y explica la frase.

2 Mira las siguientes palabras y frases en catalán, vasco y gallego. ¿Qué significan? ¿Por qué (no) las puedes entender? ▶ Wörter erschließen, S. 282

Gràcies.	Ata logo.	Kaixo.	Bos días.	¿Parles català?	Agur.

Comprensión lectora

3 Lee la información sobre las lenguas regionales (p. 141) y contesta las preguntas.

1. ¿Cuáles son las lenguas oficiales de España?
2. ¿En qué partes de España estas lenguas son oficiales?
3. ¿Cuál es la lengua regional más hablada? ¿Dónde se habla y cuántos hablantes tiene?
4. ¿Por qué el vasco es tan diferente de las otras lenguas de España?
5. ¿Cómo era la situación de las lenguas regionales antes de 1978? ¿Cómo es ahora?
6. ¿En qué otros países se hablan las lenguas regionales?

El gallego (galego)

Se habla en: Galicia, partes de Asturias, Castilla y León, Extremadura y en el norte de Portugal

Número de hablantes: 3 000 000

Procedencia: latín

Características: Se parece mucho al portugués.

El vasco (euskera)

Se habla en: el País Vasco, partes de Navarra, en el País Vasco francés

Número de hablantes: 714 000

Procedencia: desconocida

Características: Es la única lengua de España que no viene del latín. La procedencia del vasco todavía es un misterio.

El catalán (català)

Se habla en: Cataluña, la Comunidad Valenciana, las Islas Baleares y en partes de Aragón, Andorra, Francia e Italia.

Número de hablantes: 10 000 000

Procedencia: latín

Características: Se parece un poco al español y al francés. En la Comunidad Valenciana prefieren el término «valenciano» y en las Islas Baleares el término «mallorquín».

España – un país plurilingüe
Bajo la dictadura de Franco (1939–1975), la única lengua oficial era el español. Las otras lenguas históricas estaban prohibidas.
La gente no las podía hablar en lugares públicos. La Constitución democrática de 1978 da derecho a todos los españoles a hablar su propia lengua. Desde entonces, el gallego, el catalán y el vasco son también lenguas oficiales. En las comunidades bilingües están muy presentes en la vida privada, pública (p. ej. en los institutos y las universidades) y laboral.

Comprensión auditiva

109 **4 a** Mira los ejemplos de las lenguas y escucha: ¿Qué lenguas hablan Mercè, Maite y Ricardo?

109 **b** Escucha otra vez: ¿Qué puedes entender?

vasco	catalán	gallego	español
Egun on.	Bon dia.	Bos días.	Buenos días.
Kaixo.	Hola.	Ola.	Hola.
Eskerrik asko.	Gràcies.	Grazas.	Gracias.
Zer moduz?	Com estàs?	Cómo estás?	¿Cómo estás?
[...] naiz.	Em dic [...].	Chámome [...].	Me llamo [...].
Agur.	Fins després.	Ata logo.	Hasta luego.

Expresión oral

5 a Haced una encuesta en la clase: ¿Cuántas lenguas habláis y cuáles? Explicad en qué contexto o con quiénes las usáis y por qué.

b ¿Cuáles son las ventajas de hablar varias lenguas? Juntad argumentos a favor del plurilingüismo.

9 Comprometidos con el planeta

¡Vamos!

Weitere Lesetexte zur Unidad in der PagePlayer-App!

Actividad de prelectura

1 **Pensad en nuestro planeta. ¿Podéis decir algunos problemas que existen en el mundo?**

110 **¿SABES QUÉ SON LOS ODS?**

En la Asamblea de Naciones Unidas del año 2015, 193 países adoptaron un acuerdo: la Agenda de 2030 y los Objetivos de Desarrollo Sostenible (ODS).
Se trata de un acuerdo internacional para acabar con la pobreza, cuidar el planeta y luchar contra la injusticia y la desigualdad.
La agenda tiene vigencia hasta el año 2030. Los objetivos de esta agenda son universales y están interconectados. Todos somos responsables del cambio. Tú, también.

el bienestar Wohlstand; **el saneamiento** Sanitäreinrichtungen; **energía asequible** bezahlbare Energie; **decente** angemessen; **el crecimiento económico** Wirtschaftswachstum; **la vida submarina** Unterwasserleben; **la vida de ecosistemas terrestres** Leben an Land; **sólido/-a** stark

Comprensión lectora

2 **¿Qué son los ODS? Lee la definición y contesta:**

- ¿Cuándo se definieron? ¿Hasta cuándo deben cumplirse?
- Apunta tres características de los ODS.

3 **Conoce los ODS. Mira los dibujos y lee los 17 objetivos:**

¿A qué temas globales (secciones) se refieren?
¿Qué objetivos son especialmente importantes para los jóvenes?
¿Cuáles son los tres objetivos más importantes en tu opinión y por qué?

Para mí, el objetivo 13 es el más importante porque está relacionado con el cambio climático.

Hier lernst du:
- jemanden aufzufordern, etw. nicht zu tun

111

Aquí tienes algunas acciones que puedes hacer para mejorar el planeta. ¡No dudes en compartirlas!

CAMBIAR EL MUNDO ES POSIBLE
¡NO TE RINDAS!

9 acciones para los ODS

1 Seguro que tienes cosas que no usas. No tires ropa, libros o juegos. Es mejor donarlos.

2 En tu cumpleaños, no pidas solo regalos. Cambia un regalo por una donación a una organización benéfica.

3 No viajes en avión si puedes evitarlo. Es el transporte más contaminante del mundo. Intenta caminar más o ir en bici.

4 La salud es esencial para la vida. Intenta tener un estilo de vida saludable. No fumes y no comas demasiada carne. Y no tomes drogas.

5 El agua es vida. Pero es escasa.
No la malgastes. ¡No te duches más de unos pocos minutos!
(Busca una canción de 4 minutos y escúchala mientras te duchas para controlar el tiempo).

6 Cada vez hay menos árboles en el planeta. Para proteger el clima, no gastes demasiado papel.
No imprimas todos tus emails o material de clase.

7 Más de un tercio de los alimentos del planeta acaban en la basura. ¡No malgastes comida! Y no olvides ayudar a los mendigos con una botella de agua o un bocadillo. ¡Y una sonrisa!

8 Aprende a respetar otras culturas y sus creencias.
No tengas miedo a lo diferente y nunca rechaces la oportunidad de tener amigos de culturas diferentes a la tuya.

9 Si una empresa no da igualdad de oportunidades a sus empleados o no es ecológica, no compres sus productos.

¡NO TE RINDAS!

4 **Lee ahora la lista de acciones y relaciona cada una de ellas con los ODS.**
Recuerda que los objetivos están interconectados: puede haber varios ODS para una acción.

«No comas demasiada carne» está relacionada con el objetivo 3 «salud y bienestar» y también es una acción para el objetivo 13, «el clima».

La lengua

5 a Mira las formas del imperativo negativo en el texto (p. 143) y compáralas con su infinitivo. ¿Cómo formas el imperativo negativo?

b En acción. ¿Qué (no) hago? Escribe la forma de los verbos en imperativo afirmativo y negativo.

▶ Grammatik, 61

HAZ estas cosas

1. ¡*comprar* productos locales! Es bueno para tu salud y para el planeta.
2. ¡*llevar* tu móvil a arreglar[1] o *reciclarlo*!
3. ¡*apoyar* a partidos[2] que se comprometen con los ODS!
4. ¡*respetar* la diversidad étnica y cultural.
   ¡*ser* abierto/-a con otras personas y *respetar* sus derechos[3]!
5. ¡*evitar* usar botellas y bolsas de plástico! Así no llegan tantas al mar.
6. ¡*pedir* ayuda a otras personas! Es mejor trabajar juntos.

1 **arreglar** reparieren 2 **apoyar a partidos** Parteien unterstützen 3 **el derecho** Recht

NO HAGAS estas otras

a ¡No *rechazar* lo diferente! Y no *dejar* a nadie de lado.
b ¡No *permitir* más contaminación en el mar!
c ¡No *creer* que tienes que hacer todo solo! Tú y tus amigos podéis hacer mucho juntos.
d ¡No *comer* tantas frutas exóticas!
e ¡No *quedarse* en casa y vota!
f ¡No *cambiar* a móvil cada seis meses!

c Ahora relaciona una de las cosas de HAZ con otra de NO HAGAS

Expresión oral

6 a Un/a amigo/-a no sabe qué son los ODS y dice estas cosas: ¿Qué le puedes decir tú en cada situación? Puedes utilizar las recomendaciones de 5.

jemanden auffordern, etw. nicht zu tun

¡No	malgastes el agua! tires comida! tengas miedo a lo diferente!

No me interesa nada la política. ¿Para qué voy a votar?

Los extranjeros son muy diferentes a nosotros.

Me encantan las frutas exóticas. Siempre compro mangos o papayas.

Hay un nuevo modelo de móvil genial. Me lo voy a comprar.
Mi móvil ya no funciona muy bien.

Las bolsas y botellas de plástico son prácticas y baratas.
¿Cómo llegan al mar? No lo entiendo.

A mí no me interesa participar en esa colecta de alimentos para los pobres.

b ¿Y tú? ¿Haces ya algunas de las acciones de la lista? (p. 143) ¿Cuál/es? Intercambiad vuestras experiencias.

facultativo

7 Busca en internet datos y hechos para ilustrar al menos tres ODS y preséntalos en clase.

▶ Informationen im Internet finden und verwenden, S. 286

Ejemplo: Os presento el objetivo «igualdad de género»: Globalmente 15 millones de niñas nunca van a tener la oportunidad de leer o escribir, en comparación a los niños, que son 10 millones…

A Una solución sobre ruedas

Hier lernst du:
- Gefühle und Wünsche auszudrücken

Actividad de prelectura

1 Lee el título y mira las fotos. ¿De qué solución crees que habla el texto? ¿Para qué problema?

112

Ciudad de México, lunes por la mañana. La gran ciudad despierta. Miles de ciudadanos van a sus lugares de trabajo: calles llenas de coches y autobuses, atascos sin fin. Una pesadilla. Sin contar con la contaminación.

«Para mí, se acabó. Dejé el carro. ¿Y el metro? No, no es la solución. No me gusta que haya tanta gente. Además, no aguanto que todos corran, me empujen y que tengamos que ir como sardinas. Y a las horas punta es peor. Yo ya tomé la decisión: la bici.»

Andrés trabaja en un banco en Reforma, una avenida en el centro de la capital. Todas las mañanas va en bici al trabajo. Es uno de los miles de ciudadanos que ya usa la bicicleta como medio de transporte en su día a día:

«Es un medio mucho más rápido, más saludable y, por supuesto, ¡más ecológico!»

Ciudad de México, con sus 22 millones de habitantes es una de las ciudades con los peores atascos de tráfico del mundo. Sus habitantes pasan unas tres horas al día solo en ir de un lugar a otro. Muchas grandes ciudades como Nueva York, Nueva Delhi, y también la Ciudad de México comparten una característica: todas tienen una alta contaminación atmosférica. Uno de los principales causantes de la contaminación del aire es el tráfico. Por las calles de Ciudad de México circulan ya más de 5 millones de coches. Tanto al gobierno como a los habitantes en esta ciudad les preocupa (¡y mucho!) que aumente más el número de vehículos. La gente no quiere que empeore su calidad de vida y teme que la contaminación del aire afecte a su salud.

El gobierno de Ciudad de México puso en marcha hace años varias medidas para reducir los problemas del medio ambiente como promover el uso de la bicicleta. Para eso se construyeron por toda la ciudad las llamadas ciclovías. Son carriles paralelos a las principales calles y avenidas de uso exclusivo para ciclistas. Además, hay varios sistemas de bicicletas compartidas en la ciudad para alquilar una bici. Una iniciativa que funciona desde el año 2008 es el proyecto *Muévete en Bici*. Los domingos se abre un circuito de ciclovías recreativas para paseos en bici. Durante unas horas (de 8:00 a 14:00) no circulan coches. Ciclistas, patinadores y peatones pueden pasear por las calles. Incluso hay clases de yoga gratis. Para Maru, una cita que no se pierde nunca:

«Yo voy al circuito todos los domingos. Me gusta que los mexicanos tengamos conciencia ecológica. Y además me alegra que nos haga bien a la salud y nos ponga de buen humor», nos cuenta.

Hasta 2019 participaron más de 15 millones de personas en el paseo en bici de los domingos. La idea no es nueva. Nació a principios de 1980 en la capital colombiana, Bogotá, y existe en muchos otros países como España, Chile, o EE.UU. El uso de la bici como medio de transporte se está haciendo cada vez más popular. Por un lado, no es caro y mejora la salud. Por otro, hay menos emisiones contaminantes y gases de efecto invernadero, menos ruido, mejor calidad del aire y también ayuda a luchar contra el cambio climático. Sin embargo, no todo es positivo. El tema de la inseguridad es para muchos un problema:

«Me molesta que los automovilistas no respeten a los ciclistas. Además, muchos aún tienen miedo de que les roben.» dice Luis.

Aunque hay aspectos que mejorar, se puede decir que las medidas para promover el uso de la bicicleta como alternativa viable y segura de transporte ya van sobre ruedas.

Comprensión lectora

2 **Lee la primera parte del texto (l. 1–18). ¿Cuáles de estas informaciones se dicen en el texto? Corrige las frases falsas.**

1. En Ciudad de México son habituales los grandes atascos de tráfico.
2. Andrés piensa que viajar en metro es una buena alternativa al carro.
3. Para ir al trabajo en Ciudad de México, la gente necesita unas tres horas diarias.
4. Los habitantes de Ciudad de México desean que haya más calidad de vida.
5. A la gente le preocupa que la contaminación atmosférica tenga consecuencias en su salud.
6. La contaminación atmosférica de Ciudad de México es más alta que en otras ciudades del mundo como Nueva York o Nueva Delhi.

3 a **Lee la segunda parte del texto (l. 19–42) y completa las frases según la información del mismo:** ▶ selektives Leseverstehen, S. 281

1. Para solucionar el problema del tráfico y contaminación del aire en Ciudad de México, el gobierno [...].
2. *Muévete en Bici* es una iniciativa que consiste en [...].
3. Maru siempre participa en el circuito porque [...].
4. La idea del proyecto *Muévete en Bici* nació en [...].

b **¿Cuáles son los aspectos positivos y negativos que tiene el uso de la bici según el texto?**

La lengua

4 a **Observa lo que dicen Andrés y Maru: ¿qué expresan los dos?**

Me alegra que nos haga mucho bien a la salud y nos ponga de buen humor. (l. 28)
Me molesta que los automovilistas no respeten a los ciclistas. (l. 39)

b **En el texto hay otras expresiones de este tipo. Búscalas y haz una lista.**

5 a **Busca y observa en el texto los verbos que van después de las expresiones de 4b. Son formas del subjuntivo. Apunta el infinitivo de cada forma. ¿Qué te llama la atención?**

b **Mira las formas siguientes del subjuntivo y compáralas con las formas del presente de indicativo de estos verbos. ¿Cuál es la raíz de las formas del subjuntivo?**

tengamos (l. 4) haga (l. 28) ponga (l. 28)

c **Conjuga estos verbos en subjuntivo.** ▶ Grammatik, 62

	hablar	tener	escribir
[yo]			

6 **Andrés llega al trabajo en bici y charla con Emilio, su colega español. Completa con el subjuntivo.** ▶ Grammatik, 62/63

Andrés: Oye, Emilio, ¿qué te pasa?
Emilio: Estoy harto. En esta ciudad hay demasiados coches. No aguanto que (*tener* / nosotros) esos atascos todos los días. ¡Necesité más de dos horas para llegar!
Andrés: Sí, es verdad, hay mucho tráfico. Por eso yo ya cambié el carro por la bici.
Emilio: Pues, yo no puedo venir en bici al trabajo. ¡Está muy lejos!
Andrés: Vas a tardar menos seguro ¡y sin atascos!
Emilio: Pero me molesta que (*llover*) y (*mojarse*[1]) la ropa y todo.
Andrés: Bueno, hay ropa adecuada para los días de lluvia.
Emilio: Ya, pero siempre hay accidentes[2], ¿no? No me gusta que la gente no (*respetar*) las reglas y que muchos (*ir*) en bici sin mirar bien.
Andrés: Lo que pasa es que quieres que la gente te (*ver*) en tu carro nuevo y moderno. Y no te importa que (*contaminar*), ¿verdad?
Emilio: Sí, sí me importa que (*haber*) tanta contaminación.
Andrés: Puedes probar con los paseos el domingo o los paseos por la noche. Te van a gustar.
Emilio: Bueno, me lo voy a pensar.
Andrés: Muy bien, entonces, espero que te (*gustar*) la experiencia y que (*cambiar*) de opinión. Y me alegro de que (*hacer* / tú) algo por el medio ambiente y por tu salud.

1 mojarse nass werden   2 el accidente Unfall

Expresión oral

7 a **Completa el mapa mental de cada tema con palabras del texto.**

medios de transporte
- tráfico
- […]

medio ambiente
- […]
- contaminación del aire

Puedes buscar más expresiones en un diccionario y añadirlas.

PF **b** **Elige un tema y prepárate para hablar tres minutos sobre él. Utiliza también el vocabulario de a y las expresiones de abajo.**

Uso de la bicicleta como transporte: ventajas[1] y desventajas[2]

Vivir en una ciudad de 22 millones

Muévete en Bici: un proyecto sobre ruedas

Contra el cambio climático: soluciones ecológicas

Mi ciudad (el tráfico, la contaminación del aire, medidas ecológicas…)

Yo vivo en la Ciudad de México. Aunque me gusta que haya tantas cosas que se pueden hacer en esta ciudad, a veces me molesta que circulen tantos carros en las calles. Para ir al instituto siempre necesito más de una hora…

1 la ventaja Vorteil   2 la desventaja Nachteil

Gefühle und Wünsche ausdrücken

No aguanto que Me preocupa que (No) quiero que Temo que Me alegra que Me molesta que Tengo miedo de que (No) me gusta que	+ *subj.*

9

B Almería, ¿milagro bajo un mar de plástico?

Hier lernst du:
- deine Meinung darzulegen
- Vor- und Nachteile zu benennen

Actividad de prelectura

113

1 Mira el mapa (→ Umschlagseite) y las fotos. Describe dónde está Almería y haz hipótesis sobre el título del texto.

ALMERÍA está situada en el sureste de España. Esta región andaluza es el mayor proveedor de fruta y hortalizas de la Unión Europea. Pero, ¿qué ventajas y desventajas tiene este «milagro bajo el mar de plástico»? Nuestro compañero Mario del grupo ecologista *Espacio Verde en acción* habla con Luisa Ruíz, agricultora y empresaria de la ciudad de El Ejido, en Almería.

Esta parte de Andalucía es famosa por su «mar de plástico». ¿Por qué se llama así?

Pues, se llama «mar de plástico» por la gran cantidad de invernaderos que hay en la zona. Son más de 30.000 hectáreas de invernaderos. En ellos, los cultivos están cubiertos por el plástico.

Sí, exacto. Eso son miles de hectáreas de plástico. Una desventaja de los invernaderos es la gran cantidad de residuos que generan, especialmente plásticos. Según nuestra información, más de 30 millones de kilos al año. En nuestro grupo pensamos que los residuos son un peligro para la salud y para el medio ambiente. ¿No es así?

Pues yo no pienso que los residuos siempre sean un peligro. Ya no tiene por qué ser así. Actualmente hay muchas innovaciones tecnológicas. Por un lado, ahora los plásticos son muy resistentes y por otro, hay empresas de reciclaje. Eso sí, es necesario que no haya invernaderos ilegales y que no tiren o quemen los plásticos. Es muy importante que hagan controles sanitarios y de medio ambiente.

En tu opinión, ¿qué tiene de especial el cultivo intensivo en invernaderos?

Bueno, la producción está en manos de las familias y no de grandes empresas. Más de 12.000 familias vivimos de los invernaderos. No creo que mucha gente lo sepa. En mi opinión, eso es una ventaja.

Tienes razón. Creo que casi el 70 % de los invernaderos son empresas familiares. Por otra parte, el impacto en la región es enorme, ¿no?

Sí, eso es cierto. Hace 50 años era una región muy seca y pobre. La tierra no producía nada y la gente vivía al límite de la miseria. Pero con los invernaderos cambió de forma radical y se transformó en una región rica.

Pero el paisaje también es muy diferente ahora. Está cambiando el ecosistema y es posible que el paisaje de Almería pronto sea prácticamente un desierto.

Sí, estoy de acuerdo. Almería es una zona seca, de hecho, es la zona más seca de Europa. Pero eso no es nada nuevo. Es así desde hace miles de años. Es probable que los invernaderos con el tiempo transformen el ecosistema, es verdad. Pero yo pienso que es por el bien de la gente de aquí. Es fundamental que comprendamos eso.

¿Por el bien de la gente? ¿Y cómo va a hacer frente la gente a la escasez de agua? El cultivo intensivo de fruta y hortalizas en los invernaderos consume muchísima agua, es muy posible que se agote.

Claro, lo sabemos. Vemos cómo cambia el clima y cada año llueve menos. Por eso utilizamos desde hace tiempo el sistema de riego gota a gota. Así ahorramos mucha agua.

Actualmente, ¿cómo es la producción? ¿Cuánto se exporta?

Actualmente se producen más de 3,5 millones de toneladas de frutas y hortalizas que se exportan a más de 60 países de todo el mundo. La parte más importante de las exportaciones (el 98 %) va a países de la Unión Europea. El producto más importante es el tomate, seguido por el pimiento y el pepino.

Todavía vemos noticias de las malas condiciones laborales de los inmigrantes que trabajan en los invernaderos. ¿Qué piensas tú de esta crítica?

Sinceramente no creo que se pueda generalizar. Hay muchas familias que cuidan de sus trabajadores, pero siempre hay algunos que se saltan las reglas. Para mí, es imprescindible que los trabajadores reciban un salario adecuado y tengan unas condiciones laborales aceptables.

¡Gracias por la entrevista!

Comprensión lectora

2 **Lee la entrevista y compara con tus hipótesis del ejercicio 1. Después, resume en pocas palabras el tema.**

3 **Lee la entrevista otra vez y relaciona cada frase con la palabra correspondiente.**

los residuos | las empresas familiares | la producción | la región de Almería | los invernaderos

1. De allí llega la mayor parte de la fruta y hortalizas a la Unión Europea.
2. Sus cultivos cubiertos de plástico ocupan más de 30.000 hectáreas.
3. Producen una cantidad muy grande al año de ellos: más de 30 millones de kilos.
4. El 70 % del cultivo en invernaderos está en sus manos.
5. Llega a más de 3,5 millones de toneladas de frutas y hortalizas y la mayor parte va a la UE.

4 **El cultivo intensivo en el Ejido tiene aspectos positivos y negativos. Haz una lista de las ventajas y desventajas que se mencionan en la entrevista.**

La lengua

PF **5** **En clase habláis sobre la situación de los campos de cultivo en Almería. Formula frases usando las expresiones impersonales + subjuntivo.** ▶ Grammatik, 64

Es importante	que	los agricultores	(no)	*importar* la fruta de Almería.
Es necesario		la gente		*conocer* mejor el cultivo en los invernaderos.
Es imprescindible		los trabajadores		*reciclar* el plástico.
Es posible		(nosotros)		*ser* un peligro para el medio ambiente.
Es probable		los países de la UE		*recibir* un salario adecuado.
Es imposible		los residuos		*haber* suficiente agua.
		(–)		*saltarse* las reglas.

PF **6** **a** **En el texto hay diferentes formas de dar una opinión. ¿Qué diferencia ves entre estas frases? ¿Cuándo se usa el verbo en indicativo y cuándo en subjuntivo?**

Mario: **Creo que** casi el 70 % de los invernaderos **son** empresas familiares.
Luisa: **No creo que** la gente lo **sepa**.

b **No estás de acuerdo con las opiniones de algunas personas. Habla con tu compañero/-a y contradice estas opiniones. Utiliza las expresiones para opinar y el subjuntivo como en el ejemplo. Después, cambiad de roles.**
▶ Grammatik, 63

Yo creo que la región se llama «mar de plástico» porque hay muchos restos de plástico en la playa y el mar.

No, no, yo no pienso que se llame así por eso. Se llama «mar de plástico» porque hay muchos invernaderos cubiertos de plástico.

1. Se llama «mar de plástico» porque hay muchos restos de plástico en la playa y el mar.
2. Los agricultores de Almería venden[1] sus frutas y hortalizas sobre todo en España.
3. Pocas familias de agricultores viven de los invernaderos.
4. Los invernaderos no cambian el clima de la región.
5. Los productos más importantes son las naranjas.
6. Los inmigrantes tienen condiciones de trabajo aceptables.

1 vender verkaufen

Expresión oral

PF **7** a **Busca en el texto de la página 148/149 las expresiones para argumentar y participar en una discusión sobre un tema. Apunta ejemplos para:**

preguntar a alguien por su opinión	expresar una opinión o argumento	nombrar una (des)ventaja	expresar (des)acuerdo / contradecir

b **Durante la «Semana Ecológica» participas en una mesa redonda[1] donde hablan sobre el cultivo intensivo en El Ejido. Formad grupos de seis personas. Cada persona elige uno de los roles de abajo. Formulad preguntas para el/la presentador/a y pensad en posibles opiniones para cada rol. Después, presentad la discusión a la clase.**

1 la mesa redonda Podiumsdiskussion

el/la presentador/a | una familia de agricultores | una persona en el supermercado

un/a migrante/trabajador/a de los invernaderos | un/a activista ecologista | un/a habitante de El Ejido

Expresión escrita

8 **Y tú, ¿qué piensas? Escribe una entrada para el blog del grupo ecologista *Espacio Verde en acción* y da tu opinión sobre el cultivo intensivo en el Ejido. También comenta lo que han publicado las otras personas. ¿Estás de acuerdo con ellos? ¿Por qué si/no?** ▶ Eine Stellungnahme verfassen, S. 278

Blog

Espacio Verde en acción:
Tu opinión cuenta

Mario05: Casi todos los trabajadores de los invernaderos son inmigrantes. Muchos españoles no quieren ese trabajo.

Sevillanaa: El paisaje del «mar de plástico» me parece muy artificial y triste. Prefiero el paisaje del mar de verdad ¡y sin plástico!

Lucía: ¿Pero cómo es posible que gasten tanta agua en los cultivos en una región tan seca como Almería? Es un peligro para el medio ambiente.

Jorge03: A mí me parece un milagro el cambio de esta región, de muy pobre a muy rica. Gracias a los invernaderos Almería ya no es una de las regiones más pobres de España.

Malik: Tenemos mucha fruta y verdura barata durante todo el año, pero a costa de cambiar el clima y el ecosistema.

Eli_20: No creo que tengamos que exportar la mejor fruta y hortalizas al resto del mundo. ¿Por qué no la consumimos en España?

Mediación

ES DE **9** **Estás comprando en una tienda ecológica con un/a amigo/-a español/a. Le llaman la atención algunos productos de soja. Tú has leído este artículo. ¿Puedes contestar a sus preguntas?** ▶ Sprachmittlung, S. 281

1. ¿Qué productos se hacen de soja? / ¿Para qué se usa?
2. ¿Tú sabes dónde se cultiva? ¿De qué países viene?
3. ¿Y es bueno para la región? ¿Tiene alguna ventaja o desventaja?
4. ¿Y Alemania también importa la soja de Argentina?

Sojaanbau in Südamerika

Wie der Urwald für deutsches Fleisch gerodet wird

In Südamerika werden Tausende Hektar Urwald gerodet, ein einzigartiges Ökosystem ist bedroht. Unternehmen schaffen dort riesige Flächen für den Anbau von Sojabohnen – vor allem für deutsche Fleischproduzenten.

[…] Die Wälder und Savannen der Region Gran Chaco, nach dem Amazonas das zweitgrößte Ökosystem des Kontinents, erstrecken sich über den Norden Argentiniens, den Westen Paraguays und den Südosten Boliviens. […] In keinem anderen Gebiet weltweit geht die Umwandlung von Wald in Äcker rasanter voran als hier. […]

Weil das raue Klima des Chaco nicht optimal ist für den Anbau von Monokulturen, pflanzen die Bauern hier vor allem gentechnisch veränderte Sojabohnen. Die widerstehen nicht nur Wind und Wetter, sondern auch Agrarchemikalien wie Glyphosat, die hier im großen Stil eingesetzt werden und die Grundwasser, Seen und Flüsse vergiften. Die Sojaernte landet zum größten Teil in Deutschland, als Futter für die Tiermast.

Wer in deutschen Supermärkten Fleisch kauft, bekommt zwar in der Regel ein heimisches Produkt. Die Folgen der billigen Produktion sind allerdings auch in weit entfernten Ländern spürbar. Geschädigt werden nicht nur Tiere und Pflanzen, wie der Mighty-Earth-Report zeigt, sondern auch die Menschen. Das Gift im Wasser macht vor allem die Kinder krank. Die Zahl der Neugeborenen mit Geburtsfehlern steigt ebenso wie die Krebsrate und die Zahl der Atemwegserkrankungen. Immer wieder müssen Dörfer der Ureinwohner den Plantagen weichen - häufig werden die Menschen mit Gewalt vertrieben. […]

Züchter und Mäster haben Deutschland zum größten Sojaimporteur Europas gemacht, im Jahr 2016 lagen die Einfuhren bei 3,7 Millionen Tonnen Sojabohnen und 2,8 Millionen Tonnen Sojaschrot. Den weitaus größten Teil der Lieferungen beziehen die deutschen Importeure aus Südamerika – und sie nehmen nach Recherchen von Mighty Earth auch den Löwenanteil jenes Sojas ab, für die in Argentinien und Paraguay der Gran Chaco gerodet wird. […]

Quelle: DER SPIEGEL, 26.03.2018*

Hier lernst du:
- Wortwiederholungen zu vermeiden

114

1 **Empieza la temporada. Nueva moda en pasarelas, en revistas, en redes sociales. Todo te recuerda que «necesitas» ropa nueva.**
Cada alemán o alemana compra entre 40–70 prendas al año (11–15 kilos). El 90 % de esa ropa es importada. Los grandes productores de moda cambian cada vez más rápido las colecciones, la ropa se vende más barata y se usa menos.

2 En una tienda ves una camiseta muy chula. Te la pruebas y te la llevas. Total, ¡solo cuesta 11,99 €! ¿Solo? Las mujeres que la hicieron recibieron 3 céntimos. ¿Cómo es posible? La hicieron en *una maquila* en El Salvador.

3 Las llamadas *Zonas Francas* existen en todo el mundo. En América Latina se llaman comúnmente *maquilas* y están muy extendidas en Centroamérica. Países como Honduras, Guatemala, El Salvador o Nicaragua ofrecen una serie de ventajas a las grandes empresas extranjeras para que inviertan en sus territorios. Las multinacionales, a cambio, reciben importantes beneficios: costes de producción bajos, mano de obra muy barata y además están libres de impuestos y aranceles.
En la región centroamericana hay unas 390.000 personas que trabajan en *maquilas*, especialmente en la industria textil. Trabajan principalmente para empresas de Estados Unidos, pero también exportan a marcas europeas.

4 Funcionan con el traslado de una parte de la cadena de producción a las fábricas maquiladora
Primero las multinacionales envían los materiale textiles a las fábricas maquiladoras.
Eso sí, se los envían con las instrucciones necesarias para que las costureras confeccionen los productos deseados del pedido.
Después las costureras cosen las prendas en los talleres y se las devuelven a las multinacionales para que las vendan.
En el país de origen, las multinacionales ponen a la venta sus productos en los centros comerciales. Al final los consumidores los compran sin que nadie sepa nada de maquiladoras ni de El Salvador.

Actividad de prelectura

1 a **Lee el título y describe las fotos. ¿De qué crees que va a tratar el texto?**

b **Adivina: ¿Cuántas prendas de ropa compra cada persona al año en Alemania?**

c **¿Y tú? ¿Cuántas prendas compras? ¿Sabes de dónde viene la ropa que compras?**

Comprensión lectora

2 **Divide el texto según los temas indicando las líneas. Escribe un título para cada parte.** ↗ p. 237

3 a **Ordena cronológicamente los pasos de producción:**

a) Las multinacionales venden la ropa en el país de origen.
b) Las maquiladoras confeccionan las prendas.
c) Las maquilas reciben de las multinacionales la materia prima y las instrucciones de confección.
d) Las multinacionales reciben la ropa hecha en las maquilas.

5 Llegas a casa con una bolsa del centro comercial y le dices a tu madre: «He comprado una camiseta. Ahora te la enseño. ¿Te gusta? Es bonita, ¿verdad?» Tu madre asiente y comenta: «Sí, sí, muy bonita. ¿Y el precio? ¿Por qué no me lo dices?» Tú buscas el precio en la etiqueta y se lo enseñas: «Mira, es superbarata, ¿eh? Y seguro que es de buena calidad, ¿ves?: Hecho en España»

6 En las maquilas trabajan principalmente mujeres. A veces llegan hasta el 90 %. Son mujeres como Rosaura que tienen entre 18 y 35 años, un nivel de educación bajo, madres solteras con hijos y que a menudo vienen de zonas rurales. Rosaura tiene 30 años y trabaja en una maquila desde los 18. Después de 12 años sufre varias enfermedades a causa de las malas condiciones laborales en la maquila.

7 «A menudo tengo jornadas de trabajo de 16 horas o más. Ojalá que mis hijos consigan un trabajo mejor y no tengan que trabajar en las mismas condiciones que yo. El salario no alcanza para vivir».
En Centroamérica el salario en las maquilas está entre 148 euros (Nicaragua) y 300 euros (Guatemala), lo que está por debajo del salario mínimo. Además, las mujeres trabajan bajo presión de tiempo para cumplir con los pedidos. Muchas veces no se atreven a levantarse de su puesto de trabajo, a hablar con los compañeros, a tomarse tiempo para comer o incluso a ir al baño. Todo eso para que no las echen de su trabajo. Son las esclavas de la moda.

8 En tu mano está hacer algo para que esta forma de producción tan injusta cambie.
¿Y qué puedes hacer? En primer lugar, pensar:
– Ya llegó otra nueva colección de camisetas. ¡Qué bonitas, sí!. Pero, ¿realmente las necesitas? ¿Cuántas veces te las vas a poner hasta que llegue la próxima colección?

9 Al final vas a una tienda de comercio justo y descubres otras camisetas – ¡diferentes!

b **Rosaura es un ejemplo de trabajadora de fábrica maquiladora. Lee las líneas 66–74 y contesta:**
► selektives Leseverstehen, S. 281

¿Cuántos años tiene?
¿Tiene familia?
¿Desde cuándo trabaja en la maquila?
¿Cómo son las condiciones laborales? (jornada de trabajo-salario-presión de tiempo)
¿Qué consecuencias tiene el trabajo para Rosaura?

c **Nombra dos acciones con las que se puede ayudar.**

La lengua

4 a **Decide cuál es el complemento directo e indirecto en las frases siguientes:**

Mi tía regaló una nueva camiseta a mi hermana. Ahora me la deja.
La profesora explica los deberes a la clase. Mañana nos los corrige.

b **¿En qué orden están los pronombres?**

c Relaciona cada frase con la reacción adecuada como en el ejemplo:

Ejemplo: ¿Te regaló tu hermana esa camiseta? –No, me la regaló mi amiga Sonia.

1. ¿Ese paquete es para mí?
2. ¿Has visto esta revista de la moda de este verano?
3. Mi madre nos trajo unas camisetas de México muy originales.
4. ¡Qué baratos son estos vaqueros!
5. ¿Tienes la dirección de esa tienda de comercio justo?

a) ¿Os las enseño?
b) Sí, te lo trajeron ayer.
c) ¿Me los compras para mi cumpleaños?
d) Sí, te la envío.
e) No. ¿Por qué no me la dejas?

5 ¿A qué palabra sustituye el pronombre se en estas frases? ¿Antes de qué pronombres lo utilizas?

Bea tiene un nuevo vestido. Se lo dio su tía.
Las costureras reciben los textiles de las multinacionales, cosen las prendas y se las envían.

6 Anabel y Bea buscan prendas para el mercadillo solidario[1]. Completa con los pronombres que faltan.
▶ Grammatik, 66

Anabel está en su habitación. Entra su hermana pequeña.
Bea: ¿Qué estás haciendo, Anabel? ¿Y esa caja[2]?
Anabel: Ah, sí. ¿[…] […] pasas[3]? Estoy buscando cosas para el mercadillo solidario[3] del instituto.
Bea: ¡Qué bien! Tienes el armario lleno. Yo te ayudo. Mira, este jersey es muy pequeño, ¿no?
Anabel: A ver, ¿[…] […] das? Ah, ya. Sí, es pequeño ¡y horrible! ¡A la caja!
Bea: Nooo, a mí me gusta…
Anabel: Pues […] […] regalo. ¡Toma!
Bea: ¡Vale! Aquí tienes dos camisetas muy bonitas.
Anabel: Sí, ¿verdad? A mi amiga Natalia le encantan. No […] […] regalo, pero […] […] voy a cambiar por otra cosa. Tiene mucha ropa bonita.
Bea: ¡Os cambiáis la ropa! ¡Qué buena idea!
Anabel: Oye, Bea. También hay un bazar de libros que organizan mis compañeros. ¿Por qué no buscas algunos de tus libros viejos en tu habitación? […] […] podemos llevar con mi ropa.

1 el mercadillo solidario Wohltätigkeitsflohmarkt 2 la caja die Kiste 3 pasar algo etw. reichen

Comprensión auditiva

115

7 a Escucha el podcast sobre el comercio justo y marca si las informaciones son correctas o falsas. Corrige las falsas. ▶ selektives Hörverstehen, S. 282

1. El Día Internacional del Comercio Justo se celebra siempre el 11 de mayo.
2. El comercio justo intenta que el dinero llegue más a los productores por su trabajo y no se lo lleven los intermediarios[1] como las multinacionales.
3. En el comercio justo se respeta el cuidado del medio ambiente y normas laborales justas.
4. España ocupa un lugar importante en la lista de países con tiendas de comercio justo.
5. En España, la gente compra más productos de comercio justo que en otros países de Europa como Alemania o Inglaterra.
6. Entre los productos clásicos del comercio justo están el café, el chocolate y los textiles.
7. Los productos de cosmética natural están teniendo éxito en el mercado español.
8. Los consumidores de productos del comercio justo están contentos con la calidad de los productos y con la ayuda a los productores.

1 el intermediario der Zwischenhändler

b ¿Te acuerdas de los ODS? ¿Qué objetivo crees que ayuda a cumplir el comercio justo?

Expresión escrita

8 **En vuestro instituto estáis trabajando en un proyecto sobre el comercio justo. Queréis convencer a mucha gente del instituto para que compre estos productos. Preparad un cartel con imágenes y un texto animando a los consumidores a unirse al comercio justo. Incluid:**

- información sobre el comercio justo. ¿Qué es? ¿Cuál es su objetivo? ¿Cómo funciona?
- ejemplos de productos típicos del comercio justo (café, ropa…) con información sobre los países productores.
- fotos o dibujos atractivos para ilustrar el tema.

Expresión oral

PF **9** **Tú (A) estás en una tienda de comercio justo y hablas con el/la vendedor/a (B). A empieza. Después cambiad de papel.** ▸ Partner B, S. 237

Du fragst …
- welche Produkte sie anbieten
- woher die Produkte stammen
- warum es gut ist, die Produkte hier zu kaufen, schließlich sind sie teurer als in herkömmlichen Geschäften
- nach den Arbeitsbedingungen der Produzenten
- du sagst, was du gern kaufen möchtest und bedankst dich

A

Punto final

¡A debate!

En grupos de cuatro, elegid primero un tema de discusión:

- ¡Vacaciones sí! ¡Pero sin viajar en avión!
- ¿Tenemos que comer carne barata aquí, si en otro lugar del planeta se destruye la naturaleza?
- Vestir con ropa de moda es parte de tu identidad.
- No podemos hacer nada para parar el cambio climático.
- Otro tema de ecología que te interese

Prepararse

- Pensad en las posibles palabras y expresiones relacionadas con el tema que vais a necesitar y haced una lista.
- Preparad un esquema con argumentos a favor y en contra.
- Haced una lista con varias expresiones para opinar y reaccionar con acuerdo o desacuerdo.
- Decidid qué dos participantes del grupo van a debatir el tema: uno a favor / otro en contra.
- Los otros dos hacen el papel de observadores.

Discutir

Los dos participantes discuten y defienden sus posiciones.
Un observador apunta los argumentos que han dado.
El otro observador toma nota de las expresiones que han usado.

Evaluar

Los dos observadores les dan un feedback a los participantes de la discusión.
Les explican su impresión y sus comentarios.
Después se repite la discusión, pero todos tienen que cambiar de papel.

9

Actividad de prelectura

1 **El lema de la Unión Europea es «Unida en la diversidad». Explica esta frase y haz una lluvia de ideas.**

116

Sin fronteras:

Desde 1995 los habitantes de la Unión Europea ya no tienen que enseñar el pasaporte en las fronteras, pueden viajar libremente de un país al otro. Además, con el euro, moneda oficial en muchos países de la UE desde 2002, ya no necesitan cambiar dinero cuando viajan por Europa.

Valores:

La Unión Europea es una comunidad de valores. Estos valores son: el respeto de la dignidad humana, la libertad, la democracia, la igualdad, el Estado de Derecho y el respeto de los derechos fundamentales. Además, todos los miembros de la UE están obligados a respetar los derechos humanos.

Fundación:

La Unión Europea nació con el deseo de acabar con los permanentes conflictos entre vecinos que culminaron en la Segunda Guerra Mundial. La Unión fue fundada por Alemania, Bélgica, Francia, Italia, Luxemburgo y los Países Bajos. España y Portugal se convirtieron en miembros de la UE en 1986.

Lenguas:

En Europa se hablan más de 20 lenguas oficiales. De ellas, cinco son románicas: español, portugués, francés, italiano y rumano. En España se hablan cuatro lenguas: castellano, catalán, vasco y gallego. Pero solo el castellano es lengua oficial en el Parlamento Europeo.

Grande y pequeña:

De Lisboa a Helsinki hay 4419 kilómetros y, aunque parece mucho, Europa ocupa sólo el 7% de la superficie del planeta.

Habitantes:

En la UE somos 513 millones de habitantes. Bastantes, ¿no? En la India viven 1368 millones de habitantes y en China aún más: 1.400 millones.

Economía:

El PIB medio per cápita de la UE es de 30.900€. Luxemburgo tiene el PIB más alto con 96.700€, en España es de 25.900€. España exporta muchos productos como coches, pero también son exportados muchos alimentos como el aceite de oliva y el vino.

Trabajo:

Los europeos son libres de elegir en qué país de la UE quieren trabajar. Actualmente, muchos jóvenes de los países del sur, como España o Italia, emigran a Alemania o Francia porque la situación laboral en el extranjero les ofrece más perspectivas laborales.

España

capital: Madrid
lengua oficial: español
lenguas cooficiales: catalán, gallego, vasco
forma de gobierno: monarquía parlamentaria
habitantes: 47 millones
PIB: 27 510 euros al año
entrada en la Comunidad Económica Europea: 1986
introducción del euro: 2002

Hier lernst du:
- Handlungen passivisch auszudrücken

Elecciones:

El número de diputados en el Parlamento Europeo se calcula en relación al número de habitantes: En España, 59 diputados son elegidos por el pueblo. Alemania es el país que puede mandar el mayor número de diputados, o sea 96, Luxemburgo manda 6.

Demografía:

Los países donde nacen menos niños son Italia (7,3 por cada mil habitantes) y España (7,9). La mayoría nace en Irlanda (12,5), Suecia (11,4) y Francia (11,3). Curiosamente, los italianos, los españoles y los franceses tienen la esperanza de vida más alta de Europa.

Gastronomía:

Muchos alimentos europeos con indicación geográfica son protegidos por la UE como el queso parmesano (Italia), el jamón ibérico (España) y el mazapán de Lübeck (Alemania). En total son más de 600 alimentos diferentes.

Diversidad:

El gran lema de la Unión Europea es «Unida en la diversidad».

Comprensión lectora

2 a Prepara un concurso de preguntas y respuestas para tu compañero/-a. Apunta al menos seis preguntas y cuatro posibles respuestas para cada pregunta. Después tu compañero/-a da la respuesta correcta.

b ¿Qué significan estos números para la UE? Busca en el texto la información:

20	1986	96	30.900	513	1995	7 %	2002	600

La lengua y expresión oral

3 En clase habláis sobre la Unión Europea. Escribe estas frases en la voz pasiva según el ejemplo.
▶ Grammmatik, 67

Ejemplo: Los miembros eligieron Bruselas como capital institucional de la UE.
→ Bruselas fue elegida como capital institucional de la UE por los miembros.

¡Fíjate en el tiempo verbal del verbo!

1. Alemania, Bélgica y otros países europeos fundaron la UE.
2. El parlamento eligió a David Sassoli como presidente del Parlamento Europeo.
3. Crearon la Unión Europea para acabar con los permanentes conflictos.
4. Los miembros de la UE respetan los derechos humanos.
5. España y otros países exportan muchos productos.
6. Alemania elige 96 diputados para el Parlamento Europeo.
7. Eligieron «Unida en la diversidad» como el lema de la UE.
8. Crearon este lema en el 2000 en un concurso de estudiantes.
9. Los países miembros adoptaron la «Oda a la Alegría» de Beethoven como himno de la UE en 1972.
10. La UE aceptó a España como miembro en 1986

La voz pasiva: *ser* + participio
Das Passiv bildet man mit einer Form von *ser* und dem Partizip, das ans Subjekt angeglichen wird.
Alemania elige 96 diputados. → 96 diputados **son elegidos** por Alemania.

4 ¿Qué sabes sobre la Unión Europea? Formula frases con la pasiva refleja (→ Unidad 7B). ▶ Grammmatik, 67

Ejemplo: En muchos países se paga con el euro como en Alemania, España o Portugal.

hablar 24 lenguas oficiales
pagar con el Euro (en muchos países)
elegir el lugar de trabajo o residencia libremente
vivir bajo el lema «unida en la diversidad»
celebrar el 9 de mayo como día de Europa
viajar sin controles en las fronteras
exportar bienes[1] por valor de 2,1 billones de euros
aceptar 27 países como miembros
[…]

La leyenda de Europa

Pasiva refleja:
se + 3. P. Sg./Pl.
En Europa se hablan más de 20 lenguas.

1 los bienes die Güter

Actividad de preaudición

5 a ¿Entiendes algunas de las siguientes palabras? Intenta descubrir su significado con la ayuda de otras lenguas. ▶ Wörter erschließen, S. 282 ↗ p. 238

el tratado — la Segunda Guerra Mundial — el marco normativo — el país en desarrollo — el requisito — la homologación — la tasa de abandono escolar prematuro — el riesgo de pobreza — el mercado común

Comprensión auditiva

117

b Escucha el podcast sobre Europa y contesta las siguientes preguntas.

1. ¿Por qué y cuándo nació la UE?
2. ¿Qué garantiza la *Carta de Derechos Fundamentales*?
3. ¿Qué se define en el *Tratado de Lisboa*?
4. ¿Qué beneficios tienen los países miembros? Nombra 3 cosas.
5. ¿Qué se define en el *Tratado de Schengen*?
6. ¿Para qué sirve el fondo social de la UE?
7. En el área de la migración, ¿qué falta en la UE?
8. ¿Qué regula el *Tratado de Bolonia*?
9. Nombra tres retos de la Unión Europea.

Mediación

6 **Un amigo quiere hacer unas prácticas en el extranjero y ha leído sobre Erasmus+, el programa de la Unión Europea para la educación, la formación, la juventud y el deporte. Lee el folleto que tu amigo ha encontrado y explícale en alemán la información más importante.**

a ¿Qué ventajas tienen los estudiantes que participan en Erasmus+ al buscar trabajo?

b ¿Qué efecto tiene participar en Erasmus+ en el salario?

c ¿Qué se dice sobre voluntariados?

Para saber más

7 **¿Cuál es el mensaje de la caricatura? Y tú, ¿cómo lo ves? Piensa también en los aspectos que se mencionan al lado.**

¿Cuál es el estado actual de los valores europeos en Europa? ¿Son respetados por todos los países miembros?

¿Cuáles son los mayores retos que tiene en este momento la UE? (migración, economía, desempleo, enfermedades, comercio)

¿Estamos «unidos en la diversidad» en Europa? (lenguas, conflictos entre vecinos, movimientos separatistas)

10 La Economía

¡Vamos!

Weitere Lesetexte zur Unidad in der PagePlayer-App!

118

América Latina *tiene muchos recursos naturales como minerales y petróleo. La industria de la manufactura y la agricultura también son muy importantes. Exporta muchos productos agrícolas como café, soja y frutas, pero también metales y petróleo. Una gran parte se exporta a los Estados Unidos.*

cacao en grano

Colombia y Ecuador exportan café, plátanos y cacao, los cuales son famosos en el mundo por su calidad.

plantación de caña de azúcar (Cuba)

Los países del Caribe como Cuba, Costa Rica y República Dominicana producen caña de azúcar desde la época colonial.

el lago de Maracaibo (Venezuela)

Venezuela y México son dos de los más importantes productores de petróleo y Venezuela cuenta con las reservas más grandes del mundo. Gran parte está en el lago de Maracaibo.

la mina de Chuquicamata, la mina de cobre más grande del mundo (Chile)

Los productores más importantes de minerales y metales en Sudamérica son Argentina, Chile, Perú, Bolivia, Ecuador y Colombia. El hierro, el cobre, el carbón, el aluminio, la plata, el oro y el silicio son muy importantes para otras industrias como la de coches, la eléctrica y la de comunicaciones. Chile cuenta con un 30 % del cobre del mundo.

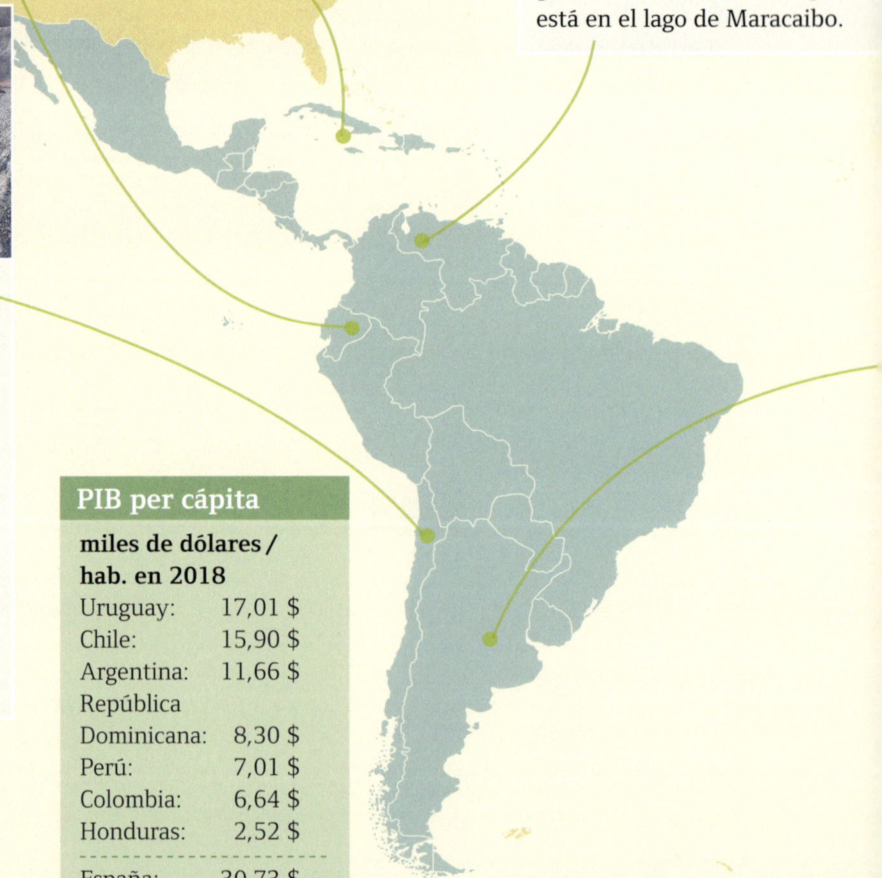

PIB per cápita

miles de dólares / hab. en 2018	
Uruguay:	17,01 $
Chile:	15,90 $
Argentina:	11,66 $
República Dominicana:	8,30 $
Perú:	7,01 $
Colombia:	6,64 $
Honduras:	2,52 $
España:	30,73 $

Hier lernst du:
- über die Wirtschaft einer Region zu sprechen
- Statistiken auszuwerten

Los sectores económicos de España

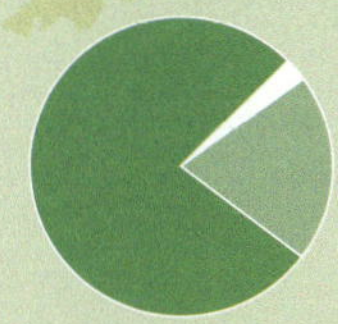

- 2,65 % el sector primario: agricultura, pesca
- 20,20 % el sector secundario: industria, construcción, sector energético
- 77,15 % el sector terciario: comercio y servicios (p. ej. gastronomía, medicina)

*En **España** existen grandes diferencias económicas entre las regiones del sur y las del norte en las que hay más industria. Se exportan, entre otros productos, muchos coches. Los países a los que más se exporta son Francia, Alemania y Portugal. El sector terciario es el más importante y aporta dos tercios del total del PIB. Concretamente, el turismo representa un 11 % del PIB.*

En el sur, en lugares como Granada y Almería cultivan muchas frutas y verduras, de las que se exporta una gran parte al extranjero. Además, el turismo es muy importante para Andalucía.

El Ejido (Andalucía)

En muchas regiones del norte y del centro de España se producen coches y sus piezas, material eléctrico y productos químicos y farmacéuticos.

fábrica de químicos (Cataluña)

cosecha de soja

Uno de los productos principales de exportación de Argentina es la soja, la cual sirve sobre todo para la alimentación del ganado.

Actividad de prelectura

1 ¿Qué marcas o productos de tu día a día (por ejemplo comida) vienen de América Latina o de España?

2 ¿Cómo se dicen estas palabras del texto en alemán? ► Wörter erschließen, S. 282

los recursos naturales — los minerales — el petróleo — la industria de la manufactura — la agricultura — el Producto Interior Bruto (PIB) — económico/-a — los productos farmacéuticos — cultivar — el comercio

Comprensión lectora

3 **¿Qué sabes sobre la economía de América Latina y España? Lee el texto y apunta la información en una tabla.**
▶ Texto, p. 160/161

País/Región	México/Venezuela	Caribe	Colombia/Ecuador	...
¿Qué produce/exporta?	petróleo			
¿Más información?				

4 **¿Cómo se distingue el PIB per cápita entre los países representados en la estadística (p. 160)? Decide si las siguientes frases son verdaderas o falsas. Corrige las frases falsas.** ▶ Texto, p. 160/161

1. Entre los países hispanohablantes, Uruguay tiene el mayor PIB per cápita.
2. El PIB per cápita en el Cono Sur (Argentina, Uruguay y Chile) es bastante alto en comparación con[1] los otros países latinoamericanos.
3. Mientras que Perú tiene el menor PIB per cápita de América Latina, Uruguay tiene el más alto.
4. El PIB per cápita de España es casi dos veces más alto que el de Argentina.
5. El PIB de la República Dominicana es casi tres veces más baja que el de España.
6. El PIB per cápita de Perú es casi igual que el PIB per cápita de Colombia.

1 en comparación con im Vergleich zu

La lengua

5 **a Lee las siguientes frases del texto. ¿A qué se refieren los pronombres relativos subrayados?**

1. Uno de los productos principales de exportación de Argentina es la soja, la cual sirve sobre todo para la alimentación del ganado.
2. Colombia y Ecuador exportan café, plátanos y cacao, los cuales son famosos en el mundo por su calidad.
3. En el sur se cultivan muchas frutas y verduras, de las que se exporta una gran parte al extranjero.
4. Los países a los que España más exporta son Francia y Alemania.

♂	♀
el que el cual	la que la cual
los que los cuales	las que las cuales

b Relaciona las frases con los pronombres relativos correctos. ▶ Grammatik, 69

↗ p. 238

1. Los EE.UU. están entre los países
2. Argentina produce mucha soja
3. Colombia y Ecuador son países
4. México es uno de tantos países
5. Sudamérica produce minerales y metales
6. La sequía es un gran problema para las regiones
7. El Canal de Panamá es un canal

de los cuales
en los cuales
en las que
por el que
en los que
de la cual
a los que

Venezuela exporta su petróleo.
una gran parte se usa para el ganado.
se producen café y cacao de buena calidad.
el sector terciario aporta la mayor parte del PIB.
una gran parte se exporta al extranjero.
se cultivan frutas y verduras.
pasan muchos barcos para llevar sus mercancías a América.

El Canal de Panamá

plantación de café (Colombia)

Expresión oral

6 a Trabajad en grupos de tres. Cada uno presenta la estadística de uno de los tres países. ▶ Grammatik, 68

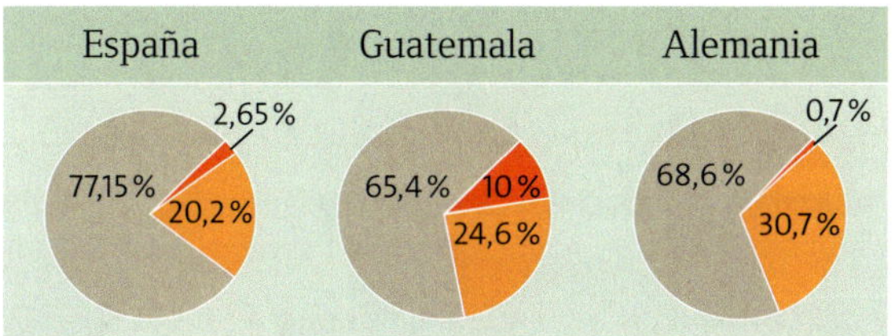

Participación de los sectores económicos en el PIB

- el sector primario
- el sector secundario
- el sector terciario

fuente: Statista 2020

Statistiken auswerten

El sector [...]	aporta	más de menos de aproximadamente	el [...] por ciento la mitad un tercio (1/3) un cuarto (1/4)	del PIB de [...].
	es más/menos importante que [...]. es el sector más/menos importante de [...].			

b Compara las economías de los tres países y utiliza las siguientes expresiones.

mientras que — en cambio — al igual que[1] — aunque — en comparación con

1 al igual que ebenso wie

7 a Trabajad en grupos. Elegid un país hispanohablante o una comunidad autónoma de España y buscad información sobre su economía actual. ▶ Informationen im Internet finden und verwenden, S. 286

Santo Domingo, la capital de la República Dominicana

país y situación geográfica:
República Dominicana, América Central
PIB per cápita: [...]
sector económico más importante: [...]
productos/servicios importantes de los tres sectores: [...]
productos que exporta: [...]
tasa de paro: [...]
[...]

b Presentad la situación económica del país o de la región que habéis elegido en a.

die wirtschaftliche Situation einer Region beschreiben

El país La región La comunidad autónoma	tiene muchos recursos naturales como [...]. produce/cultiva [...]. exporta/importa [...]. es conocido/-a por [...]. cuenta con empresas como [...].

(La industria / La agricultura / El comercio) es muy importante para la economía de la región.
El sector (primario/secundario/terciario) aporta el [...] % del PIB.
(El turismo) representa el [...] del PIB del país.

10

Hier lernst du:
- zu sagen, was man (nicht) tun würde

Una España muy diversa

1

2

3

119–120

La exportación de coches, el turismo, la viticultura… – La economía de España es muy diversa y tiene ejes muy diferentes. Eso se refleja también en el trabajo. Hemos entrevistado a seis españoles para saber más sobre la situación laboral en su comunidad y lo que piensan de su trabajo.

Finia Palacios *(País Vasco)*

Kaixo! Yo trabajo como ingeniera mecánica industrial en la fábrica de Mercedes Benz en Álava, en el País Vasco – o como nosotros diríamos aquí: Euskal Herría. Cuando se habla de exportaciones españolas, a menudo se piensa en frutas o aceite de oliva, pero lo que más exportamos ¡son los coches! Aunque el País Vasco es una comunidad muy pequeña, tiene una gran importancia económica. Antes era el centro de la industria pesada, pero hoy en día también es un centro de tecnología y finanzas. Aquí hay muchas empresas extranjeras y por eso es importante hablar muchas lenguas. A mí me encantaría aprender alemán y vivir un tiempo en Alemania, pero siempre volvería a España.

Raúl González *(Extremadura)*

Empecé a trabajar en la administración en uno de los mayores parques solares de Europa: el Parque Solar de Talayuela. ¡Da energía a 150.000 hogares! Aquí hace mucho sol, por eso es el lugar ideal. El parque también es importante para la economía. Extremadura es la región con el menor PIB de España y especialmente entre los jóvenes hay mucho paro. Por eso necesitaríamos más proyectos como este y a lo mejor así menos jóvenes tendrían que dejar su tierra para buscar trabajo en otro lugar.

Fátima Ahmed *(Cataluña)*

Vivo en Barcelona y soy consejera en inversiones en el Banco Santander – ¡uno de los bancos más grandes de Europa! Aunque la crisis financiera de 2008 fue difícil para todos, las cosas hoy van mejor. Cataluña es una de las regiones más ricas de España. Con un 19 %, es la comunidad que más aporta al PIB español total. Aquí hay mucha industria y – claro – un montón de turistas extranjeros. Muchos piensan que los destinos con más turistas son las Islas Baleares o las Islas Canarias, pero no, ¡es Cataluña! Nunca me iría de mi región, pero también podría trabajar en otra área, como la industria farmacéutica. Aquí hay muchas oportunidades.

	PIB/cápita	paro
Andalucía	19,13 €	20,80 %
Aragón	28,64 €	9,93 %
Asturias	23,09 €	13,14 %
Baleares	26,76 €	9,91 %
Canarias	21,03 €	18,78 %
Cantabria	23,81 €	11,18 %
Castilla y León	24,39 €	11,20 %
Castilla – La Mancha	20,64 €	16,56 %
Cataluña	30,76 €	10,45 %
Comunidad Valenciana	22,65 €	14,13 %
Extremadura	18,17 €	23,48 %
Galicia	23,29 €	11,74 %
Madrid	34,91 €	9,99 %
Murcia	21,13 €	16,08 %
Navarra	31,80 €	9,01 %
País Vasco	34,07 €	9,09 %
La Rioja	26,83 €	9,89 %

PIB per cápita (miles de euros / hab.) y tasa de paro (en %)

fuente: Instituto Nacional de Estadísticas 2020

4

5

6

Pedro Martínez *(Islas Canarias)*

Tengo 42 años y vivo con mis dos hijos en Tenerife. En Canarias, actualmente es muy difícil conseguir un buen empleo. Yo trabajo temporalmente en un hotel, pero el dinero no nos alcanza. Por suerte, hay instituciones que nos ayudan. Ahí pueden ir familias y reciben comida y ropa. No sé qué haría sin esa ayuda. Aquí todos hablan del turismo y de sus aspectos positivos. Muchos me dicen «¿Qué harías sin el turismo?» Pero para nosotros, los habitantes de las Canarias, solo significa menos lugares para vivir y precios más altos. A pesar del turismo, más del 40 % de los habitantes de las Canarias están en riesgo de pobreza.

Ignacio Pinilla *(Comunidad Valenciana)*

Soy agricultor en una plantación de naranjas. Aquí se concentra el 70 % de la producción de cítricos de España. En este momento estamos en una crisis porque existen muchos problemas en este sector: falta de agua, plagas y los precios bajos por la gran cantidad de importaciones de naranjas de Sudáfrica a Europa. Además, muchas tierras están abandonadas porque no son rentables. El gobierno debería hacer algo urgentemente.

Carlota Corredera *(La Rioja)*

¿Sabías que ningún otro país del mundo cultiva más vino que España? Aunque la mayor zona vitivinícola del mundo está en La Mancha, el vino de La Rioja es conocido en todo el mundo. Claro que el vino es uno de nuestros productos de exportación más importantes de La Rioja. Yo trabajo en una bodega: Cortamos las uvas a mano para la producción del vino. Resultaría más fácil con máquinas, pero a nosotros nos interesa la calidad y la tradición en la producción.

10

Comprensión lectora

1 **¿Dónde trabajan las personas entrevistadas? Relaciona las fotos con los textos.** ▸ Texto, p. 164/165

2 **Lee los seis textos y contesta las preguntas.** ▸ Texto, p. 164/165 ▸ selektives Leseverstehen, S. 281

1. ¿Cuál es el producto que España más exporta?
2. ¿Por qué es importante saber hablar lenguas extranjeras en el mercado laboral del País Vasco?
3. ¿Cuáles son los beneficios del Parque Solar de Talayuela para la región de Extremadura?
4. ¿Por qué muchos jóvenes dejan la región de Extremadura?
5. ¿Qué comunidad española recibe más turistas?
6. Pedro Martínez no está a favor del turismo. ¿Por qué?
7. ¿Por qué piensa Ignacio Pinilla que la Comunidad Valenciana necesita ayuda del gobierno? Nombra dos motivos.
8. España es líder mundial en la producción de un producto específico. ¿Cuál es?
9. Según la estadística, ¿qué comunidad tiene el PIB más alto y cuál el más bajo? ¿Dónde está el menor paro?

La lengua

3 **a Busca las formas del condicional en el texto (p. 164/165) y apúntalas con el infinitivo y el pronombre de sujeto.**

[nosotros] diríamos – decir

b Completa la tabla con las formas del condicional. ▸ Grammatik, 70

c ¿Qué tiempo verbal, que ya conoces, tiene la misma raíz que el condicional?

	-ar	-er	-ir
[yo]	hablaría	debería	viviría
[tú]			

4 **¿Qué deseos y posibilidades mencionan las personas del texto (p. 164/165)? Formula frases y utiliza el condicional.** ▸ Grammatik, 70

1. Finia Palacios dice que
2. Pero ella siempre
3. Con más proyectos como el Parque Solar de Talayuela
4. Fátima Ahmed trabaja en un banco, pero también
5. Fátima nunca
6. Ignacio Pinilla piensa que el gobierno
7. Carlota corta las uvas a mano, aunque con máquinas
8. Pedro Martínez no sabe qué

poder trabajar en la industria farmacéutica.
resultar más fácil.
vivir un tiempo en Alemania.
volver a su país.
hacer él y sus hijos sin la ayuda de las instituciones de caridad.
menos jóvenes *tener* que dejar la región por el paro.
deber hacer algo contra el paro en la región.
irse de Cataluña.

Expresión oral

5 **Hablad entre dos: ¿Qué podría hacer Pedro Martínez para mejorar su situación? ¿Qué haríais vosotros en su lugar? Discutid por lo menos seis ideas y utilizad el condicional.**

Yo buscaría un segundo trabajo para tener más dinero.

Pero él dice que es muy difícil encontrar trabajo en Tenerife. Por eso, yo…

buscar un segundo trabajo *irse* a otra región
quedarse en Tenerife *pedir* ayuda a mi familia y mis amigos
hablar con mi jefe/-a y *pedir* un salario mejor
alquilar una habitación de mi piso a turistas
probar suerte en Madrid o Cataluña
escribir una carta abierta a […] *pedir* ayuda del gobierno
dejar la isla *organizar* manifestaciones para […] […]

sagen, was man (anstelle einer anderen Person) tun würde

Yo en tu/su lugar
Yo que tú/él
+ *condicional*

Comprensión auditiva

121

6 **a** **Escucha lo que cuentan Vega y Felipe y elige las fotos que corresponden a su trabajo antiguo y su trabajo actual. Sobra una foto.** ▶ Globales Hörverstehen, S. 282

1

2

3

4

b **Escucha otra vez y termina las frases.** ▶ Selektives Hörverstehen, S. 282

1. Después de su máster, Vega Beltrán trabajó en una empresa grande que tiene [...].
2. El trabajo no le gustaba, aunque ella [...].
3. Después de pasar sus vacaciones en la República Dominicana, Vega [...].
4. Hoy, Vega Beltrán tiene una pequeña tienda, en la que vende, por ejemplo, [...].
5. Después de estudiar en la Universidad, Felipe Lima Santos no [...].
6. Hoy en día es periodista autónomo y escribe [...].
7. Según Felipe, una desventaja de ser autónomo es que [...].
8. Hoy, Felipe es nómada digital[1] y vive, actualmente, [...].

1 el nómada digital Digitalnomade

c **Escucha otra vez y explica...**

1. por qué Vega tomó esa decisión después de sus vacaciones.
2. qué es un/a nómada digital.

facultativo

d **¿Te gustaría ser nómada digital? ¿Por qué (no)? Discute las ventajas y desventajas, según tu punto de vista.**

p. 238

Expresión escrita

7 **Ves la siguiente convocatoria[1] y decides participar. Elige un tema o más, escribe la carta con tus ideas y explica también qué harías con el premio.**

1 la convocatoria Ausschreibung

Convocatoria pública

¿Cómo se podría mejorar la calidad de vida en tu región?

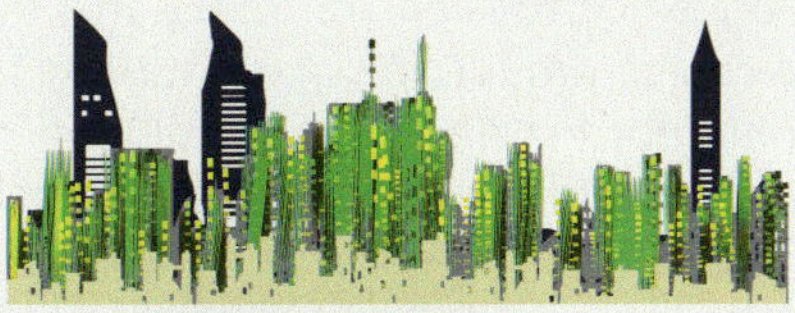

- situación laboral
- espacios públicos
- ofertas de tiempo libre
- mejoras de infraestructura
- otros

Vamos a invertir diez millones de euros en los proyectos que ganen la convocatoria. Para participar solo tienes que mandarnos una carta y explicarnos cómo podríamos invertir el dinero para mejorar la calidad de vida en tu región. Además, cada ganador va a recibir un premio de 10 mil euros. Cuéntanos también qué harías con ese premio.

10

B Una empresa con futuro

Hier lernst du:
- Bedingungen zu formulieren
- über ein Unternehmen zu sprechen

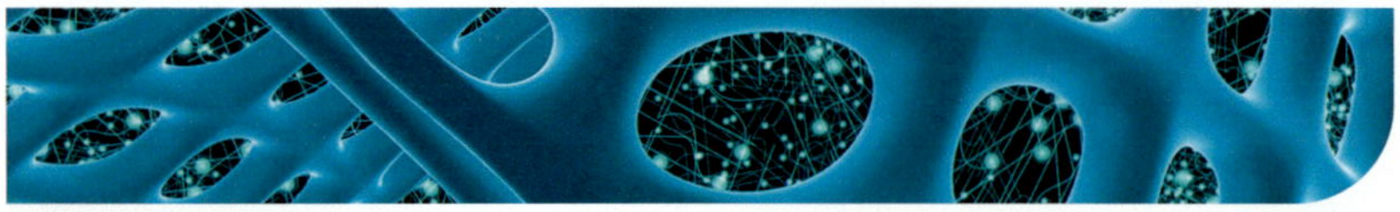

Aunque la agricultura y la exportación de materias primas siguen siendo actividades muy importantes para la economía de América Latina, también hay muchos otros sectores de gran importancia: ¿Sabías, por ejemplo, que los coches eléctricos se diseñan y construyen en Argentina, o que este país tiene su propia autoridad de tráfico aéreo, *el CoNAE*? También en otros países hay un gran número de empresas innovadoras. Una de ellas es la compañía mexicana *Biofase*, que utiliza semillas de aguacate para producir pajitas y cubiertos de plástico biodegradables. Aquí te la presentamos.

Monterrey (México)

Cuando el emprendedor y gerente mexicano Scott Munguía era estudiante de Ingeniería Química en Monterrey (México) se especializó en bioplásticos. En 2011 encontró la forma de producirlo con semillas de aguacate y fundó *Biofase*. La empresa quiere producir productos sostenibles con recursos naturales abundantes. México es el mayor productor de aguacate en el mundo y sus semillas son un residuo. Por eso es un buen negocio con una inversión mínima porque se basa en el uso de residuos del sector agrícola.

Los productos más importantes de esta empresa son por el momento los cubiertos y las pajitas biodegradables, que se producen en la mayor fábrica de bioplástico en México. Eligieron la región de Michoacán porque es la región con la mayor producción de aguacate del país. De las 2.100.000 toneladas de aguacate que se produjeron en el mundo en el 2014, México aportó 1.100.000 toneladas y Michoacán aportó un 84,9 % del total. Por el momento Biofase tiene más de cien empleados. Trabajan en departamentos diferentes como producción, distribución y marketing o investigación porque en el futuro quieren producir más objetos de bioplástico.

Los productos ya se exportan a varios países de América Latina y Europa e incluso a Australia, pero siguen buscando a nuevos distribuidores en todas partes del mundo. Otro cliente muy importante son los Estados Unidos. No sólo son el vecino de México, sino que representan un mercado muy grande y con mucho potencial. Tratados de comercio como el Tratado entre México, Estados Unidos y Canadá (TMEC) son esenciales para empresas que quieren exportar sus productos a otros países. Gracias a este acuerdo entre México, Canadá y Estados Unidos se pueden exportar productos como los de *Biofase* con mejores condiciones porque no hay aranceles. Se facilitaría la exportación si existieran aún más tratados de libre comercio con otros países.

Por una parte, esta empresa contribuye a la lucha contra el plástico y por otra parte a la economía de México. Por el momento, los productos de bioplástico todavía son más caros que los de plástico convencional. Pero si más clientes los compraran, la producción aumentaría y los costes bajarían. Por eso la ayuda de organizaciones y de gobiernos es muy importante para promover proyectos como este. Con los problemas de contaminación y desempleo en muchos países, deberíamos invertir más en estos proyectos: Si existieran más empresas innovadoras, habría más puestos de trabajo con perspectivas de futuro y menos gente tendría que emigrar por razones económicas. Aún más: Si muchas más personas tuvieran ideas como esta y la voluntad de realizarlas, el mundo podría ser diferente.

El TMEC es un tratado que facilita el comercio entre México, Estados Unidos y Canadá (p. 179). En Sudamérica existe un tratado parecido: el Mercosur (*Mercado Común del Sur*) entre Argentina, Brasil, Paraguay y Uruguay.

Comprensión lectora

1 **Lee el texto sobre la compañía *Biofase* y nombra...** ▶ selektives Leseverstehen, S. 281

1. el país en el que se fundó la empresa.
2. lo que sabes sobre la persona que fundó *Biofase*.
3. qué productos fabrica y de qué material son.
4. la región donde produce la fábrica y los motivos por elegir esa región.
5. los departamentos de la empresa.
6. las regiones y países que importan productos de *Biofase*.
7. una desventaja de los productos de *Biofase* para los clientes.
8. la ventaja de los productos de *Biofase* con respecto al medio ambiente.

2 **Explica cómo se relaciona la empresa *Biofase* con las siguientes imágenes.**

La lengua

PF **3** **Busca en el texto (p. 168) las palabras para hablar sobre el tema «la empresa» y prepara un mapa mental. Después, busca más vocabulario en el diccionario y agrégalo al mapa.** ▶ das Wörterbuch benutzen, S. 285

la empresa
[...]
la producción
los departamentos
el personal

Expresión oral

4 **a** **Busca información en internet sobre otras empresas de España o América Latina.**

AJE Avianca Belcorp Bimbo Inditex ISA
Mapfre Mercado Libre Mexichem Santander
Telefónica [...]

Zara/Inditex

PF **b** **Presenta la empresa a tus compañeros/-as.** ▶ Etwas präsentieren / Ein Referat halten, S. 280 ▶ La empresa, p. 242

über ein Unternehmen sprechen

[...] es una	compañía/compañía startup	innovadora / tradicional / de origen [...] / nueva / [...]
La empresa	produce/fabrica/desarrolla[1] invierte en/ofrece servicios de	ropa / alimentos como [...] / productos como [...] telecomunicación/transporte/[...]
	tiene/cuenta con	[...] empleados/fábricas/tiendas/sucursales[2] en [...].

Sus clientes son, sobre todo, [...].
Su eslogan[4] es [...].
Su volumen de ventas[3] alcanza actualmente [...].
Su logo muestra [...].

1 desarrollar entwickeln
2 la sucursal Filiale
3 el volumen de ventas Umsatz
4 el eslogan Slogan

10

La lengua

5 a ¿Qué expresan las siguientes frases del texto? Elige la respuesta correcta.

Se facilitaría la exportación si existieran aún más tratados de libre comercio con otros países. (ll. 33/34)
Si más clientes compraran los productos, la producción aumentaría y los costes bajarían. (l. 37)

Mit si + imperfecto de subjuntivo + condicional wird ausgedrückt, …
a) was in der Vergangenheit passiert ist.
b) was unter bestimmten Voraussetzungen passiert wäre.
c) was unter bestimmten Voraussetzungen passieren würde.
d) was vermutlich in der Zukunft passieren wird.

b Busca otras dos frases con si en el texto (p. 168) y explica qué significan.

c Mira los siguientes infinitivos y las formas verbales: ¿cómo se forma el imperfecto de subjuntivo? ¿Qué tiempo verbal tiene la misma raíz?

trabajar – [yo] trabajara | ser/ir – [vosotros/-as] fuerais | tener – [ellos/-as] tuvieran

6 ¿Qué pasaría si…? Completa las frases irreales con las formas del imperfecto de subjuntivo y con el condicional. ► Grammatik, 71/72 ↗ p. 238

Bedingungen formulieren

Si hiciera buen tiempo, si + *imperfecto de subjuntivo*	iría a la playa. *condicional*

1. Si empresas como *Biofase* (*invertir*) más dinero en el marketing, más personas (*conocer*) sus productos.
2. Si más personas (*conocer*) productos de bioplástico, probablemente las ventas (*aumentar*).
3. Si las ventas de productos de bioplástico (*aumentar*), se (*fundar*) más empresas con productos parecidos.
4. Si se (*fundar*) más empresas, también (*haber*) más competencia en el mercado.
5. Si (*haber*) más competencia en el mercado del bioplástico, estos productos (*ser*) más baratos.
6. Si los productos (*ser*) más baratos, más personas y empresas los (*comprar*).
7. Si (*comprar* / nosotros) solo productos de bioplástico, (*poder* / nosotros) dejar de[1] usar plástico convencional.
8. Si (*dejar* / nosotros) de usar productos de plástico convencional, las empresas (*dejar*) de producirlos.
9. Si (*empezar* / tú) hoy a consumir menos plástico convencional, mañana el mundo ya (*ser*) un poco mejor.

1 dejar de + *inf.* aufhören etw. zu tun

Comprensión auditiva

123–125

7 a Escucha el reportaje y mira el organigrama en la Palabrateca (p. 242). ¿A cuál de las empresas presentadas en el reportaje corresponde?

T-CO-WORK · VerdeModa · PRODUCT SCAN

123–125

b Escucha otra vez y apunta la información sobre las empresas en la tabla. ► selektives Hörverstehen, S. 282

Nombre de la empresa	Sede/Lugar	Número actual de personas/empleados	Actividad de la empresa	Clientes
T-Cowork			alquilar espacio para trabajar	
ProductScan				consumidores en general
VerdeModa	Santo Domingo			

facultativo

c Comenta en cuál de esas empresas te gustaría hacer unas prácticas y explica por qué.

El mundo del español

PF **8** a **Algo muy importante para que una empresa venda sus productos o servicios, es el marketing. Pero ¿cómo funciona? Explica el gráfico de la técnica de publicidad *AIDA* y pon los pasos en el orden correcto.**

Ejemplo: Primero la empresa intenta [...]. Después, va a [...] y [...]. Al final [...].

hacer que el/la consumidor/a quiera tener el producto o servicio

mostrar los beneficios del producto/servicio al / a la consumidor/a

el/la consumidor/a compra el producto o servicio

captar la atención hacia el producto/servicio

b **Mira estos carteles de publicidad y compara: ¿Cuál es el producto/servicio? ¿Cuál es el grupo meta[1]? ¿Cumplen con los pasos del modelo *AIDA*?**

empaparse völlig nass werden *auch:* etw. erfahren, erleben

1 el grupo meta Zielgruppe

c **¿Cuál/es de estos carteles (no) consigue/n que te intereses por el producto/servicio? Explica por qué.**

10

Expresión escrita

PF **9** **Estás haciendo prácticas en un departamento de marketing. Piensa en una empresa interesante en la que te gustaría trabajar. Puede ser una empresa ficticia. ¿Qué productos o servicios ofrece? Ahora escribe un texto de publicidad para la radio sobre la empresa y sus productos. Si quieres, graba el texto.**

Ten en cuenta los pasos de *AIDA* para tu texto.

C Nuevos horizontes

Hier lernst du:
- über eine Handlung in der Vergangenheit zu sprechen, die einer anderen vorausgeht

Actividad de prelectura

126–128

1 **Según la ONU, en 2019, el número de personas que viven fuera de su lugar de nacimiento llegó a 272 millones en todo el mundo. ¿Cuáles crees que son los motivos?**

www.nuevoshorizontes.mi-blog.org

Julia (32), de Málaga vive hoy en Oslo

4500 km: esta es la distancia entre mi nuevo hogar y Málaga, mi tierra. Hace siete años me mudé al otro extremo de Europa para trabajar aquí en Oslo como informática en una empresa de tecnología. Cuando llegué a Noruega, ya había estudiado Informática y Programación en España. Había buscado todo tipo de empleo y había enviado solicitudes a empresas de toda mi región, pero no tuve suerte. Antes de venir a Noruega había aprendido un poco de noruego, pero es un idioma bastante difícil. Aparte del idioma, no me llevo bien con el clima. Los días de invierno aquí son realmente cortos. A veces tengo la sensación de que no he visto el sol en días. Por otro lado, es genial poder ir a todas partes en bicicleta. Hay muchísimos carriles para ciclistas y no hay tantos coches en las calles. Además, la naturaleza es impresionante, ¡sobre todo los fiordos! Sin embargo, quiero volver a Andalucía. He encontrado un trabajo allí en una pequeña empresa. Allí voy a ganar menos pero, la verdad, es que aquí me sigo sintiendo extranjera, incluso después de siete años. Además, echo de menos el sol, el mar, mi familia – simplemente, mi tierra.

Rocío (34), de Quito vive hoy en Murcia

Yo vine a Murcia hace cinco años. En Quito, mi tierra, ya había estudiado Literatura y había trabajado como profesora, pero ganaba muy poco dinero. Una amiga que había emigrado a Murcia ya hace mucho tiempo me preguntó por qué no venía también a España.
Daba vueltas a si debería ir sin mi marido y mis dos hijos, pero luego decidí ir. Cuando finalmente llegué a España, no pude encontrar un trabajo como profesora, pero me había puesto una meta y no quería volver sin nada a Ecuador. Un día mi vecina me preguntó si quería trabajar como enfermera de ancianos. Uff... ¿enfermera de ancianos? No me lo había planteado nunca, pero lo acepté. Aunque al principio el trabajo era bastante difícil para mí, con el tiempo aprendí. Mis hijos y mi marido vinieron hace 2 años. Yo les había mandado dinero todos los meses y ellos habían ahorrado para venir. Ahora los chicos van aquí a la escuela y mi marido tiene un trabajo. Mientras tanto, hice en la universidad los cursos que necesitaba y ¡ahora trabajo como profesora en la escuela de mis hijos! Antes pensaba muchas veces en volver a Ecuador, pero hoy estoy segura de que me quiero quedar, aunque hay cosas que echo de menos como a mi familia y, claro, – ¡la comida! ☺

Andrés (20), de Triacastela vive hoy en Santiago de Compostela

Me llamo Andrés García y soy de Triacastela, un pueblo muy pequeño en Galicia. Mi pueblo no es conocido, pero es importante para las personas que hacen el Camino de Santiago. Los peregrinos pasan por aquí y duermen en los hoteles y albergues. Yo me vine a vivir a Santiago de Compostela porque mis padres me habían dicho que en Triacastela no había futuro para los jóvenes. Ahora estudio Administración de empresas y me gusta mucho vivir aquí. Hay mucha gente joven y siempre conoces a nuevas personas, pero a veces www.nuevoshorizontes.mi-blog.org

echo de menos la tranquilidad de mi pueblo. Por eso vuelvo todos los veranos a mi pueblo para trabajar en un restaurante, ganar un poco de dinero y para ver a mis padres y a mi abuela. Antes que yo ya se habían ido muchos otros jóvenes y habían dejado a sus padres, a sus hermanos menores y a sus abuelos. Ahora mi pueblo está lleno de casas vacías en venta y de ancianos que viven solos. Por eso me gustaría poder volver un día a mi pueblo y abrir allí un hotel o un restaurante para dar empleo a otros jóvenes.

En 2018 unos 677 000 españoles viven en otro estado de la Unión Europea. La mayoría de ellos vive en el Reino Unido, Francia y Alemania.

Comprensión lectora

2 **Lee las historias migratorias de Julia, Rocío y Andrés y completa la tabla con la información del texto.**
▶ selektives Leseverstehen, S. 281

	lugar de origen	lugar de residencia	aspectos positivos en el nuevo lugar	aspectos negativos en el nuevo lugar	planes para el futuro
Julia					
Rocío					
Andrés					

3 **¿Por qué Julia, Rocío y Andrés dejaron sus lugares de origen?**

La lengua

4 **a** **Mira las frases siguientes y decide para cada frase qué acción pasó primero.**

1. «Cuando llegué a Noruega, ya había estudiado informática en España.» (ll. 4/5)
2. «Una amiga que había emigrado a Murcia ya hace mucho tiempo me preguntó…» (l. 20)

b **Busca más ejemplos en el texto y formula en alemán una regla para formar el pretérito pluscuamperfecto. Después, compara con el alemán u otras lenguas.**

c **Cuenta qué pasó y qué había pasado antes.** ▶ Grammatik, 73

Ejemplo: Cuando me acosté, ya me había lavado los dientes. Cuando me lavé los dientes, ya […]

acostarse — *lavarse* los dientes[1] — *ver* mi serie favorita — *discutir* con mi hermana menor — *chatear* con mis amigos — *cenar* con mi familia — *enviar* una foto a mi mejor amigo — *hacer* los deberes — *salir* del instituto — *tener* clase de Matemáticas — *llegar* al instituto — *tomar* el autobús — *salir* de casa — desayunar — *ponerme* mi ropa favorita — *ducharse* — *levantarse* — *pensar* en las vacaciones

1 lavarse los dientes Zähne putzen

Expresión oral

5 **¿De qué forma influyen Julia, Rocío, Andrés y otros migrantes en la economía de sus regiones de origen y de las regiones de acogida[1]?**

1 la región de acogida Aufnahmeregion

6 **Mira la tabla. ¿En qué sectores trabajan los españoles y las personas con otra nacionalidad? Compara: ¿qué te llama la atención?**

	Total	Españoles	Extranjeros y doble nac.	Marruecos	Rumania	Ecuador	Colombia	Asia
Agricultura, ganadería, y pesca	4,1 %	3,6 %	**7,3 %**	25,9 %	13,2 %	8,6 %	4,8 %	1,5 %
Industria manufacturera[1]	12,5 %	13,1 %	**8,0 %**	8,4 %	9,8 %	8,7 %	6,6 %	2,5 %
Resto industria	1,4 %	1,5 %	**1,0 %**	1,0 %	0,8 %	0,6 %	0,3 %	0,8 %
Construcción	6,0 %	5,9 %	**7,0 %**	10,3 %	13,2 %	6,3 %	3,8 %	1,4 %
Comercio y reparación	16,4 %	16,5 %	**15,4 %**	17,3 %	11,1 %	15,1 %	13,8 %	46,1 %
Transporte y almacenamiento[2]	4,9 %	5,0 %	**3,8 %**	1,4 %	5,1 %	5,4 %	3,4 %	1,1 %
Hostelería	8,4 %	7,0 %	**18,1 %**	15,7 %	17,0 %	18,4 %	21,5 %	30,1 %
Activ. administrativas y servicios auxiliares[3]	5,2 %	5,1 %	**6,1 %**	5,2 %	4,9 %	9,4 %	9,1 %	2,5 %
Actividades sanitarias y servicios sociales	8,1 %	8,6 %	**4,7 %**	2,1 %	2,9 %	4,7 %	9,5 %	1,5 %
Hogares empleadores / personal doméstico[4]	3,5 %	1,8 %	**14,6 %**	6,0 %	16,2 %	16,2 %	16,5 %	8,4 %
Resto servicios	29,5 %	31,9 %	**14,0 %**	6,8 %	5,8 %	6,8 %	10,8 %	4,1 %

fuente: Ministerio de empleo y seguridad social, 2016

1 la industria manufacturera produzierendes Gewerbe
2 el almacenamiento Einlagerung
3 los servicios auxiliares Hilfsdienste
4 los hogares empleadores / personal doméstico Hauspersonal

Mediación & expresión oral

7 a **Un amigo tuyo que entiende muy poco español trabaja en el extranjero y encontró esta página. Lee la información sobre la organización *Volvemos* y explícale qué hace la organización, cuáles son sus objetivos y cuál es su grupo meta.** ► Sprachmittlung, S. 281

www.volvemos.org

VOLVEMOS.ORG

Desde nuestra puesta online un total de **11955 emigrantes** nos han manifestado su deseo de volver. Si aún no lo has hecho, puedes hacerlo aqui.

¿Vives en el extranjero y quieres volver? Quiero volver a casa

Hace años que vives y trabajas en el extranjero, donde encontraste la oportunidad de desarrollarte profesionalmente. Sin embargo, lo que deseas es volver a casa, con un buen empleo y vivir cerca de los tuyos. ¿Es tu caso?

Volvemos nació en febrero de 2016 de tres ideas principales:

- España no puede avanzar sin contar con el talento que tuvo que emigrar.
- La experiencia migratoria es un aprendizaje personal y profesional.
- Las administraciones públicas y empresas de nuestro país deben implicarse en favorecer la vuelta a casa en las mejores condiciones posibles.

[...] Trabajamos sólo con empresas comprometidas con el retorno, conscientes de lo que aportan a sus equipos profesionales con experiencia internacional. [...] Si queréis saber más de cómo trabajamos con las empresas para favorecer el retorno de talento, sólo tenéis que pinchar en esta nueva sección de nuestra web: https://volvemos.org/

Logo und Text mit freundlicher Genehmigung von Volvemos (https://volvemos.org)

b **¿Por qué muchas empresas y el gobierno tratan de traer de vuelta a los españoles que trabajan en el extranjero?**

c **Qué crees: ¿Cómo es para las personas volver a casa después de vivir mucho tiempo en el extranjero?**

Comprensión audiovisual

8 a **Mira la escena 13, una entrevista con Carlos, un joven español en Alemania. ¿Qué hace en Alemania y por qué vino aquí?**

b **¿Qué (no) le gusta en Alemania y qué echa de menos?**

☺	☹

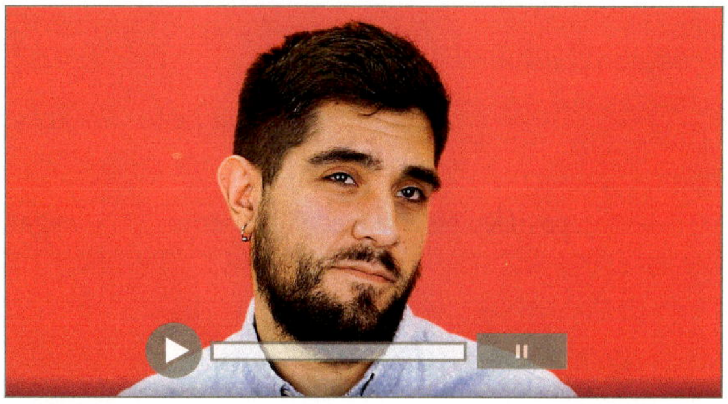

facultativo

c **Presenta a Carlos a tu compañero/-a.**

Punto final

Vais a crear una empresa innovadora en vuestra área y elaborar una estrategia de marketing para darla a conocer. Al final cada grupo va a presentar su empresa.

Preparar

- Formad grupos y haced una lluvia de ideas sobre la empresa que queréis crear.

productos | servicios | innovación | sostenibilidad socio-ambiental

- Pensad en la estructura de la empresa y tomad apuntes: ¿cuántos departamentos necesitáis?, ¿cuáles son?, ¿qué se hace en cada departamento?, ¿cuántas personas trabajan en cada departamento?
- ¿Cómo podéis hacer para que vuestra empresa sea más conocida? Pensad en una estrategia de marketing y apuntad vuestras ideas. Elegid dos formatos de publicidad, p.ej.

cartel | boletín informativo | publicidad en la radio | folletos

publicidad audio-visual (vídeo) | meme | […]

Realizar

- Escribid un breve texto de presentación: explicad qué productos o servicios ofrece vuestra empresa, por qué es una idea innovadora y cómo contribuye a un mundo social y/o ambientalmente sostenible.
- Haced el organigrama con los departamentos de vuestra empresa. ► La empresa, p. 242
- Preparad materiales de marketing para vuestra empresa en dos formatos (p.ej. un cartel y un texto publicitario para la radio).

Presentar y evaluar

Presentad la empresa a vuestros/-as compañeros/-as junto con los materiales de marketing. Ellos van a evaluar vuestra idea y presentación.

Vocabulario

1 El medio ambiente: Clasifica estas aspectos en «positivo» y «negativo» para el medio ambiente y agrega más ideas.

quemar plástico | los pesticidas | comprar siempre mucha ropa superbarata | tirar ropa después de poco tiempo | viajes en tren | viajar en avión | ir en bici al trabajo | los atascos | la ciclovía | el reciclaje | malgastar comida | no imprimir emails | la agricultura biológica | sistema de riego gota a gota | ducharse media hora | el comercio justo | las emisiones de gases con efecto invernadero | [...]

positivo para el medio ambiente	negativo para el medio ambiente

2 La economía: Completa las frases con las siguientes expresiones. Hay una expresión para cada frase.

sector primario | exporta | terciario | paro | la distribución | exportación de materias primas | tecnología y finanzas | más oportunidades

a) En Chile, el sector [...] aporta aproximadamente el 63 % del PIB.
b) España [...] muchos productos diferentes como por ejemplo coches, químicos, textiles, frutas y verduras.
c) América Latina exporta muchos productos del [...] como minerales, metales, petróleo y productos agrícolas.
d) Mientras que el País Vasco es un centro de [...], muchas personas en las Islas Canarias están en riesgo de pobreza.
e) En comparación con otros países del norte de Europa, hay mucho [...] entre los jóvenes en España.
f) La [...] es todavía una de las actividades económicas más importantes de América Latina.
g) La producción, [...], el marketing y la investigación son departamentos importantes de una empresa.
h) Muchas personas emigran porque buscan trabajo, quieren ganar más dinero o quieren tener [...].

Gramática

3 El subjuntivo. En una manifestación de «Viernes para el futuro» entrevistamos a un joven mexicano. Completa la entrevista con la forma correcta del subjuntivo. ▶ Grammatik, 62

–Hola, ¿nos puedes decir por qué estás hoy aquí?
–¡Sí, claro! ¡Pero me sorprende que lo (*preguntar*)! Estamos hoy aquí para protestar contra el cambio climático y para que los adultos (*hacer*) algo en contra. Nos preocupa el futuro y nos preocupa más que los gobiernos no (*hacer*) nada.
–¿Han venido muchos de tus amigos?
–¡Sí! ¡Muchísimos! No solo mis compañeros, también jóvenes de otros colegios. Me encanta que (*participar* / nosotros) muchos jóvenes de diferentes lugares.
–Y, ¿qué piensa tu familia?
–A mi padre le molesta que yo no (*ir*) a clases, pero a mi mamá le alegra que los jóvenes (*querer*) cambiar algo. Espero que mi papá (*comprender*) algún día mi motivación.
–Bueno, pues me alegra que por lo menos tu madre te (*apoyar*). ¿Qué esperas para el futuro?
–Bueno, pues espero que (*venir*) más jóvenes y que algo (*cambiar*). Es muy importante que (*llamar* / nosotros) la atención sobre el problema hoy antes de que (*ser*) demasiado tarde. A veces temo que nada (*cambiar*) y que en unas cuantas semanas no (*protestar*) nadie más. Es que, no creo que los medios nos (*poner*) siempre tanta atención como ahora.

Hier kannst du überprüfen, was du in den Lektionen 9 und 10 gelernt hast.

4 Dos pronombres en una frase: **¿Quién hace qué en el ciclo de la ropa superbarata? Formula frases según el ejemplo. A veces hay varias posibilidades.** ▶ Grammatik, 66

Ejemplo: 1. Te recuerda que es la nueva temporada de moda. → La publicidad te lo recuerda.

las tiendas · la publicidad · las multinacionales · las costureras · las maquiladoras · los consumidores · la maquiladora · (tú)

1. Te recuerda que es la nueva temporada de moda.
2. Nos venden a nosotros, los consumidores, ropa cada vez más barata.
3. Te pruebas la ropa y te llevas la ropa sin pensar en nada más.
4. Ofrecen costes bajos de producción a las multinacionales.
5. Las trabajadoras reciben muy poco: «Me dio 3 céntimos.»
6. Envían los textiles a la maquiladora.
7. Confeccionan la ropa y envían las prendas listas a las empresas.
8. Venden la ropa a los consumidores finales en Europa y EE.UU.
9. ¡Te venden esta ropa superbarata a ti!
10. Compran[1] la ropa a las empresas sin saber nada de las condiciones de trabajo en las maquiladoras.
11. No os dicen toda la verdad sobre la producción.

1 **comprar algo a alg.** etw. von/bei jdm kaufen

5 Oraciones irreales del presente: **La revista «La Economía Hoy» publicó algunos de los comentarios que hicieron los usuarios que leyeron los últimos artículos sobre la economía y la migración en España y América Latina. Completa las frases con el** imperfecto de subjuntivo **y** el condicional. ► Grammatik, 70–72

1. No se puede hablar de migración sin hablar de economía: si los jóvenes (*tener*) más oportunidades de trabajo, muchos no (*dejar*) sus tierras. Julia (21) de Mérida (Extremadura)

2. Si el gobierno (*apoyar*) más a las empresas pequeñas, (*existir*) más puestos de trabajo en diferentes sectores. Jorge (35) de Barcelona

3. ¡Nuestro país es muy rico en recursos! Si las empresas del sector secundario y terciario (*estar*) mejor distribuidas en España, no (*haber*) tantas diferencias entre las economías de las Comunidades Autónomas. Dolores (19) de San Sebastián

4. Si nosotros, los agricultores en la Comunidad Valenciana, (*poder*) solucionar los problemas de nuestro sector, lo (*hacer*), pero no es así de simple, necesitamos ayuda del gobierno y de la Unión Europea. Carlos (51) de Alicante

5. ¡Me gustó mucho el artículo sobre *Biofase*! ¡A mí también me gustaría crear una empresa innovadora! Si (*encontrar*) una institución que me ayude a empezar, (*quedarse*) en mi país y (*dar*) trabajo a otras personas. Omar (25) de Cádiz

6. Muchas personas me preguntan: si (*poder* / tú) regresar a tu país, ¿lo (*hacer*)? Mi respuesta siempre es la misma: ¡Claro que sí! Yo estoy aquí por necesidad no por decisión propia. Daniela (27) de Madrid

7. Yo entiendo a Finia muy bien. Si a mí me (*ofrecer*) un puesto en el extranjero, lo (*aceptar*) sin pensar. ¡Sería una gran aventura! Selma (17) de Gran Canarias

6 El pretérito pluscuamperfecto. **Como muchos otros españoles en los años sesenta y setenta, Fernando emigró a Alemania para buscar trabajo. Aquí nos cuenta su historia. Completa el texto con las formas del** pretérito pluscuamperfecto. ► Grammatik, 73

Como muchos otros jóvenes de mi pueblo, decidí dejar mi país e irme a Alemania en 1965 para buscar trabajo. Muchos otros ya (*dejar*) el pueblo antes. Por ejemplo, mi amigo Miguel. Él (*irse*) a Madrid el año anterior, pero yo me quedé hasta que ya no fue posible. En 1960 Alemania y España (*firmar*[1]) un acuerdo de migración y contratación de trabajadores españoles porque muchas empresas alemanas no (*poder*) encontrar gente para trabajar en las fábricas. Así que yo decidí probar suerte en Alemania porque en mi tierra no (*encontrar*) trabajo. Gracias a este acuerdo yo ya (*firmar*) el contrato en España y salí una mañana de junio con mi contrato bajo el brazo en un tren especial con destino a Colonia[2]. Todos los que estábamos en el tren (*dejar*) a nuestras familias esa mañana. Había gente de todas partes de España y también algunos portugueses que no sabían nada del viaje. Uno de ellos nos preguntó: «¿Ya (*viajar* / vosotros) en un tren como este antes?» Fue un viaje muy largo, pero al final llegamos a Colonia…

1 **firmar** unterschreiben
2 **Colonia** Köln

7 El condicional: **Juan cuenta como le gustaría vivir. Completa con el condicional.** ▸ Grammatik, 70

A mí me (*gustar*) vivir de manera diferente. (*Deber* / nosotros) todos comprar productos de comercio justo. (*Buscar*/yo) información sobre la ropa que quiero comprar. Así (*saber*) de dónde es. Mis padres (*poder*) preparar la comida con verduras de la región. (*Intentar*/yo) respetar el medio ambiente, (*comprar*) menos cosas y las (*usar*) más tiempo. (*Llevar*) la misma ropa durante años. Claro, (*trabajar* / yo) más y (*tener* que / yo) ganar bastante dinero porque la vida (*ser*) más cara y probablemente (*gastar*) más dinero que antes. Pero me (*gustar*) vivir así.

Mediación

ES DE **8** **Tu amigo, que no habla bien español, se prepara para un examen de Economía. Encontró un artículo en internet sobre el T-MEC y te pide ayuda para leerlo. Contesta sus preguntas sobre el texto.**
▸ Sprachmittlung, S. 281

1. Was genau ist das T-MEC?
2. Wann wurde dieses Abkommen unterschrieben?
3. Was ist 1994 passiert? Ich verstehe es nicht.
4. Warum ist dieses Abkommen so wichtig für diese Länder?
5. Es geht nur um zollfreies Handeln, oder?
6. Wozu werden so viele Sachen geregelt?

www.economia.mex

El T-MEC: el nuevo acuerdo comercial de América del Norte

El T-MEC (Tratado entre México, Estados Unidos y Canadá) o USMCA en inglés es el nuevo acuerdo comercial entre México, Estados Unidos y Canadá. Este tratado reemplazará al tratado de 1994, el TLCAN (Tratado de Libre Comercio de América del Norte) o NAFTA en inglés. El T-MEC fue firmado en noviembre de 2018 por los presidentes Enrique Peña Nieto, Donald Trump y Justin Trudeau.

Este acuerdo es muy importante para las economías de estos tres países. El comercio con América del Norte representa para México un 65 % de su valor total. Estados Unidos es su socio más importante. México exporta todo tipo de productos a Estados Unidos y Canadá, pero los más importantes son coches, aparatos de producción de audio y vídeo y petróleo. Por otro lado, México importa gasolina, diésel y gas natural de Estados Unidos y representa un mercado de casi 130 millones de personas.

El tratado regula muchos aspectos del comercio, no solo el comercio libre de impuestos. Entre ellos, el origen de los productos y materias primas, el volumen de las exportaciones por año, los derechos de los trabajadores y hasta las normas ambientales. Estas regulaciones sirven para garantizar condiciones justas de comercio. Por ejemplo, para que las empresas estadounidenses no lleven sus fábricas a zonas de bajo coste en México, es necesario que todos los empleados reciban un pago similar en todas las regiones.

Comprensión lectora

Las ranitas[1] en la nata[2]

Yo estaba en época de exámenes. Me había presentado a dos finales y un parcial. La fecha de mi siguiente examen era dentro de una semana y tenía mucho que estudiar.

– No voy a llegar – le dije a Jorge –. Es inútil seguir poniendo energía en una causa perdida. Creo que lo mejor será presentarme con lo que llevo aprendido. Así, por lo menos, si me catean[3] no habré desperdiciado toda la semana estudiando.
– ¿Conoces el cuento de las dos ranitas? – preguntó el gordo

Había una vez dos ranas que cayeron[4] en un recipiente[5] de nata.
Inmediatamente se dieron cuenta de que se hundían[6]: era imposible nadar o flotar demasiado tiempo en esa masa espesa como arenas movedizas[7]. Al principio, las dos ranas patalearon[8] en la nata para llegar al borde del recipiente. Pero era inútil; sólo conseguían chapotear en el mismo lugar y hundirse. Sentían que cada vez era más difícil salir a la superficie y respirar[9].
Una de ellas dijo en voz alta: «No puedo más. Es imposible salir de aquí. En esta materia no se puede nadar. Ya que voy a morir[10], no veo por qué prolongar este sufrimiento. No entiendo qué sentido tiene morir agotada[11] por un esfuerzo[12] estéril».
Dicho esto, dejó de patalear y se hundió con rapidez, siendo literalmente tragada por el espeso líquido blanco.
La otra rana, más persistente o quizá más tozuda[13] se dijo: «¡No hay manera! Nada se puede hacer para avanzar en esta cosa. Sin embargo, aunque se acerque la muerte, prefiero luchar hasta mi último aliento. No quiero morir ni un segundo antes de que llegue mi hora».
Siguió pataleando y chapoteando siempre en el mismo lugar, sin avanzar ni un centímetro, durante horas y horas.
Y de pronto, de tanto patalear y batir las ancas[14], agitar y patalear, la nata se convirtió en mantequilla[15]. Sorprendida, la rana dio un salto y, patinando, llegó hasta el borde del recipiente. Desde allí, pudo regresar a casa croando alegremente.

fuente: Jorge Bucay, Déjame que te cuente, RBA Bolsillo 2016

1 **la ranita** Fröschlein
2 **la nata** Sahne
3 **catear** durchfallen lassen
4 **caer** fallen
5 **el recipiente** Gefäß
6 **hundirse** untergehen
7 **la arena movediza** Treibsand
8 **patalear** strampeln
9 **respirar** atmen
10 **morir** sterben
11 **agotado/-a** erschöpft
12 **el esfuerzo** Anstrengung
13 **tozudo/-a** dickköpfig
14 **batir las ancas** die Schenkel schlagen
15 **la mantequilla** Butter

9 a Lee la primera parte de la historia (ll. 1–7) y resume la situación en tus propias palabras en una frase.

b Ahora lee el resto de la historia corta y caracteriza con la ayuda de la tabla a las dos ranitas. ¿Qué les pasa? ¿Qué hace la una y qué hace la otra ranita? ¿Qué pasa con ellas al final de la historia? Indica para cada frase la línea en el texto que justifica tu respuesta.

Caen en un recipiente de nata. (l. 8)		

Comprensión auditiva

10 **Escucha el reportaje sobre el proyecto de una ONG[1] y contesta las preguntas.**

129

1. ¿En qué país está este proyecto?
2. ¿Cuál es la situación económica de la población de este país?
3. ¿En qué parte de este país está el proyecto?
4. ¿Qué aprenden los alumnos de la comunidad?
5. ¿Para quién es el proyecto?
6. ¿Por qué es especial el proyecto?
7. ¿Por qué es tan importante este proyecto para los jóvenes?

1 la ONG (Organización no gubernamental) die NGO (Nichtregierungsorganisation)

Expresión oral

11 **Tú (A) hablas con un/a amigo/-a (B) sobre el medio ambiente y sobre lo difícil que es hacer siempre lo correcto. Tenéis opiniones diferentes. (A) empieza. Después cambiad de roles.** ▶ Partner B, S. 239

Du bist überzeugt, dass Maßnahmen zu Nachhaltigkeit und Umweltschutz viele Vorteile mit sich bringen. Sag deinem/deiner Freund/in, was du denkst und diskutiert. Sprich u. a. über die folgenden Aspekte:

- Keine billige Kleidung kaufen → mehr Geld für die Näher/innen
- Mehr Start-ups / kleinere Unternehmen → mehr Arbeitsplätze
- Mehr Radwege → weniger Luftverschmutzung
- Mit dem Rad zur Arbeit/Schule → schneller und gesünder
- kein Obst/Gemüse aus spanischen Gewächshäusern kaufen → weniger Plastik, etc.
- weniger Konsum → weniger Müll
- mehr erneuerbare Energien → weniger Klimaerwärmung
- [...] → [...]

A

Estas expresiones te pueden ayudar.

(No) me molesta que (No) me gusta que (No) es probable/justo/imprescindible que Para mí, (no) es necesario que Me parece que es importante / [...] que sin que / para que	+ *subj.*

No pienso que No creo que	+ *subj.*

Pienso que Creo que	+ *ind.*

Expresión escrita

12 ¡Tú eliges! **Opción A: Si tuvieras la oportunidad de crear una empresa innovadora o un producto innovador ¿Cómo sería? Descríbelo en una entrada de blog.**

¿Dónde estaría?
¿Qué tipo de empresa sería?
¿Cuál sería tu producto?
¿Cuántos departamentos tendrías en tu empresa?
¿Cómo sería la situación de tus empleados?

Opción B: Si tuvieras la oportunidad de crear tu mundo perfecto, ¿cómo sería? Escribe una entrada de blog.

¿Dónde / Con quiénes vivirías? ¿Qué harías todo el día? ¿Trabajarías?
¿Cómo sería la situación social en el mundo? [...]

Actividad de prelectura

1 Trabajad en parejas y mirad las fotos y los títulos de los textos ¿Quiénes son estas personas y por qué son famosas? ¿Conocéis más hispanohablantes famosos?

130

La música

Rosalía

Actualmente no existe una lista de éxitos musicales sin la presencia de artistas hispanohablantes. ¿Quién no conoce a Shakira, a Ricky Martin o a Jennifer Lopez? Gracias a las redes sociales, a servicios de música como *Spotify* y a canales como *YouTube*, los jóvenes de todo el mundo tienen ahora acceso inmediato[1] a música de miles de artistas como Luis Fonsi de Puerto Rico y su inconfundible[2] éxito *Despacito*, o al cantante alemán-español Álvaro Soler. El éxito de estos artistas ha hecho que la colaboración entre cantantes que hacen música en diferentes lenguas como los Black Eyed Peas y J Balvin o los Jonas Brothers y Daddy Yankee sean normales. La mezcla[3] de ritmos es otra característica de la música en español actual. Un buen ejemplo es Rosalía de Barcelona. Su música es una mezcla de música electrónica, pop, hip hop, flamenco y otros ritmos modernos. Ella canta flamenco sin ser ni gitana ni andaluza y colabora con artistas latinos para hacer ritmos más americanos. Los temas de las canciones son tan variados como los ritmos y crean tanta polémica como los artistas: el amor dañino, la política, los toros, la violencia...

Álvaro Soler

1 el acceso inmediato unmittelbarer Zugang 2 inconfundible unverwechselbar 3 la mezcla mix

Comprensión lectora

2 Trabajad en grupos: Cada grupo lee un texto y resume la información más importante de su texto. Después trabajad en grupos de expertos con, por lo menos, un experto de cada texto. Explicad al resto del grupo el contenido de vuestro texto.

El mundo del español

3 Busca en Internet más información sobre uno de los artistas/deportistas/series del texto u otros que conozcas. Después prepara una charla corta para tu clase. Haz una pequeña hoja de trabajo para tus compañeros, ellos la completan cuando tú hablas.

Si quieres puedes elegir a una de estas personas:

Sebastián Yatra | Amaia | Mónica Cruz | Lorena Ramírez | Edurne Pasaban | Antonio Banderas | Salma Hayek | [...]

131

El cine y la televisión

Varias series en español, con temas relacionados con América Latina y España o producciones con directores[1] o actores hispanohablantes, han tenido muchísimo éxito en todo el mundo y han abierto las puertas para más producciones parecidas. Buenos ejemplos de este fenómeno son las series *La casa de las flores*, *Narcos*, *La Casa de Papel* y *Élite*. *Narcos* cuenta la historia de Pablo Escobar, la cabeza del cartel del Medellín (Colombia) en los años 90. *La Casa de Papel* y *Élite* son producciones españolas. Todos los actores y el equipo de producción son españoles. En el cine se han destacado películas como *Hellboy* y *La forma del agua* del director mexicano Guillermo del Toro o *Roma* de Cuarón, también director de México. El actor español Javier Bardem es conocido por películas como *James Bond – Skyfall* y *Los piratas del Caribe* y Daniel Brühl, un actor español-alemán, actuó[2] en varias películas como *Capitán América: Guerra Civil*. Cuando hablamos del cine no podemos olvidar al director Pedro Almodóvar o a la actriz Penélope Cruz que son muy famosos en Hollywood. Ambos son españoles y Cruz es la primera española con un Óscar.

Penélope Cruz

Guillermo del Toro

132

El deporte

El deporte es muy importante en todo el mundo. Pero en muchos países hispanohablantes es casi una religión. El fútbol es el deporte más popular, pero existen muchas otras disciplinas y muchos deportistas famosos en todo el mundo que hablan español. En el mundo del fútbol encontramos, además de jugadores internacionalmente conocidos como el argentino Lionel Messi, también a Verónica Boquete. Esta española ha jugado muy exitosamente en muchos equipos[3]. Entre ellos el FC Bayern München en Alemania y el Utah Royals FC en Estados Unidos. Otro ejemplo de un deportista hispanohablante es el español Rafael Nadal que con su carrera como tenista profesional se ha convertido en uno de los deportistas más famosos y ricos del mundo. También a Fernando Alonso de la Fórmula 1, lo conoce todo el mundo: Fue el primer campeón mundial español en la historia de este deporte. El ciclista colombiano, Egan Bernal, ganó en el año 2019 el Tour de Francia y se convirtió con sus 22 años en el ganador más jóven desde 1909 y el primero de Sudamérica.

Egan Bernal

Verónica Boquete

1 el/la director/a Regisseur/in 2 actuar spielen 3 el equipo Mannschaft

Dossier 1 América Latina

Actividad de prelectura

1 **¿Qué saben sobre América Latina? Hagan una lluvia de ideas.**

países · ciudades · personas famosas · paisajes · clima · lugares · lenguas

Como ya sabes, en América Latina se usan las formas de «ustedes» en vez de «vosotros». Por eso las encuentras aquí en los ejercicios.

133

¿Sabías que los conceptos de «América Latina» varían y que incluyen a veces más, a veces menos países? Según la Real Academia Española se puede definir como «conjunto de países del continente americano en los que se hablan lenguas derivadas del latín (español, portugués y francés), en oposición a la América de habla inglesa [...].»

La Habana, Cuba

1 *La pirámide del Sol en Teotihuacán (México)*

2 *La ciudad Antigua (Guatemala)*

3 *San Juan (Puerto Rico)*

AMÉRICA DEL NORTE

¿Sabías que geográficamente México forma parte de América del Norte? El país es conocido por sus paisajes variados (volcanes, desiertos, selvas y playas), las pirámides de los aztecas y otras culturas precolombinas[1], sus artistas famosos (seguramente conoces a Frida Kahlo, ¿no?), su comida picante y sus expresiones culturales como el Día de Muertos[2]. Además del español, en México se hablan más de 60 lenguas indígenas, y la capital – Ciudad de México – es una de las ciudades más pobladas de América Latina.

AMÉRICA CENTRAL

Guatemala, El Salvador, Honduras, Nicaragua, Costa Rica y Panamá forman América Central. Además de esos países hispanohablantes, también Belice es parte de la región. Los países de América Central junto con los del Caribe son los países más pequeños de América Latina. La gente vive sobre todo de la agricultura y del turismo. Panamá también es conocido por su canal, que le aporta beneficios económicos, y Costa Rica por su flora y fauna. Además, según estudios de la ONU[3], Costa Rica es uno de los países más felices del mundo.

EL CARIBE

Esa región abarca[4] todas las islas del Mar Caribe (p.ej. Cuba, República Dominicana, Puerto Rico, etc.) y las costas que lo rodean[5] (p.ej. partes de México, Colombia y Venezuela). Su población se caracteriza por una gran variedad de etnias con orígenes indígenas, africanos, europeos y asiáticos. Por su buen clima y sus playas espectaculares es la región más turística de América Latina. Además, la música caribeña – especialmente la salsa, el merengue y la bachata – es conocida en todo el mundo. Un caso curioso es el de Puerto Rico: ¿pertenece[6] o no a América Latina? ¡Depende a quién le preguntes!

Amazonía

AMAZONIA

Seguro que sabes que la selva[8] amazónica cuenta con la mayor biodiversidad[9] del planeta. Las partes más grandes están en Brasil (60 %) y Perú (13 %), pero la región se extiende a otros 7 países sudamericanos. Es el hogar de 33 millones de personas. La deforestación ilegal y proyectos de minería ponen en peligro no solo la región y sus habitantes sino también el ecosistema de todo el planeta.

Los Andes

LA REGIÓN ANDINA

Aunque la Cordillera de los Andes se extiende a más países, muchas veces se refiere a Colombia, Ecuador, Perú y Bolivia cuando se habla de la región andina. Muchos de los habitantes son descendientes[7] de los incas, que vivían en esa región antes de la conquista de América Latina por los europeos. Hablan varias lenguas indígenas (las más habladas son quechua y aimara) y hasta hoy siguen celebrando las tradiciones incas. Dos de los lugares más famosos y turísticos de la región andina son el lago Titicaca y Machu Picchu.

Santiago de Chile (capital)

EL CONO SUR

Argentina, Chile y Uruguay forman la región más al sur del continente americano: el Cono Sur. Muchos habitantes son descendientes de alemanes, españoles y otros europeos que emigraron a Sudamérica en los siglos XIX y XX en busca de mejores condiciones de vida. Generalmente se considera una región de bienestar económico. Sin embargo, como en todas las regiones de América Latina, aquí también existen grandes desigualdades sociales entre la población.

1 **precolombino/-a** se refiere a la época antes de la llegada de Colón a América
2 **el Día de Muertos** véase p. 77
3 **la ONU** UNO
4 **abarcar** umfassen
5 **rodear** umgeben
6 **pertenecer** gehören
7 **el/la descendiente** Nachkomme
8 **la selva** (Ur)wald, Regenwald
9 **la biodiversidad** Artenvielfalt

Comprensión lectora

2 Completa las frases con la información del texto. ▶ Texto, p. 184/185

1. Según la Real Academia Española, los países de América donde se habla [...], [...] o [...] forman América Latina.
2. México está en [...].
3. En México se hablan [...].
4. Antes de la llegada de los españoles, en México vivían los [...] y otros pueblos indígenas.
5. Una artista mexicana muy famosa es la pintora [...].
6. América Central abarca siete países pequeños que viven sobre todo de [...].
7. Según estudios uno de los países más felices del mundo es [...], que está en la región de [...].
8. Varias islas y costas de diferentes países forman la región del [...], que también es la región más [...] de América Latina.
9. [...] es una región situada en América del [...], que se extiende por nueve países, entre los cuales están Brasil y [...].
11. La región es famosa por tener la mayor [...] del mundo, pero esa riqueza está en peligro por la [...] masiva.
12. Muchos habitantes de Ecuador, Perú y Bolivia son descendientes de los [...] y hablan [...] o [...].
13. El Cono Sur, que tiene muchos habitantes de origen [...], abarca los países [...].

el volcán Arenal, Costa Rica

la Amazonía

El mundo del español

3 Elijan una de las regiones y preparen un periódico mural[1] o una presentación digital sobre ella. Busquen información adicional en internet. Después, presenten su trabajo. ▶ Etwas präsentieren, S. 280

1 el periódico mural Wandzeitung

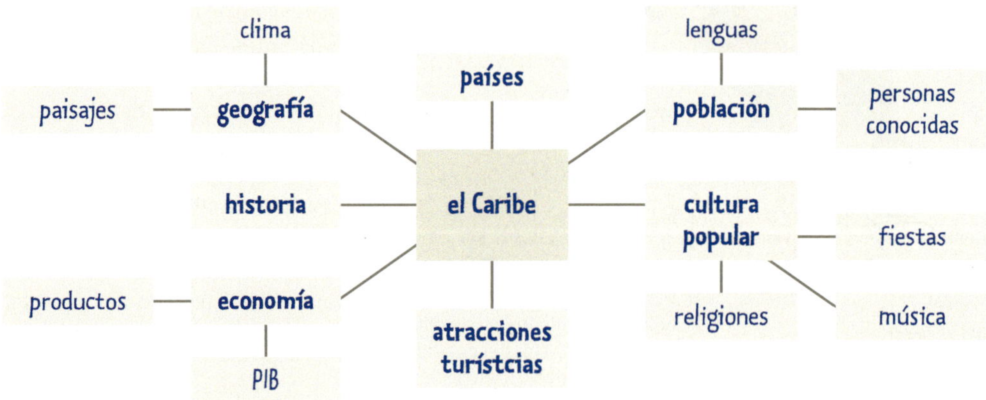

Expresión oral

4 ¿Cuáles de esas regiones te gustaría conocer y por qué te parece interesante? Cuéntale a tu compañero/-a.

Los mayas, aztecas e incas

134–135 **Cuando se habla de la historia de América Latina,** casi siempre se empieza con la llegada de Cristóbal Colón a América en 1492. Esa versión de la historia – así como el término «descubrimiento de América» – es bastante eurocentrista[1]. De hecho, mucho antes de la invasión y conquista por los europeos ya había civilizaciones avanzadas[2] en América. Las más conocidas son las de los aztecas en el territorio que hoy conocemos como México, los mayas en América Central y los incas en la región andina. Y a pesar de que los conquistadores y misioneros españoles destruyeron muchos templos, palacios, escritos y otros artefactos culturales, hoy en día sabemos bastante sobre esas civilizaciones.

ruinas mayas en Palenque (México)

Los **mayas** ya vivían en América Central a partir del año 2000 antes de Cristo. Eran varios grupos que hablaban cientos de dialectos mayas y vivían en diferentes regiones del sureste de México, Belice, Guatemala y Honduras. Los mayas eran grandes arquitectos: vale la pena visitar las ruinas de sus ciudades, en las que había templos, pirámides, plazas y, a menudo, ¡canchas deportivas[3]! A diferencia de otras civilizaciones de la época ya conocían el número cero y por eso podían hacer cálculos complicados. Desde sus pirámides calcularon la duración del año solar y desarrollaron[4] un calendario de exactamente 365 días. Además, se sabe que los mayas eran grandes comerciantes de productos como oro, sal, cacao o puntas de flecha[5]. Los mayas creían en varios dioses[6], como Chac – el dios de la lluvia – o Ek Chua – el dios del comercio.

Tenochtitlán

Los **aztecas** fundaron su capital Tenochtitlán entre 1320 y 1350 en el mismo lugar donde hoy en día se encuentra Ciudad de México. Tenochtitlan tenía unos 250.000 habitantes y era una de las ciudades más grandes del mundo en esa época – Madrid, por ejemplo, no llegaba ni a 5000 habitantes. La estructura arquitectónica de la ciudad era impresionante: los arqueólogos encontraron un palacio con más de 100 habitaciones – ¡cada uno con baño propio! Además de la arquitectura avanzada, los aztecas eran grandes matemáticos y astrónomos. También se sabe que era un pueblo guerrero[7] que dominaba a otros pueblos indígenas de la región. Creían en muchos dioses como Quetzalcoatl – dios del viento, del cielo[8] y de la tierra – o Chicomecoatl – diosa del maíz. Para agradar a los dioses celebraban grandes ceremonias religiosas en las que se hacían ofrendas de alimentos, flores, animales y también sacrificios humanos[9].

el dios Quetzalcoatl

Machu Picchu

La civilización de los **incas** empezó a florecer en el siglo XIII. Construyeron un imperio que se extendía desde Colombia, pasando por Perú y Bolivia, hasta Chile y Argentina y que fue el más grande de la América precolombina. Sus 12 millones de habitantes tenían un único emperador[10] y hablaban una única lengua: el quechua – idioma que sus descendientes en la región andina siguen hablando hasta hoy. Los incas eran buenos arquitectos: cerca de Cuzco se encuentra la ciudad de Machu Picchu que los incas construyeron sin máquinas en una altura de 2.438 metros en los Andes y que cuenta como una de las nuevas siete maravillas del mundo[11] moderno. A pesar de que las tierras en las

1 **eurocentrista** = desde un punto de vista europeo 2 **avanzado/-a** fortgeschritten 3 **la cancha deportiva** Sportplatz 4 **desarrollar** entwickeln 5 **la punta de flecha** Pfeilspitze 6 **el dios** Gott 7 **el pueblo guerrero** Kriegervolk 8 **el cielo** Himmel 9 **el sacrificio humano** Menschenopfer 10 **el emperador** Herrscher 11 **las siete maravillas del mundo** die sieben Weltwunder

los quipus

montañas son poco fértiles[12], los incas desarrollaron un sistema de terrazas para cultivar maíz y patatas e inventaron los quipus – un sistema de cuerdas[13] y nudos[14] para llevar la contabilidad de lo que producían. Además, el imperio inca contaba con una inmensa red de caminos por los cuales los mensajeros del imperio llevaban y traían mensajes. Todos los caminos llevaban a Cuzco, capital del imperio, cuyo nombre significa «el ombligo[15] del mundo». También se sabe que tenían conocimientos muy avanzados de medicina: ya en aquella época hacían operaciones complicadas, como amputaciones de brazos y piernas[16]. Los incas creían en dioses como Inti – el dios del sol – y Pachamama – la diosa de la tierra. El imperio inca terminó con la muerte violenta de su emperador Atahualpa en 1533. ■

¿Sabías que...

... existe un juego de pelota[17] tradicional de los mayas que se llama pok ta pok y que en algunas regiones se juega hasta hoy?

... varias palabras del español – como chocolate, tomate y chicle – vienen del náhutal, la lengua de los aztecas?

... Tenochtitlán, la capital azteca, fue construida sobre agua?

... los mensajeros de los incas eran tan rápidos que el pescado que traían de la costa todavía llegaba fresco a Cuzco?

... los incas usaban los quipus también para mandarse mensajes? ¿Y que los nudos y colores representaban sílabas[18]?

12 **fértil** fruchtbar 13 **la cuerda** Seil 14 **el nudo** Knoten 15 **el ombligo** Nabel 16 **la pierna** Bein
17 **el juego de pelota** Ballspiel 18 **la sílaba** Silbe

Comprensión lectora

1 **Lee el texto y organiza la información sobre cada una de las tres civilizaciones en fichas.**

Los mayas
- Época:
- Territorio:
- Idioma:
- Conocimientos:
- Religión:
- Curiosidades:

2 **Apunta tres informaciones sobre una da las civilizaciones precolombinas. Tu compañero/-a dice cuál es.**

El mundo del español

3 **a** **Mira la caricatura y explica, a base del artículo, por qué es eurocentrista decir que Colón «descubrió» América (ll. 1–8).**

facultativo

b **¿Qué se puede decir en vez de «descubrir» o «descubrimiento»? Haz propuestas.**

La leyenda del lago Titicaca

Actividad de prelectura

1 **Mira la imagen y formula hipótesis: ¿de qué tratará la leyenda?**

136

Érase una vez un valle[1] muy bonito, rodeado de montañas, donde todos los habitantes vivían felices y tranquilos. Nada les faltaba: la tierra era fértil[2] y había muchos árboles que daban frutos. No había ni muerte, ni odio[3]. Los Apus, los dioses de las montañas, eran buenos con los habitantes del valle y los protegían. Solo una cosa les habían prohibido[4]: subir a la montaña donde ardía[5] el Fuego Sagrado[6].

El diablo[7], que estaba descontento con la felicidad de los habitantes, hizo un plan: hombres y mujeres debían mostrar su valentía[8] y subir a la montaña prohibida. Y así lo hicieron.

Los Apus, al ver que los habitantes del valle habían desobedecido[9] su orden, mandaron miles de pumas para matarlos. No hubo ni un sobreviviente[10].

Al ver esa desgracia, Inti, el dios del Sol, se echó a llorar[11]. Sus lágrimas[12] fueron tantas que inundaron[13] el valle y formaron un lago – el lago Titicaca, que tiene la forma de un puma.

fuente: popular

1 **el valle** Tal 2 **fértil** fruchtbar 3 **el odio** Hass 4 **prohibir** verbieten 5 **arder** brennen 6 **el Fuego Sagrado** das heilige Feuer 7 **el diablo** der Teufel 8 **la valentía** der Mut 9 **desobedecer** nicht gehorchen 10 **el/la sobreviviente** Überlebende/r 11 **llorar** weinen 12 **la lágrima** Träne 13 **inundar** überschwemmen

Comprensión lectora

2 **a** **Forma frases relacionando los personajes de la leyenda con sus acciones.**

	mandar muchos pumas al valle
	vivir en un lugar paradisíaco
los Apus	*tener* de todo
los habitantes del valle	*llorar* mucho cuando ver el desastre
el diablo	no *deber* subir a la montaña, por respeto a los dioses
Inti	*convencer*[1] a los habitantes de subir a la montaña prohibida
los pumas	*proteger* a los habitantes del valle
	formar un lago con sus lágrimas
	matar a los habitantes

1 **convencer a alg.** jdn überzeugen

b **Ordena las acciones cronológicamente según la leyenda.**

Mediación

ES DE **3** **Un amigo tuyo va a viajar a Perú en las próximas vacaciones y también va a visitar el lago Titicaca. Cuéntale la leyenda sobre el lago en alemán.**

La leyenda de la yerba mate

Cuenta la leyenda que, hace mucho tiempo atrás, Yací, la luna[1], estaba cansada de mirar la Tierra desde arriba y quería bajar para ver las maravillas de la selva[2]. Pero no se atrevía. Fue Araí, la nube[3], la que por fin la convenció de hacerlo. Así, en una noche muy oscura, Yací y Araí se convirtieron en mujeres y bajaron a la Tierra. La selva[2] era grande, inmensa. Las dos admiraban los árboles, las flores, los animales y los ríos: todo lo observaban, todo lo comentaban. Y fue por eso que no escucharon los pasos de un hermoso y hambriento yaguareté[4] que se acercaba.

Por suerte, ese mismo día un viejo cazador[5] guaraní estaba por allí. Cuando este vio que el animal estaba listo para atacar a las dos mujeres, disparó[6] al yaguareté con una flecha. El animal rugió furioso y se volvió hacia el cazador, mientras Yací y Araí huyeron[7].

Esa noche, acostado en su hamaca, el viejo guaraní tuvo un sueño fantástico. Veía al yaguareté, a sí mismo y a las dos mujeres. Entonces Yací le habló: «Soy Yací y ella es mi amiga Araí. Fuiste muy valiente[8] y nos has salvado[9] la vida. Como agradecimiento queremos darte un regalo. Busca mañana delante de tu puerta una planta nueva. Se llama *caá*. Con sus hojas puedes preparar una infusión[10]. Es nuestro regalo para ti, tus hijos y los hijos de tus hijos…».

Al día siguiente, cuando el cazador salió de su casa, encontró una planta nueva de hojas brillantes y ovaladas. Se acordó de su sueño y de las palabras de Yací. Entonces preparó la infusión: tostó las hojas y las puso dentro de una calabacita[11] con agua caliente. Con una caña fina probó la nueva bebida. ¡Era deliciosa! Pasó la bebida de mano en mano con su familia y sus amigos y ellos la pasaron a sus familias y sus amigos: había nacido el mate.

fuente: popular

1 **la luna** Mond 2 **la selva** (Ur-)Wald 3 **la nube** Wolke 4 **el yaguareté** Jaguar 5 **el/la cazador/a** Jäger/in 6 **disparar** abschießen 7 **huir** fliehen 8 **valiente** mutig 9 **salvar** retten 10 **la infusión** Kräutertee 11 **la calabacita** *hier:* Trinkgefäß

El mate es una infusión popular que se bebe mucho en Argentina, Uruguay y Paraguay.

Comprensión lectora

1 Ordena estas imágenes cronológicamente según la leyenda. ► selektives Leseverstehen, S. 281

Para saber más

2 Busca información sobre los guaraníes y preséntala en clase.

países donde viven | el nombre «guaraní» | idioma y hablantes | los guaraníes y la yerba mate | […]

La memoria de los seres perdidos

Actividad de prelectura

138

1 a Escuchen lo que cuenta la protagonista de la novela «La memoria de los seres perdidos». Después reúnan lo que han entendido:

nombre | edad | ¿Dónde vive? | ¿Dónde nació? | ¿Qué sabes sobre su familia? | ¿Qué dice sobre la mujer desconocida?

b Hagan hipótesis: ¿quién será la mujer?, ¿qué querrá?

No tuvieron que andar mucho para encontrar un bar [...]. Ninguna de las dos volvió a hablar hasta que se sentaron en la mesa más distante de la terraza [...]. La mujer pidió un café. Estela, otro refresco [...]. Miró a su acompañante. De cerca podía estudiarla mejor. Los treinta y pocos años de su primera impresión se convertían ahora en unos treinta y cinco aproximadamente [...]. Era atractiva, de ojos hermosos, brillantes, [...] con el pelo corto, muy negro [...].

–No tengo mucho tiempo –le recordó Estela [...].

–Esto es muy importante, ya verás –dijo la mujer.

–Si va a venderme algo ...

–Ya sabes que no es así –la miró fijamente antes de agregar[1]–. Porque lo sabes, ¿no?

–No, no sé nada –aseveró[2] incómoda Estela–. No sé quién es usted ni lo que quiere; solo sé que me ha estado siguiendo [...].

–Te contaré una historia, ¿de acuerdo? [...].

–Es la historia de una mujer llamada Graciela Mariani [...] y era mi hermana. [...] Nuestros padres, Horacio y Carlota, tuvieron tres hijos. Graciela era la mayor, Roberto el segundo, dos años menor que Graciela, y, ya más descolgada, yo, que tenía siete años menos que mi hermana mayor. Nuestro padre, que era bastante mayor que mamá, murió[3] cuando yo tenía doce años. Mamá se hizo cargo[4] entonces de todo [...]. Graciela y Roberto también ayudaron y empezaron a trabajar. Así es como yo, por lo menos, pude seguir estudiando.

Estela miró la hora. Se le hacía ya muy tarde.

–Graciela era una mujer muy especial, muchísimo. He conocido a muchas personas buenas, sobre todo en estos últimos años, pero ninguna como ella. [...] Ayudaba a los demás de muchas maneras, estaba dispuesta para cualquier sacrificio[5] y, por supuesto, se comprometía siempre, siempre. No importaba la causa o el problema, las motivaciones o las dificultades. Si ella creía en algo, hacía todo para conseguirlo. Así que, por supuesto, desde la adolescencia[6] y mientras estudiaba, comenzó a militar[7] en organizaciones de derechos humanos, ligas en pro de diversas causas, sindicatos[8], comités ... [...] Además, nuestro país vivía tiempos muy duros, y cuando los militares tomaron el poder[9] ...

Hizo una pausa. [...].

1 **agregar** ergänzen 2 **aseverar** versichern 3 **morir** sterben 4 **hacerse cargo de algo** sich um etw. kümmern 5 **el sacrificio** Opfer 6 **la adolescencia** Jugend 7 **militar en** = ser activo/-a en 8 **el sindicato** Gewerkschaft 9 **tomar el poder** die Macht ergreifen

–Graciela ya estaba [...] con Claudio Granados, su novio, militante[10] como ella [...]. No sorprende que cuando los militares empezaron la represión, con detenciones[11] constantes y masivas [...] ellos se volvieran más precavidos[12] y, al mismo tiempo, intensificaron su lucha [...]. Había muchísimas desapariciones después del golpe de estado[13] del 76, entre 1977 y 1979. ¿Conoces la historia reciente de Argentina?

–Algo –contestó Estela, insegura.

–Graciela se quedó embarazada[14]. Iba a cumplir veintitrés años por aquel entonces, y Claudio y ella decidieron casarse[15]. Tal vez otra mujer se hubiese apartado de una actividad tan peligrosa [...], pero mi hermana no. Continuó igual, exactamente igual, [...].

Bebió un poco de café. Volvió a mirar a Estela para recuperar las fuerzas y continuar–. Una noche, los milicos[16] llegaron a la casa de Claudio y Graciela. Roberto estaba con ellos. Entraron una docena de hombres derribando la puerta y los prendieron[17]. Según los vecinos, llevaban chalecos antibalas[18] y el operativo parecía más bien destinado a acabar con una facción terrorista armada que con tres simples seres humanos cuya única arma era la bandera de su libertad. Se los llevaron y esa fue la última vez que alguien los vio con vida, aparte de sus secuestradores[19].

Ahora era Estela quien tenía que tomar algo [...].

–¿Los...? –empezó a decir sin poder terminar la frase.

–No solo los mataron, a los tres, sino que los torturaron[20] al interrogarlos –dijo Ana Cecilia Mariani–. Fueron conducidos a la Escuela de Mecánica de la Armada, el campo de exterminio[21] más terrible del mundo después de los que los nazis usaban para matar a los judíos. Por lo que se ha podido saber, a Claudio y a Roberto los tiraron aún vivos y maniatados[22] desde un avión en alta mar, junto a otros cientos de hombres y mujeres. A Graciela, y debido a su estado, la retuvieron[23] los dos meses que le faltaban para tener su bebé. Tuvo una niña en la misma Escuela de Mecánica de la Armada, esposada. Y esa misma noche se la arrancaron[24] de los brazos. Le prometieron que volvería a verla si colaboraba, pero...

La mujer casi no pudo hablar [...].

¿Qué pasó? –preguntó Estela en voz baja.

–Mi hermana murió a los pocos días, víctima de aquellas torturas. Por lo menos nos dieron su cuerpo muerto para enterrarlo[25], [...], cosa que no consiguieron otras familias de desaparecidos, la mayoría. Toda su hermosura, toda su...

[...].

–Perdone, pero... ¿qué tiene que ver esta historia conmigo? Yo ya no... Ni siquiera entiendo...

Ana Cecilia Mariani la miró con lágrimas[26] en los ojos [...].

–Te he contado la historia de tu nacimiento[27], mi niña. Graciela era tu madre.

Fuente: Jordi Sierra i Fabra: La memoria de los seres perdidos. Ediciones su, 2018**

10 **el/la militante** = alguien que es activo en un partido político o un grupo 11 **la detención** Verhaftung 12 **volverse precavido/-a** = tener cuidado 13 **el golpe de estado** Staatsstreich 14 **quedarse embarazada** = esperar un bebé 15 **casarse con alg.** jdn heiraten 16 **los milicos** = los militares 17 **prender** verhaften 18 **el chaleco antibala** kugelsichere Weste 19 **el/la secuestrador/a** Entführer/in 20 **torturar** foltern 21 **el campo de exterminio** Vernichtungslager 22 **maniatado/-a** an den Händen gefesselt 23 **retener** dabehalten 24 **arrancar algo a alg.** jdm etw. entreißen 25 **enterrar** beerdigen 26 **la lágrima** Träne 27 **el nacimiento** Geburt

Entre 1976 y 1983 hubo una dictadura militar en Argentina. Durante la dictadura el régimen hizo «desaparecer» a 30.000 personas. Muchas fueron torturadas y asesinadas. Los hijos de las víctimas muchas veces fueron dados en adopción a militares o a familias fieles al régimen. Hasta hoy muchos argentinos siguen buscando a sus familiares

Comprensión lectora

2 a Lee la historia que la mujer le cuenta a Estela (ll. 17–82) y relaciona cada tema con las líneas correspondientes.

Graciela y su novio | Tortura y muerte | Graciela, una mujer comprometida | La hija de Graciela

El secuestro por los militares | la familia de Graciela Mariani | Graciela, una activista política embarazada

b Con ayuda de 2a, cuenta con tus propias palabras la historia de Graciela Mariani:

¿Quién era?
¿Dónde y cuándo vivía?
¿Qué hacía?
¿Qué le pasó?
¿Qué tiene que ver con Estela?

Expresión escrita

3 Qué crees: ¿cómo va a reaccionar Estela? Escribe la continuación de la escena.

Para saber más

4 a ¿Cómo fue la dictadura militar en Argentina y cómo luchó el pueblo contra la represión? Trabajen en grupos, elijan un tema y busquen información y material que, después, van a presentar a los demás. Pueden elegir uno de los temas representados en las fotos u otro tema que les interese. ▶ Informationen im Internet finden und verwenden, S. 286

Las Madres de Plaza de Mayo

Hebe Pastor de Bonafini

General Jorge Rafael Videla

Parque de la Memoria (B. A.)

Operación Cóndor

b Formen grupos de cinco personas. Cada persona presenta su tema sobre la dictadura militar en Argentina a los demás.

Actividad de prelectura

139–140

1 Lee los testimonios de Carla y Manuel en 3 minutos sin fijarte en los detalles. ¿Qué tienen en común?

www.migración.mi-blog.org

En Estados Unidos viven actualmente unos 60 millones de latinos. La población latina se compone en parte de inmigrantes llegados de Latinoamérica y otra parte son los descendientes[1] de latinoamericanos que emigraron antes a Estados Unidos en busca de una vida mejor.

En el año 1980 el español ya era el segundo idioma más hablado en EE.UU. y se prevé[2] que para el año 2060 Estados Unidos será el segundo país con más hispanohablantes del mundo después de México.

Esto es debido, entre otros motivos, a la inmigración.

Origen de hispanos en Estados Unidos

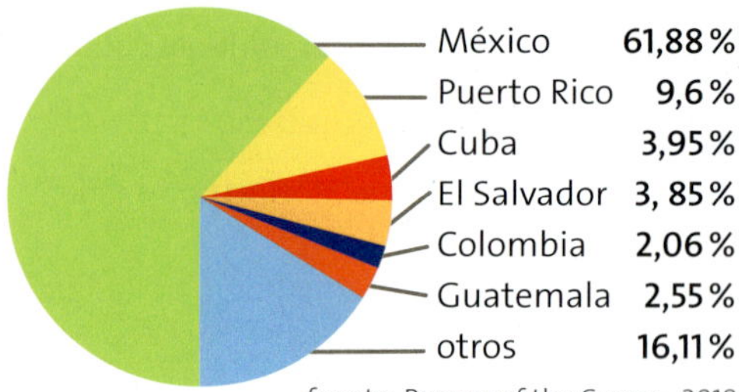

fuente: Bureau of the Census, 2018

El origen de los latinos en EE.UU. es muy variado. Sin embargo, hay algunas zonas donde predomina[3] uno u otro país. Así, por ejemplo, en California, que es el estado con más latinos, la gran mayoría son de origen mexicano, al igual que Tejas y Arizona. En Nueva York y Nueva Jersey predominan los puertorriqueños y dominicanos. Y en el estado de Florida, en especial en Miami («la Pequeña Habana») los latinos son sobre todo cubanos.

Me llamo Carla, tengo 19 años y nací y crecí en Los Ángeles, California. Soy estudiante de Economía y también trabajo. Mis padres son de México y vinieron acá por motivos económicos. Para algunos yo fui lo que llaman un «anchor[4] baby», o sea, mis papás no tenían papeles cuando entraron en Estados Unidos (eran indocumentados), pero yo nací aquí. Yo no me veo así, claro. Mis padres querían regresar a México, pero no pudieron por falta de dinero. Ahora conozco a gente que cruzó la frontera como mis papás y tuvo una experiencia similar y dicen de los que están viniendo ahora cosas como: «solo vienen para tener hijos y luego quedarse aquí» ¿Cómo puede ser si ellos pasaron por lo mismo? ¡No lo entiendo!
Yo a veces siento que no sé cuál es mi país ¿México o Estados Unidos? Me gusta mucho ir a México, son mis raíces[5] y tengo familia allá. Me siento bien con gente que es como yo físicamente[6] (el mismo color de piel y rasgos parecidos) y habla mi idioma, el español. Pero la gente me ve diferente. Me dicen: «Ah, tú eres güera, naciste en Estados Unidos». Y luego, acá, en Estados Unidos, alguna gente me mira y piensa que no soy de aquí y que mejor me regreso a mi país. ¿Pero a cuál? Creo que esto nos pasa a muchos que estamos cerca de nuestras raíces, pero somos la primera generación que nació acá.

Mi nombre es Manuel. Cuando cumplí 18 años dejé mi país, Honduras. Yo vivía con mi mamá y mis hermanos pequeños en un pueblo de Honduras. Un día tomé la decisión de dejar mi país porque allá no se puede vivir. Todo está muy caro y no hay trabajo. Por la noche preparé mi mochila y le dije a mi mamá: «Me voy con la caravana[7] para los Estados Unidos». Y me vine solo. Bueno, solo no. Nos unimos[8] más de 7000 migrantes de todo el país para caminar en caravana hasta el norte, a Estados Unidos y empezar acá una nueva vida.

En mi país, los jóvenes solo podemos elegir entre dos cosas: meterte en las pandillas[9], en las maras[10], o ser un desempleado[11] más. Las maras están por todas partes, y matan a la gente si no les dan el dinero que piden. Me dolió[12] mucho dejar a mi mamá y mis hermanos pequeños. No iban a la escuela porque tenían que ayudar a mi mamá en el campo. En Honduras hay muchos niños que trabajan. Yo vine acá con la esperanza de salir adelante y ayudar a mi familia. Quiero que tengan una vida

1 el/la descendiente Nachkomme 2 prever voraussehen 3 predominar vorherrschen 4 anchor *(inglés)* Anker 5 la raíz Wurzel
6 físicamente körperlich 7 la caravana Karawane 8 unirse sich zusammen tun 9 la pandilla Gang
10 la mara kriminelle Jugendbande 11 el/la desempleado/-a Arbeitslose/r 12 doler schmerzen

mejor. La idea que yo tenía de Estados Unidos era: edificios altos, trabajo y dinero. Pero cuando llegué vi que la realidad es diferente. Al principio fue todo difícil. Tuve varios trabajos, en una fábrica, en un restaurante, en un hotel limpiando[13] baños y haciendo camas. No era precisamente el trabajo ideal. Una vez trabajé durante un mes en un hotel y cuando llegó el día del pagamento, el jefe no me pagó lo que habíamos acordado, y todavía me amenazó[14] con llamar la policía. No pude hacer nada. Si no tienes papeles, es como si tampoco tuvieras derechos. Además, de todo el dinero que recibía, mandaba la mitad a Honduras, a mi mamá. Siempre me esforcé por aprender inglés para poder estudiar en la universidad y tener un trabajo mejor. Al principio fue complicado, me sentía inseguro porque no hablaba bien inglés. Ahora tengo clase hasta las 14:00. Luego trabajo y por la noche hago las tareas. En un año terminaré mis estudios. Mi sueño es traer a mi madre y a mis hermanos a vivir aquí. Por ellos estoy aquí.

13 **limpiar** putzen 14 **amenazar** drohen

Comprensión lectora

2 Lee el artículo y relaciona las personas con su historia. Sobra una frase.

Carla

Manuel

- *nacer* en los Estados Unidos.
- *enviar* dinero a su familia.
- *criticar* a los migrantes de antes que hablan mal de los migrantes actuales.
- por su historia de migración, a veces *sentirse* excluido/-a en los dos países.
- ser de Honduras.
- Sus padres son mexicanos.
- *querer* volver a su país de origen.
- *llegar* a Estados Unidos con un grupo de miles de otros migrantes de su país.

3 ¿Cuáles son los desafíos a los que se enfrentan Carla y Manuel como migrantes? Apunta las líneas del texto.

Mediación

ES DE

4 Tu tío estuvo en los Estados Unidos y le sorprendió la cantidad de gente que habla español. Lee otra vez la introducción del texto y explícale el contenido y la estadística en alemán.

Comprensión auditiva

141

5 a Escucha la historia de Yamileth. ¿Cuál es su país de origen y a qué país emigra? ¿Qué más entiendes?

141

b Escucha otra vez, haz apuntes y pon en orden los acontecimientos.

a) Huye de la violencia.
b) Estudia en la universidad.
c) Se casa con un chileno.
d) Decide salir del país.
e) Faltan alimentos y medicamentos.
f) Se muda a casa de su tía en otra ciudad.
g) Nace su hija.
h) Tiene un buen trabajo y se siente segura.
i) Se muda a la capital para estar con su novio.
j) Yamileth vive con sus padres en un pueblo.

c Nombra los motivos que llevaron a Yamileth a mudarse varias veces.

Expresión escrita

6 a Ya has leído y escuchado algunas historias de migración aquí. Busca más testimonios de migrantes en la plataforma «Soy migrante» (www.iammigrant.org/es) y cuenta una que te ha impresionado especialmente.

b Como alternativa, escribe una entrada para la plataforma «Soy migrante» y cuenta tu historia o la historia de alguien que conoces. Puedes hablar sobre los motivos, las experiencias, etc.

142

América Latina enfrenta muchos retos porque es una región con muchos países pobres o en vías de desarrollo[1] que poseen muchos recursos naturales y humanos. Eso significa que hay mucha competencia por ellos, así como muchos ganadores y perdedores.

Las Megaciudades

Buenos Aires

Las megaciudades del mundo son muy similares, además enfrentan retos parecidos[2]. América Latina tiene varias ciudades con más de 10 millones de habitantes, entre ellas Ciudad de México, São Paulo, Buenos Aires y Río de Janeiro. Ciudad de México es la segunda ciudad más grande de América Latina con 21 millones de habitantes. Es una ciudad rica, aunque el 30 % de su población vive en la pobreza. La capital sufre, como otras megaciudades, de contaminación, de tráfico inmenso, de falta de transporte público, de problemas de basura, de violencia[3], de desigualdad y de pobreza pero también de terremotos[4] e inundaciones[5] que son muy comunes allí. Otros factores como el cambio climático podrían crear aún más problemas en esta y otras ciudades de este tipo como, por ejemplo, la escasez[6] de agua así como, paradójicamente también, inundaciones. La migración interna por violencia o por razones económicas puede dar lugar a la escasez de vivienda[7].

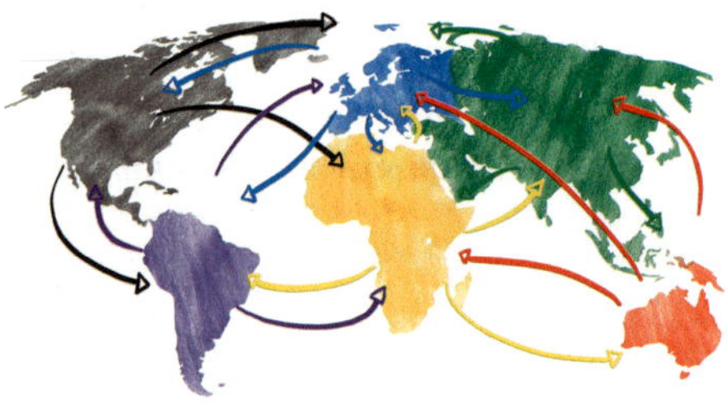

La Globalización y la dependencia de otras regiones

La globalización es un proceso que ha traído una abundancia de productos y de oportunidades muy grande a todo el planeta. Nunca antes han tenido tantas personas acceso[8] a tantos productos diferentes en tan poco tiempo. Los mercados ya no son nacionales ni internacionales, son globales. Pero este proceso también ha traído muchos problemas. Esta abundancia de productos significa fragilidad[9] de los sistemas de alimentación, de financiación, de energía, de la industria, etc. porque todos dependemos[10] del buen funcionamiento de la cadena de producción. Si la cadena no funciona, el sistema no funciona. Un ejemplo de esta dependencia fue la desconexión de las relaciones comerciales durante la crisis del coronavirus, por ejemplo, la escasez en Europa de máscaras producidas en China.

América Latina exporta mucho petróleo al mundo, pero depende de las importaciones de gasolina[11]. El petróleo es solo un ejemplo, el continente exporta muchas materias primas dependiendo así de otros países para tener productos derivados[12], por ejemplo, productos químicos, productos industriales o alimentos procesados.

Un gran aporte a la economía de Latinoamérica son las remesas de emigrantes, es decir, el dinero que los emigrantes mandan a sus familias en casa cada mes. Aquí también existe una dependencia del trabajo de estas personas en el extranjero.

La globalización juega un papel[13] muy importante también en el tema de la violencia y de la desigualdad. Un sistema globalizado necesita tanto normas como organizaciones para proteger a las personas y al medio ambiente porque el sistema favorece automáticamente a las regiones y personas que son relevantes para el comercio global. La falta de este control en muchos países de América crea situaciones de desigualdad e injusticia, además causa violencia.

143

La Violencia

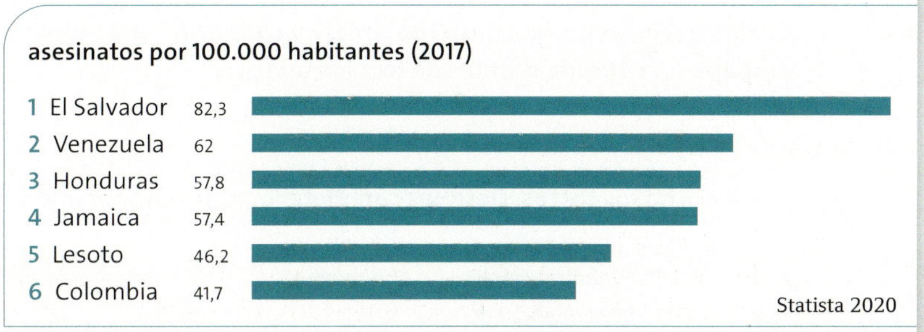

El comercio con drogas, la falta de oportunidades, la opresión de minorías[14] o de los medios de comunicación son algunas de las causas de violencia en varios países de América Latina. Además, en muchos países la población no confía[15] en las autoridades que a menudo eligen una política de «mano dura» para controlar los problemas, como el narcotráfico. Organizaciones internacionales denuncian[16] la falta de respeto a los derechos humanos.

La Desigualdad

La desigualdad de oportunidades laborales, educativas y de acceso a la política crea tensión[17] y caos. Muchos países de América Latina no tienen organizaciones estables, como sindicatos o uniones, que representen los derechos de los desfavorecidos[18]. Muchas minorías no tienen acceso a la política, por eso no pueden ser parte del cambio para su grupo. La tensión entre ganadores y perdedores resulta por eso en inestabilidad política, muchos gobiernos en esta región representan ideologías de extrema izquierda o de extrema derecha. Ejemplos actuales son Venezuela (izquierda) y Brasil (derecha).

El Rol de los Gobiernos

En muchos países de esta región la inversión pública es muy baja y el sector económico informal muy grande. Varios gobiernos invierten muy poco en transporte, educación, salud, infraestructuras y, además, existe una tendencia hacia la privatización de los servicios básicos[19]. Muchas personas trabajan informalmente (por ejemplo: vendedores de comida, ropa o más en la calle), no tienen derechos, ni protección del estado pero tampoco pagan impuestos. Durante la pandemia del coronavirus, la falta de protección de los trabajadores informales ha causado muchos enfermos y muertes. La corrupción es otro gran problema de América Latina.

El Medio Ambiente

144

La destrucción del medio ambiente es...
▶ p. 239

la activista Berta Cáceres[20]

1 el país en vías de desarrollo Entwicklungsland 2 parecido/-a ähnlich 3 la violencia Gewalt 4 el terremoto Erdbeben 5 la inundación Überschwemmung 6 la escasez Knappheit 7 vivienda = casa 8 el acceso Zugang 9 la fragilidad Zerbrechlichkeit 10 depender de abhängen von 11 la gasolina Benzin 12 el producto derivado Folgeprodukt 13 jugar un papel eine Rolle spielen 14 la opresión de minorías Unterdrückung von Minderheiten 15 confiar en vertrauen auf 16 denunciar anprangern 17 la tensión Spannung 18 el/la desfavorecido/-a der/die Benachteiligte 19 los servicios básicos Basisdienstleistungen 20 activista medioambiental de Honduras (* 1971, asesinada en 2016)

Actividad de prelectura

1 ¿Cuáles son los retos que enfrenta América Latina? Mira las fotos y los títulos e intercambia con tu compañero/-a tus ideas antes de leer los textos.

Comprensión lectora

2 Lee y escucha los textos. Después completa la tabla para cada tema con palabras clave.

Las megaciudades	La globalización y la dependencia de otras regiones	La violencia	La desigualdad	El rol de los gobiernos	El medio ambiente
– contaminación					
– tráfico inmenso					

El mundo del español

3 Lean los titulares de mínimo dos periódicos online. ¿Cuáles son las noticias del día? Clasifiquen las noticias en las categorías de la tabla. ¿Qué otras noticias hay? Presenten a la clase sus resultados. Aquí tienen algunas ideas para empezar:

- BBC News Mundo (internacional)
- La Jornada (México)
- El Clarín (Argentina)
- El Comercio (Ecuador)
- La República (Perú)
- El Universal (Venezuela)
- El Faro (El Salvador)[1]
- El Mercurio (Chile)
- El Tiempo (Colombia)

1 El primer periódico solamente digital de América Latina

Expresión oral

4 Transformen un texto en una entrevista. Tú eres un/a reportero/-a y tu compañero/-a es un/a experto/-a en uno de los temas de la tabla (→ ejercicio 2) . Escriban preguntas y respuestas con la información del texto. Pueden buscar más información en internet. Graben su entrevista con el móvil y preséntenla a la clase.

Según usted, ¿cuáles son los problemas más graves en las megaciudades como Ciudad de México?

Bueno, enfrentamos varios retos aquí, por ejemplo el tráfico inmenso: Hay millones de carros en las calles todos los días…

reportero/-a:

Según usted, ¿cuáles son los mayores retos…?
Nos puede explicar el problema de…
En su opinión, ¿qué se tiene que hacer para…?
Nos puede dar un ejemplo…
¿Qué más problemas existen…?

experto/-a:

Enfrentamos retos muy diversos como…
El problema más grave es que…
Además, otro reto es…
Para solucionar el problema es importante…
Lo que necesitaríamos es…

Actividad de prelectura

1 **Busca información en Internet sobre la «Primavera Latinoamericana 2019». Explica el fenómeno y el origen del término con tus propias palabras.**

En una región tan grande como Latinoamérica los problemas son muy diversos. La gente lucha por sus derechos y por un futuro con más seguridad económica y menos violencia. Aquí tenemos algunos ejemplos de esta lucha civil.

145

México: Un día sin mujeres

El 09 de marzo de 2020 fue un día muy importante para la lucha por los derechos de las mujeres en México y en todo el mundo. Este día fue un día sin mujeres. En las calles, las oficinas, el metro, las redes sociales, los restaurantes, los centros comerciales solo hubo hombres y como ninguna mujer fue a trabajar ni compró nada, la economía mexicana perdió mucho dinero. El mensaje de esta protesta es claro: así sería el mundo sin mujeres. Bajo la etiqueta #undíasinnosotras y bajo el lema «el nueve ninguna se mueve» activistas de la capital mexicana organizaron un paro[1] de 24 horas. La idea era que las mujeres y niñas no salgan de sus casas para protestar en contra de la violencia doméstica[2], de los feminicidios[3], la desigualdad y la cultura machista. En un país como México en el que todos los días varias mujeres son asesinadas[4] por el simple hecho[5] de ser mujeres, este fue un momento muy importante. Aunque muchas mujeres fueron amenazadas[6] con perder su trabajo si protestaban, muchas otras recibieron el apoyo de varias instituciones y personas. Y además el paro contó con el apoyo de la mayoría de mujeres sin importar el nivel económico, la raza o la afiliación política[7] que normalmente son temas que fragmentan a la sociedad mexicana.

146

el emblema de la FARC

Colombia: El Acuerdo de Paz y el camino a la normalidad

El gobierno y las FARC (Fuerzas Armadas Revolucionarias de Colombia) anunciaron[8] en agosto del 2016 en La Habana, Cuba, un acuerdo para terminar con el conflicto armado[9] de Colombia. Este conflicto se desencadenó[10] en 1948 y tuvo su origen en una lucha violenta entre diferentes posiciones en la sociedad colombiana debido a[11] reformas sociales y agrarias.
Poco después en un plebiscito[12], una muy pequeña mayoría de colombianos votó en contra de este acuerdo. El acuerdo fue renegociado[13] y aprobado[14] por el congreso más tarde sin otro plebiscito. Desde este momento el tema de la paz fragmenta a la sociedad colombiana y ha causado muchos otros problemas. El estado creó una serie de políticas públicas y proyectos para la reintegración social y económica de exguerrilleros[15] así como otros proyectos para las víctimas[16] de la guerrilla, para la restitución[17] de tierras a los campesinos[18] e indígenas, etc. Sin embargo, la violencia no ha desaparecido. La economía de muchas de las regiones donde antes estaban los guerrilleros sigue basada en el cultivo de la coca[19] o la marihuana y muchos otros grupos armados de izquierda y de derecha luchan por tener el control de este negocio lucrativo que antes estaba en las manos de las FARC. Por eso muchos campesinos e indígenas desplazados[20] no pueden volver

1 **el paro** *hier:* Streik *(mex.)* 2 **la violencia doméstica** häusliche Gewalt 3 **el feminicidio** Frauenmord 4 **asesinar** ermorden 5 **el hecho** Tatsache 6 **amenazar** drohen 7 **la afiliación política** Parteimitgliedschaft 8 **anunciar** ankündigen 9 **armado/-a** bewaffnet 10 **desencadenarse** entbrennen 11 **debido a** wegen 12 **el plebiscito** Volksentscheid 13 **renegociar** neu verhandeln 14 **aprobar** verabschieden *(Gesetz)* 15 **el exguerrillero** ehemaliger Widerstandskämpfer 16 **la víctima** Opfer 17 **la restitución** Rückgabe 18 **el/la campesino/-a** Bauer/Bäuerin 19 **la coca** Koka *(Pflanze, aus der Kokain hergestellt wird)* 20 **campesinos desplazados** campesinos que tuvieron que dejar sus tierras por el conflicto armado

a sus tierras. Además muchos colombianos critican el indulto[21] de exguerrilleros acusados de tráfico de drogas, asesinatos y de secuestros[22] que ahora tienen hasta poder político con el nuevo partido FARC (Fuerza Alternativa Revolucionaria del Común). Por otro lado, algunos exguerrilleros piensan que el gobierno no ha cumplido con sus promesas[23] y sienten miedo, pues muchos han sido asesinados. El camino de la paz para Colombia todavía es largo y el destino de los aproximadamente 13.000 exguerrilleros registrados incierto. Sin embargo, los colombianos todavía creen en la paz.

147

Chile: Una nación despertó

Mientras que Sudamérica muchas veces aparece en las noticias internacionales por crisis económicas, por violencia, por problemas ambientales o por escándalos de corrupción, Chile era conocido por su estabilidad y crecimiento económico[24] en los últimos 30 años. Desde octubre del 2019 los titulares han cambiado bastante. Todo empezó con un aumento[25] de la tarifa del transporte público de 30 pesos (aproximadamente 0,04 euros), continuó con una serie de manifestaciones[26] violentas con muertos, heridos y la destrucción de propiedad[27] pública y privada y terminó en una de las mayores crisis de este país desde la dictadura (1973–1990). No hay líderes[28] claros ni organizaciones. Los protestantes son casi todos estudiantes de universidades y alumnos de colegios que se organizan a través de[29] las redes sociales. Empezaron protestando por 30 pesos, pero los problemas reales han salido a la luz[30]. En un país con una economía estable y con muchos recursos naturales una buena educación es un privilegio de pocos, el sistema de salud público[31] no funciona, las pensiones de jubilación[32] son muy bajas, el costo de vida[33] es alto, las diferencias sociales son extremas y la constitución[34] actual fue escrita y aprobada en 1981 durante la dictadura de Augusto Pinochet. La respuesta del gobierno a las manifestaciones fue un plan para una serie de reformas del sistema de salud, de pensiones y de la administración pública[35]. Además en un plebiscito nacional celebrado en el año 2020 una mayoría de los chilenos votó por escribir una nueva constitución.

21 **el indulto** Begnadigung 22 **el secuestro** Entführung 23 **la promesa** das Versprechen 24 **el crecimiento económico** Wirtschaftswachstum 25 **el aumento** Erhöhung 26 **la manifestación** Demonstration 27 **la propiedad** Eigentum 28 **el/la líder** Führer/in 29 **a través de** durch 30 **salir a la luz** ans Licht kommen 31 **el sistema de salud público** öffentliches Gesundheitssystem 32 **la pensión de jubilación** Altersrente 33 **el costo de vida** Lebenshaltungskosten 34 **la constitución** Verfassung 35 **la administración pública** öffentliche Verwaltung

Comprensión lectora

2 a **México: Un día sin mujeres: Relaciona las frases correspondientes.**

1. Marzo del 2020 fue…
2. Las mujeres mostraron su rol en la economía…
3. La idea de la manifestación era…
4. Los motivos de protesta fueron…
5. Muchas mujeres…

- la violencia contra la mujer y la desigualdad entre hombres y mujeres.
- de diferentes sectores de la sociedad participaron.
- un momento histórico para los derechos humanos.
- porque sin su trabajo o consumo el país perdió mucho dinero.
- que las mujeres no participen en la vida social para demostrar su importancia en una sociedad.

b Colombia: El Acuerdo de Paz y el camino a la normalidad: Relaciona los títulos con las líneas correspondientes del texto.

Muchos colombianos no están de acuerdo.

Los problemas de los exguerrilleros.

Firma del Acuerdo de Paz.

Ideas del gobierno para llegar a la paz.

Dos plebiscitos, la mayoría no está de acuerdo.

Las drogas son el negocio más importante todavía.

c Chile: Una nación despertó: Completa las frases.

1. Chile es conocido por…
2. Al principio, el motivo de las manifestaciones del 2019–2020 fue…
3. Los manifestantes son…
4. Los motivos reales de las protestas son…
5. La respuesta del gobierno fue…

Expresión oral / Para saber más

3 a La organización y comunicación en redes sociales es un aspecto muy importante de los movimientos sociales modernos. Trabajen en grupos y elijan uno de los siguientes movimientos de los últimos años:

primavera latinoamericana | primavera árabe

Fridays for future | #Metoo | Je suis Charlie

Black lives matter | Fridays for future | […]

Black lives matter

Busquen ejemplos sobre su presencia en las redes sociales y expliquen su ejemplo a la clase. ¿Para qué se utilizan las redes sociales en sus ejemplos? ▸ Informationen präsentieren, S. 280, 287

b Escriban un texto como los textos de este dossier con una foto y presenten sus temas a la clase.

c Haz una lista de los aspectos negativos y positivos del uso de nuevas tecnologías y redes sociales en la organización de movimientos ciudadanos. Trabajen con el método «¡Piensa! – ¡Discute! – ¡Comparte!».
▸ Piensa, Discute, Comparte, S. 287

Habla con la persona sentada a tu derecha y comparen y completen sus listas.

Busquen a otra pareja y presenten sus resultados a la otra pareja.

Hagan un póster para su clase con su lista.

148

La Panamericana

La Panamericana es un sistema de carreteras que atraviesa[1] el Continente Americano de norte a sur, cruza 15 países desde Alaska en Estados Unidos hasta la Tierra del Fuego en Argentina y tiene una longitud de aproximadamente 30.000 kilómetros. La Panamericana no es un megaproyecto, sino más bien una red de carreteras que unen al continente. Sólo en la selva entre Colombia y Panamá hay una interrupción de 130 km porque el terreno ahí es muy difícil.

Feria del Libro de Guadalajara (México)

La Feria del Libro[2] de Guadalajara es uno de los eventos más importantes para la literatura en español y es la segunda feria más grande del mundo tras la de Fráncfort en Alemania. Empieza todos los años el último domingo de noviembre. Aquí se presentan y se premian las nuevas y mejores obras en español del año. En un total de nueve días se esperan aproximadamente 800.000 visitantes.

¿Chilecon Valley?

Start-Up Chile es un programa del gobierno chileno que existe desde el 2010. Es un programa que ofrece financiamiento a pequeñas empresas o *start-ups* de todo el mundo para trabajar en Santiago de Chile. Gracias a este programa hay muchos nuevos emprendedores en la capital chilena y muchos hablan de los beneficios de vivir en Chilecon Valley, el nuevo *Silicon Valley*. Hasta ahora *Start-Up Chile* ha trabajado con casi 2000 nuevas empresas que tienen un valor total de casi 2,1 billones[3] de dólares. El programa ofrece capital para montar la empresa, visa de trabajo por un año, asesoramiento de mentores[4], acceso a inversionistas y espacio de trabajo. Los negocios se comprometen a aportar algo a la sociedad local como, por ejemplo, seminarios en universidades chilenas. Muchos critican que las empresas regresan a sus países de origen después de un año porque en Chile hay mucha burocracia y el acceso a inversión privada es limitado en comparación con Europa o Estados Unidos.

1 **atravesar** durchqueren 2 **la feria (del libro)** (Buch)messe 3 **el billón** Milliarde 4 **el asesoramiento de mentores** Mentoring, Betreuung

Comprensión lectora

1 **Escribe un pie de foto o una leyenda para cada foto, es decir, describe en 1–2 frases qué se puede ver en la foto.**

Mi Teleférico

El teleférico no es una atracción turística en Bolivia. ¡*Mi Teleférico* es la red de transportes urbanos por cable más larga del mundo! Se inauguró[5] en 2014 y une la ciudad de La Paz con el área metropolitana de El Alto, que están a una altura de 3200 a 4100 metros de altura. Está organizada en 10 líneas con nombres de colores y transporta a casi 70 millones de pasajeros al año.

El arte latinoamericano

En muchos casos se presenta como una mezcla entre el arte de las diferentes culturas precolombinas del continente y la influencia de artistas latinoamericanos que viajaron a Europa en los siglos XIX y XX y trajeron nuevas ideas. La forma más importante de este arte es la pintura[6] y algunos de los artistas más importantes son: Fernando Botero (Colombia), Oswaldo Guayasamín (Ecuador), José Gurvich (Uruguay), Frida Kahlo (México), Roberto Matta (Chile) y Antonio Berni (Argentina).

◄ escultura de Fernando Botero en Bamberg

El arte urbano

El arte urbano o *street art* es muy famoso en América Latina y tiene sus orígenes en los mensajes políticos con esténcil[7] en Europa de los 60 y en el grafiti de los 70 y 80. Muchas veces tiene mensajes políticos, pero sobre todo es una forma de recuperar el espacio público de zonas abandonadas o marginadas[8] a través del[9] arte. El arte convierte a estas zonas en espacios de creatividad y de reunión de personas.

El Carnaval

Los europeos trajeron la tradición del carnaval a América en el siglo XV. Hay disfraces[10], cantos, desfiles[11], bailes y fiestas en la calle. Las celebraciones en América Latina tienen influencia de las culturas afroamericanas y prehispánicas. Los Carnavales de Barranquilla y Cali en Colombia, Oruro en Bolivia y Guaranda en Ecuador, entre otros, son muy famosos en toda la región.

5 **inaugurar** eröffnen 6 **la pintura** Malerei 7 **el esténcil** Schablone 8 **marginado/-a** ausgegrenzt 9 **a través de** durch
10 **el disfraz** Verkleidung 11 **el desfile** Parade

Para saber más

2 **Elige uno de los temas del texto y busca más información. Presenta la información a la clase.**

Dossier 2 La Historia de España

Época prerromana	Edad Antigua	Edad
antes del 218 a. C.	218 a. C. – 476 d. C.	Siglo V

149

Época prerromana[1]: IBERIA

Iberos, celtas y celtíberos – y vascos

ca. 5000–3000 a. C. – Los iberos llegan a la península; unos 500 años más tarde los celtas se establecen[3] en Galicia y en el norte de la península.
– También llega otro pueblo en ese tiempo: los vascos.

Fenicios, griegos y cartagineses

ca. 1100 a. C – Los fenicios (del actual Líbano) fundan colonias en la costa del Mediterráneo: Barcelona, Valencia y Cádiz.
700 a. C – Llegan los griegos y más tarde un pueblo rival de los romanos: los cartagineses (de la actual Túnez[4]).

Castro de Santa Tecla (herencia celta)

Edad Antigua: HISPANIA

Romanos

218 a. C. Los romanos derrotan[5] a los cartagineses y comienza la colonización romana de la península ibérica.
19 a. C Después de 200 años, los romanos terminan la conquista de la península. *Hispania* se convierte en una de las provincias más importantes del Imperio Romano.
Romanización de Hispania: los romanos levantan ciudades como Cesarea Augusta (Zaragoza) o Hispalis (Sevilla). También construyen calzadas[6] (Vía de la Plata), murallas[7] y puentes[8]. Y además llevan el idioma – el latín – y su cultura a Hispania e introducen su religión: el Cristianismo.

Edad Media: AL-ÁNDALUS

Bárbaros y visigodos

Siglo V d. C. Llegan las invasiones bárbaras (o germánicas[9]): suevos, vándalos y visigodos.
414 d. C. Los visigodos invaden Hispania y acaban con 500 años de dominio romano. La capital es Toledo.

Árabes – Al-Ándalus

Siglo VIII (711) Los árabes entran por Gibraltar y derrotan a los visigodos.
Ocupan casi toda la península en siete años y llaman a la nueva provincia del imperio árabe «Al-Ándalus» (tierra de vándalos).
722 Comienza la Reconquista en Asturias.
Los cristianos avanzan hacia el sur hasta reconquistar en casi siete siglos casi todo el territorio musulmán[10].
En el siglo XV solo queda el último reino[11] musulmán: Granada.

1 prerromano/-a antes de la llegada de los romanos
2 a. C. / d. C. antes de Cristo / después de Cristo
3 establecerse sich niederlassen 4 Túnez Tunesien
5 derrotar besiegen 6 la calzada = la calle
7 la muralla (Stadt)mauer 8 el puente Brücke
9 germánico/-a germanisch 10 musulmán muslimisch 11 el reino Königreich

Acueducto de Segovia

Media
Siglo XV

Edad Moderna
Siglo XV – Siglo XVIII

Edad Contemporánea
Siglo XVIII – actualidad

Edad Moderna: LA ESPAÑA IMPERIAL

Los Reyes Católicos

Año 1469 Los Reyes Católicos (Isabel I de Castilla y Fernando II de Aragón) se casan[12]. Así se unen los reinos más importantes: Castilla y Aragón y empieza una nueva época.

1492
- Termina la Reconquista con la conquista del Reino de Granada.
- Expulsión de los judíos[13] de la península.
- Llegada de Cristóbal Colón a América y encuentro con el nuevo continente.
- Antonio de Nebrija escribe la primera Gramática de la Lengua Castellana.

Los Austrias o Habsburgos

1496 Juana «la loca», hija de los Reyes Católicos, se casa con Felipe «el hermoso» (de la familia real de los Habsburgos)

1516 Su hijo es el emperador Carlos I de España y V de Alemania. Es rey de un gran imperio: España y las colonias de América, Alemania, Austria[14], Países Bajos y parte de Italia.

La conquista

1519–1532 Comienza la conquista de las Indias (Nuevo Mundo): Hernán Cortés conquista México y Francisco Pizarro, Perú.
España conquista Latinoamérica excepto Brasil, que es conquistada por Portugal.

1700 Con Felipe V empieza a reinar en España una nueva dinastía: la de los Borbones.

Los Reyes Católicos

Edad Contemporánea: HACIA LA ESPAÑA DEMOCRÁTICA

1808 El emperador Napoleón Bonaparte y sus tropas invaden España. Napoleón nombra rey de España a su hermano José I. Comienzo de la Guerra de la Independencia.

Independencia de las colonias

1811–1828 La mayor parte de las colonias españolas en América se independizan.

1898 España pierde las últimas colonias en ultramar[15]: Cuba, Puerto Rico y Filipinas.

Siglo XX **Guerra Civil**

1936–1939 Levantamiento[16] militar del Ejército[17] español contra el gobierno republicano al mando de varios generales (Francisco Franco, entre ellos) y comienzo de la Guerra Civil entre republicanos y nacionales

1939 Fin de la Guerra Civil e instauración[18] de la Dictadura de Francisco Franco

1939–1975 Dictadura de Franco.

Transición

1975 Muerte de Franco y comienzo de la Transición[19] a la democracia.

1975 Juan Carlos I es proclamado Rey de España. Franco había nombrado[20] a Juan Carlos I como rey sucesor[21] tras su muerte.

1977 Primeras elecciones generales en España. Gana el partido UCD[22].

1978 Se aprueba[23] la Constitución[24] democrática.

1986 Entrada a la Unión Europea

Congreso de los Diputados, Madrid

12 **casarse con alg.** jdn heiraten 13 **el/la judío/-a** Jude/Jüdin 14 **Austria** Österreich 15 **ultramar** = al otro lado del mar 16 **el levantamiento** Aufstand 17 **el ejército** Heer 18 **la instauración** Einsetzen 19 **la transición** Übergang 20 **nombrar a alguien** jdn ernennen 21 **el/la sucesor/a** Nachfolger/in 22 **UCD** Unión de Centro Democrático 23 **aprobar** verabschieden (Gesetz etc.) 24 **la constitución** Verfassung

Comprensión lectora

1 **Un país, muchos pueblos diferentes:**

a **Busca en el texto: ¿qué pueblos llegaron a España a lo largo de la Historia? Haz una lista de los diferentes pueblos y culturas hasta el año 1492.**

b **¿Qué nombres recibió España en el pasado?**

2 **Hechos históricos:**
Elige un año/siglo y cuéntale a tu compañero/-a qué hecho histórico ocurrió como en el ejemplo:

> Los árabes entraron en España en el año 711 y en 7 años conquistaron casi toda la península.

Para saber más

3 **a** **Elige una etapa de la Historia o un personaje histórico y busca más información sobre el mismo. Después presenta un pequeño resumen del resultado de tu búsqueda a tus compañeros.**
▶ Informationen recherchieren, S. 286

b **Elige una pregunta y averigua la respuesta. Luego presenta el resultado.**

¿Qué regiones actuales son de origen celta?

¿Qué pueblo antiguo sobrevivió a la invasión romana? ¿De dónde vinieron? ¿Cómo es en la actualidad?

¡A jugar!

4 **Concurso: ¿Cuánto sabes de la Historia de España?**

Dividid la clase en dos equipos: A y B.
Cada equipo prepara diez preguntas sobre la Historia de España para el equipo contrario. Tenéis ya siete preguntas. Preparad tres más para tener las diez.

Las reglas
Cada alumno/-a de un equipo formula una pregunta a un/a alumno/-a del equipo contrario. Si sabe la respuesta tiene dos puntos. Si el/la alumno/-a pide ayuda a su equipo para la respuesta acertada tiene un punto. Si no lo sabe nadie, tienen 0 puntos.
Gana el equipo que más puntos tenga.

Preguntas para el equipo A:
1. ¿A qué pueblo debe[1] su nombre la península?
2. ¿Dónde estuvieron los griegos?
3. ¿Qué reino árabe fue el último en ser reconquistado por los cristianos?
4. ¿Qué rey fue al mismo tiempo rey de España y Alemania?
5. ¿Cuándo se independizó Argentina de España?
6. ¿Cuándo fue la Guerra Civil Española?
7. ¿Quién sucedió a Franco después de su muerte?
8. …
9. …
10. …

Preguntas para el equipo B:
1. ¿A quiénes derrotaron los romanos cuando llegaron a la península?
2. ¿Qué ciudad era Hispalis en la época romana?
3. ¿Cuál era la capital en la época de los visigodos?
4. ¿Cuánto tardaron los árabes en ocupar la península?
5. ¿En qué año se escribió la primera gramática del español?
6. ¿Cómo se llama el conquistador español que conquistó México?
7. ¿Cuánto duró la Dictadura de Francisco Franco?
8. …
9. …
10. …

1 **deber algo a alg.** jdm etw. verdanken

50

Llegan los árabes

En la Edad Media[1] diversos pueblos germánicos entraron por los Pirineos e invadieron la península como los vándalos y los visigodos, pero a principios del siglo VIII llegó por el sur (Gibraltar) otro pueblo: los árabes. En el año 711 los árabes derrotaron[2] a los visigodos (que entonces eran cristianos). En poco tiempo cruzaron España de sur a norte y conquistaron casi toda la península. Solo los territorios del norte resistieron[3] la invasión y no cayeron[4] en manos de los árabes.
Y fue allí, en el reino de Asturias, donde en el año 722 comenzó la lucha de los cristianos para recuperar[5] el territorio conquistado por los árabes en la llamada Reconquista.
Los árabes habían tardado apenas siete años en conquistar España: los cristianos, sin embargo, necesitarían más de siete siglos para recuperarla.

Al-Ándalus: esplendor[6] y convivencia[7] entre culturas

la Mezquita de Córdoba

Los árabes llamaron al territorio conquistado Al-Ándalus, que quiere decir «tierra de vándalos» (aquel pueblo bárbaro que estaba allí cuando llegaron). De ahí viene el nombre de la actual Andalucía (con la v – *V-andalucía*).
En el siglo X (año 929) Abderramán III se proclamó Califa y Córdoba fue la capital de su Califato. Bajo su reinado[8], el Califato llegó a su máximo esplendor.
Con la convivencia de las tres grandes religiones – musulmanes, cristianos y judíos – floreció[9] la cultura.
Córdoba se convirtió en una de las ciudades más hermosas e influyentes[10] de Europa. Tenía el doble de habitantes que Roma o París. (Alcanzó el medio millón de habitantes, más que su población actual).
Se hizo famosa por sus monumentos y sus poetas. Llegó a tener 700 mezquitas[11], 900 baños públicos y 70 bibliotecas. Y destacó[12] en medicina, filosofía, astronomía y matemáticas.
La convivencia de las tres religiones funcionó bien a pesar de algunos problemas y culminó en un florecimiento cultural.

El último Reino

La Alhambra, Granada

En la última etapa, el califato se dividió en pequeños reinos llamados taifas y la ciudad más importante de la España musulmana fue entonces Granada.
A finales del siglo XV los cristianos habían reconquistado[13] gran parte del territorio. Solamente el reino de Granada era aún musulmán. En 1492 los Reyes Católicos Isabel y Fernando entraron en Granada y el rey musulmán se rindió[14]. Así terminó la Reconquista y llegó la unidad de España.

1 la Edad Media Mittelalter **2 derrotar** besiegen **3 resistir** standhalten **4 caer** fallen **5 recuperar** zurückerlangen **6 el esplendor** Glanz **7 la convivencia** Zusammenleben **8 el reinado** Herrschaft **9 florecer** blühen **10 influyente** einflussreich **11 la mezquita** Moschee **12 destacar** hervorstechen **13 reconquistar** zurückerobern **14 rendirse** aufgeben

151

Herencia[15] de Al-Ándalus

Los árabes estuvieron casi 800 años en España y dejaron un legado[16] cultural muy rico que sigue vivo en la España actual y que se puede ver en las ciudades, en la gastronomía y en la cultura.

el Alcázar de Sevilla

Arquitectura

Los árabes dejaron en España muchos edificios y monumentos asombrosos[17]. La Alhambra de Granada es el más famoso y uno de los monumentos más visitados de España.
Es un palacio y fortaleza[18] con patios y jardines del siglo IX. Su nombre – Alhambra – es de origen árabe y significa «*fortaleza roja*». Destacan también la Mezquita de Córdoba y el Alcázar de Sevilla.
Los árabes también dejaron su huella[19] en muchos pueblos y ciudades de Andalucía, en sus calles estrechas[20] y sus casas blancas con patios interiores y fuentes.

Agricultura y gastronomía

La influencia árabe está muy presente hoy en día también en la alimentación y en la cocina españolas. Los árabes introdujeron el arroz[21], la caña de azúcar, la berenjena[22] y muchas frutas como el plátano, la sandía[23], el melón o la naranja y el limón. La cocina se hizo mucho más variada con los nuevos cultivos y también más rica con especias[24] como la canela[25] o el azafrán[26].

Costumbres

¡jaque... mate!

En el siglo IX los árabes llevaron el ajedrez[27] a la península. España fue el primer país de Europa donde se jugó al ajedrez. Desde allí, el juego del ajedrez se expandió por el resto de Europa.

hammam

Una costumbre muy extendida en Al-Ándalus era ir al *hammam* (baño árabe). El *hammam* (como las termas de los romanos) era un lugar de reunión para los habitantes de Al-Ándalus. Allí se lavaban[28], se cortaban el pelo, se depilaban, recibían un masaje... y se relajaban. Eran como los spas de ahora con saunas y tratamientos de belleza.

Idioma

La presencia árabe dejó también una huella muy importante en el español. Más de 4000 palabras del idioma español son de origen árabe. Aunque algunas de ellas ya no se usan, otras muchas forman parte del uso cotidiano[29], por ejemplo: la aceituna[30], el barrio, la taza, el azúcar, ojalá, el cero, la alfombra[31], el alcohol, la almohada[32].

15 la herencia Erbe 16 el legado = herencia 17 asombroso/-a erstaunlich 18 la fortaleza die Burg 19 la huella Spur 20 estrecho/-a eng 21 el arroz Reis 22 la berenjena Aubergine 23 la sandía Wassermelone 24 especias Kräuter 25 la canela Zimt 26 el azafrán Safran 27 el ajedrez Schach 28 lavarse sich waschen 29 cotidiano/-a alltäglich 30 la aceituna Olive 31 la alfombra Teppich 32 la almohada Kissen

Comprensión lectora

1 **Lee la primera parte del texto (ll. 1–40) y busca el término al que se refieren las definiciones:**

1. Así se llama a la guerra de los cristianos para recuperar los territorios ocupados por los los árabes: [...].
2. El pueblo bárbaro que dominaba en la península cuando llegaron los árabes a España: [...].
3. La región del sur de España que debe su nombre a los árabes: [...].
4. Ciudad de Al-Ándalus que fue una de las más importantes de Europa en la época del califato: [...].
5. Los reyes que tomaron el último reino musulmán, el reino de Granada en 1492 y unificaron a España: [...].

2 **El legado de Al-Ándalus:**

a **La influencia de los árabes en España se nota hoy en día en muchos aspectos de la vida. Mira las fotos y relaciona cada uno de ellos con los textos. ¿En qué se nota actualmente? Describe los ejemplos.**

1

el Palacio de Generalife, Granada

2

3

4

5

6

b **¿Qué palabras españolas son de origen árabe? Busca ejemplos en el texto y apúntalas. ¿Conoces más?**

Expresión oral

3 **a** **¿Qué religiones convivían en Al-Ándalus?**

b **¿Cómo describirías la convivencia de culturas diferentes hoy en día? Nombra alguna característica de la convivencia y di algún ejemplo.**

Para mí un aspecto importante de la convivencia es que podemos aprender mucho de otras culturas, por ejemplo...

Para saber más

facultativo

4 **Después de la Reconquista muchos musulmanes tuvieron que convertirse al cristianismo. ¿Qué otro pueblo tuvo que abandonar la península? ¿Adónde fueron? ¿Qué legado dejaron? Busca información y explica.** ▶ Informationen im Internet finden und verwenden, S. 286

la Sinagoga del Tránsito, Toledo

La conquista del Imperio azteca

Con la llegada de Cristóbal Colón a América el 12 de octubre de 1492, de repente se abrió a España y a Europa un nuevo continente. Y tras un primer encuentro con ese nuevo mundo, pronto comenzó el proceso de colonización. ¿Pero, qué significaba esto de la colonización?
Pues para la corona[1] de España, colonizar significaba que había que conquistar y explotar[2] económicamente las nuevas tierras, o sea, había que convertirlas en colonias. Y además había que convertir a sus habitantes – los indios – al cristianismo.
Para conseguir tal objetivo – colonizar el nuevo mundo – se fundaron muchas ciudades con puertos adonde llegaban barcos[3] con gente (la mayoría hombres) de España: frailes[4], marineros, aventureros en busca de riqueza y fama[5]. Pero sobre todo llegaron soldados y conquistadores que se iban a enfrentar con las sociedades indígenas que allá vivían desde mucho antes.
Uno de los más poderosos[6] imperios de la época era el Imperio azteca en México.
En 1519 el conquistador español Hernán Cortés se encontraba en la isla de Cuba. Allí tuvo noticias de un imperio muy rico en el cercano México. Así que organizó una expedición a las costas mexicanas. En solo tres años y con tan solo unos cuantos hombres, Cortés conquistó el Imperio azteca y su impresionante capital, Tenochtitlán.
Pero, ¿cómo pudo ser?

Cortés y sus hombres exploran[8] las costas mexicanas. Se encuentran con pueblos indígenas hostiles[9]. Los españoles tienen caballos, espadas y hasta armas de fuego[10] y se imponen[11] fácilmente a los indígenas. Como parte del botín de guerra[12] los indígenas entregan[13] a veinte jóvenes como esclavas a los españoles. Entre ellas está Malinche, una joven indígena que va a ser para Cortés amante[14] y compañera inseparable. Y es que Malinche además de hablar la lengua maya y aprender pronto el español, también hablaba náhuatl, la lengua de los aztecas. Por eso su papel como intérprete[15] entre españoles y aztecas es fundamental.

1 la corona Krone 2 explotar ausbeuten 3 el barco Schiff 4 el fraile Mönch 5 la fama Ruhm 6 poderoso/-a mächtig 7 la patria Vaterland 8 explorar erkunden 9 hostil feindselig 10 el arma (f.) de fuego Schusswaffe 11 imponerse a alg sich gegen jdn behaupten 12 el botín de guerra Kriegsbeute 13 entregar übergeben 14 el/la amante Liebhaber/in 15 el/la intérprete Dolmetscher/in 16 la belleza Schönheit 17 enamorarse de alg sich in jdn verlieben 18 odiar hassen

153

En el año 1519, Hernán Cortés y sus hombres están ya a la entrada de Tenochtitlán.
Moctezuma II, el emperador de los aztecas, se entera[19] de que se acercan[20] y va a su encuentro.
Según la leyenda, el dios[21] azteca Quezalcóatl, un día tuvo que marcharse en una nave[22] de serpientes[23] en dirección a oriente. Pero prometió volver... La fecha[24] del regreso llegó justo cuando Cortés desembarca[25] en la costa de México.
Moctezuma cree que aquel hombre blanco con barba[26] es el dios Quetzalcóatl que regresa con su pueblo. Por eso recibe a Cortés como a un dios.

Demasiado bonito para ser verdad, ¿no?
Cortés y sus hombres se alojan en el palacio de Axayáctl de la capital azteca.
Al poco tiempo llegan noticias de que aztecas de Moctezuma han atacado a soldados de Cortés en la ciudad de Veracruz[31]. Excusa perfecta que aprovechan[32] los españoles para hacer rehén[33] a Moctezuma en el palacio que él mismo tan amablemente les había ofrecido.
Un día Cortés tiene que dejar Tenochtitlán para resolver un asunto[34] importante en Veracruz.
Mientras tanto las cosas en Tenochtitlán se complican.
Cortés vuelve y se encuentra a los aztecas sublevados[35] contra los españoles.
Los hombres de Cortés habían matado a muchos notables indígenas que les parecían sospechosos de conspiración[36].
Moctezuma intenta calmar[37] a su pueblo pero... muere en el intento.

19 **enterarse de algo** etw. erfahren 20 **acercarse** sich nähern 21 **el dios** Gott 22 **la nave** = barco 23 **la serpiente** Schlange
24 **la fecha** Datum 25 **desembarcar** an Land gehen 26 **la barba** Bart 27 **alojarse** unterkommen 28 **cortés** höflich
29 **hermoso/-a** prächtig 30 **Venecia** Venedig 31 **Veracruz** ciudad en el sur de México 32 **aprovechar** ausnutzen
33 **hacer rehén a alg** jdn als Geisel nehmen 34 **resolver un asunto** = solucionar un problema 35 **sublevado/-a** aufständisch
36 **sospechoso/-a de conspiración** Verschwörungsverdächtige/r 37 **calmar** beruhigen 38 **parar** = acabar con

Muerto Moctezuma, los españoles intentan huir[39] por la noche llevándose muchísimo oro.
Pero los aztecas los descubren... Cortés pierde cientos de hombres. Él mismo sale muy herido[40].
Es la famosa Noche Triste del 30 de junio de 1520.

Pero Cortés no se rinde[41]. Reúne a un gran número de soldados y vuelve a Tenochtitlán. Mientras tanto[42], aparece en la capital azteca otro enemigo que había llegado con los españoles: la viruela[43].
Miles y miles de aztecas mueren a causa de esta enfermedad. En agosto de 1521, Cortés y sus tropas conquistan Tenochtitlán.

39 huir **flüchten** 40 herido/a **verletzt** 41 rendirse **aufgeben** 42 mientras tanto **unterdessen** 43 la viruela **Pocken**

Comprensión lectora

1 **¿Qué tipo de texto es? Elige el tipo de texto y justifica tu elección.**

un viaje de aventuras | un acontecimiento histórico | una historia romántica

2 **Lee el texto y busca a los protagonistas de la historia: ¿Quiénes son? ¿Qué relación hay entre ellos?**

3 **¿Por qué pudo Cortés derrotar a un imperio tan poderoso como el Imperio azteca? Busca al menos tres motivos.**

Expresión oral

4 **Elige uno de los personajes y cuenta la crónica de la conquista de México desde su perspectiva.**

1

Hernán Cortés

2

Malinche

3

Moctezuma

El mundo del español

5 **Investiga: ¿Qué palabras del español vienen de la lengua náhuatl (la lengua de los aztecas)?**

En nuestra serie «Un siglo en la memoria» entrevistamos hoy a María Montero, una mujer que fue testigo[1] directo de la historia de España del siglo XX.

Periodista: Buenos días, María, y muchas gracias por dedicarnos su tiempo.

María: De nada, encantada de estar aquí con vosotros y contaros algo de mi vida.

Periodista: España, como sabemos, es el país de la Unión Europea donde la gente vive más tiempo. Usted va a cumplir 100 años en unos días, ¿no es así? ¿Nos puede decir su secreto?

María: Pues no sé, yo creo que es bueno estar con tu gente querida, estar contenta y activa y tener siempre alguna cosa que hacer.

Periodista: Así de fácil, muy bien... Usted ha podido vivir de cerca la historia de España del siglo XX con todos los cambios y acontecimientos[2] desde 1920. ¿Qué recuerda de esa primera época de su vida?

María: Bueno, yo nací en el año 1920, como sabes. Cuando yo era niña, en España había rey[3]. Estaba el rey Alfonso XIII, el abuelo de Don Juan Carlos. Todavía me acuerdo. Y luego llegó la República.

Periodista: Usted también vivió la Guerra Civil[4]. ¿Dónde estaba entonces cuando empezó la guerra en 1936?

María: Pues yo vivía en Barcelona con mi familia. Mi madre era catalana, de un pueblo cerca que se llama Vilanova i la Geltrú. Y mi padre era castellano, de Soria. Nosotros éramos seis hermanos y nacimos todos allí, en Barcelona, pero íbamos mucho a Vilanova porque allí estaban los abuelos y los tíos.

Periodista: Entonces, estaban en la zona republicana[5], ¿no? ¿Su familia era republicana?

María: Mis padres y mis hermanos sí eran republicanos, y yo también. Creíamos que había que luchar por la libertad y por los derechos de los obreros[6], por la revolución (como los rusos). Y que había que parar a los fascistas[7]. Pero la guerra también dividió a mi familia como a muchas otras. Toda la familia de mi padre en Soria era bastante conservadora y católica y estaban con Franco en el bando[8] nacional.

Periodista: ¿Y usted cómo vivió la guerra?

María: Fueron unos años duros. Moría mucha gente y pasábamos miedo. Recuerdo cuando bombardearon Barcelona en el 38. Fue horrible. Tuve mucho miedo.

bombardeos durante la guerra (Teruel)

Periodista: Sí, me imagino que esas experiencias no se olvidan nunca. ¿Y usted perdió a alguien de la familia?

María: Sí, perdí a uno de mis hermanos mayores, Reinaldo. Se fue al frente[9], y no volvió. Nos dijeron que lo habían matado, pero hasta ahora no sabemos qué le pasó ni dónde está. Es algo muy triste.

Periodista: ¿Y qué pasó cuando terminó la guerra?

María: Pues yo me acuerdo que había mucha hambre. Nos daban una cartilla de racionamiento[10] con pocas cosas: pan «negro», azúcar, arroz... Comíamos boniato[11] porque no había patatas. Tampoco había huevos[12], ni café (solo achicoria[13]), y mucho menos carne. Eso solo se conseguía en el «estraperlo» (el mercado negro) pero tenías que pagar muchísimo.

Periodista: Como en toda dictadura, hubo represión[14]. ¿En qué notó[15] falta de libertad?

María: En el idioma, por ejemplo. Nosotros hablábamos en casa catalán y castellano también porque mi padre era de Soria. Pero en Vilanova, con los abuelos, hablábamos solo catalán. Recuerdo que los franquistas[16] no nos dejaban hablar catalán, decían que teníamos que hablar solo español. Eso para mí fue complicado. Nos prohibieron[17] hablar nuestra lengua y en las escuelas los maestros[18] enseñaban solo en español.

Periodista: ¿No pensaron en irse a vivir al extranjero?

1 **el testigo** Zeuge/Zeugin 2 **el acontecimiento** Ereignis 3 **el rey** König 4 **la Guerra Civil** der (span.) Bürgerkrieg (1936–1939) 5 **republicano/-a** Während des Bürgerkriegs standen die Republikaner, die für die Errichtung einer freiheitliichen Republik kämpften, den rechtsnationalistischen Franquisten gegenüber, die eine Militärdiktatur einführen wollten. 6 **el/la obrero/-a** = el/la trabajador/a 7 **los fascistas** Faschisten (Rechtsnationalisten) 8 **el bando** Partei, Seite 9 **el frente** Front 10 **la cartilla de racionamiento** Rationskarte 11 **el boniato** Süßkartoffel 12 **el huevo** Ei 13 **la achicoria** Zichorie (Pflanze) 14 **la represión** Unterdrückung 15 **notar** bemerken 16 **el/la franquista** Anhänger Francos 17 **prohibir** verbieten 18 **maestro/-a** = profesor

María: Sí, sí. Bueno, mis padres se quedaron. Tenían una panadería y no querían dejar a los abuelos. Yo tenía una tía, la tía María, hermana de mi madre, que ya había emigrado a Argentina. Me dijo que allí se vivía bien y había más oportunidades de trabajo. Así que compré un pasaje[19] y en un barco[20] me fui a Buenos Aires…

Periodista: ¿Y encontró allí una segunda patria[21]?

María: Sí, en Buenos Aires había gente que había llegado de todas partes. Encontré muchos amigos, algunos eran exiliados[22]… y a mi marido también. Mi marido era polaco[23] y había estado en Cataluña durante la guerra como voluntario con las Brigadas Internacionales[24].

Periodista: ¡Vaya! ¡Qué curioso! La vida da muchas vueltas. ¿Y encontró trabajo?

María: Sí, empecé a trabajar en una revista. Hacía muchos reportajes de viajes, y luego me dediqué a escribir sobre mujeres artistas, pintoras[25] y escritoras…

Periodista: ¿Y qué le pareció España cuando volvió?

María: Pues me pareció otro país completamente diferente. Volví en el año 1982. Franco ya había muerto, Juan Carlos era el rey. Ese mismo año hubo elecciones, ganó el partido socialista[26] y Felipe González fue el presidente. Por fin había democracia en España. ¡Era increíble!

Periodista: ¿Y qué fue lo que más le gustó al volver?

María: Ver Barcelona tan cambiada, era una ciudad tan moderna, me impresionó mucho. Y después de más de 40 años me emocionó mucho volver al pueblo, a Vilanova, y encontrarme con los familiares que tenía allí.

Periodista: ¡Muchas gracias por la entrevista!

19 el pasaje Ticket **20 el barco** Schiff **21 la patria** Vaterland **22 el/la exiliado/-a** politischer Flüchtling **23 el/la polaco/-a** Pole/Polin **24 las Brigadas Internacionales** internationale (meist linke) Freiwilligenverbände, die auf Seiten der Republikaner kämpften **25 el/la pintor/a** Maler/in **26 el partido socialista** sozialistische Partei

Comprensión lectora

1 **Lee la entrevista y completa los datos de la biografía de María.**

Nombre: ……
Fecha de nacimiento: ……
Lugar de nacimiento: ……
País de Residencia: ……
Estado Civil[1]: ……
Profesión: ……

1 el estado civil Familienstand

2 **Haz una lista de todos los acontecimientos históricos que menciona María en la entrevista.**

3 **¿Qué emociones expresa María al hablar de su pasado? Busca ejemplos en el texto.**

4 **Dictadura o democracia. Di al menos tres diferencias entre ambas.**

Para saber más

5 **Primero formad grupos. Cada uno de los grupos elige una de las preguntas y busca información para contestar a la pregunta elegida:**

1. La monarquía: ¿Quiénes fueron reyes de España en el siglo XX? ¿Y actualmente? ¿Desde cuándo?
2. ¿Cómo estaba dividida España en la Guerra Civil? ¿Qué zona era nacional y cuál era republicana?
3. ¿De qué países eran los voluntarios de las Brigadas Internacionales?
4. ¿Qué pasó en el encuentro de Franco con Hitler en Hendaya?
5. ¿Qué era la División Azul? ¿Qué hizo?
6. ¿Qué es el Valle de los Caídos? ¿Cómo se construyó?
7. ¿Cómo es la situación lingüística actualmente en Cataluña?
8. ¿Qué sabes de Vox? ¿Qué ideas tienen?

El Valle de los Caídos

El comienzo: la Guerra Civil

La Guerra Civil Española comenzó el 17 de julio de 1936. Varios militares, entre ellos Francisco Franco, se sublevaron[1] contra el gobierno republicano y dieron un golpe de estado[2].

¿Cuáles fueron las causas que llevaron a España a una guerra civil?

En esos momentos España tenía un gobierno republicano, el Frente Popular. Había gran inestabilidad política y social, con huelgas[3], atentados y constantes enfrentamientos[4] entre grupos radicales de derechas y de izquierdas. Y muertes violentas de uno y otro signo[5].
Entonces los militares vieron en esa situación de caos, según ellos, la justificación para sublevarse contra el gobierno. A sus ojos era un deber[6] por la patria[7].

■ *la destruída Embajada Francesa en Madrid*

¿Y quiénes eran los que luchaban en esa guerra?

En la Guerra Civil Española lucharon dos bandos[8] defendiendo[9] cada uno de ellos al máximo sus principios. Por una parte, el bando republicano de izquierdas, es decir, los republicanos, defendía la república, la libertad y la revolución social. Y por otra parte estaba el bando de los sublevados, o sea, los nacionales, que luchaban por restablecer[10] el orden y por la religión católica y la unidad nacional.
Ambos bandos creían firmemente que había que vencer[11] y acabar con el bando enemigo[12]. Por eso fue una guerra tan larga, dura[13] y cruel.

■ *El Guernica de Picasso*

Ayuda internacional

Esta guerra despertó un gran interés en el mundo. Los dos bandos recibieron apoyo[14] internacional.
La ayuda de Italia y Alemania fue muy importante para el bando nacional. Mussolini envió voluntarios y Hitler, material bélico[15]. El bombardeo de la legión Cóndor de Alemania en la ciudad vasca de Guernica quedó reflejado en la famosa pintura[16] de Picasso. Los republicanos, por su parte tuvieron un gran apoyo de las Brigadas Internacionales[17] y de Rusia.

La dictadura de Franco

El final de la guerra se produjo cuando se rindieron Barcelona y Madrid, las dos principales ciudades que aún quedaban en el bando republicano.
El 1 de abril de 1939 Franco entró en Madrid y dio el último parte de guerra:
«En el día de hoy, cautivo[18] y desarmado el ejército rojo[19], han alcanzado las tropas nacionales sus objetivos militares. La guerra ha terminado».

1 **sublevarse** rebellieren 2 **el golpe de estado** Staatsstreich 3 **la huelga** Streik 4 **el enfrentamiento** Auseinandersetzung 5 **el signo** Zeichen 6 **el deber** Pflicht 7 **la patria** Vaterland 8 **el bando** Partei 9 **defender** verteidigen 10 **restablecer** wieder herstellen 11 **vencer** besiegen 12 **enemigo/-a** feindlich 13 **duro/-a** hart 14 **el apoyo** Unterstützung 15 **el material bélico** Kriegsmaterial 16 **la pintura** Gemälde 17 **Brigadas Internacionales:** véase p. 214 / an. 24 18 **cautivo/-a** gefangen 19 **ejército rojo** rotes Heer (se refiere al ejército de los republicanos)

■ *Francisco Franco*

¿Cuáles fueron las consecuencias de esta guerra civil?

Con el fin de la guerra llegó la paz, pero no para todos. España seguía dividida en dos, ahora en vencedores y vencidos[20]. Como consecuencia de la victoria[21] de Franco se instauró una dictadura.
Y empezó una larga y dura etapa de represión[22].

Hasta 1945 se extendió el terror por el país. Todos los que eran adversarios[23] del nuevo Régimen de Franco, los que se oponían a la iglesia, los que eran socialistas o comunistas eran arrestados y muchos de ellos encarcelados[24] o fusilados[25].

Había un partido único. Se suprimieron[26] los derechos políticos y sindicales[27] y leyes que había en la República como la Ley de Divorcio o del Matrimonio Civil[28].
La represión también se reflejó en la falta de libertad de prensa y en la prohibición de hablar las lenguas de las diferentes regiones como el catalán, el vasco y el gallego.

El régimen de Franco usó el adoctrinamiento[29] católico como estrategia. Había que moldear[30] a los niños desde pequeños en la religión católica. No existía libertad religiosa.
Hubo muchos casos de mujeres republicanas embarazadas[31] que estaban en la cárcel o de mujeres solteras[32] embarazadas a las que les robaron los bebés y se los dieron en adopción a familias católicas.

Los años de la posguerra[33] estuvieron marcados por el hambre y la pobreza debido a la destrucción de la industria y el campo. Había cartillas de racionamiento[34] de alimentos.

La España de Franco se caracterizó también por el aislamiento[35] internacional. Después de la Segunda Guerra Mundial quedaba España como última de las naciones fascistas. Países como Francia y Estados Unidos mostraron su rechazo[36] al régimen franquista.
España entró en la ONU en el año 1955. Así se inició un cambio. Con esa apertura, en los años 60 empezaron a llegar miles de turistas a las playas españolas.
Al mismo tiempo, también miles de españoles tuvieron que emigrar a países como Francia, Suiza y Alemania en busca de trabajo para escapar de la miseria en la que vivían en España.

Muchos intelectuales, escritores y artistas se tuvieron que exiliar[37] y otros muchos murieron como consecuencia de la dictadura, lo cual fue una gran pérdida para la cultura del país.

En la dictadura, la falta de libertad afectaba a toda la sociedad española: no había libertad de prensa[38], estaban prohibidas las huelgas de trabajadores o las asambleas de estudiantes[39].
Poco a poco estos sectores de la sociedad como el mundo obrero y un movimiento estudiantil fuerte empezaron a protestar y rebelarse contra el régimen y a luchar por conseguir la libertad.

La transición a la Democracia

El dictador Francisco Franco murió el 20 de noviembre de 1975. Con él terminó una dictadura de casi 40 años. Con su sucesor[40], el rey Juan Carlos, pronto empezaría el camino a la democracia: en 1977 se celebraron las primeras elecciones democráticas y en 1978 llegó la nueva Constitución del pueblo español.

20 vencedores y vencidos Sieger und Besiegte **21 la victoria** Sieg **22 la represión** Unterdrückung **23 el/la adversario/-a** Gegner/in **24 encarcelar** einsperren **25 fusilar** erschießen **26 suprimir** unterdrücken **27 sindical** Gewerkschafts- **28 la Ley de Divorcio del Matrimonio Civil** Recht auf Scheidung/Zivilehe **29 el adoctrinamiento** Indoktrinierung **30 moldear** formen **31 embarazada** schwanger **32 soltero/-a** ledig **33 posguerra** después de la guerra **34 la cartilla de racionamiento** Rationierungskarten (für Lebensmittel) **35 el aislamiento** Isolation **36 el rechazo** Ablehnung **37 exiliar** ins Exil gehen **38 la libertad de prensa** Pressefreiheit **39 la asamblea de estudiantes** Studentenversammlung **40 el/la sucesor/a** Nachfolger/in

Comprensión lectora

1 Lee el texto y decide cuáles de las siguientes informaciones son correctas. Corrige las frases falsas.

1. La Guerra Civil Española empezó con un golpe de estado del Ejército.
2. Los militares, con Franco al mando, querían salvar a la patria del caos en que se encontraba (según ellos).
3. En la guerra había un bando de izquierdas y otro de derechas.
4. Solo el bando de la izquierda tuvo ayuda extranjera.
5. La Guerra Civil duró cinco años.
6. Cuando terminó la guerra, los republicanos tuvieron que abandonar el país.
7. Franco estuvo en el poder más de 50 años, hasta el año 1985.
8. Los españoles votaron por primera vez en democracia en 1987.

2 Lee ahora el párrafo «la dictadura de Franco» y apunta las características del régimen de Franco en los siguientes ámbitos:

ideología | política | cultura | economía

Un aspecto de la ideología franquista es el rol importante que juega la iglesia católica. Por eso…

3 Tu tía se interesa mucho por la historia española. Explícale los aspectos más importantes de la Guerra Civil y la dictadura de Franco. También contesta a sus preguntas:

1. Was war denn der Auslöser für den Bürgerkrieg gewesen?
2. Und wer hat den Krieg gewonnen?
3. Hatte das Ausland auch etwas mit dem Krieg zu tun?
4. Wie sah denn das Leben unter Franco aus?
5. Und was ist dann in den 70er Jahren passiert?

Para saber más

4 Elige un tema y busca información. Presenta luego un resumen en clase. ► Informationen im Internet recherchieren, S. 286

1. España y la Segunda Guerra Mundial: Encuentro en Hendaya de Franco con Hitler
2. Papel de la mujer en el franquismo
3. La censura
4. E.T.A.
5. Exiliados famosos (ejemplos)

Franco y Hitler en Hendaya

facultativo

5 Explica con tus palabras qué significan las frases:

1. A sus ojos era un deber por la patria. (ll. 15)
2. Había que vencer y acabar con el bando enemigo. (ll. 21)
3. Había que moldear a los niños pequeños. (ll. 55)

Con la primera frase la autora quiere decir que…

157

Franco ha muerto

Hoy, 20.11.1975, ha muerto Francisco Franco en el Hospital de la Paz de Madrid a los 83 años de muerte natural. Franco, jefe del Estado Español durante casi 40 años, será enterrado[1] en la Basílica del Valle de los Caídos, en El Escorial, donde se encuentran enterradas miles de víctimas[2] de la Guerra Civil.

Juan Carlos I, rey de España

22.11.1975: Juan Carlos de Borbón y Borbón se proclama Rey de España en las Cortes[3] bajo el nombre de Juan Carlos I. Así, la dinastía Borbón vuelve a la Corona[4] después de 44 años.

Felipe González

Fin de la Transición ¡Viva la democracia!

1982: El PSOE[5] gana las elecciones generales y el presidente es Felipe González. Con el triunfo del partido socialista termina el periodo de transición a la democracia que se abrió con Juan Carlos I en 1975 tras la muerte de Franco.

España entra en la CEE

12.06.1985: En el día de hoy, España firma el Tratado de Adhesión[6] a la Comunidad Económica Europea (CEE). Lo hace junto al país vecino, Portugal. La CEE ya tiene desde hoy 12 socios[7].

1992: España en el centro del mundo

El año 1992 va a ser un año clave[8] para España. En este año, Madrid es la Capital Europea de la Cultura, Sevilla abre su Expo 92 y en Barcelona se celebran los Juegos Olímpicos.

Parque Olímpico en Barcelona

monumento homenaje a las víctimas del 11-M en Madrid

11 M, los mayores atentados terroristas en España

Hoy 11 de marzo de 2004, 10 bombas colocadas por terroristas yihadistas explotan en cuatro estaciones de tren de Madrid. Hay 193 muertos y más de 1.400 heridos[9].

España, campeona del Mundo de Fútbol 2010

La selección de Vicente del Bosque hace historia en Sudáfrica.

La Roja[10] gana 1:0 a Holanda con un gol de Iniesta en el minuto 116.

1 **enterrar a alguien** jdn beerdigen 2 **la víctima** Opfer 3 **las Cortes** nombre del Parlamento de España 4 **la corona** Krone 5 **PSOE** = Partido Socialista Obrero Español 6 **la adhesión** Beitritt 7 **el socio/-a** Mitglied 8 **el año clave** Schlüsseljahr 9 **herido/-a** verletzt 10 **la Rioja** nombre del equipo nacional de España 11 **ceder el trono** den Thron übergeben

Felipe VI

Proclamación de Felipe VI, rey de España

19.06.2014: Tras 39 años como Jefe del Estado, el rey Juan Carlos cedió el trono[11] de España a su hijo Felipe de Borbón y Grecia, desde hoy Felipe VI.

11 ceder el trono den Thron übergeben

grafiti «independencia» en una roca (País Vasco)

ETA deja las armas

2018: Fin de la organización terrorista ETA (*Euskadi Ta Askatasuna* Patria Vasca y Libertad) después de más de 40 años de terrorismo y 829 víctimas por la independencia del territorio vasco.

El matrimonio homosexual en España cumple 15 años

El 1 de julio 2020 se cumplen 15 años desde que en 2005 se aprobó en el Congreso español el matrimonio entre personas del mismo sexo, siendo entonces el cuarto país del mundo en legalizarlo.

Comprensión lectora

1 **Lee los titulares de los hechos y acontecimientos de la historia de España a partir de 1975. ¿A qué sección pertenece cada noticia? Clasifícalas:**

política | sociedad | deporte | economía

2 **Habla de las noticias con tu compañero/-a. Cuenta con tus palabras qué pasó y cuándo.**

¿Tú sabes cuándo fue el Mundial de Fútbol en Sudáfrica?

¿Y contra quién jugaron en la final?

Claro, fue en el año 2010. ¡Ganó España!

Expresión escrita

3 **¡Tú eliges!:**

a **Imagina que eres reportero/-a: Escribe los subtítulos de los siguientes titulares y preséntalos en clase.**

- Movimiento 15 M
- Referéndum de independencia de Cataluña (2017)
- Brexit y Gibraltar

b **Escribe un artículo completo para uno de los titulares del texto o sobre un acontecimiento importante en España que te interese. Busca información en internet.**

Unidad 1 / Texto A

5 Estás en Madrid con un programa de intercambio. Di en español que… | Du bist mit einem Austauschprogramm in Madrid. Sage auf Spanisch, dass … ▶ Grammatik, 3

↗ p. 18

Ejemplo: No hablo español.

1. ~~du kein Spanisch sprichst.~~
2. du nicht in einem Restaurant arbeitest. *(trabajar)*
3. deine Mutter nicht aus Spanien kommt. *(ser de)*
4. dein Vater nicht in Barcelona arbeitet. *(trabajar)*
5. du nicht an der Universität studierst. *(estudiar)*
6. deine Mutter kein Französisch spricht. *(hablar)*
7. dein Vater nicht in einem Hotel arbeitet. *(trabajar)*
8. du nicht auf das instituto Calderón de la Barca gehst. *(estudiar)*

So verneinst du im Spanischen: *No* + Verb.

6 Marta y Lucía charlan. Completa el diálogo con las formas verbales correctas. | Marta und Lucía unterhalten sich. Ergänze den Dialog mit den passenden Verbformen. ▶ Grammatik, 1

↗ p. 18

Marta y Lucía […] en una plaza. *(charlar)*

Lucía: Marta, tú […] en el instituto Parque…, Parque… *(estudiar)*

Marta: … Aluche. Y Manuel y tú […] en el instituto Calderón de la Barca, ¿verdad? *(estudiar)*

Lucía: Sí, él y yo somos compañeros de clase. Mi madre […] en Madrid. ¿Tú también […]? *(trabajar, 2 x)*

Marta: No, todavía no […]. ¿Y qué lenguas […] Manuel y tú? *(trabajar) (hablar)*

Lucía: Manuel […] español, inglés y un poco de quechua. Y yo […] español, inglés y […] alemán en el instituto. *(hablar, 2 x) (estudiar)*

Marta: Yo también […] español y alemán. Lucía, ¿es difícil el alemán? *(hablar)*

Lucía: ¡Sí! ¿[…] y […]? *(Quedar / nosotras) (practicar / nosotras)*

Marta: ¡Vale, fenomenal!

	hablar
[yo]	hablo
[tú]	hablas
[él / ella / usted]	habla
[nosotros/-as]	hablamos
[vosotros/-as]	habláis
[ellos/-as / ustedes]	hablan

Unidad 1 / Texto B

5 b Tenéis un examen y no comprendéis el tema. Formulad un máximo de preguntas, después haced el diálogo. | Ihr habt einen Test und versteht das Thema nicht. Formuliert so viele Fragen wie möglich und spielt den Dialog vor.

PF

↗ p. 22

Pues yo	(sí) comprendo (todavía) no comprendo	los textos. el tema*. la gramática. los ejercicios*. el diálogo. el vocabulario.
Estudio	en casa. en la biblioteca.	

Preparo el examen con […].

Fragen stellen

¿Cuándo es el examen de (Inglés)?
¿Quién comprende (los textos)?
¿Quiénes practican (el diálogo)?
¿Dónde (estudias)?
¿Cómo (preparas el examen)?
¿Por qué no (estudiamos juntos)?

7 Haces un curso de español en Madrid y quedas para estudiar con un/a compañero/-a de clase. A comienza. | Du machst einen Spanischkurs in Madrid und verabredest dich mit einem Klassenkameraden / einer Klassenkameradin, um gemeinsam zu lernen. **A** beginnt. ► Partner A, S. 22

Ihr schreibt bald einen Test.

1. Du sagst, dass es eine gute Idee ist und fragst **A**, ob er/sie die Grammatik versteht.
2. Du antwortest, dass du auf Spanisch liest und viel auf Spanisch mit einem Freund sprichst.
3. Du verneinst und sagst, dass ihr erst Spanisch sprechen und dann die Grammatik lernen solltet.
4. Du schlägst die Cafeteria vor.

B

Unidad 1 / Texto C

3 Estáis buscando compañeros de tándem para practicar español. Le das nombres y números de teléfono a tu compañero/-a y él/ella los apunta. B comienza. | Ihr sucht Tandempartner, um Spanisch zu üben. Du gibst deinem Partner / deiner Partnerin Namen und Telefonnummern und er/sie notiert sie. **B** beginnt.

► Partner A, S. 23 ► El alfabeto, p. 252 ► Los números, p. 253

–¿Por qué no hablas con […]?
–[…] - […] - […] - …
–Es el […] - […] - […] - …
–¿Por qué no hablas también con […]?

B

Zulema 016220814300
Guillermina 016220821480
Jeremías 016220826820

–¿Cómo se escribe […]?
–¿Cuál es el número de teléfono / de móvil de […]?
…

B

ll → doble ele
á → con tilde / acento en la «a»

9 Organizáis una fiesta de despedida con vuestros compañeros de intercambio. Para crear un grupo de chat, necesitáis los contactos de los chicos españoles. | Ihr organisiert mit euren Austauschschülern ein Abschiedsfest. Für einen Gruppenchat braucht ihr noch die Kontakte der spanischen Jugendlichen. ► Partner A, S. 25

Fragt abwechselnd nach den Telefonnummern der spanischen Schüler, wie man die Namen buchstabiert und notiert die Informationen.

B fragt nach …	A fragt nach …
1. Gui, Gui…	Joaquín: 003469922451
2. I, I…	Enriqueta: 003465798148
3. Ma, Ma…	Álvaro: 003460134968
4. A, A…	Yolanda: 003469126483

B

Unidad 2 / ¡Vamos!

6 Dictad y anotad los siguientes e-mails. | Diktiert euch gegenseitig die folgenden E-Mail-Adressen und schreibt sie auf. ► El alfabeto, p. 252

↗ p. 28

Ejemplo:

A
- *deine eigene E-Mail-Adresse*
- alba.santiago@poola.esp
- begonia15@teléfono.esp
- cesar-mario98@heute.deu
- joaquin_xyz@talleres.eu

B
- *deine eigene E-Mail-Adresse*
- timucin16@mail.esp
- amparo_trinidad@writing.deu
- esperanza-sanchez11@talleres.eu
- yessica.vega14@correos.mex

Unidad 2 / Texto A

8 a Marta le muestra fotos a Tarek y le habla de su familia. Escucha y averigua quiénes son las siguientes personas. | Marta zeigt Tarek Fotos ihrer Familie. Höre zu und finde zunächst heraus, wer folgende Personen sind.

1 25–28

↗ p. 31

1. Jaime y Marina son […] de Marta.
2. Soledad y Pablo son […] de Marta.
3. Anne es […] de Marta.
4. Paula es […] de la tía.

los primos · los abuelos · una amiga · la novia · la tía · los tíos

Unidad 2 / Texto B

10 Tu compañero de intercambio (B) y tú (A) estáis en Madrid. Tú le haces preguntas. | Du (A) bist mit deinem Austauschschüler in Madrid unterwegs. Du stellst ihm Fragen. ► Partner A, S. 34

B

2. Verneine und erkläre, dass das Stadtviertel „Retiro“ heißt.
4. Ja, das Zentrum ist nicht weit weg.
6. Du stimmst zu. Es gibt viele Restaurants und auch viele Läden.
8. Bejahe und sage, dass in der Nähe der *Parque del Retiro* ist …
10. Erkläre, dass es ein ziemlich großer Park ist. Und daneben gibt es eine neue Eisdiele.

Unidad 2 / Texto C

5 b Haz preguntas a tu compañero/-a. Él/Ella contesta. | Stellt euch gegenseitig Fragen und antwortet. ↗ p. 36

Ejemplo: **A:** ¿Que hacéis hoy?
B: Vamos al parque. Queremos hacer un taller de slackline.

A:

¿Qué *hacer*	[tú] Manuel [vosotros/-as] tus amigos	hoy?

B:

Ir	al a un a la a una	polideportivo. heladería. centro comercial. una cafetería. parque. instituto. biblioteca. empresa.	*Necesitar* un libro. *Tener* clase de [...]. *Tener que* trabajar. *Querer* tomar [...] con [...]. *Querer* comprar [...]. *Querer* probar el rocódromo nuevo. *Tener que* estudiar para* un examen. *Querer* hacer un taller de slackline.

10 Escribe un e-mail, donde Soledad cuenta lo que hacen ella y sus amigos en su barrio. | Schreibe eine E-Mail, in der Soledad Marta erzählt, was sie und ihre Freunde im Stadtviertel unternehmen. ↗ p. 37

es_mail | enviar | insertar | ortografía | opciones | cancelar

Hola, prima:

¿Qué tal? Pues yo también hago muchas cosas divertidas con mis amigos…

(casi) siempre *quedar* en la heladería en el centro comercial — también *hacer* mucho deporte — a veces *ir* a museos o al cine — pero (casi) nunca *ir* a la piscina porque *estar* lejos de mi casa — a veces no *poder* quedar con mis amigos — *tener que* trabajar en la tienda de mi padre

Unidad 3 / Texto A

4 Mira la imagen y cuenta: ¿qué están haciendo las personas? ↗ p. 48

7 **Marta (A) está chateando con Alejandro (B) para quedar hoy. Escribid el chat entre ellos. A comienza.** ► Partner A, S. 49

Begrüße Marta und sage, wie es dir geht. Frage Marta, wie es ihr geht und wo sie ist.
Reagiere auf Martas Gefühlszustand.
Schreibe,
- wo du bist (zu Hause – in der Bibliothek – im Park – […])
- mit wem du dort bist (mit Tarek – mit deinen Eltern – mit […])
- was ihr gerade macht

Frage Marta, ob sie sich mit dir treffen will (Kino – Sportzentrum – Park – […]).
Verabschiede dich.

B

Unidad 3 / Texto B

7 **Estáis en una tienda de ropa. Preparad el diálogo en parejas. A empieza.** ► Partner A, S. 52

- Du findest das Teil ganz gut. Frage **A**, welche Farbe ihm/ihr gefällt.
- Du findest, es ist ein bisschen klein (oder zu groß).
- Sage, du gehst die entsprechende Größe suchen.
- Sage deinem Freund / deiner Freundin, was du von dem Teil hältst: Es gefällt dir ganz gut – überhaupt nicht – total gut – […].

B

Unidad 3 / Texto C

6 **Formula frases y preguntas con o sin la preposición a.** ↗ p. 54

1. ¿Buscáis (a) vuestros libros? Están aquí.
2. Necesito (a) Marta. Necesito (a) su ayuda con los deberes.
3. No veo (a) Tarek. ¿Dónde está?
4. ¿Comprendéis (a) los chicos?
5. Veo mucho (a) tu primo. Vive en mi calle.
6. ¿Entiendes (a) este ejercicio?
7. ¿Vemos (a) una película?
8. Mis primos están escuchando (a) música de Julieta Venegas.

Wenn das direkte Objekt eine Person ist, steht davor ein „a":
Tarek necesita **a** sus amigos.
Tarek necesita ropa.

Unidad 4 / ¡Vamos!

51

5 **¿Qué día y a qué hora…? Escucha los diálogos y relaciona las informaciones.** ↗ p. 62

1. Las vacaciones empiezan el…	a) … 20:00.
2. Son las…	b) … 21:30.
3. El concierto es el…	c) … 19.3.
4. La piscina cierra a las…	d) … 22.6.
5. La entrevista es a la…	e) … 10:45.
6. La tienda abre de 17:00 a…	f) … 1:30.

Unidad 4 / Texto A

3 a Compara el horario de Victoria con el tuyo: ¿Qué es igual? ¿Qué es diferente? ▶ Las asignaturas, p. 241 ↗ p. 64

En el instituto de Victoria En nuestro instituto	el recreo una hora de clase	tiene [...] minutos.

Victoria tiene clases de [...] a [...] y nosotros/-as, de [...] a [...].
No tenemos [...], pero tenemos [...]. • En el instituto de Victoria no hay [...].

Victoria tiene Nosotros/-as tenemos	[...] horas de	Inglés. [...].

hora	lunes	martes	miércoles	jueves	viernes
8:15–9:10	Matemáticas	Lengua y Literatura	Química	Biología	Historia de España
9:10–10:05	Inglés	Arte	Matemáticas	Inglés	Biología
10:05–11:00	Historia de España	Biología	Geografía	Lengua y Literatura	Matemáticas
11:00–11:30	**recreo**				
11:30–12:25	Lengua y Literatura	Física	Lengua y Literatura	Geografía	Química
12:25–13:20	Arte	Historia de España	Biología	Física	Inglés
13:20–14:15	Química	Geografía	Arte	Química	Física
14:15–15:20	**recreo**				
15:20–16:15		Inglés		Matemáticas	

5 Dale consejos a tu compañero/-a: ¿Cómo puede mejorar sus notas? Él/Ella pone excusas. ↗ p. 64

Ejemplo: **A:** Estudia bastante antes de un examen.
B: No puedo. Es que trabajo mucho y tengo poco tiempo para el instituto.

A

Estudiar *Dormir* *Preparar* *Poner atención* *Escribir* *Terminar* *Descansar* *Hacer* *Leer* *Pensar* *Practicar*	en clase. bastante en español para practicar. con los deberes antes de salir con tus amigos. bastante antes de un examen. ocho horas todas las noches. los exámenes con tiempo. los fines de semana. los deberes en casa. libros en inglés y español para practicar. también en otras cosas. bastante las lenguas que aprendes.

B

No puedo porque No quiero porque Es que	nunca tengo tiempo. trabajo mucho. prefiero tener mucho tiempo libre. necesito el tiempo para mis amigos y mi familia. no me gusta. no tengo que estudiar mucho porque soy muy inteligente. es aburrido. soy muy vago/-a para esas cosas. mis notas ya son bastante buenas. [...].

6 a El imperativo con pronombre de complemento indirecto. Formula un consejo para cada frase como en el ejemplo. ► Grammatik, 32 ↗ p. 65

Ejemplo: –Mis hermanos no comprenden sus deberes.
–Entonces explícales los deberes.

escribir *comprar* (3x) *explicar* *echar* una mano

1. Hoy mi madre tiene mucho trabajo en su tienda.
2. Tengo una entrevista de trabajo y no tengo ropa.
3. Mañana es el cumpleaños de nuestra hermana. Le gusta mucho leer.
4. Quiero quedar con mi novia, pero su móvil no está funcionando.
5. ¡Es que nunca comprendes que no puedo salir los fines de semana!
6. A mis padres les gusta mucho el flamenco.

die indirekten Objektpronomen:
me
te
le
nos
os
les

7 b Recibes un e-mail de tu padre de intercambio español. Su empresa ha recibido una solicitud de una chica alemana que quiere hacer prácticas en la empresa. Él tiene unas preguntas sobre el boletín de la chica. Escríbele un e-mail y contesta sus preguntas.

► Eine E-Mail schreiben, S. 276 ► Sprachmittlung, S. 281 ↗ p. 65

- ¿Tiene buenas notas?
- ¿En qué asignaturas tiene buenas notas?
- ¿En qué asignaturas sus notas no son buenas?
- ¿Cuáles son sus optativas?

Las notas en España:

9–10:	Sobresaliente	5–5,9:	Suficiente
7–8,9:	Notable	0–4,9:	Insuficiente
6–6,9:	Bien		

Lessing-Oberschule Langenfeld
ZEUGNIS
Robyn Schall

Klasse: 10a Schuljahr 2018/2019 1. Halbjahr
Versäumte Stunden: 8, davon unentschuldigt: 0

Leistungen

Deutsch	gut	Mathematik	sehr gut
Englisch ab Kl. 5	sehr gut	Chemie	mangelhaft
Spanisch ab Kl. 6	sehr gut	Physik	– – –
Erdkunde	gut	Biologie	– – –
Geschichte	befriedigend	Sport	befriedigend
Kunst	ausreichend	Latein (Wahlpflichtfach)	gut

Teilnahme an Arbeitsgemeinschaften: Theater-AG

L. Posnanski

Dr. Lena Posnanski, Schulleiterin

53

8 b Escucha otra vez. Luego describe a Pablo y a Cristina y justifica tu opinión.

► detailgenaues Hörverstehen, S. 282 ↗ p. 65

Pienso que	Pablo Cristina	(no) es	un/a empollón/-ona divertido/-a vago/-a aburrido/-a serio/-a simpático/-a majo/-a tímido/-a	porque	(no) estudia mucho. (no) solo piensa en el instituto y en los exámenes. los sábados siempre va a la piscina. (no) sale mucho. (no) quiere salir con […]. (no) va a la «Noche en Blanco».

Unidad 4 / Texto B

4 **Haz propuestas para quedar con un/a amigo/-a español/a. Él/Ella es un poco tímido/-a y al principio pone excusas. Escribe la conversación de chat.**

↗ p. 67

ir al cine / rocódromo | ir a la «Noche en Blanco» | tomar un helado / un café | estudiar juntos | quedar | cocinar juntos | salir a bailar | jugar con videojuegos | [...]

Vorschläge machen und darauf reagieren

¿Tienes ganas de* [...]?
¿Por qué no [...]?
¿Qué tal si [...]?
Podemos [...].

Sí, claro. ¡Mola mogollón! · Vale, ¡buena idea!
Quizás otro día.
Lo siento, pero [...].
Es que no me gusta [...], pero podemos [...].

9 **Queréis quedar una tarde. Mirad las agendas y buscad un día y una hora.** ▶ Partner A, S. 68

Ejemplo:
A: ¿Tienes tiempo el lunes?
B: El lunes juego al fútbol hasta* las seis y media. Pero después tengo tiempo.
A: ¡Qué pena! Después no puedo porque [...].

sich verabreden

¿Tienes tiempo el [...]?

¿A qué hora / ¿Dónde — quedamos?

lunes	martes	miércoles	jueves	viernes
16:30–18:30 fútbol	16:15–17:00 guitarra			15:00–15:45 guitarra
	17:30–20:00 rocódromo con Laura		18:00–21:00 piscina con Juan	

B

10 **A está de visita en España y esta noche queréis salir con él/ella. Discutid entre los tres qué vais a hacer y poneos de acuerdo.** ▶ Partner A, S. 68

B
- Du willst lieber den Tango-Workshop machen.
- Du findest, **A** kann den Film auch in Deutschland sehen. Außerdem ist der Film schon alt.
- Salsa ist nicht gerade deine Lieblingsmusik, aber du tanzt gerne.
- Findet einen Kompromiss.

C
- Du liebst Salsa-Musik, kannst es aber nicht tanzen. Das willst du auf der Party lernen.
- Der Eintritt ist nicht teuer und es fängt spät an. Vorher könnt ihr immer noch woanders hingehen.
- Du bist gerade etwas knapp bei Kasse. Alle drei Aktivitäten kannst du dir nicht leisten.
- Findet einen Kompromiss.

Unidad 4 / Texto C

3 b ¿Qué dicen Cintia y su madre? Completa el diálogo con los verbos reflexivos. ▶ Grammatik, 36

↗ p. 70

Madre: Cintia, ¿por qué no (*levantarse* / tú)? Ya son las seis y cuarto.
Cintia: Va, va, ya (*levantarse* / yo).
Madre: Después (*quejarse* / tú) porque pierdes el bus.
Cintia: No (*quejarse* / yo) por eso. (*Quejarse* / yo) porque Óscar y Carlitos nunca (*apurarse* / ellos).
Óscar: ¡No es verdad! Siempre (*apurarse* / nosotros).
Madre: Bueno, bueno. ¿Quieres desayunar ya, Cintia, o (*ducharse* / tú) primero?
Cintia: (*Ducharse* / yo) primero.
Madre: Bueno, pero apúrate.
Cintia: Sí, sí, ya me voy a duchar, después (*ponerse* / yo) el uniforme y voy a desayunar.
Madre: Oye, pareces muy cansada. Hoy (*acostarse* / tú) temprano, ¿eh? Y ahora, ¡apúrate!

duchar<u>se</u>
me ducho
te duchas
se ducha
nos duchamos
os ducháis
se duchan

6 Escucha la conversación entre Cintia y su padre y elige las opciones correctas. A veces, varias respuestas son correctas.

57

↗ p. 70

1. Por la mañana, el padre...
a) se levanta temprano.
b) no tiene tiempo para desayunar.
c) empieza a trabajar a las 7.

2. A las 12, el padre...
a) come en un restaurante.
b) va a casa para comer.
c) come con sus compañeros.

3. Por la noche, el padre...
a) está bastante cansado.
b) llega tarde a su casa.
c) cocina algo para el próximo día.

4. Al padre le gusta/n...
a) su trabajo.
b) sus compañeros.
c) la ciudad.

5. Pero no le gusta...
a) llegar tarde.
b) estar lejos de su familia.
c) su trabajo.

6. Cintia quiere...
a) ver un poco la tele.
b) quedarse en su pueblo.
c) vivir en Lima.

7 Cuéntale a tu compañero/-a cómo es un viernes normal en tu vida: ¿Qué haces cuándo? Después presentad tres cosas en común y/o tres diferencias.

PF

↗ p. 71

deinen Tagesablauf beschreiben

Por la	mañana tarde noche	[…].
Primero · Después Antes de (+ *inf.*) Después de (+ *inf.*)		

levantarse a las […] *ducharse*
desayunar en […] / con […] *ir* a […]
comer en […] / con […] *quedar* con […]
ayudar a […] *salir* con […]
hacer los deberes / […] *acostarse* a las […]
estudiar un poco […]

Evaluación 2

14 **Tu amigo/-a quiere quedar contigo. Poneos de acuerdo: ¿Qué vais a hacer?, ¿cuándo?, ¿a qué hora y dónde vais a quedar?** ► Partner A, S. 75

B

- Du antwortest auf die Begrüßung von **A** und fragst zurück.
- Hast Lust, dich zu verabreden und reagierst auf die Vorschläge.
- Du hast noch andere Ideen:

  Park | Einkaufszentrum | klettern

- deine Pläne:

  morgen: lernen (Klausur) | montags: Gitarrenunterricht

¿Tienes ganas de […]? ¿Por qué no […]? ¿Qué tal si […]? Podemos […].

¡Mola! ¡Anda! ¡Guay! ¡Qué palo! Qué pena.

Unidad 5 / ¡Vamos!

4 **Tu empresa espera la visita de una clienta importante de España. Ella ha mandado un e-mail y quiere saber qué cosas puede hacer en tu ciudad/pueblo/barrio durante la visita. Escríbele un e-mail con recomendaciones.** ► En la ciudad / En el pueblo, p. 240 ► Eine E-Mail schreiben, S. 276

PF

↗ p. 80

Si	quiere le gusta/n tiene ganas de le interesa/n	[…],	puede […]. le va a gustar […].	Es (muy) interesante / famoso/-a. Es perfecto/a para […]. Vale la pena. […]

Unidad 5 / Texto B

7 c **Llamas a una empresa y te contestan el teléfono. Preparad las llamadas y presentadlas en clase.**
► Partner A, S. 86

B

Du bist Dolores Garrido González und
- willst deine Schwester, Ana Garrido, sprechen.
- rufst schon zum dritten Mal an.
- willst unbedingt wissen, wo deine Schwester ist.

C

Dein Name ist Antonio und du
- möchtest Ana Garrido sprechen.
- bist ein Freund von Ana.
- sagst, dass Ana deinen Anruf erwartet, du weißt aber nicht, weshalb.

D

Du bist Cristina Conde und
- willst deine Kollegin Ana sprechen.
- wartest in der Cafeteria auf sie und willst wissen, wo sie bleibt.
- bist ziemlich sauer.

Unidad 5 / Texto C

4 a **Escucha, toma apuntes y completa las siguientes frases.**

67

↗ p. 88

1. Vale la pena ir a la estación de Atocha 2. El Museo del Prado vale la pena 3. Tienes que visitar la plaza de toros Las Ventas 4. Es importante visitar el Palacio Real de Madrid	porque	es la más bonita de España. puedes ver cuadros muy famosos. es un lugar bonito para tomar un café o leer un poco. es interesante y muy grande.

Unidad 6 / Texto A

3 a Escucha lo que dice el guía de turismo sobre estos lugares y completa la información en tu cuaderno. ↗ p. 94

72–75

1. En la plaza Mayor, [...] fundó la ciudad de Lima.
2. La ciudad de Lima es bastante antigua: tiene casi [...] años.
3. Lima es el centro político, [...] y económico del país.

4. Cuzco está a [...] metros en los Andes.
5. Hasta que llegaron los españoles en 1532, Cuzco fue [...].
6. Todos los años, la ciudad recibe a [...].

7. En Perú hay [...] parques nacionales.
8. El Parque Nacional del Manu está cerca de [...].
9. Los turistas no pueden visitar todo el Parque Nacional del Manu porque [...].

10. Hay [...] por la Amazonía que salen de diferentes ciudades.
11. En la Amazonía viven varios grupos [...].
12. Los habitantes de la Amazonía hablan [...] lenguas diferentes.

7 Cuenta tu último fin de semana. ↗ p. 95

erzählen, was man erlebt hat

El viernes El sábado El domingo	pasado	dormí hasta las [...]. conocí a [...]. hablé con [...]. chateé con [...]. desayuné con [...]. fui a [...]. vi (a) [...]. salí con [...]. visité (a) [...]. quedé con [...] para [...]. estudié para [...]. me acosté a las [...].

Unidad 6 / Texto B

2 a ¿Cuál es el infinitivo de estas formas irregulares del pretérito indefinido? El contexto te puede ayudar. ↗ p. 97

pudo (l. 2) tuve que (l. 19) estuve (l. 20)
pudiste (l. 16) dieron (l. 21) me puse (l. 22)
fue (l. 11, 36, 39) hiciste (l. 38)

hacer estar
dar ponerse poder
tener que ser

b Relaciona y cuenta las experiencias de la fotógrafa en su viaje por la región andina.
▶ Grammatik, 47/48 ↗ p. 97

1. Luciana viajó	a la escuela.
2. Allí sacó	muchas fotos.
3. En su viaje, Luciana pudo	muchas lenguas con los turistas.
4. En el Lago Titicaca, ella se quedó	impresionante.
5. Cuando ella llegó,	conocer muchos lugares interesantes.
6. Entonces los uros le dieron	en una isla flotante con los uros.
7. Así, Luciana se puso	tuvo problemas con la altura.
8. Ella cuenta que muchos uros nunca fueron	mejor.
9. Pero ellos aprendieron	al Lago Titicaca.
10. Para Luciana, el viaje fue	hojas de coca.

4 ¿Qué hicieron tus compañeros/-as en sus últimas vacaciones? Pregunta a dos o más personas y apunta las respuestas en una tabla. Después presenta los resultados en clase. ↗ p. 98

- ¿Adónde fuiste?
- ¿Con quiénes fuiste?
- ¿Qué lugares visitaste?
- ¿Qué más hiciste allí?
- ¿Qué (no) te gustó?

	Max	Elif
¿Adónde?	Italia	Berlín
¿Con quiénes?		
¿Lugares?		

Fui a [...]. Me quedé en [...]. Fui con mis [...]. Visité Madrid / el centro / [...]. Comí [...].
Fui a la playa. Salí con [...]. Me gustó mucho [...]. No me gustó tanto [...]. Conocí a [...].

5 Ya sabes bastante sobre Perú. ¿Te puedes imaginar viajar allí? ¿Por qué (no)? ↗ p. 98

Ejemplo: –Sí claro, me parece un país muy [...]. Allí puedo [...].
–Creo que no porque no me gusta [...] / (no) me parece [...] / es [...].

visitar aprender conocer probar ir a bailar practicar

parques nacionales la Amazonía la comida los lugares los Andes las frutas y verduras el español la música las ciudades la cumbia

interesante grande diferente nuevo/-a lejos especial bonito/-a histórico/-a

8 Luciana llegó ayer al Lago Titicaca. Hoy le escribe un e-mail a su amiga para contarle el primer día. Lee otra vez lo que pasó cuando llegó al lago (p. 96, l. 18–22), inventa más detalles y escribe el e-mail desde su perspectiva. ▶ Eine E-Mail schreiben, S. 276 ↗ p. 99

Hola, amiga:
¿Qué tal? Ayer llegué al Lago Titicaca. El primer día [...].

Ayer El primer día Por la mañana Por la tarde Por la noche Primero Después

llegar a *ir* a [...] en [...] *visitar* *descansar* *comer* *conocer* (a) *ver* (a) *ponerse* bien/mal *parecer* interesante/bonito *comer* *gustar* mucho/bastante

Evaluación 3

12 Tú y tu compañero/-a de intercambio queréis pasar las próximas vacaciones de verano juntos/-as. Haced propuestas y poneos de acuerdo. ▶ Partner A, S. 103

B

Du möchtest deinen Austauschpartner / deine Austauschpartnerin zu dir nach Spanien einladen. Du kannst dir aber auch vorstellen, deine Ferien in Deutschland zu verbringen. Dann möchtest du auch etwas vom Land sehen, z. B. ein paar Städte. Außerdem bist du kein Fan von Wanderurlaub, sondern erholst dich lieber am Strand. Wenn du in diesen Ferien zu **A** nach Deutschland fährst, sollte er/sie dich in den nächsten Ferien aber unbedingt in Spanien besuchen.

¿Qué tal si [...]?
¿Qué te parece si [...]?
También podemos [...].
Vale, pero entonces [...].
En realidad no me gusta [...].
Prefiero [...].
Te va a gustar.
Vale la pena.
¡Qué pena!

Módulo: Los medios digitales

5 Escucha el texto y relaciona las frases con la parte correcta. ↗ p. 110

83

1. Muchos jóvenes quieren volverse famosos en las redes sociales. Esto no es una tarea fácil porque
2. El *influencer* español más famoso en Instagram se llama
3. Tiene más de cuatro millones de
4. Tiene
5. Es conocido como
6. En sus videos e historias
7. Crear contenido único e interesante significa
8. Cuando subimos fotos al internet, analizamos nuestros datos de salud con un Smart-Watch, compartimos historias en Instagram o aceptamos los términos y condiciones antes de bajarnos una aplicación en el móvil,

a) canta, también contesta preguntas de sus seguidores, da consejos de moda y belleza y tiene un blog de sus viajes por el mundo.
b) compartir mucha información personal.
c) la competencia es muy grande y es difícil crear contenido nuevo, especial y único todo el tiempo para satisfacer a los seguidores.
d) perdemos los derechos sobre nuestros datos personales.
e) seguidores en Instagram.
f) el Justin Bieber español porque a los 8 años abrió su canal de YouTube.
g) 20 años.
h) Manu Ríos.

Las campañas para jóvenes recomiendan (c)/3.):

a) Cuidar…	las opciones de privacidad de las redes sociales
b) Pensar bien antes de…	ciberacoso contactar a un adulto de confianza.
c) Configurar…	crítico con la información que se encuentra en internet
d) No compartir…	subir o mandar una foto en internet
e) Ser…	datos con gente o en páginas desconocidas
f) En caso de…	tu imagen

7 Tu amigo Nico que no habla mucho alemán necesita tu ayuda. Está interesado en el tema de la seguridad en internet y encontró este folleto en internet. Explícale qué recomendaciones da para reconocer noticias falsas. ↗ p. 111

Estas preguntas de Nico te pueden ayudar:

1. ¿Qué dice la primera imagen de la fuente y del autor?
2. ¿Qué tengo que hacer si el título es provocativo?
3. ¿Qué dice la imagen con el calendario? No entiendo…
4. ¿Qué tengo que comparar según la imagen seis? La foto de las dos tabletas.
5. ¿Cómo descubro un bot social? ¿Dice que tengo que comprobar el perfil?
6. ¿Qué hago si tengo problemas?

Versuche, Wörter zu umschreiben, die du nicht kennst ► Wörter umschreiben, S. 283

fuente: Handysektor

Unidad 7 / ¡Vamos!

4 Escucha los planes para el futuro de cuatro jóvenes y apunta las profesiones que escuchas. ↗ p. 113

85

Jaime	Isabel	Miguel	Pepa

6 a Escucha la entrevista con Luz y completa las informaciones. ↗ p. 114

86

1. Luz saca buenas notas en [...].
2. Tres asignaturas que le gustan son [...].
3. Entre tener contacto con gente o estar sola, ella prefiere [...].
4. Una característica de Luz es que ella es bastante [...].
5. Carmen pregunta si Luz no quiere estudiar algo con [...] para ser [...].
6. Los padres de Luz dicen que ella tiene que aprender una profesión [...].

Unidad 7 / Texto B

3 b Un amigo tuyo va a hacer prácticas en España. Con ayuda del artículo sobre la vida laboral en España (p. 118), contéstale en alemán. ↗ p. 119

ES DE

1. In Spanien wird ja viel geduzt. Aber bei der Arbeit siezt man sich schon, oder?
2. Bei meinem letzten Praktikum in Deutschland hatte ich kaum etwas mit meinen Kollegen zu tun, weil jeder für sich gearbeitet hat und keiner Zeit für Pausen hatte. Ich hoffe, das ist in Spanien nicht so ...?
3. Wie sind denn die Arbeitszeiten in Spanien normalerweise?
4. Hat man unter der Woche eher viel oder eher wenig Zeit, nach der Arbeit noch etwas zu unternehmen?
5. Warum schließen eigentlich in Spanien mitten am Tag so viele Läden?

7 Tarek llama a una empresa. Escucha la llamada telefónica.
Apunta: ¿Por qué llama y qué quiere saber? ¿Qué va a hacer después de la llamada? ↗ p. 120

90

Unidad 7 / Texto C

7 **Tú (B) vives en España y hablas con tu compañero/-a de intercambio de Alemania (A) sobre vuestros planes para el futuro. A empieza. Después cambiad de papel.** ▸ Partner A, S. 125
Ejemplo:

¿Crees que en cinco años todavía vivirás con tus padres?

No, supongo que en cinco años viviré solo/-a.

Aussagen über die Zukunft treffen

En cinco/diez/veinte años	supongo que seguro que creo que ya (no) todavía (no) probablemente	+ *futuro*

Du antwortest auf die Fragen von A: Die folgenden Ideen können dir dabei helfen:
- *vivir* solo/-a / con mis padres / con mis amigos / en [...], etc.
- estudios: *estudiar* [...] en la universidad / *hacer* una FP de [...]
- vida laboral: *trabajar* en [...] / de [...] / *estar* contento/-a con
- amigos: *tener* contacto con los amigos del instituto / *pasar* mucho tiempo juntos / *ir* al cine / *jugar* al [...], etc.
- tiempo libre y vacaciones: *salir* con amigos / *hacer* deporte / *ir* al cine o teatro / *viajar* a [...], etc.
- familia: *tener* pareja/hijos/mascotas, etc.

B

Unidad 8 / ¡Vamos!

3 **Escucha la conversación en una oficina de turismo en Sevilla. ¿Qué dicen sobre estos lugares de Sevilla? Toma apuntes.** 95 ↗ p. 127

la zona de Alfalfa | la Catedral de Santa María | la plaza de España | la plaza de toros | el Alcázar

5 b **Estás de intercambio en España. Presenta tu región en Alemania en una charla de un minuto a la clase de intercambio.** ▸ En la ciudad / En el pueblo, p. 240 ▸ Etwas präsentieren / Ein Referat halten, S. 280 ↗ p. 128

eine Region beschreiben

Está situado/-a en el norte / el este / el sur / el oeste de [...].
Tiene [...] habitantes.
La capital es [...].
Uno de los monumentos más famosos es [...].
En la región hay [...]. • Allí se puede [...].
Un producto típico de la región es [...].
La región vive de [...]. • La región exporta [...].
Las fuentes de ingreso importantes para la economía son [...].
Una persona famosa de allí es [...].

5 b Tú (B) estás de intercambio en España. Tu compañero/-a de intercambio (A) quiere saber todo sobre tu región en Alemania. A empieza. ► Partner A, S. 128

Du beantwortest die Fragen von A und nennst/beschreibst...
- dein Bundesland und die geographische Lage.
- die ungefähre Entfernung zu Berlin: sehr nah/weit weg? Wie viele Kilometer oder wie viele Stunden mit dem Bus/Zug/Auto?
- die Hauptstadt deines Bundeslandes und ggf. deinen Wohnort und die Entfernung zur Hauptstadt.
- die Landschaft deiner Region und nennst zwei bis drei Ausflugs-/Unternehmungsmöglichkeiten.
- Persönlichkeiten, Produkte und Sehenswürdigkeiten, für die deine Region bekannt ist.
- Lade deine/n Austauschschüler/in ein, dich in Deutschland zu besuchen.

B

Unidad 8 / Texto A

4 Decides dar tu opinión sobre el artículo (p. 129) en la página web del periódico. Escribe un comentario personal. Los siguientes pasos te ayudan. ► Eine Stellungnahme verfassen, S. 278 ↗ p. 130

1. Lies den Text auf S. 111 erneut und ergänze den ersten Satz aus dem Kasten (*Para empezar...*) mit deiner allgemeinen Meinung über den Artikel bzw. über den nachhaltigen Tourismus.
2. Teilst du die Meinung von Herrn García über die Wichtigkeit des nachhaltigen Tourismus? In welchen Punkten stimmst du mit ihm überein und in welchen nicht? Notiere deine Argumente. Ergänze dann den zweiten und dritten Satz aus dem Kasten mit deiner Meinung bzw. mit deinen Argumenten.
3. Ergänze den letzten Satz im Kasten mit einer zusammenfassenden Bemerkung.

deine Meinung darlegen

Para empezar quiero decir que [...].
Pero (no) estoy de acuerdo con* [...].
Además, pienso/creo que [...].
En resumen*, para mí [...].

8 a ¿Cómo es la vida en Andalucía hoy y cómo era antes? Compara y usa el pretérito imperfecto para hablar del pasado. ↗ p. 131
Ejemplo:

1. Hoy (*venir*) muchos turistas a Andalucía. Antes no (*venir*) tantos turistas.
2. Hoy (*haber*) mucha gente en las playas. Antes la gente (*ir*) poco a la playa.
3. Hoy la gente (*dejar*) su basura en las playas. Antes no (*haber*) tanta basura.
4. Ahora (*haber*) grandes supermercados y restaurantes. Antes (*comprar* / nosotros) en tiendas pequeñas y (*comer* / nosotros) en casa.
5. Hoy los jóvenes (*trabajar*) en el turismo o (*irse*) al extranjero. Antes los jóvenes (*quedarse*) en Andalucía y (*trabajar*) en el campo.

9 a **¿Cómo era tu vida antes? Cuéntale a tu compañero/-a: ¿Dónde vivías? ¿Qué te gustaba? ¿Qué hacías en tu tiempo libre? Tu compañero/-a toma apuntes.**
PF
Ejemplo: Cuando era pequeño/-a, vivía en [...] Todos los días jugaba al fútbol con [...].
↗ p. 131

frühere Gewohnheiten und Zustände beschreiben

Cuando era pequeño/-a Cuando tenía [...] años En aquellos años En aquel entonces Siempre/Normalmente Todos los días Cada año/semana/domingo	vivía en hacía [...]	[...].

ir a [...] con [...] *jugar* a [...] con [...]
estudiar *trabajar* *salir*
tener que [...] *quedar* con [...] para [...]
pasar mucho tiempo en [...] / con [...]
visitar a [...] *viajar* a [...] con [...]

10 b **Escucha las otras entrevistas y apunta información sobre cuatro ciudades andaluzas: ¿Qué cosas son especiales o características de cada ciudad?**
98–101
↗ p. 131

Cádiz: [...]
Málaga: [...]
Tarifa: [...]
Ronda: [...]

Unidad 8 / Texto B

6 **Imagínate que estás de vacaciones. Escríbele una postal a tu amiga Mar y cuéntale una experiencia especial. También cuéntale tus planes para los próximos días. Puedes empezar así:**
▶ Eine Postkarte schreiben, S. 276
↗ p. 134

von Erlebnissen erzählen

Al principio Normalmente Todos los días Siempre	[+ pretérito imperfecto].	Pero después / un día / una vez / al final De repente	[+ pretérito indefinido].

Hola, Mar:
¡Estoy en Berlín! Al principio no me gustaba mucho. Mis padres siempre [...].

ir a *visitar* *salir* *conocer* (a)
ver (a) *encontrar* (a) *tener* que + inf.
hacer frío/calor *querer* + inf.

10 b **Tú quieres ver la película con tu amiga Mar pero ella no sabe si la película le va a gustar. Trabajad en parejas y haced el diálogo.**
↗ p. 135

¿Tienes ganas de [...]?
¿Qué tal si quedamos [...]?
¿Estás seguro/-a?
Entonces, ¿dónde quedamos?
¿A qué hora?

¡Vamos!
¡Te va a gustar!
¡Qué pena!
Vale, buena idea.
No creo

Dicen que la peli [...].
No sé... Es que [...].
La peli parece [...].
Me gustan las pelis [...].
No, realmente no tengo ganas. Pero [...].

Evaluación 4

12 **Javi tuvo una entrevista de trabajo y la empresa le quiere dar un puesto en Alemania. Ahora Javi (A) habla con su novia (B) sobre esa posibilidad. Trabajad en parejas y haced el diálogo.** ► Partner A, S. 139

Dein Freund erzählt dir von einem Jobangebot aus Deutschland.
Nutze folgende Informationen für den Dialog:
- Du freust dich für ihn, aber bist auch etwas traurig.
- Du fragst dich, wie eure Beziehung funktionieren soll, wenn du in Spanien bist und er in Deutschland.
- Du sprichst kein Deutsch und kennst niemanden in Deutschland.
- Dir ist es wichtig, bei deiner Familie und deinen Freunden zu sein.
- Du willst aber mit ihm zusammenbleiben.

B

Unidad 9 / Texto C

2 **Divide el texto en partes temáticas indicando las líneas. Después, relaciona cada parte con uno de los siguientes títulos.** ↗ p. 152

Hábitos de consumo | Las maquilas en Centroamérica: ¿Qué son? | ¿Cómo funcionan? | Perfil de las maquiladoras | ¿Alternativas?

9 **Tú (B) trabajas en una tienda de comercio justo y hablas con un cliente (A), que se interesa por los productos. A empieza, después cambiad de papel.** ► Partner A, S. 155

Du sagst …
- dass ihr verschiedene Produkte anbietet (z. B. Kaffee, Schokolade, Kleidung, etc.).
- aus welchen Ländern die Produkte kommen (z. B. Kaffee, Schokolade aus Kolumbien, etc.).
- dass die Produkte zwar teurer sind, aber Fairtrade eine Reihe von Vorteilen mit sich bringt (fairer Arbeitslohn für Produzenten, bessere Arbeitsbedingungen, ökologische Aspekte, etc.).
- dass gerade bei der Herstellung von Kleidung die Bedingungen für die Arbeiter deutlich besser sind als bspw. jene in den Maquilas und erklärst, unter welchen Bedingungen in den Maquilas gearbeitet wird.
- Du gibst dem Kunden die gewünschten Produkte und bedankst dich.

B

5 a Une los conceptos con las definiciones correctas. ↗ p. 158

1. El tratado
2. La Segunda Guerra Mundial
3. El marco normativo
4. El país en desarrollo
5. El requisito
6. La homologación
7. La tasa de abandono escolar prematuro
8. El riesgo de pobreza
9. La desigualdad
10. El mercado común
11. libre

a) Es lo que necesitas para algo, pueden ser documentos o cualificaciones.
b) Es cuando el título universitario de una persona es aceptado o reconocido por una institución o país.
c) el contrario de igualdad
d) porcentaje de jóvenes que se van del instituto antes de finalizar sus estudios.
e) El T-MEC o TTIP son ejemplos de contratos entre países para lograr acuerdos o políticas comunes.
f) un área de comercio libre para un grupo de países
g) Es un conflicto entre muchos países del mundo. La primera empezó en 1914.
h) Es un país pobre o con poca industria. El concepto contrario es país del primer mundo.
i) adjetivo de *libertad*
j) es posible que una persona se vuelva pobre
k) un grupo de reglas o políticas

Unidad 10 / ¡Vamos!

5 b Forma frases con los pronombres relativos correctos. Algunos pronombres sobran. ▶ Grammatik, 69 ↗ p. 162

1. Los EE. UU. están entre los países
2. Argentina produce mucha soja
3. Colombia y Ecuador son países
4. México es uno de muchos países
5. Sudamérica produce minerales y metales
6. La sequía es un gran problema para las regiones
7. El Canal de Panamá es un canal

en los cuales
por el que
en las que
de los cuales
a los que
en los que
de la cual

se cultivan frutas y verduras.
el sector terciario aporta la mayor parte del PIB.
una gran parte se usa para el ganado.
pasan muchos barcos para llevar sus mercancías a América.
se producen café y cacao de buena calidad.
Venezuela exporta su petróleo.
una gran parte se exporta al extranjero.

Unidad 10 / Texto A

6 d ¿Te gustaría ser nómada digital? ¿Por qué (no)? Discute las ventajas y desventajas, según tu punto de vista. ↗ p. 167

facultativo

por un lado […]
por otro lado
la ventaja es […]
la desventaja es […]

No es lo mío porque […].
(No) me lo puedo imaginar porque […].
Lo que (no) me gusta es que […].
Para mí, es la forma perfecta de trabajar porque […].

Unidad 10 / Texto B

6 ¿Qué pasaría si…? Completa las frases con las formas del imperfecto de subjuntivo. ▶ Grammatik, 72 ↗ p. 170

Bedingungen formulieren

Si hiciera buen tiempo,	iría a la playa.
si + *imperfecto de subjuntivo*	*condicional*

1. Si empresas como Biofase (*invertir*) más dinero en el marketing, más personas conocerían sus productos.
2. Si más personas (*conocer*) productos de bioplástico, probablemente las ventas aumentarían.
3. Si las ventas de productos de bioplástico (*aumentar*), se fundarían más empresas con productos parecidos.
4. Si (*fundarse*) más empresas, también habría más competencia en el mercado.
5. Si (*haber*) más competencia en el mercado del bioplástico, estos productos serían más baratos.

6. Si los productos (*ser*) más baratos, más personas y empresas los comprarían.
7. Si (*comprar* / nosotros) solo productos de bioplástico, podríamos dejar de usar plástico convencional.
8. Si (*dejar* / nosotros) de usar productos de plástico convencional, las empresas dejarían de producirlos.
9. Si (*empezar* / tú) hoy a consumir menos plástico convencional, mañana el mundo ya sería un poco mejor.

Evaluación 5

11 Hablas con un/a amigo/-a (A) sobre el medio ambiente, la economía y sobre lo difícil que es hacer siempre lo correcto. Vosotros tenéis opiniones diferentes. A empieza. Después cambiad de roles. ▶ Partner A, S. 181

Du siehst viele Maßnahmen zu Nachhaltigkeit und Umweltschutz kritisch und denkst vor allem an wirtschaftliche Aspekte. Sag deinem/deiner Freund/in, was du denkst und diskutiert. Sprich u. a. über die folgenden Aspekte:

- Mehr Geld für die Näher/innen → teurere Kleidung für uns
- Kleinere Unternehmen → ggf. teurere Produkte
- Mehr Radwege → weniger Platz / mehr Stau, nicht alle können überall mit dem Fahrrad hinfahren, vor allem in großen Städten. Es kann außerdem gefährlich sein.
- mit dem Rad zur Schule/Arbeit → schwierig bei Regen
- kein Obst/Gemüse aus spanischen Gewächshäusern kaufen → Obst/Gemüse aus Afrika verursacht längere Transportwege / höhere Umweltbelastung
- weniger Konsum → weniger Wirtschaftsleistung
- Erneuerbare Energien / neue Technologien → neue Probleme wie Platz, Lärm, Kosten

B

Dossier América Latina / Los retos de América Latina

El medio ambiente

44 La destrucción del medio ambiente es un problema de todos, sin embargo, la crisis climática podría tener efectos catastróficos para América Latina porque las economías de los países de esta región dependen de los recursos naturales y de las materias primas. Por ejemplo, para sembrar[1] soja en Brasil, se destruyen todos los días cientos de kilómetros cuadrados de selva amazónica, por eso hay menos lluvia[2] y se usa el agua de los ríos[3] y lagunas. Los habitantes de estas regiones ya no tienen acceso a las reservas de agua ni a la tierra, por eso empiezan los conflictos. En otros países como Honduras, pueblos indígenas han tenido que dejar sus tierras ancestrales[4] porque empresas nacionales e internacionales las compran para la explotación[5] de minerales como el níquel y el oro.

Muchos de los más desfavorecidos, o sea, los que sufren más por los problemas ambientales y la competencia por los recursos, tienen que migrar a las ciudades donde los recursos ya son escasos. Otros se quedan para luchar contra la destrucción de sus tierras. Pero esta tarea no es simple: ser defensor de la naturaleza es un trabajo muy peligroso en América Latina. Según el último reporte de la organización Global Witness, 24 personas fueron asesinadas[6] en Colombia, 16 en Guatemala y 14 en Perú en 2018. Más de la mitad de los asesinatos de activistas ambientales en este año fueron en Latinoamérica. Esta violencia es producto de la lucha contra intereses económicos muy grandes que muchas veces tienen el apoyo[7] del gobierno.

Por otro lado, en el caso de una catástrofe ambiental, los recursos que América Latina tiene en abundancia, como el agua, van a ser más importantes que ahora y tener más valor. Por eso ya existen muchas empresas que compran y se apropian de este recurso en todo el continente.

1 **sembrar** säen 2 **la lluvia** Regen 3 **el río** Fluss 4 **ancestral** Ahnen- 5 **la explotación** Ausbeutung
6 **asesinar** ermorden 7 **el apoyo** Unterstützung

Los países y las lenguas ▶ Hablamos español, Unidad 1

Alemania – Deutschland
el alemán – Deutsch

China – China
el chino – Chinesisch

España – Spanien
el español – Spanisch

los Estados Unidos (EE.UU.) – die USA
el inglés – Englisch

el Reino Unido – Großbritannien
el inglés – Englisch

Francia – Frankreich
el francés – Französisch

Grecia – Griechenland
el griego – Griechisch

Italia – Italien
el italiano – Italienisch

Marruecos – Marokko
el árabe – Arabisch

los Países Bajos – die Niederlande
el neerlandés – Niederländisch

Polonia – Polen
el polaco – Polnisch

Portugal – Portugal
el portugués – Portugiesisch

Rusia – Russland
el ruso – Russisch

Siria – Syrien

Turquía – die Türkei
el turco – Türkisch

La Familia ▶ Unidad 2

la madrastra – die Stiefmutter
el padrastro – der Stiefvater
la hermanastra – die Stiefschwester
el hermanastro – der Stiefbruder
la media hermana – die Halbschwester
el medio hermano – der Halbbruder
la mujer/novia de […] – die Frau/Freundin von […]
el marido/novio de […] – der Mann/Freund von […]
los bisabuelos – die Urgroßeltern
el nieto, la nieta – der Enkel, die Enkelin
el sobrino, la sobrina – der Neffe, die Nichte
la pareja – das Paar, der/die Partner/in

En la ciudad / En el pueblo ▶ Unidad 2, Unidad 8

el rascacielos – das Hochhaus
la granja – der Bauernhof
el castillo – die Burg
el palacio – das Schloss
el puente – die Brücke
el ayuntamiento – das Rathaus
la iglesia – die Kirche
la mezquita – die Moschee
la sinagoga – die Synagoge
el puente – die Brücke
el puerto – der Hafen
la zona peatonal – die Fußgängerzone
el parque de atracciones – der Freizeitpark
el campo – das Land
el bosque – der Wald
las montañas – die Berge
el lago – der See
el río – der Fluss
la costa – die Küste
el zoológico – der Zoo

Las actividades de tiempo libre ▶ Unidad 3, Unidad 4

el deporte:
montar a caballo – reiten
hacer yoga – Yoga machen
patinar – skaten
nadar – schwimmen
jugar…
al balonmano – Handball spielen
al baloncesto – Basektball spielen
al voleibol – Volleyball spielen
al tenis – Tennis spielen
al bádminton – Badminton spielen

los juegos:
jugar…
al ajedrez – Schach spielen
a las cartas – Karten spielen

los instrumentos:
tocar…
la guitarra – Gitarre spielen
el violín – Geige spielen
el piano – Klavier spielen
la batería – Schlagzeug spielen
el saxofón – Saxofon spielen

otras actividades:
cantar – singen
hacer teatro – Theater spielen
chatear – chatten
dibujar – zeichnen
dormir – schlafen
ir de compras – shoppen gehen
sacar al perro a pasear – mit dem Hund Gassi gehen

La ropa y los zapatos ▸ Unidad 3

los vaqueros – die Jeans
los shorts – die Shorts
la falda – der Rock
el vestido – das Kleid
la blusa – die Bluse
la rebeca – die Strickjacke
el abrigo – der Mantel
la gorra – die Mütze
el pañuelo – das Tuch
la corbata – die Krawatte
las zapatillas – die Turnschuhe
los zapatos de tacón – die hochhackigen Schuhe
las sandalias – die Sandalen
las chanclas – die Flipflops
la ropa interior – die Unterwäsche
los calcetines – die Socken

Las asignaturas ▸ Unidad 4

Teatro – Darstellendes Spiel
Valores éticos, Ética – Ethik
Informática – Informatik
Latín – Latein
Mecánica – Mechanik
Música – Musik
Ciencias políticas – Politische Weltkunde
Contabilidad – Rechnungswesen
Religión – Religion
Educación física – Sport
Tecnología – Technik
Economía – Wirtschaftslehre

En casa ▸ Unidad 5

la cocina – die Küche
el pasillo – der Flur
el baño – das Badezimmer
el salón – das Wohnzimmer
el comedor – das Esszimmer
el dormitorio – das Schlafzimmer
el balcón – der Balkon
la terraza – die (Dach-) Terrasse
el estudio – das Arbeitszimmer
la habitación de invitados – das Gästezimmer

Los muebles y otras cosas ▸ Unidad 5

la mesa – der Tisch
la silla – der Stuhl
el sofá – das Sofa
la lámpara – die Lampe
la estantería – das Regal
la cómoda – die Kommode
la alfombra – der Teppich
el sillón – der Sessel
el televisor – der Fernseher
el frigo(rífico) – der Kühlschrank
el microondas – die Mikrowelle
la lavadora – die Waschmaschine

La comida y la bebida ▸ Unidad 5

el bocadillo – das belegte Brötchen
el jamón – der Schinken
el queso – der Käse
el chorizo – spanische Paprikawurst
las aceitunas – die Oliven
el pan – das Brot
el zumo – der Saft
la naranja – die Orange
la manzana – der Apfel
el plátano – die Banane
el agua mineral – das Mineralwasser

Las profesiones ▶ Unidad 7

der Anwalt / die Anwältin – **el/la abogado/-a**
der/die Architekt/in – **el/la arquitecto/-a**
der/die Flugbegleiter/in – **el/la auxiliar de vuelo**
der/die Informatiker/in – **el/la informático/-a**
der/die Journalist/in – **el/la periodista**
der Koch / die Köchin – **el/la cocinero/-a**
der/die Krankenpfleger/in – **el/la enfermero/-a**
der/die Pilot/in – **el/la piloto**
der/die Schauspieler/in – **el actor / la actriz**
der/die Profi-[…]-Spieler/in – **el/la jugardor/a profesional de** […]
der/die Techniker/in – **el/la técnico/-a**
der/die Tischler/in – **el/la carpintero/-a**

El comercio justo ▶ Unidad 9

el país productor – das Erzeugerland
el intermediario – der Zwischenhändler
el país en desarollo – das Entwicklungsland
una persona desfavorecida – eine benachteiligte Person
asegurar
  … condiciones laborales justas – für faire Arbeitsbedingungen sorgen
  … condiciones comerciales equitativas – für gleiche Handelsbedingungen sorgen
eliminar
  … intermediarios innecesarios – unnötige Zwischen händler beseitigen
  … la dependencia de (intermediarios) – die Abhängigkeit von (Zwischenhändlern) beseitigen
luchar contra la explotación (de los trabajadores) – gegen die Ausbeutung (der Arbeiter) kämpfen
ofrecer a los productores acceso directo a los mercados de (Europa) – den Produzenten direkten Zugang zu den Märkten (Europas) gewähren

La empresa ▶ Unidad 10

la empresa emergente – das Start up
el departamento – die Abteilung
el departamento de recursos humanos – die Personalabteilung
el departamento de relaciones públicas – die PR-Abteilung
el departamento de informática – die IT-Abteilung
el jefe / la jefa de departamento – der/die Abteilungsleiter/in
el comité de empresa – der Betriebsrat
el consejo de administración – der Verwaltungsrat
la dirección – die Geschäftsführung
la fiesta de la empresa – die Betriebsfeier
el/la autónomo/-a – der/die Freelancer
el despido – die Kündigung
la contratación – die Einstellung
el organigrama – das Organigramm

Orte

Spanien

España (ca. 47 Mio. Einwohner)
Europäischer Staat mit der Hauptstadt Madrid. Spanien ist in 17 autonome Gemeinschaften (→ *la comunidad autónoma*) unterteilt. Die Amtssprache in ganz Spanien ist Spanisch. Es werden aber in einigen autonomen Gemeinschaften auch andere Sprachen gesprochen, die dort ebenfalls offiziellen Status haben, z. B. Katalanisch (*el catalán*), Galicisch (*el gallego*) und Baskisch (*el vasco*). ► U2/V

Almería (provincia)
Provinz im Südosten Spaniens in Andalusien (→ *Andalucía*) mit ca. 717 000 Einwohnern. Hauptstadt: Almeria (ca. 198 000 Einwohner). Wichtiges Touristenzentrum mit einem sehr trockenen und sonnigen Klima. Im Inneren der Provinz befindet sich die *Plataforma Solar de Almería*, ein Zentrum für Solarenergie. ► U9/B

Andalucía (ca. 8,4 Mio. Einwohner)

Autonome Gemeinschaft im Süden Spaniens. Andalusien ist die südlichste Festlandregion Spaniens und ganz Europas. Berühmt ist die Region u. a. durch die Flamenco-Musik. Historisch bedeutende Städte sind Granada und Sevilla. Die Region grenzt an eine 830 km lange Küste am Mittelmeer und Atlantischen Ozean. Die Landwirtschaft spielt in Andalusien eine große Rolle. Insbesondere Obst und Gemüse werden in andere Länder exportiert. Neben dem Tourismus wird die Solarenergie ein immer größerer Wirtschaftsfaktor für die Region. ► U8/V

Barcelona (ca. 1,6 Mio. Einwohner)
Hauptstadt der Autonomen Gemeinschaft Katalonien (→ *Cataluña*) und zweitgrößte Stadt Spaniens, am Mittelmeer gelegen. Amtssprachen sind Spanisch und Katalanisch (→ *el catalán*). Neben den Museen Joan Miró und Picasso sind auch die Bauwerke → Antoni Gaudís weltberühmt. ► M1

Cádiz (ca. 122 000 Einwohner)
Hafenstadt und älteste Stadt der iberischen Halbinsel in Andalusien (→ *Andalucía*). 1100 v. Chr. von den Phöniziern gegründet. Ein beliebtes Touristenziel ist la Torre Tavira: ein in der Altstadt gelegener Aussichtsturm mit Blick über Cádiz und seine Bucht. ► U8/V

Cataluña (dt. Katalonien, ca. 7,5 Mio. Einwohner)
Autonome Gemeinschaft im Nordosten Spaniens. Hauptstadt: → Barcelona. Amtssprachen sind Spanisch und Katalanisch (→ *el catalán*). Katalonien ist das bedeutendste Industriegebiet und eine der dichtbesiedeltsten und wohlhabendsten Regionen Spaniens. ► M1

Extremadura
Autonome Gemeinschaft in Westspanien, an der Grenze zu Portugal. Hauptstadt: Mérida. Die Gemeinschaft ist berühmt für ihren iberischen Schinken. ► U10/A

Galicia
Galicia (dt. Galicien, ca. 2,8 Mio. Einwohner) ist eine Autonome Gemeinschaft im Nordwesten Spaniens, die im Süden an Portugal grenzt. Die Hauptstadt ist **Santiago de Compostela** (ca. 96 000 Einwohner), Amtssprachen sind Spanisch und Galicisch. Bekannt geworden ist die Region v. a. durch den Jakobsweg, einen historisch bedeutenden Pilgerweg, den jährlich Tausende von Menschen aller Nationalitäten – unter ihnen auch viele Jugendliche – bewandern. Der Weg führt unter anderem durch die Ortschaft **Triacastela** (ca. 640 Einwohner), und endet ca. 150 km weiter in Santiago de Compostela. ► U10/A

Granada (ca. 236 000 Einwohner)
Stadt im südspanischen Andalusien (→ *Andalucía*). Besonders bekannt wegen der → Alhambra, eine Stadtburg aus der Zeit der maurischen Herrschaft. ► U8/V

las Islas Baleares (1 150 962 Einwohner)
Spanischer Archipel und autonome Gemeinschaft im Mittelmeer, bestehend aus den Inseln Mallorca, Menorca, Ibiza, Formentera, Cabrera und 146 unbewohnten Inseln. Hauptstadt ist Palma de Mallorca. Es werden Spanisch und eine Variante des Katalanischen (mallorquín) gesprochen. ► U10/A

La Coruña (ca. 244 000 Einwohner)

Stadt in der Autonomen Gemeinschaft Galicien im nordwestlichsten Teil Spaniens, direkt am Meer gelegen. Sehenswert ist u. a. der von den Römern 110 n. Chr. errichtete Herkulesturm (*Torre de Hércules*), der als ältester in Betrieb befindlicher Leuchtturm der Welt gilt und seit 2009 zum UNESCO-Weltkulturerbe zählt. Besonders beliebt ist die Umgebung von La Coruña auch bei Surfern. ▶ HE

Madrid (ca. 3,2 Mio. Einwohner)
Seit 1561 Hauptstadt Spaniens, Regierungs- und Königssitz. Wirtschaftliches und kulturelles Zentrum des Landes. Bekannt für seine Museen (z. B. *Museo del Prado*), den königlichen Palast (*Palacio Real*) und als Heimat des Fußballvereins Real Madrid. ▶ U5/A

Málaga (ca. 569 000 Einwohner)
Zweitgrößte Stadt Andalusiens (→ *Andalucía*), an der Costa del Sol gelegen. Málaga ist von Bergen, den *Montes de Málaga*, umgeben und hat deshalb milde Winter. Im Sommer ist Málaga ein beliebtes Reiseziel für Strandurlauber. ▶ U8/V

el País Vasco (baskisch: *Euskadi*) (ca. 2,2 Mio. Einwohner)

Autonome Gemeinschaft im Norden Spaniens. Hauptstadt: Vitoria/Gasteiz. Die größte Stadt ist Bilbao. Das Baskenland ist ein bedeutender Standort für die spanische Wirtschaft. Neben Spanisch ist auch Baskisch (**vasco**, offiziell el *euskera*) die Amtssprache. Baskisch wird im Baskenland und in der spanisch-französischen Grenzregion an der Atlantikküste gesprochen. Baskisch ist eine der ältesten Sprachen Europas und sein Ursprung ist bis heute nicht geklärt. ▶ U10/A

Sevilla (ca. 700 000 Einwohner)
Hauptstadt der Autonomen Gemeinschaft Andalusien (→ *Andalucía*) und viertgrößte Stadt Spaniens. Sehenswert ist die Altstadt, die aus einem Labyrinth aus engen Gassen und palastartigen Häusern besteht und ehemals von einer Stadtmauer mit 66 Türmen umringt war. Zu den Hauptsehenswürdigkeiten Sevillas zählt die Kathedrale von *Santa María*, das größte religiöse Gebäude Spaniens und die größte gotische Kirche der Welt. In der Kathedrale befindet sich das Grabmal von Christoph Kolumbus (→ *Cristóbal Colón*). ▶ U8/V

Lateinamerika

América Latina (ca. 600 Mio. Einwohner)
Alle 20 amerikanischen Länder mit den offiziellen Landessprachen Spanisch oder Portugiesisch. Dazu gehören die Länder Südamerikas (Kolumbien, Venezuela, Brasilien, Ecuador, Peru, Bolivien, Chile, Paraguay, Argentinien und Uruguay), Zentralamerika (Guatemala, Honduras, El Salvador, Nicaragua, Costa Rica und Panama), Mexiko und die spanischsprachigen Gebiete der Karibik (Kuba, Dominikanische Republik, Puerto Rico). Außer in Brasilien ist die Amtssprache in allen lateinamerikanischen Ländern Spanisch. Staaten, in denen die englische, französische oder niederländische Sprache vorherrscht (z. B. Haiti, Belize, Suriname) werden häufig aus dieser Zuordnung ausgeschlossen. Neben den Kolonialsprachen werden auch die indigenen Sprachen der Urbevölkerung gesprochen. Lateinamerika ist mit ca. 20 Mio. km² etwa doppelt so groß wie Europa. ▶ U6/V

los Andes
Längste Gebirgskette der Welt. Die Anden erstrecken sich von Venezuela über Kolumbien und → Peru bis in den Süden von Argentinien und Chile. Insgesamt sind sie 7 500 km lang. Der höchste Berg der Anden, der Aconcagua, liegt in Argentinien und ist 6 962 m hoch. ▶ U6/A

Argentina (ca. 45 Millionen Einwohner)

Republik im südlichen Lateinamerika. Die offizielle Sprache ist Spanisch. 90 % der argentinischen Bevölkerung ist europäischer Herkunft, davon stammen 65 % aus Italien oder Spanien. Die Hauptstadt Buenos Aires ist eines der wichtigsten kulturellen Zentren Lateinamerikas. Die Stadt ist berühmt für den Tango. Einige der berühmtesten argentinischen Schriftsteller sind Jorge Luis Borges, Julio Cortázar und Victoria Ocampo. ▶ Dossier 1

Chile (ca. 19 Millionen Einwohner)
Es ist das längste und schmalste Land Lateinamerikas. Hauptstadt ist Santiago de Chile. Das Land erstreckt sich von der Atacama-Wüste im Norden bis zu den Gletschern im Süden. Einige der berühmtesten Schriftsteller sind Pablo Neruda, Gabriela Mistral und Roberto Bolaño. ▶ Dossier 1

Ciudad de México

Hauptstadt Mexikos (→ ***México***). Im Großraum der Stadt leben ca. 29 Millionen Menschen.
Die Stadt wurde von den Azteken gegründet und hieß **Tenochtitlán**. Sie ist von der Gebirgskette Sierra Nevada umgeben, in der sich auch der sagenumwobene Vulkan ***Popocatépetl*** (5462 m) befindet. Besonders beliebt bei Touristen ist u.a. der Vorort *Xochimilco*, der bekannt ist für seine „schwimmenden Gärten“: künstlich angelegte Kanäle, auf denen bepflanzte Flöße treiben und auf denen man Ausflüge in bunten Booten, den *trajineras*, unternehmen kann. Neben dem Park *Los Dinamos*, durch den der einzige Fluss der Stadt fließt, ist auch der *Bosque de Chapultepec* ein beliebtes Ausflugsziel. Er ist die grüne Lunge der Stadt und beherbergt neben einem Schloss auch einen Freizeitpark. Im *Museo del Chocolate*, kurz *MUCHO*, erfährt man alles rund um die Schokolade, die ihren Ursprung in Mexiko hat. ► U9/A

Columbia (ca. 48 Millionen Einwohner)
Land im Norden Südamerikas, an der Pazifikküste und dem Karibischen Meer. Seine Hauptstadt ist Bogotá, seine Amtssprache ist Spanisch. Sein Name kommt von Christoph Kolumbus. Kolumbien ist geographisch sehr vielfältig und produziert sehr viel Kaffee. Quindío im Westen des Landes ist Teil der Kaffeeregion. Das Land ist bekannt für seine Literatur, vor allem von Gabriel García Márquez, und für Künstler wie Fernando Botero, sowie für seine Musik, zum Beispiel Cumbia. ► Dossier 1

Cuba (ca. 11,3 Millionen Einwohner)
Republik Kuba, Hauptstadt: Havanna. Insel in der Karibik. Offizielle Sprache: Spanisch. Die Insel ist berühmt für ihre Musik und für historische Persönlichkeiten wie Fidel Castro und den Argentinier Che Guevara, die an der kubanischen Revolution (1953–1959) teilnahmen. Einige der berühmtesten Schriftsteller sind Alejo Carpentier, Reinaldo Arenas und Nicolas Guillén. ► U10/A

Cuzco (ca. 350 000 Einwohner)
Hauptstadt der Provinz Cuzco in → Peru. Die Stadt wurde 1200 n. Chr. gegründet und war bis zum 16. Jahrhundert Hauptstadt des Inkareiches (→ *el Imperio inca*). Das Wort Cuzco bedeutet auf → Quechua „Nabel der Welt“. In der Umgebung befinden sich zahlreiche Sehenswürdigkeiten, die aus der Zeit der Inka stammen. Als Ausgangspunkt zu der Inkastadt → Machu Picchu ist Cuzco weltbekannt geworden und wird von vielen Touristen besucht. ► U6/A

Ecuador (ca. 17,3 Millionen Einwohner)
Kleinstes Land in der Andenregion mit einer großen indigenen Bevölkerung. Die Hauptstadt, **Quito**, mit seinen ca. 2,7 Millionen Einwohnern liegt auf fast 3000 Metern über dem Meeresspiegel und ist damit die höchstgelegene Hauptstadt der Welt. Dort lebt der größte Teil der Bevölkerung. Die Äquatorlinie liegt 25 km nördlich der Hauptstadt. ► U10/C

Honduras (ca. 9,1 Millionen Einwohner)
Staat in Zentralamerika mit der Hauptstadt Tegucigalpa. Es grenzt an Guatemala, Nicaragua und El Salvador. ► Dossier 1

Lago Titicaca
Größter See Südamerikas und gilt mit seiner Lage auf 3 810 m Höhe als der höchste schiffbare See der Welt. Er liegt auf der Hochebene der Anden (→ *los Andes*). Der westliche Teil gehört zu Peru, der östliche zu Bolivien. Neben der berühmten Sonnen- und Mondinsel mit ihren uralten Ruinen sind eine der Hauptattraktionen des Titicacasees die schwimmenden Inseln des Volkes der Uros. ► U6/B

Lima (ca. 9,6 Mio. Einwohner)

Hauptstadt und größte Stadt → Perus, direkt an der Pazifikküste gelegen. Die von dem spanischen Eroberer → Francisco Pizarro 1535 gegründete Stadt ist heute das wirtschaftliche, politische und kulturelle Zentrum des Landes. Die Bevölkerung des Ballungsraumes mitgerechnet, ist Lima mit ca. 9,7 Mio. Einwohnern die drittgrößte Stadt Südamerikas. Besonders sehenswert ist die historische Altstadt mit ihren zahlreichen Museen, Kirchen und Bauten der Kolonialzeit und die im Zentrum gelegene → *plaza Mayor*. ► U6/B

México (ca. 120 Mio. Einwohner)
Mexiko, offiziell *Estados Unidos Mexicanos*, ist das bevölkerungsreichste spanischsprachige Land der Welt und liegt im Süden Nordamerikas. Die Hauptstadt ist Mexiko-Stadt (→ *Ciudad de México*), und die Amtssprache ist Spanisch. Die mexikanische Küche ist auch außerhalb Mexikos sehr beliebt, insbesondere die tacos, burritos und enchiladas, die alle aus dünnen Maisfladen (*tortillas*) hergestellt werden. ▶ U9/A

Nazca (ca. 23 000 Einwohner)

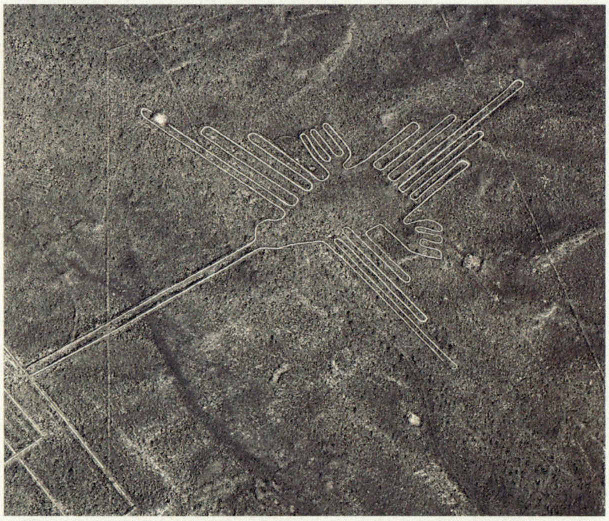

Küstenstadt im Südwesten von → Peru. Bekannt geworden ist der Ort durch die Nazca-Linien. Dabei handelt es sich um riesige Bodenzeichnungen in der Wüste, die vermutlich zwischen 800 v. Chr. und 500 n. Chr. von der damaligen Bevölkerung erschaffen wurden. Sie gehören seit 1994 zum Weltkulturerbe der UNESCO. Die auf einer Fläche von 500 km² und bis zu 20 km langen Linien stellen geometrische Abbildungen, Pflanzen, Tiere und menschenähnliche Figuren dar. Zur Herkunft und Funktion gibt es bis heute verschiedene Theorien. ▶ U6/A

Perú (ca. 31 Mio. Einwohner)
Südamerikanisches Land, das im Norden an Ecuador und Kolumbien, im Osten an Brasilien, im Süden an Chile und im Westen an den Pazifischen Ozean grenzt. Die Hauptstadt ist → Lima. Amtssprache ist Spanisch; über 40 indigene Sprachen wie → Quechua und Aimara haben kooffiziellen Status. Die Bevölkerung ist größtenteils indigener Abstammung. Perus Landschaft ist besonders durch die Anden (→ *los Andes*) und den wasserreichsten Fluss Lateinamerikas, den Amazonas, geprägt. Weltberühmt sind die zahlreichen Sehenswürdigkeiten, die aus der Zeit der Inka stammen, u. a. in → Cuzco und → Machu Picchu. Im 16. Jahrhundert wurde Peru durch → Francisco Pizarro erobert und war daraufhin fast 300 Jahre lang spanische Kolonie. ▶ U6/V

la región andina
Gruppe von Staaten Südamerikas, die geografisch von den Anden (→ *los Andes*) und historisch von den Inkas und anderen indigenen Kulturen geprägt ist: Kolumbien, Ecuador, → Peru und Bolivien. ▶ U6/B

Persönlichkeiten

Atahualpa (ca. 1500–1533)
Der letzte Herrscher des Inkareiches (→ *el Imperio inca*). Atahualpa führte mit seinem Bruder einen Krieg um den Inka-Thron, als der spanische Eroberer → Francisco Pizarro und seine Männer im Reich der Inka eintrafen. Atahualpa wurde 1533 von den spanischen Eroberern gefangengenommen und trotz Lösegeldzahlung hingerichtet. Sein Tod bedeutete das Ende des Inkareiches. ▶ U6/V

Cristóbal Colón (ca. 1451–1506)
Dt. Christoph Kolumbus. Seefahrer unter der spanischen Krone. Auf der Suche nach einem Seeweg nach Indien erreichte er im Jahr 1492 den amerikanischen Kontinent. Es folgte die Eroberung, Kolonialisierung und Ausbeutung des Kontinents durch die europäischen Mächte. Die einheimische Bevölkerung wurde versklavt. Die Folgen der Kolonialisierung zeichnen sich noch heute in den gesellschaftlichen Strukturen Lateinamerikas ab. ▶ U6/V

Hernán Cortés (1485–1547)
Spanischer Eroberer von Badajoz, Extremadura. Im Jahr 1519 reiste er von der Insel Hispaniola in das heutige Gebiet Mexikos. Von dort aus und mit der Hilfe von etwa 600 Männern begann die Eroberung des Aztekenreiches, die mit der Eroberung Tenochtitlans endete. ▶ Dossier 2

Salvador Dalí (1904–1989)
Katalanischer Maler, Grafiker und Bildhauer. Dalí zählt zu den bekanntesten Malern des 20. Jahrhunderts und gilt als einer der Hauptvertreter des Surrealismus. Dalís Körper wurde nach seinem Tod einbalsamiert, um mindestens 300 Jahre überdauern zu können. Er wird in seinem Geburtsort Figueres im *Teatre-Museu Dalí* aufbewahrt. ▶ U5/V

Felipe VI y Letizia Ortiz
Seit 2014 spanisches Königspaar. Die bürgerliche Letizia Ortiz war zuvor Nachrichtensprecherin. Die Eltern von Felipe VI. sind der frühere König Juan Carlos I. und Königin Sofía. ▶ Panorama 1

Francisco Franco (1892–1975)
Spanischer General und Diktator aus Ferrol, der Spanien von 1939 bis zu seinem Tod im Jahr 1975 regierte. Unter Francos faschistischer Herrschaft galt die Verwendung der Regionalsprachen Katalanisch (→ *el catalán*), Baskisch (*el vasco* → *El País Vasco*) und Galicisch (→ *el gallego*) als antinationaler Akt und wurde hart bestraft. ▶ Dossier 2

Gael García Bernal (geb. 1978)
Mexikanischer Schauspieler. Für eine Rolle im Film *«Amores Perros»* im Jahr 2000 brach er sein Studium an einer Londoner Schauspielschule ab. Seitdem hat er in vielen internationalen Filmen mitgewirkt, u.a. in «Die Reise des jungen Che» (*«Diarios de motocicleta»*) und «Und dann der Regen» (*«También la lluvia»*). Zudem engagiert sich Bernal seit Jahren politisch und gesellschaftlich. ▶ Panorama 1

Antoni Gaudí (1852–1926)
Katalanischer Architekt, dessen Bauwerke (z.B. Sagrada Familia, Parque Güell) in Barcelona weltberühmt sind. Typische Gestaltungselemente seiner Bauwerke sind u. a. naturnahe Formen mit Blumen- und Tiermotiven sowie die Verwendung von Bruchsteinen und bunten Keramikfliesen. Nach seinem Tod wurde er in der Krypta der bis heute noch unvollendeten Sagrada Familia beigesetzt. ▶ M1

Juan Carlos I. (* 1938)
ehemaliger, spanischer König (1975–2014). Er trug wesentlich dazu bei Spanien nach dem Tod des Diktators → Francisco Franco in die Demokratie zu führen. ▶ Dossier 2

Frida Kahlo (1907–1954)
Bekannteste mexikanische Malerin. Ihr Vater war Deutscher. In ihren Bildern griff sie häufig Motive der Azteken und Maya auf. Ihr Werk wurde von der mexikanischen Regierung zum nationalen Kulturgut erklärt. ▶ Panorama 1

La Malinche
Indigene Sklavin, die 1519 an Hernán Cortés übergeben wurde. Sie sprach Nahuatl und Maya und lernte Spanisch. So wurde sie zur Übersetzerin und Geliebten von Cortés. ▶ Dossier 2

Joan Miró (1893–1983)
Katalanischer Maler, Graphiker und Bildhauer. Er gilt als Vertreter der Klassischen Moderne, sein Werk ist vom Dadaismus und Surrealismus beeinflusst. Miró ist einer der populärsten spanischen Künstler des 20. Jahrhunderts. ▶ U5/V

Moctezuma II
Aztekenkaiser, der Tenochtitlán zwischen 1502 und 1520 regierte. Zehn Jahre lang versuchte Moctezuma, das Reich nach Süden auszudehnen. Er wollte verhindern, dass die spanischen Konquistadoren die Stadt erreichen, empfing aber 1519 → Cortés. Er verlor all seine Macht und starb bei der Eroberung von Tenochtitlán. ▶ Dossier 2

Pablo Picasso (1881–1973)
Einer der bedeutendsten spanischen Maler, Grafiker und Bildhauer des 20. Jahrhunderts aus → Málaga (Andalusien). Eines seiner bekanntesten Gemälde ist *„El Guernica"*. ▶ U5/V

Francisco Pizarro (1476 oder 1478–1541)
Spanischer Eroberer des Inkareichs (→ *el Imperio inca*), der mehrere Expeditionen nach Süd- und Mittelamerika durchführte. 1532 gründete er die erste spanische Stadt im Inkareich, Piura im Norden von Peru, und 1535 die Hauptstadt Lima. Auf seinem Feldzug nahm er den Inkaherrscher → Atahualpa gefangen und ließ ihn trotz einer Lösegeldzahlung 1533 hinrichten. Mit der Eroberung des Inkareiches innerhalb weniger Monate trug Pizarro zur spanischen Kolonialisierung Südamerikas bei. ▶ U6/V

James Rodríguez (geb. 1991)
Kolumbianischer Fußballspieler. Begann mit 15 Jahren seine Profikarriere und nahm im Jahr 2014 als Nationalspieler an der Weltmeisterschaft in Brasilien teil. ▶ Panorama 1

Mario Vargas Llosa (geb. 1936)
Peruanischer Schriftsteller, Politiker und Journalist. Besitzt seit 1993 auch die spanische Staatsbürgerschaft. Zu den bekanntesten Büchern des Autors gehört «Die Stadt und die Hunde» (*«La ciudad y los perros»*). 2010 wurde er mit dem Nobelpreis für Literatur ausgezeichnet. ▶ U6/V

Sehenswürdigkeiten

la Alhambra

Arabische Stadtburg in → Granada, im 12. Jahrhundert erbaut. Die Alhambra zählt wegen ihrer kunstvoll angelegten Innenhöfe mit den farbenfrohen Kachelornamenten und zahlreichen Wasserspielen zu einem der beliebtesten Touristenziele in Andalusien (→ *Andalucía*) und ganz Europa. ▶ U8/V

Machu Picchu
Ruinenstadt der Inka nahe der peruanischen Stadt → Cuzco und eine der bekanntesten Inkastädte überhaupt. Die Inkas erbauten die Stadt im 15. Jahrhundert in 2 360 m Höhe auf einem Berg in den Anden von Peru. Sie ist noch in ihrem ursprünglichen Zustand erhalten, aber durch den Zustrom vieler Millionen Touristen im Jahr bedroht. ▶ U6/A

la plaza Mayor (Madrid)

Großer Platz im Zentrum → Madrids. Gilt als einer der schönsten Plätze Spaniens. Ursprünglich der Marktplatz der Stadt, auf dem auch öffentliche Feierlichkeiten und Stierkämpfe stattfanden. ▶ U5/C

la plaza Mayor (Lima)
Zentraler Platz in → Lima, an dem sich mehrere Sehenswürdigkeiten der peruanischen Hauptstadt befinden, z. B. der Regierungspalast und die Kathedrale. ▶ U6/A

Sonstiges

los aztecas (dt. Azteken)
Indigenes Volk, das zwischen dem 14. und dem frühen 16. Jahrhundert in Mexiko (→ *México*) lebte. Anfang des 16. Jahrhunderts wurde es von den spanischen Eroberern unterworfen. Die Sprache der Azteken war Nahuatl und die Verständigung erfolgte mittels einer Bilderschrift. Nahuatl wird noch heute von Teilen der indigenen Bevölkerung in Mexiko gesprochen. ▶ Dossier 1

el Camino Inca
Ein 23 000 Kilometer langes von den Inkas (→ *los incas*) angelegtes Straßennetz, das sich durch sechs südamerikanische Länder bis in die Anden (→ *los Andes*) zog. Fortschrittlichstes und ausgedehntestes Transportsystem des präkolumbischen Südamerikas. Heute sind nur noch kleine Abschnitte erhalten bzw. wurden rekonstruiert. Als *Camino Inca* wird heute einer der bekanntesten Inkapfade in Peru bezeichnet, der nach → Machu Picchu führt. Er gilt als einer der schönsten Wanderwege der Welt. Ausgangspunkt ist die peruanische Stadt → Cuzco. Eine Wanderung über den Pfad dauert zwei bis vier Tage. ▶ U6/A

el catalán (Katalanisch)
Zweite Amtssprache Kataloniens. Sie wird von etwa elf Millionen Menschen gesprochen und stammt vom Lateinischen ab. Sie wird in der gesamten öffentlichen Verwaltung verwendet wie auch in Schulen. ▶ M1

el ceviche

Peruanisches Nationalgericht aus rohem Fisch, der in Zitronensaft und Gewürzen eingelegt wird. In weiten Teilen Lateinamerikas verbreitet. ▶ U6/A

el mate
Koffeinhaltiges Getränk. Es wird aus der Pflanze Mate zubereitet, die im Südosten Südamerikas wächst. Die Ureinwohner haben dieses Getränk bereits getrunken. Der Name „Mate“ stammt aus der Guarani-Sprache und bedeutet „Kürbis“, da er früher in einem Kürbis getrunken wurde. Heute wird er oft aus einem kürbisförmigen Becher getrunken und hauptsächlich in Argentinien und Uruguay konsumiert. ▶ Dossier 1

los mayas
Angehörige der Mayakultur, die ihre Blütezeit zwischen 600 und 900 n. Chr. erlebte. Die Maya waren schon vor der Eroberung Amerikas durch die Spanier ein hoch entwickeltes Volk. Sie hatten z. B. einen sehr exakten Kalender und ein eigenes Schriftsystem. Heute leben noch etwa sechs Millionen Maya im Süden Mexikos, in Guatemala, Belize und Honduras. ▶ Dossier 1

el chocolate con churros
Traditionelle spanische Süßspeise, die v. a. zum Frühstück oder während der Kaffeezeit verzehrt wird. Sie besteht aus einer dickflüssigen, heißen Trinkschokolade, in die man die *churros*, frittiertes Spritzgebäck, eintunkt. ▶ U5/C

la comunidad autónoma
Spanien ist in 17 autonome Gemeinschaften unterteilt. Sie sind teilweise vergleichbar mit den deutschen Bundesländern, verwalten sich selbst und haben bestimmte autonome Kompetenzen, z. B. in der Gesetzgebung. Fünf autonome Gemeinschaften sind per Grundgesetz zweisprachig: Galicien, das Baskenland, Katalonien, Valencia und die Balearen. Dort ist neben Spanisch auch die jeweilige Regionalsprache offizielle Amtssprache. ▶ U8/V, P4

Don Quijote
Hauptfigur des weltweit bekannten Romans des spanischen Schriftstellers Miguel de Cervantes (1547–1616). Don Quijote ist ein verarmter Adeliger aus *La Mancha*, der nach der Lektüre zu vieler Abenteuerromane verrückt wird und auf seinem Pferd Rocinante und in Begleitung seines Freundes Sancho Panza auszieht, um Abenteuer zu erleben. Die bekannteste Szene ist sein Kampf gegen Windmühlen, die er für Riesen hält. ▶ Panorama 1

el flamenco

Flamenco gilt als typisch spanische Musik, ist aber eigentlich ein andalusischer Musik- und Tanzstil. Entstanden im 18. Jahrhundert. Er ist generationenübergreifend und in weiten Teilen Spaniens beliebt. Neben dem traditionellen Flamenco gibt es auch moderne Variationen. ▶ U8/V

el gallego
Dt. Galicisch. Seit 1978 neben Spanisch offizielle Amtssprache der autonomen Gemeinschaft Galicien. Das Galicische weist große Ähnlichkeit mit der portugiesischen Sprache auf. Zur Zeit des Franco-Regimes (1939–1975) war die Sprache verboten. Erst nach dem Tod Francos 1975 wurde es wieder als eigenständige Sprache anerkannt. Heute wird es von ca. 3 Mio. Menschen in Spanien und im Norden Portugals gesprochen. ▶ Hablamos español

el gazpacho

Kalte Gemüsesuppe aus Andalusien. Sie besteht aus Tomaten, Weißbrot, grüner Paprika, Salatgurken, Knoblauch, Olivenöl, Essig, Salz und Wasser. ▶ U8/V

la hoja de coca
In den Andenländern (→ *la región andina*) seit Jahrtausenden bekannte Heilpflanze. Traditionell werden die in der Sonne getrockneten Kokablätter gekaut oder als Tee getrunken. Sie haben eine ähnliche Wirkung wie Kaffee und helfen bei Höhen- und Reisekrankheit. ▶ U6/B

el Imperio inca
Das Inkareich (13.–16. Jh.) erstreckte sich vom heutigen Kolumbien über Ecuador, → Peru, Bolivien bis in den Norden Chiles und Argentiniens. Das Zentrum des Imperiums befand sich in → Cuzco im heutigen Peru. Es war ein perfekt organisierter Zentralstaat mit bis zu 9 Mio. Einwohnern. Mit dem Tod des letzten Inkaherrschers → Atahualpa und der Eroberung von Cuzco durch die spanischen Eroberer wurde das Inkareich zur spanischen Kolonie. ▶ U6/V

los incas
Präkolumbische indigene Hochkultur, die in Südamerika zwischen dem 13. und 16. Jahrhundert ihre Blütezeit erlebte. Die Sprachen der Inka waren → Quechua und Aimara, die noch immer von den Nachfahren der Inka v. a. in → Peru, Bolivien und Ecuador gesprochen werden. Weltberühmt ist die Inkastadt → Machu Picchu. ▶ U6/V

la Noche en Blanco
Jährlich im September stattfindendes Kulturereignis in Madrid. Zahlreiche Museen, Galerien etc. haben in der «weißen Nacht» bis in die frühen Morgenstunden kostenlos geöffnet. Begleitet wird das Kulturereignis von Live-Konzerten und Veranstaltungen auf verschiedenen Plätzen der Stadt. ▶ U4/V

Pa amb tomàquet
Katalanische Spezialität: getoastete Brotscheibe, die mit Knoblauch, einer reifen Tomate und Olivenöl bestrichen und mit Salz bestreut wird. Wird in ganz Spanien gern als Beilage gegessen. ▶ M1

el quechua
Quechua ist eine der Sprachen der indigenen Bevölkerung im Andenraum, v. a. in → Peru, Bolivien und Ecuador. Sie ist mit über 8 Mio. Sprechern die meistgesprochene indigene Sprache Südamerikas. ▶ HE, U6/V

la siesta
Mittagsschlaf. Die *siesta* machen einige Spanier/innen besonders im Sommer und auf dem Land aufgrund der Hitze, die vor allem am Mittag und Nachmittag am stärksten ist. Daher haben in Spanien viele Geschäfte zwischen 14 und 17 Uhr geschlossen. ▶ U7/B

las tapas
Kleine Häppchen, die in vielen spanischen Bars zu Getränken gereicht werden, z. B. Olvien, Sardellen, Serrano-Schinken. Sie variieren von Region zu Region. Traditionell wurden *tapas* kostenlos angeboten; inzwischen muss man aber v. a. an touristischen Orten häufig dafür zahlen. ▶ U5/C

la tortilla de patatas
Typisch spanisches Gericht, auch oft als → *tapa* serviert. Omelett aus Eiern, Kartoffeln und Zwiebeln. ▶ U5/C

El español en clase | Spanisch im Unterricht

Hilfe erbitten:

¿Me puedes ayudar?	Kannst du mir helfen?
¿Tienes un boli / una hoja?	Hast du einen Kuli / ein Blatt?

Um Wiederholung bitten:

¿Lo podría repetir, por favor?	Könnten Sie das bitte wiederholen?
¿Podría hablar más lento, por favor?	Könnten Sie bitte langsamer sprechen?

Um Erklärungen oder Hinweise bitten:

¿Podría explicar [...] (otra vez)?	Könnten Sie [...] (noch einmal) erklären?
Tengo una pregunta.	Ich habe eine Frage.
¿Cómo?	Wie bitte?
(Yo) no entiendo el ejercicio / el texto.	Ich verstehe die Aufgabe / den Text nicht.
No entiendo la palabra/frase «[...]».	Ich verstehe das Wort / den Satz „[...]“ nicht.
¿Qué significa «[...]»?	Was bedeutet „[...]“?
¿Cómo se dice «[...]» en alemán/español?	Was heißt „[...]“ auf Deutsch/Spanisch?
¿Cómo se escribe «[...]»?	Wie schreibt man „[...]“?
¿«[...]» se escribe con o sin «s»?	Schreibt man „[...]“ mit oder ohne «s»?
¿Lo podría deletrear, por favor?	Könnten Sie das bitte buchstabieren?
¿Cómo se pronuncia «[...]»?	Wie spricht man „[...]“ aus?
¿Podría poner un ejemplo, por favor?	Könnten Sie bitte ein Beispiel nennen?
¿En qué página está?	Auf welcher Seite steht das?
¿Cuánto tiempo tenemos?	Wie viel Zeit haben wir?

La clase digital

el navegador	der Internetbrowser
el buscador	die Suchmaschine
el enlace	der Link
la portada / la página principal	die Homepage
la página web / el sitio web	die Webseite
el correo electrónico / el e-mail	die E-Mail
la contraseña	das Passwort
el ratón	die Maus
bajar (= descargar)	herunterladen
subir (= cargar)	laden, hochladen
hacer clic	klicken
estar conectado/-a a	verbunden sein mit
interactivo/-a	interaktiv
navegar	surfen
la arroba	@
triple uve doble	www

Indicaciones para los ejercicios | Operatoren

Apunta [...].	Notiere [...].
Averigua [...].	Finde heraus, [...].
Busca [...].	Suche [...].
Compara con [...].	Vergleiche mit [...].
Completa el diálogo / la tabla con [...].	Vervollständige den Dialog / die Tabelle mit [...].
Contesta las preguntas / en las pausas.	Beantworte die Fragen. / Antworte in den Pausen.
Corrige las frases falsas.	Korrigiere die falschen Sätze.
Cuenta algo sobre [...]. / Contaos [...].	Erzähle etwas über [...]. / Erzählt euch [...].
Deduce el significado de [...].	Erschließe dir die Bedeutung von [...].
Describe (a) [...].	Beschreibe [...].
Di [...].	Sage [...].
Dilo con otras palabras.	Sage es mit anderen Worten.
Discute y ponte de acuerdo con [...].	Diskutiere und finde einen Kompromiss mit [...].
Elige [...].	Wähle [...] aus.
Encuentra [...].	Finde [...].
Escribe [...].	Schreibe [...].
Escucha [...] (otra vez).	Höre [...] (noch einmal).
Escucha y repite.	Höre zu und sprich nach.
Explica [...].	Erkläre [...].
Expresa tu opinión acerca de [...].	Äußere deine Meinung zu [...].
Formula frases/preguntas / la regla/hipótesis.	Formuliere Sätze/Fragen / die Regel/Vermutungen.
Habla con tu compañero/-a.	Sprich mit deinem/-r Mitschüler/in.
Haced una encuesta.	Macht eine Umfrage.
Haz el concurso de preguntas y respuestas.	Bearbeite das Quiz.
Intercambiad [...].	Tauscht [...] aus.
Inventa [...].	Denke dir [...] aus.
Justifica [...].	Begründe [...].
Lee [...] (en silencio / en voz baja / en voz alta).	Lies [...] (in Stillarbeit / leise vor / laut vor).
Mira [...].	Schau dir [...] an.
Nombra [...].	Nenne [...].
Ordena las frases / las imágenes.	Bringe die Sätze/Bilder in die richtige Reihenfolge.
Pregunta a tu compañero/-a.	Frage deine/n Mitschüler/in.
Prepara un mapa mental / un diálogo.	Erstelle ein Mind Map / einen Dialog.
Presenta (a) [...].	Stelle [...] vor.
Relaciona [...] con [...].	Verbinde [...] mit [...].
Resume [...].	Fasse [...] zusammen.
Trabajad en parejas.	Arbeitet zu zweit.
Usa las palabras / el pretérito indefinido.	Verwende die Wörter / das pretérito indefinido.

Soluciones | Lösungen

Unidad 8, página 126, ejercicios 1 y 2: 1 c, 2 a, 3 b, 4 c, 5 c+d, 6 c, 7 a, 8 a, 9 b+c

El alfabeto | Das Alphabet

a [ɑ]	**f** [efe]	**k** [ka]	**ñ** [eɲe]	**s** [ese]	**x** [ekis]
b [βe]	**g** [xe]	**l** [ele]	**o** [o]	**t** [te]	**y** [iɣrjeɣa]
c [θe]	**h** [atʃe]	**ll** [ele doβle]	**p** [pe]	**u** [u]	**z** [θeta]
d [de]	**i** [i]	**m** [eme]	**q** [ku]	**v** [uβe]	
e [e]	**j** [xota]	**n** [ene]	**r** [ere]	**w** [uβe doβle]	

La pronunciación | Die Aussprache

Las consonantes | die Konsonanten

[β] a**b**urrido, ha**b**itación
[b] tam**b**ién, **v**ale
[θ] Lu**c**ía, **c**iudad, **z**apato
[tʃ] mu**ch**o
[d] **d**eporte
[ð] estu**d**iar, mo**d**erno
[f] **f**amilia, pro**f**esor
[x] **g**enial, o**j**o, video**j**uego

[g] **g**ustar, **g**afas
[ɣ] ami**g**o, pre**g**untar
[ʝ] **y**o, o**y**e
[k] **c**afé, **qu**izás, **k**ilómetro
[l] **l**ibro
[ʎ] me **ll**amo
[m] **m**adre, ale**m**án
[n] pla**n**, ce**n**tro

[ŋ] le**n**gua, ¡Ve**n**ga!
[ɲ] Espa**ñ**a, peque**ñ**o
[p] **p**aís, **p**adres
[ɾ] pe**r**o, cent**r**o
[r] ba**rr**io, guita**rr**a
[s] co**s**a, pa**s**ar
[t] cua**t**ro, **t**ío
[(k)s] e**x**amen

Las vocales | Die Vokale

[a] **a**migo
[e] l**e**ngua
[i] famil**i**a
[o] ¿d**ó**nde?
[u] ay**u**da

Das **u** wird in folgenden Fällen nicht ausgesprochen:
– nach **q**: ¿**qu**é?, ¿**qu**ién?
– zwischen **g** und **e**/**i**: **gu**itarra, hambur**gu**esa
Steht zwischen **g** und **e**/**i** ein **ü**, wird es wie **u** ausgesprochen: biling**ü**e.

Los diptongos | Die Diphthonge

[ai] b**ai**lar, h**ay**
[au] rest**au**rante
[ei] vol**ei**bol, v**ei**nte
[oi] v**oy**, h**oy**
[j] Aleman**i**a, b**i**en
[w] leng**u**a, c**u**adro

eu wird im Spanischen nicht als [oi] ausgesprochen. Stattdessen werden das **e** und das **u** getrennt voneinander ausgesprochen, z. B. in **eu**ro.

Reglas de acento | Betonungs- und Akzentregeln

1. Wörter, die auf n, s oder Vokal enden, werden auf der vorletzten Silbe betont:

e	**xa**	men
	lu	nes
	ca	sa

2. Wörter, die auf Konsonant (außer n, s) enden, werden auf der letzten Silbe betont:

u	ni	ver	si	**dad**
			ho	**tel**

3. Wörter, deren Betonung von dieser Regel abweicht, haben einen Akzent auf der betonten Silbe.

tam	**bién**		
vi	**vís**		
a	**sí**		
di	**fí**	cil	
á	ra	be	
e	**xá**	me	nes

Los signos de puntuación | Die Satzzeichen

la barra
la coma
los dos puntos
el punto
los puntos suspensivos
las comillas
los signos de exclamación
la tilde

31/05/21
Hola, chicos: ¿Qué tal? Estoy en Colonia (Alemania)
con mi familia. La ciudad es muy bonita: hay un río y
muchos parques, ... Después os mando fotos;
ahora tengo que salir. Hoy vamos a visitar
el "Kölner Dom". Es una catedral muy grande –
¡y súper impresionante! Voy con mi tía y con Alex,
mi primo pequeño.

los signos de interrogación
los paréntesis
la minúscula
el punto y coma
LA MAYÚSCULA
el guion
el acento / la tilde

Im Spanischen stehen die Anführungszeichen vor und hinter dem Wort oben.

Los números | Die Zahlen

0 cero
1 uno, un/a [...]
2 dos
3 tres
4 cuatro
5 cinco
6 seis
7 siete
8 ocho
9 nueve
10 diez
11 once
12 doce
13 trece
14 catorce
15 quince
16 dieciséis
17 diecisiete
18 dieciocho
19 diecinueve

20 veinte
21 veintiuno, veintiún/-una [...]
22 veintidós
23 veintitrés
24 veinticuatro
25 veinticinco
26 veintiséis
27 veintisiete
28 veintiocho
29 veintinueve
30 treinta
31 treinta y uno, treinta y un/a [...]
32 treinta y dos
33 treinta y tres
40 cuarenta
50 cincuenta
60 sesenta
70 setenta
80 ochenta
90 noventa

100 cien
101 ciento uno, ciento un/a [...]
135 ciento treinta y cinco
200 doscientos/-as
300 trescientos/-as
400 cuatrocientos/-as
500 quinientos/-as
600 seiscientos/-as
700 setecientos/-as
800 ochocientos/-as
900 novecientos/-as
1.000 mil
2.000 dos mil
10.000 diez mil
100.000 cien mil
200.000 doscientos/-as mil
500.000 quinientos/-as mil
1.000.000 un millón (de [...])
2.000.000 dos millones (de [...])

Unidad 1

1 Regelmäßige Verben im Präsens | Verbos regulares en presente

Infinitiv	**hablar**	**comprender**	**vivir**
Singular	habl-**o** habl-**as** habl-**a**	comprend-**o** comprend-**es** comprend-**e**	viv-**o** viv-**es** viv-**e**
Plural	habl-**amos** habl-**áis** habl-**an**	comprend-**emos** comprend-**éis** comprend-**en**	viv-**imos** viv-**ís** viv-**en**

Es gibt drei Verbgruppen. Verben, die auf *-ar*, *-er*, und *-ir* enden. Die Verben auf *-er* und auf *-ir* haben bis auf die 1. und 2. Person Plural dieselben Formen.
⚠ Die 1.–3. Person Singular und die 3. Person Plural werden auf dem Stamm betont, die 1. und 2. Person Plural sind hingegen endungsbetont.
⚠ Der Akzent in der 2. Person Plural steht bei Verben, die auf *-ar* enden, auf dem *a*, bei Verben, die auf *-er* enden, auf dem *e* und bei Verben, die auf *-ir* enden, auf dem *i*.

2 Das unregelmäßige Verb ser | El verbo irregular ser

Infinitiv	**ser**	
Singular	**soy** **eres** **es**	Lucía: «**Soy** de Sevilla.» Marta **es** nueva en Madrid.
Plural	**somos** **sois** **son**	**Somos** compañeros de clase.

Mit dem Verb *ser* kannst du wie im Deutschen Eigenschaften und die Herkunft von Personen beschreiben.

3 Die einfache Verneinung | La negación simple

Todavía **no** trabajo.	Ich arbeite noch **nicht**.
No comprendo gallego, ¿y tú?	Ich verstehe **kein** Galicisch. Und du?

Im Spanischen steht die Verneinung *no* vor dem Verb. *No* kann „nicht" oder auch „kein/e" bedeuten.

4 Der bestimmte Artikel | El artículo determinado

	Maskulinum	Femininum
Singular	**el** amigo	**la** amiga
Plural	**los** amigos	**las** amigas

Da es im Spanischen (im Gegensatz zum Deutschen oder Lateinischen) nur zwei Genera gibt (Maskulinum und Femininum), gibt es auch nur zwei Artikel.

5 Der unbestimmte Artikel | El artículo indeterminado

	Maskulinum	Femininum
Singular	**un** amigo	**una** amiga

unas amigas	**ein paar** Freundinnen
unos tres euros	**etwa** drei Euro

Die Wörter *unos* und *unas* gibt es zwar im Spanischen, sie bedeuten aber „ein paar" oder „etwa".

6 Der Singular und Plural der Substantive | El singular y el plural de los sustantivos

	Maskulinum	Femininum
Singular Plural	el amig**o** los amig**os**	la amig**a** las amig**as**
Singular Plural	el móvil los móvil**es**	la ciudad las ciudad**es**

Die meisten Substantive, die auf *-o* enden, sind männlich, Substantive, die auf *-a* enden, sind weiblich. Substantive mit der Endung *-dad* (z. B. *la ciudad*) oder *-ión* (z. B. *la región*) sind immer weiblich.
Substantive, die auf einen Vokal enden, bilden den Plural mit einem *-s* und Substantive, die auf einen Konsonanten enden, bilden den Plural mit *-es*.

7 Die Subjektpronomen | Los pronombres sujeto

Singular	yo tú él/ella/usted	
Plural	nosotros vosotros ellos/ellas/ustedes	nosotras vosotras

–Habl**o** alemán.

Im Spanischen kann man das Subjekt an der Endung des konjugierten Verbs erkennen, daher werden die Verben meistens ohne Pronomen verwendet.

–¿Comprendéis árabe?
–**Yo** no, pero **ella** sí.
–¿Quién es el amigo de Lucía?
–¿Es **él** o **él**?

Die Subjektpronomen werden im Spanischen nur verwendet, wenn sie betont werden oder um Missverständnisse zu vermeiden.

–Marta y Lucía, vivís en Madrid, ¿verdad?
– ¿**Nosotras**? Sí.
– Marta, Lucía y Manuel, vivís en Madrid, ¿verdad?
– ¿**Nosotros**? Sí.

Nosotras/vosotras/ellas beziehen sich auf rein weibliche Gruppen. Bei gemischten Gruppen wird immer die maskuline Form *nosotros/vosotros/ellos* verwendet.

8 Fragewörter | Pronombres interrogativos

¿**Qué** escribes?
¿**Cómo** te llamas?
¿**De dónde** eres?
¿**Quién** eres? / ¿**Quiénes** son?
¿**Cuándo** quedamos?
¿**Por qué** no (estudiamos juntos)?
¿**Cuál** es el número de teléfono?

⚠ Fragewörter tragen immer einen Akzent.
⚠ *Quién* und *cuál* haben mit *quiénes* und *cuáles* auch eine Pluralform.
Genau wie im Deutschen kann man im Spanischen auch ohne Fragewörter (einfache) Ja-Nein-Fragen bilden.
¿Necesitas ayuda? ¿Habláis alemán en casa?

Unidad 2

9 Gruppenverben e → ie | Grupos de verbos e → ie

Infinitiv	**quer-er**	**ten-er**
Singular	quier-o quier-es quier-e	**tengo** tien-es tien-e
Plural	quer-emos quer-éis quier-en	ten-emos ten-éis tien-en

Viele Verben im Spanischen werden nach einem bestimmten Muster konjugiert und heißen daher Gruppenverben. Zum Beispiel ändert das Verb querer seinen Stammvokal *-e-* in der 1.–3. Person Singular und in der 3. Person Plural zu *-ie-*.
⚠ *tener* hat eine besondere Form in der 1. Person Singular (*tengo*).

10 Das Adjektiv | El adjetivo

Maskulinum	Femininum
un libro creativo libros creativos	una película creativa películas creativas
un libro interesante libros interesantes	una película interesante películas interesantes
un libro genial libros geniales	una película genial películas geniales

Adjektive werden im Spanischen immer in Numerus (Singular/Plural) und Genus (m./w.) an das Substantiv angeglichen, auf das sie sich beziehen.
Adjektive, die nicht auf *-o* bzw. *-a* enden (z. B. *interesante*, *genial*), haben nur eine Form für Maskulinum und Femininum.
Der Plural der Adjektive wird wie der der Substantive gebildet (vgl. S. 164, 6). Anders als im Deutschen, wo das Adjektiv vor dem Substantiv steht, stehen die Adjektive im Spanischen in der Regel hinter dem Substantiv.

El hermano de Tarek es (bastante) tímido.
La abuela de Manuel es muy simpática.
Las ideas de mi amiga son inteligentes.
Los textos en Inglés son difíciles.

11 Das unregelmäßige Verb estar | El verbo irregular estar

Infinitiv	**estar**
Singular	estoy estás está
Plural	estamos estáis están

⚠ Immer wenn du das Verb „sein“ durch „sich befinden“ ersetzen kannst, verwendest du *estar* und nicht *ser*.

–¿Dónde **estás**? – Wo bist du (= befindest du dich)?
–**Estoy** en Barcelona. – Ich bin (= befinde mich) in Barcelona.
–El instituto **está** lejos de la heladería. – Die Schule ist (=befindet sich) weit von der Eisdiele entfernt.

12 Die Verbform hay | El verbo hay

Hay un supermercado nuevo en el centro.
Hay unas tiendas pequeñas en esta calle.
Hay mucha/poca gente en la plaza.
Hay dos panaderías nuevas en nuestro barrio.
También **hay** cafeterías y restaurantes.
¿**Hay** café?

Hay wird mit dem unbestimmten Artikel (*un/a*, *unos/-as*), mit einer Form von *mucho* oder *poco*, vor Zahlen oder vor Substantiven im Plural ganz ohne Artikel verwendet.
⚠ *Hay* wird nie mit dem bestimmten Artikel verwendet.

¿**Hay** un hotel en esta calle?
El «Hotel Atlántico» **está** en la calle Cervantes.

Hay bedeutet „Gibt es ...?“ / „Es gibt“; *estar* bedeutet „sich befinden“.

13 Die Kontraktion del | La contracción del

de + el = del
Lucía habla **del** barrio de su padre (en Sevilla/Andalucía).

Die Präposition *de* verschmilzt immer mit dem bestimmten maskulinen Artikel *el* zu *del*.

14 Possessivbegleiter | Determinantes posesivos

	Maskulinum	Femininum
mein/e	**mi/s** amigo/s	**mi/s** amiga/s
dein/e	**tu/s** amigo/s	**tu/s** amiga/s
sein/e, ihr/e, Ihr/e	**su/s** amigo/s	**su/s** amiga/s
unser/e	**nuestro/s** amigo/s	**nuestra/s** amiga/s
euer/eure	**vuestro/s** amigo/s	**vuestra/s** amiga/s
ihr/e, Ihr/e	**su/s** amigo/s	**su/s** amiga/s

Die Possessivbegleiter richten sich im Numerus (Sg./Pl.) nach dem Besitzgegenstand. *Nuestro/-a* und *vuestro/-a* richten sich zudem auch im Genus (m./f.) nach dem Besitzgegenstand.
⚠ **su** amigo = **sein** Freund, **ihr** Freund

15 Die Begleiter mucho/-a und poco/-a | Los determinantes mucho/-a y poco/-a

Maskulinum	Femininum
much**o** tráfico much**os** hoteles	much**a** gente much**as** ciudades
poc**o** tráfico poc**os** amigos	poc**a** gente poc**as** tiendas

Mucho/-a und *poco/-a* werden wie ein Adjektiv in Numerus (Sg./Pl.) und Genus (m./f.) an das Substantiv, auf das sie sich beziehen, angeglichen. Sie stehen vor dem Substantiv.

16 Gruppenverben o → ue | Grupos de verbos o → ue

Infinitiv	**pod-er**
Singular	**pued**-o **pued**-es **pued**-e
Plural	pod-emos pod-éis **pued**-en
	ebenso: probar

Es gibt auch Gruppenverben, die ihren Stammvokal *o* zu *ue* verändern (vgl. S. 164, 9 Gruppenverben *e* → *ie*). Sie ändern auch ihren Stammvokal in der 1.–3. Person Singular und in der 3. Person Plural von *o* zu *ue*.

17 Die Modalverben poder, querer und tener que | Los verbos modales poder, querer y tener que

Podemos quedar mañana.	Wir können uns morgen verabreden.
Quiero tomar un café.	Ich möchte einen Kaffee trinken.
Tienes que hacer muchas cosas hoy.	Du musst heute viele Sachen machen.

Wenn auf ein Modalverb ein Verb folgt, steht dieses immer im Infinitiv. Anders als im Deutschen können die Modalverben von dem Infinitiv nicht getrennt werden. Die Modalverben *poder* und *querer* können auch alleine stehen, das Modalverb *tener que* hingegen nicht.

¿**Puedes** ir al cine mañana?	Sí, **puedo**.
¿**Quieres** ir al rocódromo mañana?	No, no **quiero**.
¿**Tienes que** hacer muchas cosas hoy?	Sí. / Sí, **tengo que** hacer muchas cosas.

18 Das Verb ir | El verbo ir

Infinitiv	ir
Singular	voy vas va
Plural	vamos vais van

⚠ Die 2. Person Plural von *ir* trägt keinen Akzent, da es ein einsilbiges Wort ist. Einsilbige Wörter tragen nur dann einen Akzent, wenn es sie in unterschiedlicher Bedeutung zweimal gibt, z. B.: *tú y tu móvil*; *él y el móvil*.

¿Vas **a** la heladería? Vamos **a** la plaza.

Das Verb *ir* steht häufig mit der Präposition *a*, die die Richtung ausdrückt.

19 Die Kontraktion al | La contracción al

a + el = al
Hoy vamos **al** cine.

Die Präposition *a* verschmilzt mit dem bestimmten maskulinen Artikel *el* zu *al* (vgl. S. 165, 13).

20 Das Verb hacer | El verbo hacer

Infinitiv	**hacer**
Singular	**hago** haces hace
Plural	hacemos hacéis hacen

ebenso:
salir: salgo ▶ Unidad 3
poner: pongo ▶ Unidad 4
traer: traigo ▶ Unidad 4

Es gibt eine Reihe von Verben, die nur in der 1. Person Singular unregelmäßig sind, zum Beispiel das Verb *hacer*.

Unidad 3

21 Das Fragewort cuánto/-a | El pronombre interrogativo cuánto/-a

	Maskulinum	Femininum
Singular	¿**Cuánto** tráfico hay en Madrid?	¿**Cuánta** gente hay en la fiesta?
Plural	¿**Cuántos** hermanos tienes?	¿**Cuántas** hermanas tienes?

Das Fragewort *cuánto* wird in Numerus (Sg./Pl.) und Genus (m./f.) an das folgende Substantiv angeglichen.

22 Die Verneinung mit tampoco | La negación con tampoco

–No me gusta jugar al fútbol. –A mí **tampoco**.
–No hablo árabe y **tampoco** hablo francés.

Tampoco bedeutet „auch nicht" (vgl. engl. *either*, *neither*). Es kann allein stehen oder vor dem konjugierten Verb.

23 Das indirekte Objektpronomen | El pronombre de complemento indirecto

Blanca	**me** **te** **le**	escribe.	Blanca	**nos** **os** **les**	da el libro.

gustar				
(A mí) (A ti) (A él/ella/usted) (A nosotros/-as) (A vosotros/-as) (A ellos/-as/ustedes)	me te le nos os les	gusta	la música. hacer deporte.	*gusta* + best. Artikel + Substantiv im Singular *gusta* + Infinitiv
		gusta**n**	las películas. el fútbol y el tenis.	*gustan* + best. Art. + Substantiv/e im Plural

Esta película me gusta. = Dieser Film gefällt mir.

Estas películas me gustan. = Diese Filme gefallen mir.

Ob *gusta* oder *gustan* gebraucht wird, richtet sich nach dem Subjekt. Das Verb *gustar* wird genauso verwendet wie das deutsche Verb „gefallen".

A mí **me** gusta bailar, pero a mi novio no **le** gusta.

Mit *a* + Pronomen oder Substantiv/Namen (*a mí, a ti, a mi amigo*...) kann das Objektpronomen hervorgehoben oder genauer bestimmt werden.

⚠ Me **gusta** ir al cine. Ich gehe **gerne** ins Kino.
⚠ **Quiero** ir al cine. Ich **will** ins Kino gehen.

	☺	☹
–¿Os gusta escuchar la radio?	–A mí sí. –A mí también.	–A mí no. –A mí tampoco.
	–Me gusta (mucho/bastante).	–No me gusta (mucho/nada).

Me **gusta mucho** viajar. = Me **encanta** (viajar).

Encantar wird nie für Fragen verwendet und es wird nie verneint!

24 Estar + gerundio | Estar + gerundio

estoy estás está estamos estáis están	habl**ando** com**iendo** escrib**iendo**

Estar + *gerundio* drückt aus, was man gerade tut bzw. was gerade geschieht. Diese Verlaufsform wird mit einer konjugierten Form des Verbs *estar* und dem *gerundio* gebildet und entspricht dem englischen *present progressive*:

I am speaking. Ich spreche **gerade**.
You are writing. Du schreibst **gerade**.
He is eating. Er isst **gerade**.

Verben auf **-ar**	Verben auf **-er**	Verben auf **-ir**
habl-**ando**	com-**iendo**	escrib-**iendo**

Das *gerundio* wird aus dem Stamm des Verbs und den Endungen *-ando* (bei den Verben auf *-ar*) und *-iendo* (bei den Verben auf *-er* und *-ir*) gebildet.

Einige Verben haben eine unregelmäßige Form des *gerundio*:

decir → d**i**ciendo	venir → v**i**niendo	preferir → pref**i**riendo
ir → **y**endo	pedir → p**i**diendo	dormir → d**u**rmiendo
leer → le**y**endo	repetir → rep**i**tiendo	

25 Die Fragepronomen cuál und qué | Los pronombres interrogativos cuál y qué

–Me gusta esta camisa.	–¿**Cuál**? ¿La blanca?	–No, la amarilla.	Welches (Hemd)?
–Prefiero las camisetas allí.	–¿**Cuáles** (prefieres)?	–Las negras.	Welche (Hemden)?
	–¿**Qué** camiseta te gusta?	–La amarilla.	Welches (Hemd)?
	–¿**Qué** camisetas prefieres?	–Las negras.	Welche (Hemden)?

Für das Fragewort „welche/r, welches" gibt es im Spanischen zwei verschiedene Fragepronomen: *cuál/cuáles* steht ohne Substantiv (oder mit einem Verb), *qué* steht immer mit einem Substantiv.

26 Die Demonstrativbegleiter und -pronomen | Los determinantes y pronombres demostrativos

	Maskulinum		Femininum	
Singular	**este** **ese**	pantalón	**esta** **esa**	camiseta
Plural	**estos** **esos**	pantalones	**estas** **esas**	camisetas

⚠ Die maskulinen Demonstrativbegleiter und -pronomen im Singular enden auf *-e* und nicht auf *-o*. Durch *este/esta* und *ese/esa* wird im Spanischen genauer als im Deutschen unterschieden, wie weit entfernt sich eine Sache (oder Person) vom Sprecher befindet (vgl. engl. *this/that* und *these/those*).

Este (cinturón) es muy caro. … **dieser** (Gürtel) **hier**
Mira, **ese** (cinturón) es barato. … **der** (Gürtel) **dahinten**

27 Das Verb parecer | El verbo parecer

¿Qué	te le os les	parece	la película? esta camiseta?
		parecen	las camisetas rojas? estos vaqueros?

Me Le Nos Les	parece	interesante. bonita.
	parecen	fantásticas. bastante cómodos.

Parecer wird nur mit den Formen *parece* und *parecen* sowie einem indirekten Objektpronomen verwendet, vgl. S. 167, 23 ▸ gustar

28 Das direkte Objekt bei Personen a | El complemento directo con personas a

direktes Objekt = Sache	direktes Objekt = Person
¿Ves el libro? Busco mis libros.	¿Ves **a** Ana? Busco **a** mi hermana.

Wenn das direkte Objekt eine Person ist, dann muss die Präposition *a* benutzt werden.

29 Das Relativpronomen que | El pronombre relativo que

La camiseta **que** está de oferta no me gusta.
¿Por qué no compras los zapatos **que** están de oferta?

Das Relativpronomen *que* ist unveränderlich, d. h. es wird weder in Genus (m./f.) noch in Numerus (Sg./Pl.) angeglichen.

30 Der Gebrauch von ser und estar | El uso de ser y estar

ser	*estar*
• Aussehen Pablo **es** alto y delgado. La Sra. Ruiz **es** elegante y joven. La terraza **es** grande y moderna. El coche **es** nuevo. • Charakter oder Eigenschaft El profe de Inglés **es** muy inteligente y simpático. La clase de Alemán **es** interesante. El centro de Madrid **es** bastante ruidoso. **Es** un problema serio.	• Ortsangabe Tarek **está** en Madrid. La librería **está** cerca de la plaza. • *estar* + Adjektiv Lucía **está nerviosa** porque tiene un examen. Tarek **está cansado** porque estudia mucho.

Das deutsche Verb „sein“ wird im Spanischen je nach Bedeutung mit *ser* oder *estar* wiedergegeben.

Unidad 4

31 Der bejahte Imperativ | El imperativo afirmativo

	tom**ar**	com**er**	escrib**ir**
Singular (*tú*)	tom-**a**	com-**e**	escrib-**e**
Plural (*vosotros/-as*)	tom-**ad**	com-**ed**	escrib-**id**

Der Imperativ drückt einen Befehl/eine Anweisung aus. Im Singular entspricht der Imperativ der 3. Person Singular des Verbs (z. B. *jugar* → *juega* → *¡juega!*; *pensar* → *piensa* → *¡piensa!*). Im Plural wird das Endungs-*r* des Infinitivs durch ein *-d* ersetzt (z. B. *contar* → *contad*).

Einige Formen sind im Singular unregelmäßig:

decir → **di**	irse → **vete**	venir → **ven**
hacer → **haz**	salir → **sal**	poner → **pon**
ir → **ve**	tener → **ten**	ser → **sé**

Alle Pluralformen sind regelmäßig.

32 Der Imperativ mit Pronomen | El imperativo con pronombre

¡C<u>ó</u>mpra**le** la camiseta! Kaufe **ihm/ihr** das Hemd.
¡Expl<u>í</u>ca**me** los deberes, por favor! Erkläre **mir** die Hausaufgaben, bitte!

Wie im Deutschen steht das Objektpronomen nach dem Imperativ, es wird allerdings im Spanischen direkt an das Verb angehängt.
Die Betonung ändert sich trotz der zusätzlichen Silbe nicht. Deshalb achte beim Imperativ der 2. Person Singular auf den Akzent auf der drittletzten Silbe! ▶ Las reglas de acento, S. 252

¡Comprad**le** la camiseta!
¡Explica**os** el uno al otro los deberes, por favor!
Explicad + os → Explica~~d~~os

Wird an den Imperativ der 2. Person Plural das Pronomen *os* angehängt, so entfällt das *-d* des Imperativs: *explicad* + *os* → *explica~~d~~os*.

33 Das Futur mit ir a + Infinitiv | El futuro inmediato

Voy Vas Va Vamos Vais Van	a	viajar a España.

Das zusammengesetzte Futur drückt aus, dass etwas in der nahen Zukunft geschehen wird.
Es wird aus einer konjugierten Form des Verbes *ir*, der Präposition *a* und einem Infinitiv gebildet.

aller faire qch.: Il **va voyager à** Madrid.

34 Das Verb venir | El verbo venir

Infinitiv	**venir**
Singular	**vengo** vien-es vien-e
Plural	ven-imos ven-ís vien-en

Venir gehört zu den Gruppenverben mit Stammvokalwechsel von *e* zu *ie* (*e* → *ie*) (vgl. S. 164, 9).
Wie das Verb *tener* hat auch *venir* eine unregelmäßige 1. Person Singular (*vengo*).

¿Cuándo **vienes**? Wann **kommst** du?
¡Ahora **voy**! Ich **komme** jetzt (zu dir)!

venir = Bewegung auf den Sprecher hin
ir = Bewegung vom Sprecher weg

35 Der Gebrauch von saber | El uso del verbo saber

Ana **sabe** bailar muy bien, pero hoy no puede porque tiene que preparar un examen.
–¿Qué **sabes** hacer bien? –**Sé** tocar la guitarra y **sé** hablar español.

Das deutsche Verb „können“ kann im Spanischen mit *saber* oder mit *poder* wiedergegeben werden. *Saber* drückt eine erlernte Fähigkeit aus. *Poder* bezeichnet dagegen ganz allgemein den Umstand, dass jemand etwas (nicht) tun kann.
Diese Unterscheidung gibt es auch im Französischen:

Ana **sait** très bien danser, mais aujourd'hui elle ne **peut** pas parce qu'elle doit préparer un examen.

36 Die reflexiven Verben | Los verbos reflexivos

Infinitiv	levantar**se**
Singular	**me** levanto **te** levantas **se** levanta
Plural	**nos** levantamos **os** levantáis **se** levantan

Anders als im Deutschen steht das Reflexivpronomen im Spanischen vor dem konjugierten Verb.
Es gibt Verben, die im Spanischen reflexiv sind, im Deutschen aber nicht (und umgekehrt):
*Mario **se** levanta tarde.* = Mario steht spät auf.

duchar**se**	**sich** duschen
Me ducho.	Ich dusche mich.
Me quiero duchar.	Ich will mich duschen.

¡Levánta**te**!
¡Levanta~~d~~**os**! = ¡Levanta**os**!

Beim Imperativ gelten für die Reflexivpronomen die gleichen Regeln wie für indirekte und direkte Objektpronomen: Sie werden direkt an die Verbform angehängt. Im Plural entfällt das *d*, ebenso bleibt die Betonung erhalten und wird ggf. mit einem Akzent markiert (vgl. ► Las reglas de acento, S. 252).

37 Gruppenverben e → i | Grupos de verbos e → i

Infinitiv	**decir**
Singular	**digo** dic-es dic-e
Plural	dec-imos dec-ís dic-en
	ebenso: seguir ► Unidad 5 repetir ► Unidad 5 elegir ► Unidad 6 pedir ► Unidad 7

Das Verb *decir* gehört zu einer Verbgruppe, die ihren Stammvokal in der 1.–3. Person Singular und in der 3. Person Plural von *e* zu *i* (*e* → *i*) ändert. *Decir* hat außerdem eine unregelmäßige 1. Person Singular (*digo*).

38 Die indirekte Rede und Frage im Präsens | El estilo indirecto en el presente

	direkte Rede	indirekte Rede
Aussagesatz	Victoria: «Tengo un profesor de Inglés muy divertido.»	Victoria **dice que** tiene un profesor de Inglés muy divertido.
Frage	Victoria: «¿Queréis estudiar juntos?» Tarek: «¿Dónde quedamos mañana?»	Victoria **quiere saber si** queremos estudiar juntos. Tarek **pregunta dónde** quedamos mañana.

Wenn du wiedergeben möchtest, was jemand anders gesagt hat, dann verwendest du die indirekte Rede bzw. die indirekte Frage. Das Verb muss angepasst werden (*quiero ver / quiere ver*).
In der indirekten Frage behalten die Fragepronomen ihren Akzent. Entscheidungsfragen (Antwort: ja/nein) werden in der indirekten Frage mit *si* (= ob) eingeleitet.

39 Konjunktionen | Conjunciones

Victoria saca muy buenas notas **aunque** no es muy «empollona».	obwohl
La clase de Francés es un poco aburrida. **Sin embargo**, es su asignatura favorita.	trotzdem
Cuando llueve Cintia no tiene clases porque el autobús no va.	(Immer) wenn
Se pone su uniforme escolar **mientras** su madre prepara el desayuno.	während
A veces Cintia pierde el autobús **porque** sus hermanos no se apuran.	weil
La vida de Cintia no es (siempre) fácil, **pero** no se queja.	aber

⚠ Die Konjunktion *cuando* schreibt man ohne Akzent, das Fragepronomen *¿cuándo?* hingegen mit Akzent.

Unidad 5

40 Der reale Bedingungssatz der Gegenwart | La frase condicional en presente

Si te interesa el arte, tienes que ir al Museo Reina Sofía.
Si tengo tiempo mañana, voy a ir al Parque del Buen Retiro.

Mit *si* kannst du eine Bedingung formulieren oder einen Tipp geben.

41 Der Komparativ des Adjektivs | El comparativo del adjetivo

La habitación es	**más** **menos**	grande ruidosa cara	**que**	tu habitación.
	tan		**como**	

Mit dem Komparativ werden Gegenstände oder Personen verglichen. Bei Ungleichheit (mehr/weniger ... als) verwendet man *más/menos* + Adjektiv + *que* und bei Gleichheit (genau so ... wie) *tan* + Adjektiv + *como*.

⚠ unregelmäßige Komparativformen:

bueno/-a → mejor	Este piso es **mejor** que el otro.	*engl.* good → better, *fr.* bon → meilleur
malo/-a → peor	Este piso es **peor** que el otro.	*engl.* bad → worse, *fr.* mauvais → pire

42 Das direkte Objektpronomen | El pronombre de complemento directo

¿Conoces **a Lucía**? — Sí, conozco **a Lucía**.
Sí, **la** conozco.

Soledad	me te lo la nos os los las	conoce. ayuda. escucha.	 (= a Manuel) (= a Lucía) (= a Lucía y a Manuel) (= a Lucía y a Marta)

Um ein Objekt nicht ständig zu wiederholen, kannst du es durch ein Pronomen ersetzen.

Die direkten Objektpronomen unterscheiden sich nur in der 3. Person Singular (*lo* und *la*) und Plural (*los* und *las*) von den indirekten Objektpronomen (*le* und *les*, vgl. S. 168, 23). *Lo* und *los* stehen für maskuline direkte Objekte und *la* und *las* für feminine direkte Objekte.

La ayudo. = direktes Objektpronomen — Ich helfe ihr. = indirektes Objektpronomen
Le pregunto. = indirektes Objektpronomen — Ich frage sie/ihn. = direktes Objektpronomen.
Le pido. = indirektes Objektpronomen — Ich bitte sie/ihn. = direktes Objektpronomen.

⚠ Eine Reihe von Verben stehen im Deutschen mit einem indirekten, im Spanischen jedoch mit einem direkten Objekt und umgekehrt.

43 Die Stellung der Pronomen im Satz | La posición de los pronombres en la frase

Le escribe un e-mail. → indirektes Objektpronomen
¿**La** ayudas con los deberes, por favor? → direktes Objektpronomen
Se ducha siempre por la mañana. → Reflexivpronomen

Die (indirekten und direkten) Objektpronomen und Reflexivpronomen stehen immer vor dem konjugierten Verb.

¿**La** quieres ver?	= ¿Quieres ver**la**?	Modalverb
¿**La** puedes llamar mañana?	= ¿Puedes llamar**la** mañana?	
La fiesta les va a gustar.	= La fiesta va a gustar**les**.	Futur
Le estoy escribiendo.	= Estoy escribiéndo**le**.	*estar + gerundio*
Lo está ayudando.	= Está ayudándo**lo**.	
Se está duchando.	= Está duchándo**se**.	
–	Tóma**la**.	Imperativ

In einem Satz mit einem Modalverb (*poder*, *querer*) oder dem Futur mit *ir a* + Infinitiv können die Pronomen an den Infinitiv bzw. bei *estar + gerundio* an das *gerundio* angehängt werden. Im bejahten Imperativ müssen die Pronomen immer angehängt werden und können nicht vor dem Imperativ stehen.
⚠ Wird das Pronomen an das *gerundio* angehängt, so bekommt die drittletzte Silbe immer einen Akzent, damit die Betonung des Wortes erhalten bleibt (vgl. ▶ Las reglas de acento, S. 252).

44 Der Superlativ des Adjektivs | El superlativo del adjetivo

El Templo de Debod es **el** lugar	**más**	romántic**o** de Madrid.
Estas habitaciones son **las** habitacion**es**	**menos**	ruidos**as** del piso.

Der Superlativ drückt aus, dass etwas (aufgrund einer bestimmten Eigenschaft) besonders hervorsticht, weil es z. B. am größten, schönsten etc. ist. Das Adjektiv wird in Numerus (Singular/Plural) und Genus (m./f.) immer an das Bezugswort angeglichen.

⚠ unregelmäßige Superlativformen:

bueno/-a → mejor:
la **mejor** película
los **mejores** grupos de flamenco
engl. good → best,
fr. bon/ne → le meilleur, la meilleure

malo/-a → peor:
la **peor** película
los **peores** libros
engl. bad → worst,
fr. mauvais/e → le/la pire

Die Superlative von *bueno/-a* und *malo/-a* haben ebenso wie im Komparativ (vgl. S. 263, 41) eigene Formen.

45 Der absolute Superlativ | El superlativo absoluto

Este libro es buen**ísimo**. … hervorragend
La entrada es car**ísima**. … sündhaft teuer

caro/-a:	car**ísimo/-a**
interesante:	interesant**ísimo/-a**
difícil:	dificil**ísimo/-a**
⚠ simpático/-a:	simpatiqu**ísimo/-a**

Der absolute Superlativ verstärkt die Bedeutung eines Adjektivs. Im Deutschen werden die Formen auf *-ísimo/-a* mit sehr, extrem, unglaublich usw. oder mit anderen Adjektiven wiedergegeben. Die Endung *-ísimo* wird an den letzten Konsonanten des Adjektivs gehängt und in Numerus und Genus an das Bezugswort angeglichen: *-ísimo*, *-ísima*, *-ísimos*, *-ísimas*.
Damit die Aussprache [k] erhalten bleibt, wird das *c* in ein *qu* umgewandelt (vgl. *simpatiquísimo*, *riquísimo*).

46 Der Begleiter tanto/-a | El determinante tanto/-a

	Maskulinum	Femininum
Singular	tant**o** trabajo	tant**a** gente
Plural	tant**os** productos	tant**as** tiendas

Das Wort *tanto/-a* wird wie ein Adjektiv immer an das Bezugswort in Numerus und Genus (m./f.) angeglichen.

Tengo **tanto** trabajo que no puedo ir a la fiesta. — Ich habe **so viel** Arbeit, dass ich …
En esta calle no hay **tantas** tiendas. — … gibt es nicht **so viele** Geschäfte.

Unidad 6

47 Das pretérito indefinido | El pretérito indefinido

Ayer **hablé** con Pablo.

Infinitiv	**hablar**	**comprender**	**vivir**
Singular	habl-**é** habl-**aste** habl-**ó**	comprend-**í** comprend-**iste** comprend-**ió**	viv-**í** viv-**iste** viv-**ió**
Plural	habl-**amos** habl-**asteis** habl-**aron**	comprend-**imos** comprend-**isteis** comprend-**ieron**	viv-**imos** viv-**isteis** viv-**ieron**

Das *pretérito indefinido* ist die am häufigsten verwendete Vergangenheitszeit im Spanischen. Du verwendest sie, um über abgeschlossene Ereignisse und Handlungen zu berichten.

El lunes Pedro habló con Marta. – Yo no hablo mucho con ella.

Die 1. und 3. Person Singular der regelmäßigen Verben wird im *pretérito indefinido* auf der Endung betont.

Mi familia y yo **vivimos** tres años en Madrid. Ahora vivimos en Sevilla.

⚠ Bei den Verben auf *-ar* und *-ir* ist die 1. Person Plural des *pretérito indefinido* formgleich mit der Präsensform. Durch den Zusammenhang wird deutlich, ob Vergangenheit oder Präsens gemeint ist.

Verben mit orthographischen Besonderheiten im *pretérito indefinido*:

Infinitiv	**llegar**	**tocar**	**empezar**	**leer**	**construir**	**ver**
Singular	lle**gu**-é lleg-aste lleg-ó	to**qu**-é toc-aste toc-ó	empe**c**-é empez-aste empez-ó	le-**í** le-**í**ste le-**y**ó	construí construiste constru**y**ó	v-**i** v-iste v-**io**
Plural	lleg-amos lleg-asteis lleg-aron	toc-amos toc-asteis toc-aron	empez-amos empez-asteis empez-aron	le-**í**mos le-**í**steis le-**y**eron	construimos construisteis constru**y**eron	v-imos v-isteis v-ieron
	ebenso: jugar, pegar, pagar	*ebenso:* buscar, significar, sacar, explicar, practicar, dedicarse	*ebenso:* organizar, cruzar, utilizar, rechazar	*ebenso:* creer	*ebenso:* destruir	

48 Unregelmäßige Verben im pretérito indefinido | Los verbos irregulares en el pretérito indefinido

Infinitiv	**dormir**	**elegir**
Singular	dorm-**í** dorm-**iste** d**u**rm-**ió**	eleg-**í** eleg-**iste** el**i**g-**ió**
Plural	dorm-**imos** dorm-**isteis** d**u**rm-**ieron**	eleg-**imos** eleg-**isteis** el**i**g-**ieron**
	ebenso: morir	*ebenso:* pedir, seguir, convertir(se), repetir

Einige Verben weisen nur in der 3. Person Singular und Plural eine Unregelmäßigkeit auf und verändern ihren Stammvokal von *o* zu *u* bzw. von *e* zu *i*.

Infinitiv	poder	poner	estar	tener	querer
Singular	**pud**-e **pud**-iste **pud**-o	**pus**-e **pus**-iste **pus**-o	**estuv**-e **estuv**-iste **estuv**-o	**tuv**-e **tuv**-iste **tuv**-o	**quis**-e **quis**-iste **quis**-o
Plural	**pud**-imos **pud**-isteis **pud**-ieron	**pus**-imos **pus**-isteis **pus**-ieron	**estuv**-imos **estuv**-isteis **estuv**-ieron	**tuv**-imos **tuv**-isteis **tuv**-ieron	**quis**-imos **quis**-isteis **quis**-ieron

Infinitiv	traer	hacer	venir	decir	saber
Singular	**traj**-e **traj**-iste **traj**-o	**hic**-e **hic**-iste **hi**-zo	**vin**-e **vin**-iste **vin**-o	**dij**-e **dij**-iste **dij**-o	**sup**-e **sup**-iste **sup**-o
Plural	**traj**-imos **traj**-isteis **traj**-eron	**hic**-imos **hic**-isteis **hic**-ieron	**vin**-imos **vin**-isteis **vin**-ieron	**dij**-imos **dij**-isteis **dij**-eron	**sup**-imos **sup**-isteis **sup**-ieron

Einige unregelmäßige Verben verändern im *pretérito indefinido* ihren Verbstamm. Bei allen diesen Verben endet die 1. Person Singular auf unbetontem *-e* und die 3. Person Singular auf unbetontem *-o*.
⚠ Beim Verb *hacer* schreibt man in der 3. Person Singular *-z-* statt *-c-*.

Infinitiv	ir/ser	dar	hay (= haber)
Singular	fui fuiste fue	di diste dio	– – hubo
Plural	fuimos fuisteis fueron	dimos disteis dieron	– – –

Ir und *ser* haben dieselben Formen im *pretérito indefinido*. Durch den Zusammenhang wird deutlich, welches der beiden Verben gemeint ist (z. B. *Fue a Madrid.* vs. *El viaje fue interesante.*) Das Verb *haber* hat wie im Präsens nur eine Verbform in der 3. Person Singular: *hay → hubo*.

49 Die Präpositionen desde, desde hace und hace | Las preposiciones desde, desde hace y hace

Hace	casi 500 años	los primeros españoles llegaron a Perú.	Vor … (vgl. *engl.* ago, *fr.* il y a)
Desde hace	casi 500 años	hay gente que habla español en Perú.	Seit (Zeitspanne) … (vgl. *engl.* for)
Desde	1532	hay gente que habla español en Perú.	Seit (Zeitpunkt) … (vgl. *engl.* since)

50 Die Konjunktionen cuando, como und porque | Las conjunciones cuando, como y porque

Cuando llegué, estuve muy mal durante un día.	Als ….
Cuando comes hojas de coca te pones mejor.	(Immer) wenn …
Como hay muchos turistas, los uros aprendieron a hablar otras lenguas.	Da/Weil …
Los uros aprendieron a hablar otras lenguas **porque** hay muchos turistas.	…, da/weil …

⚠ Die Konjunktionen *cuando* und *como* tragen keinen Akzent, die Fragepronomen *¿cuándo?* und *¿cómo?* werden mit Akzent geschrieben.
Die Konjunktion *cuando* bedeutet im *pretérito indefinido* „als“. Da die Konjunktion *porque* im Spanischen nicht am Satzanfang stehen kann, wird am Satzanfang die Konjunktion *como* verwendet.

Módulo Los medios digitales

51 Das Perfekt | El pretérito perfecto

¿Alguna vez **has ido** a América Latina?
Hoy **he tenido** un examen de Mates.
Esta semana Marta **ha visto** una peli en el cine.
Ya **hemos preparado** todo para la fiesta.

Das *pretérito perfecto* wird verwendet, um über Handlungen zu sprechen, die zwar in der Vergangenheit liegen, aber noch einen Bezug zur Gegenwart haben. Häufig steht es mit Zeitangaben wie *ya, todavía no, alguna vez, nunca, hoy, esta semana, este mes/año.*

haber	Partizip
he **has** **ha** **hemos** **habéis** **han**	habl-**ado** entend-**ido** sal-**ido**

Hoy me **he levantado** temprano.
Ya le **he escrito** un mensaje.
¿No **has leído** este libro?

Das Hilfsverb (*haber*) und das Partizip bleiben immer zusammen. Pronomen oder Verneinung stehen vor dem Hilfsverb.

Unregelmäßige Partizipien:

abrir	**abierto**	morir	**muerto**
decir	**dicho**	poner	**puesto**
describir	**descrito**	romper	**roto**
escribir	**escrito**	ver	**visto**
hacer	**hecho**	volver	**vuelto**

Unidad 7

52 Unpersönliche Konstruktionen mit se und uno | Las estructuras impersonales con se y uno

En el hotel **se habla** inglés. Im Hotel **wird** Englisch **gesprochen**. / Im Hotel **spricht man** Englisch.

No **se pagan** las prácticas. Das Praktikum **wird** nicht **bezahlt**. / Man **bekommt** das Praktikum nicht **bezahlt**.

Mit unpersönlichen Konstruktionen kann man eine Aussage verallgemeinern. Deshalb wird die unpersönliche Konstruktion *se* mit „man" oder mit dem Passiv wiedergegeben. Ob die Verben in der 3. Person Singular oder Plural stehen (*se habla, se pagan*), hängt vom Objekt (*inglés, las prácticas*) ab.

Uno va un año y medio al instituto y después **uno** hace prácticas. **Man** geht … dann macht **man** …
En verano **uno** se levanta más temprano que en invierno. … steht **man** früher auf …

Die Konstruktion mit *uno* entspricht dem Deutschen „man". Unpersönliche Konstruktionen mit *se* sind geläufiger, aber bei reflexiven Verben muss uno verwendet werden, da das *se* durch das Reflexivpronomen *se* bereits „besetzt" ist.

53 Personalpronomen mit Präposition | Pronombres personales con preposición

a de en para por sin sobre	**mí** **ti** él/ella/usted nosotros/-as vosotros/-as ellos/-as/ustedes		**conmigo** **contigo**
		con	él/ella/usted nosotros/-as vosotros/-as ellos/-as/ustedes

Wenn ein Personalpronomen auf eine Präposition folgt, werden außer in der 1. und 2. Person Singular (*mí* und *ti*) die Subjektpronomen verwendet. *Con* verschmilzt mit den Personalpronomen *mí* und *ti* zu *conmigo* bzw. *contigo*.

Esta idea queda **entre tú y yo**.

Nach der Präposition *entre* werden allerdings auch in der 1. und 2. Person Singular die Subjektpronomen *yo* und *tú* verwendet.
⚠ *Mí* trägt einen Akzent, *ti* hingegen nicht.

54 Die verkürzten Adjektivformen | Los adjetivos apocopados

Madrid es una **gran** ciudad. — gran~~de~~ → gran
Es un **buen** amigo. — buen~~o~~ → buen
Hoy es un **mal** día. — mal~~o~~ → mal

Grande wird sowohl vor maskulinen wie femininen Substantiv im Singular zu *gran* verkürzt. Wenn *gran* vor einem Substantiv steht, dann bedeutet es „großartig". *Bueno* und *malo* werden nur vor maskulinen Substantiv im Singular verkürzt.

55 Das Futur | El futuro

Me encanta la cultura inca. Un día iré a Perú.
¿Cómo viviremos y trabajaremos en 50 años?

Mit dem Futur beschreibst du mögliche Handlungen in der Zukunft. Außerdem werden mit dem *futuro* Annahmen oder Vermutungen ausgedrückt.

¿Dónde está Ana? — Sie wird (wohl) zuhause
–No sé. Estará en casa. — sein.

Infinitiv	**hablar**	**comprender**	**vivir**
Singular	hablar-**é** hablar-**ás** hablar-**á**	comprender-**é** comprender-**ás** comprender-**á**	vivir-**é** vivir-**ás** vivir-**á**
Plural	hablar-**emos** hablar-**éis** hablar-**án**	comprender-**emos** comprender-**éis** comprender-**án**	vivir-**emos** vivir-**éis** vivir-**án**

Die Endungen für das Futur werden an den Infinitiv angehängt und sind für alle Verbgruppen (*-ar*, *-er* und *-ir*) gleich.

Einige Futurformen haben einen unregelmäßigen Stamm:

decir	**diré**, …	querer	**querré**, …
haber	**habré**, …	saber	**sabré**, …
hacer	**haré**, …	salir	**saldré**, …
poder	**podré**, …	tener	**tendré**, …
poner	**pondré**, …	venir	**vendré**, …

56 Die doppelte Verneinung | La doble negación

No vemos **nunca** la tele.
Mi hermano **no** entiende **nada** en Mates.
No conozco a **nadie** en la fiesta.

Wenn *nunca*, *nada* oder *nadie* hinter dem Verb erscheinen, muss vor dem Verb ein *no* stehen.

Unidad 8

57 Das pretérito imperfecto | El pretérito imperfecto

En aquel entonces **construíamos** hoteles por toda la costa.
En aquellos años / En el pasado nadie **hablaba** de «turismo sostenible».
Antes siempre **cambiábamos** las toallas cada día.
Hace unos años nadie **se interesaba** por la basura y la ecología.
Normalmente la ecología no **era** un tema en los años setenta.

Das *pretérito imperfecto* beschreibt, wie etwas früher war: Gewohnheiten sowie Zustände. Signalwörter für das *pretérito imperfecto* können zum Beispiel sein: **antes, en aquel entonces, en aquellos años, en el pasado, en los años ..., cada día/semana/año/domingo, todos los días, normalmente, siempre.**

Infinitiv	**habl-ar**	**com-er**	**viv-ir**
Singular	habl-**aba** habl-**abas** habl-**aba**	com-**ía** com-**ías** com-**ía**	viv-**ía** viv-**ías** viv-**ía**
Plural	habl-**ábamos** habl-**abais** habl-**aban**	com-**íamos** com-**íais** com-**ían**	viv-**íamos** viv-**íais** viv-**ían**

Das *pretérito imperfecto* wird häufig zur Beschreibung von Zuständen und Gewohnheiten in der Vergangenheit gebraucht. Die Formen des *pretérito imperfecto* sind bei den Verben auf *-er* und *-ir* gleich. Beim *pretérito imperfecto* wird nie der Verbstamm betont. Die Formen der 1. und 3. Person Singular sind immer gleich.

Infinitiv	**ser**	**ir**	**ver**
Singular	**era** **eras** **era**	**iba** **ibas** **iba**	veía veías veía
Plural	**éramos** **erais** **eran**	**íbamos** **ibais** **iban**	veíamos veíais veían

Nur *ser*, *ir* und *ver* haben unregelmäßige Formen im *pretérito imperfecto.*

58 Der Gebrauch des pretérito indefinido und des pretérito imperfecto | El uso del pretérito indefinido y del pretérito imperfecto

Pretérito indefinido: ¿Qué pasó?	**Pretérito imperfecto: ¿Cómo era la situación?**
• **Handlung, die plötzlich einsetzt oder endet** … cuando de repente oyó su móvil. • **Handlungsketten** Pablo lo buscó primero en su mochila, después preguntó a sus hermanas, al final miró en su chaqueta…	• **Beschreibungen/Zustände/Situationen** Era una noche tranquila. Hacía calor, pero llovía. Pablo estaba en casa y estaba muy cansado. Quería acostarse temprano … … pero el móvil no estaba. • **sich wiederholende Ereignisse/Gewohnheiten** Como todas las noches, su madre leía y sus hermanas veían la tele.

Das *pretérito indefinido* (Was passierte?) wird verwendet für Handlungen, die einen klaren Anfang oder Ende haben oder aber aufeinander folgen (= Handlungsketten). Das *pretérito imperfecto* (Wie war es?) beschreibt den Hintergrund einer Handlung, sich wiederholende Ereignisse und Gewohnheiten oder Zustände.

59 Das pretérito indefinido und das pretérito imperfecto im Satz | El pretérito indefinido y el pretérito imperfecto en la frase

Pablo buscaba su móvil, cuando		de repente Ana llamó a la puerta.
Cuando / Mientras	Pablo buscaba su móvil,	de repente Ana llamó a la puerta.

Die noch nicht abgeschlossene Handlung steht im *pretérito imperfecto*, die neu einsetzende Handlung steht im *pretérito indefinido*. Nach *mientras* steht meistens das *pretérito imperfecto*.

past progressive: While Pablo was looking for his mobile, Ana rang at the door.

Cuando Pablo llegó a casa, empezó a llover.

Aufeinanderfolgende abgeschlossene Handlungen (= Handlungsketten, s. o.) stehen im *pretérito indefinido*: Erst kam Pablo nach Hause, dann fing es an zu regnen.

Mientras Pablo estudiaba, sus hermanas miraban la tele.

Parallel verlaufende Tätigkeiten stehen im *pretérito imperfecto*. Ihr Anfang, ihr Ende und ihre Dauer sind dabei unwichtig.

Pablo no **sabía** que Manuel era de Perú. Lo **supo** en la fiesta.
wusste — erfuhr

Miguel **conoció** a Pablo en una fiesta, pero ya **conocía** a sus amigos.
lernte … kennen — kannte

Die Verben *saber* und *conocer* haben eine unterschiedliche Bedeutung im *pretérito indefinido* und *pretérito imperfecto*.

60 Die Adverbien auf -mente | Los adverbios en -mente

Normalmente los hoteles cambiaban las toallas cada día.
Habló **tranquilamente** de su situación en el trabajo.

últim**a** + mente → **ú**ltim**a**mente
tranquil**a** + mente → tranquil**a**mente
fácil + mente → f**á**cilmente

Adverbien geben an, wie Tätigkeiten ausgeführt werden. Adverbien können sich auf einen ganzen Satz beziehen (s. o. *Normalmente* …) oder ein Verb. Die Endung *-mente* wird an die feminine Form des Adjektivs angehängt. Trägt ein Adjektiv einen Akzent (vgl. *última*, *fácil*), so bleibt dieser beim Adverb erhalten.

Unidad 9

61 Der verneinte Imperativ | El imperativo negativo

	tú	vosotros/-as
-ar	no tom-es	no tom-éis
-er	no com-as	no com-áis
-ir	no escrib-as	no escrib-áis

Für den verneinten Imperativ werden im Spanischen die Formen des *subjuntivo* verwendet.

62 Der subjuntivo | El subjuntivo

Me gusta que	**vengan** a mi fiesta.
Me encanta que	**podamos** ir en bici al instituto.
Quiero que	las vacaciones **empiecen** pronto.
Espero que	**haga** sol esta tarde.
Me preocupa que	la contaminación del aire **aumente**.
Me molesta que	los automovilistas no **respeten** a los ciclistas.
Temo que	Javi no **apruebe** el examen.
Tengo miedo de que	no me **entiendan**.

⚠ Ana espera aprobar el examen.

Wenn im Haupt- und im Nebensatz das gleiche Subjekt steht, benutzt man den Infinitiv.

Infinitiv	**tomar**	**comer**	**vivir**
Singular	tom-**e**	com-**a**	viv-**a**
	tom-**es**	com-**as**	viv-**as**
	tom-**e**	com-**a**	viv-**a**
Plural	tom-**emos**	com-**amos**	viv-**amos**
	tom-**éis**	com-**áis**	viv-**áis**
	tom-**en**	com-**an**	viv-**an**

Verben mit unregelmäßiger 1. Person Singular:

Infinitiv	1. Person Singular	*subjuntivo*
tener	**tengo**	**tenga…**
poner	**pongo**	**ponga…**
decir	**digo**	**diga…**
hacer	**hago**	**haga…**
venir	**vengo**	**venga…**
traer	**traigo**	**traiga…**
conocer	**conozco**	**conozca…**

Die Formen des *subjuntivo* leiten sich aus der 1. Person Singular Präsens ab.

Verben mit Stammvokalwechsel:

querer (e/ie):	quiera…	queramos, queráis…
poder (o/ue):	pueda…	podamos, podáis, …
pedir (e/i):	pida…	pidamos, pidaís, …

Verben mit orthographischer Besonderheit:

jugar:	juegue, juegues, …	(g → gu)
empezar:	empiece, empieces, …	(z → c)
buscar:	busque, busques, …	(c → qu)

Einige Verben ändern zum Erhalt der Aussprache ihre Schreibweise.

Unregelmäßige Verben:

Infinitiv	**ser**	**estar**	**saber**	**ir**	**dar**	**haber**
Singular	sea	esté	sepa	vaya	dé	haya
	seas	estés	sepas	vayas	des	hayas
	sea	esté	sepa	vaya	dé	haya
Plural	seamos	estemos	sepamos	vayamos	demos	hayamos
	seáis	estéis	sepáis	vayáis	deis	hayáis
	sean	estén	sepan	vayan	den	hayan

63 Der subjuntivo nach Verben des Denkens | El subjuntivo con verbos de pensar

Creo que **viene** a la fiesta.	No creo que **venga** a la fiesta.
Pienso que **llueve** mañana.	No pienso que **llueva** mañana.
Digo que **tiene** razón.	No digo que **tenga** razón.

Wenn man Gefühle, (z. B. Freude, Ärger, Angst, Hoffnung) oder Willen ausdrücken will, steht der *subjuntivo*.

64 Der subjuntivo nach unpersönlichen Ausdrücken | El subjuntivo con expresiones impersonales

Es	normal bueno/malo mejor necesario	que **hablen** del problema.
Me parece	bien/mal interesante	

Nach unpersönlichen Ausdrücken steht der *subjuntivo*.

65 Der subjuntivo nach Konjunktionen | El subjuntivo detrás de conjunciones

Le escribo a Juan **para que** traiga algo de comer a la fiesta.
Siempre entiende todo **sin que** los profes lo expliquen.
Ana lee un libro **hasta que** lleguen sus amigas.

Nach bestimmten Konjunktionen wie *para que*, *sin que* oder *hasta que* steht der *subjuntivo*.

66 Zwei Objektpronomen in einem Satz | Dos pronombres de complemento en una frase

Me gustan tus fotos.	Te las mando mañana, ¿vale?
No conozco a tu hermano.	¿Me lo presentas un día?

Im Spanischen steht das indirekte vor dem direkten Objektpronomen.

Alejandro no entiende los deberes.	Marta se los explica.
Ana toca la guitarra.	Se la dio su tío.

Vor den direkten Objektpronomen *lo/s* und *la/s* werden die indirekten Objektpronomen *le/s* zu *se*.

Me Te **Se** Nos Os **Se**	lo/s la/s	dan.

¡Dámela!
¿Puedes mandármelas? = ¿Me las puedes mandar?
Estoy diciéndotelo. = Te lo estoy diciendo.

Die Objektpronomen werden immer an den bejahten Imperativ angehängt. Bei Infinitivkonstruktionen und dem *gerundio* können sie entweder vor dem konjugierten Verb stehen oder an den Infinitiv bzw. das *gerundio* angehängt werden. Dann muss ein Akzent auf der drittletzten Silbe gesetzt werden.

Módulo La Unión Europea y España

67 Das Passiv | La voz pasiva

En 1533 los españoles mataron a Atahualpa. → En 1533 Atahualpa **fue matado** por los españoles.
La clase prepara la fiesta. → La fiesta **es preparada** por la clase.

Das Passiv wird mit *ser* und dem Partizip gebildet, welches wie ein Adjektiv angeglichen wird. Den Urheber der Handlung kann man mit *por* anschließen.

Unidad 10

68 Die Prozentzahlen | Los porcentajes

Chile cuenta con un 30 % del cobre del mundo.
El turismo representa el 11 % del PIB de España.

Prozentzahlen stehen immer mit dem bestimmten oder unbestimmten Artikel.

69 Die Relativpronomen el que / el cual / quien | Los pronombres relativos el que / el cual / quien

Ecuador y Columbia son países **en los que** se produce mucho café.
En América Latina se cultivan muchas frutas, **las cuales** son famosas en el mundo por su calidad.
Hablé con el nuevo compañero de clase, **quien** estuvo también en la fiesta.

Die Relativpronomen *el que* und *el cual* passen sich in Numerus und Genus an ihr Bezugswort an. Sie beziehen sich auf Personen oder Dinge und können mit einer Präposition stehen.

Maskulinum	Femininum
el que el cual	la que la cual
los que los cuales	las que las cuales

70 Das Konditional | El condicional

Nunca **dejaría** mi ciudad.
No sé qué **haría** sin ellos.
Me **gustaría** vivir en Francia.
¿Me **podrías** ayudar, por favor?

Mit dem Konditional drückt man eine Möglichkeit oder auch eine höfliche Bitte aus.

Infinitiv	**llegar**	**comer**	**escribir**
Singular	llegar-**ía** llegar-**ías** llegar-**ía**	comer-**ía** comer-**ías** comer-**ía**	escribir-**ía** escribir-**ías** escribir-**ía**
Plural	llegar-**íamos** llegar-**íais** llegar-**ían**	comer-**íamos** comer-**íais** comer-**ían**	escribir-**íamos** escribir-**íais** escribir-**ían**

Die Endungen des Konditional werden an den Infinitiv angehängt und sind für alle Verbgruppen (*-ar*, *-er* und *-ir*) gleich.

hacer	**haría…**	saber	**sabría…**
decir	**diría…**	salir	**saldría…**
querer	**querría…**	tener	**tendría…**
poder	**podría…**	venir	**vendría…**
poner	**pondría…**	haber	**habría…**

Das Konditional hat dieselben unregelmäßigen Verbformen wie das *futuro simple* (vgl. S. 55, S. 269).

71 Der irreale Bedingungssatz der Gegenwart | La frase condicional irreal en presente

Hauptsatz	Bedingungssatz
Te **ayudaría**	si **tuviera** tiempo.
Ich würde dir helfen,	wenn ich Zeit hätte.

Im irrealen Bedingungssatz der Gegenwart steht das Verb im Hauptsatz im *Condicional* und im *si*-Satz im *imperfecto de subjuntivo*.

72 Der imperfecto de subjuntivo | El imperfecto de subjuntivo

Infinitiv	**hablar**	**entender**	**vivir**
Singular	habl-**ara** habl-**aras** habl-**ara**	entend-**iera** entend-**ieras** entend-**iera**	viv-**iera** viv-**ieras** viv-**iera**
Plural	habl-**áramos** habl-**arais** habl-**aran**	entend-**iéramos** entend-**ierais** entend-**ieran**	viv-**iéramos** viv-**ierais** viv-**ieran**

Infinitiv	*pretérito indefinido* (3. Per. Pl.)	*imperfecto de subjuntivo*
bailar	bailaron	bailara, …
ir	fueron	fuera, …
hacer	hicieron	hiciera, …
sentir	sintieron	sintiera, …
querer	quisieron	quisiera, …
decir	dijeron	dijera, …

Den *imperfecto de subjuntivo* bildet man mit dem Stamm der 3. Person Pl. des *pretérito indefinido*.

73 Das Plusquamperfekt | El pretérito pluscuamperfecto

Cuando la madre llegó a casa Ana ya **había hecho** sus deberes.
Antes de ir a Noruega, Julia **había estudiado** Informática en España.

había **habías** **había** **habíamos** **habíais** **habían**	trabajado comido vivido

Das *pretérito pluscuamperfecto* wird aus einer Form von *haber* im *imperfecto* gebildet sowie dem Partizip. Es wird verwendet, um über Handlungen in der Vergangenheit zu sprechen, die einer anderen vorausgegangen sind.

Schreiben

1 Eine E-Mail / Eine Postkarte / Einen Brief schreiben

Arbeitsauftrag: *Escribe un e-mail a [...]. / Contesta el e-mail.*

Informelle Anrede (für Freunde, Bekannte)	Hola, Jaime: / Hola, Ana:
Formelle Anrede	Estimados señores y señoras: / Estimado/-a Sr/a. Mayoral:
Beispiel für einen informellen Brief	¿Qué tal? ¡Voy a pasar las vacaciones en Perú! Estoy muy contento/-a. Y tú, ¿qué vas a hacer en las vacaciones?
Beispiel für eine E-Mail zur Bestätigung einer Reservierung	Con este e-mail le confirmo la reserva de tres habitaciones desde el 14 hasta el 18 de septiembre.
Du beendest den Brief an eine/n Freund/in	Un beso / Un abrazo
an eine/n Bekannte/n	(Muchos) saludos
an einen Unbekannten	(Muy) atentamente / Reciba/n un cordial saludo
Du lässt Grüße an jemanden ausrichten	Muchos saludos a tus padres / a Isabel

2 Einen Geschäftsbrief schreiben

Arbeitsauftrag: *Escribe una carta a la empresa [...].*

Briefkopf *(el encabezado)*	ECOSOL S. L. Madrid
Absender/in *(el/la remitente)*	Francisca Mayoral Martínez C/Molina, 12, 4º 3ª 28006 Madrid f.mayoral@ecosol.es
Datum *(la fecha)*	Madrid, 13 de enero de 2017
Empfänger/in *(el/la destinatario/-a)*	Hotel «Andalucía Verde» Pza. Fragela, 3 11003 Cádiz
Betreff *(el asunto)*	**Reserva de sala de conferencias**
Anrede: an einen unbekannten Ansprechpartner	Estimados señores y señoras:
an einen bekannten Ansprechpartner	Estimado/-a Sr/a. García:
Beispiel für eine Anfrage	Me dirijo a usted/es para informarme acerca de[1] la posibilidad de alquilar la sala de conferencias de su hotel para [...]. Además, le/s agradecería[2] información [...].
Beispiel für ein Angebot	Con mucho gusto le/s ofrecemos [...]. Le/s adjunto[3] [...]. Esperamos que nuestra oferta sea interesante para usted/es.
Beispiel für einen Auftrag	Muchas gracias por su respuesta. Nos gustaría reservar la sala de conferencias «Pablo Picasso» desde el 14 hasta el 18 de septiembre. Le/s rogamos[4] confirmar nuestra reserva.
Du beendest den Brief	Muy atentamente / Reciba/n un cordial saludo

1 **acerca de** bezüglich 2 **le agradecería** ich wäre Ihnen dankbar für
3 **adjuntar** anhängen, beifügen *an E-Mail/Brief* 4 **rogar** bitten

3 Einen Lebenslauf / Eine Bewerbung schreiben

Arbeitsauftrag: *Escribe una carta de presentación / un currículum.*

Tabellarischer Lebenslauf *(el currículum vitae)*
- Angaben zur Person *(Información personal)*
- ggf. Berufserfahrung, Praktika *(Experiencia laboral)*
- Ausbildung, Schulbildung *(Educación y formación)*
- relevante Kenntnisse, z. B. Sprachen, EDV-Kenntnisse *(Conocimientos)*
- private Interessen und ehrenamtliche Tätigkeiten *(Intereses personales)*

Anschreiben *(la carta de presentación)*
- Nimm Bezug auf die Stellenanzeige.
- Erläutere deine Motivation und Eignung.
- Schreibe in formellem Stil: *usted* statt *tú*, etc.
- max. 1 Seite.

CURRÍCULUM VITAE

INFORMACIÓN PERSONAL

Nombre:	Pablo Pérez Moreno
Dirección:	C/Santa Isabel, 26, 3º izq. 28012 Madrid
Teléfono:	910508733
E-Mail:	papemo99@talleres.eu
Fecha de nacimiento:	23 de abril de 2003
Nacionalidad:	española

EDUCACIÓN Y FORMACIÓN

Estudios:	bachillerato
Lenguas:	español (C2) inglés (B2) alemán (A1)
Conocimientos de informática:	Word y Excel

INTERESES PERSONALES

Trabajo voluntario con refugiados, viajar

Barcelona, 5 de febrero de 2021

Pablo Pérez Moreno

Pablo Pérez Moreno
C/Santa Isabel, 26, 3º izq.
28012 Madrid

A la atención de: Francisca Mayoral
Ecosol S. L.
Calle Molina, 12, 4º, 3ª
28006 Madrid

5 de febrero de 2021

Asunto: Su anuncio de trabajo

Estimada señora Mayoral:
Me dirijo a Ud. con motivo de la oferta de trabajo publicada en su página web el 3 de febrero. Me interesa mucho su oferta y creo reunir las condiciones requeridas.

El año pasado hice prácticas durante seis meses en la empresa de informática Web Y en Sevilla. En este momento trabajo en el Museo de Tecnología en Madrid.

Según la información en su página web, su empresa dispone de un programa de producción muy innovador. Por eso me gustaría mucho empezar mi carrera profesional con ustedes. Además, estoy convencido de la calidad de sus productos.
Estoy disponible para realizar una entrevista con ustedes en las próximas semanas y con mucho gusto voy a responderles todas sus preguntas.

En espera de sus noticias, le saluda muy atentamente

Pablo Pérez Moreno

Adjunto: Currículum Vitae

4 Einen Text zusammenfassen

Arbeitsauftrag: *Resume el texto. / Escribe un resumen sobre el texto. / Presenta el texto.*

- Gib die wichtigsten Informationen des Ausgangstextes in eigenen Worten sachlich wieder.
- Deine Zusammenfassung muss deutlich kürzer als der Ausgangstext sein.
- Nenne im Einleitungssatz: Textsorte, Autor/in, grobes Thema, ggf. Erscheinungsdatum.
- Schreibe in der 3. Person Präsens.
- Nenne nur Fakten aus dem Text; keine direkte Rede, keine Zitate oder eigene Meinung.

Beispiele für einen Einleitungssatz:
El artículo «[…]» de […] del 12 de mayo de 2021 trata de los conflictos entre hijos y padres.
El artículo «[…]» escrito por […] en 1988 trata de los conflictos entre hijos y padres.

Textsorten

El artículo
El cuento
El poema
La novela[1]
La canción

1 la novela der Roman

5 Eine Stellungnahme verfassen

Arbeitsauftrag: *Comenta el texto. / Escribe un comentario personal. / Da tu opinión sobre* […].

- Bilde dir eine Meinung zum Thema und notiere stichpunktartig Argumente für deine Meinung.
- Einleitung: Führe die Leser zum Thema hin.
- Hauptteil: Lege deinen Standpunkt begründet dar. Entkräfte Argumente der Gegenseite. Beziehe dich dabei auf den Ausgangstext.
- Argumentiere nachvollziehbar und belege Argumente mit konkreten Beispielen. Nenne das wichtigste Argument zum Schluss
- Schreibe in sachlichem Stil.

den Text strukturieren

Primero / Para empezar […].
Además, […].
Para terminar […].
En primer/segundo/tercer lugar[1] […].
En cuanto a[2] […].

seinen Standpunkt darlegen

En mi opinión […]. / Para mí […].
Pienso/Creo/Opino[3] que […]. / Me parece que […].
No pienso/creo + *subj.*
Me parece importante / […] que + *subj.*
Estoy seguro/-a de que […].
No estoy de acuerdo con […].
No entiendo por qué […].

Argumente abwägen

Por un lado […], por otro lado[4] […].
Sin embargo […]. / Pero […].

begründen und Schlussfolgerungen formulieren

Por eso […]. / Por lo tanto […]. / Así que […].
Ya que […]. / Eso significa/demuestra[5] que […].
En resumen / En conclusión […].

1 **En primer/segundo/[…] lugar** Erstens/Zweitens/[…] 2 **en cuanto a** in Bezug auf 3 **opinar que** der Meinung sein, dass
4 **Por un lado, por otro lado** einerseits, andererseits 5 **demostrar** zeigen, belegen

6 Ein Bild beschreiben

Arbeitsauftrag: *Describe la imagen / la foto /* […]. / *Presenta la foto /* […].

- Nenne zuerst die Art der bildlichen Darstellung *(un cuadro, una foto, etc.)*.
- Beschreibe zuerst, um welche Art von Motiv es sich handelt *(un paisaje, un retrato, etc.)*.
- Beschreibe erst die auffälligsten Elemente, dann die weniger auffälligen.
- Nenne und begründe ggf. deine Meinung zu dem Bild und welchen Effekt es auf den Betrachter ausübt.

Aquí veis Esta/Esto es	un cuadro de […]. una foto. un cartel.
En la foto / […] Arriba/Abajo En el centro Adelante/Atrás A la izquierda/derecha En el primer plano[1] Al fondo[2]	hay un/a […]. está el/la […]. se ve/n […].

1 **en el primer plano** im Vordergrund
2 **al fondo** im Hintergrund

7 **Fehler-Checkliste** ▶ Grammatik, ab S. 254

Lies deinen Text rückwärts und prüfe:

1. die Rechtschreibung: *interesante, ¿Cómo?, diferente, tema*
2. dass Substantive klein geschrieben sind, aber Namen und Fächer groß: *el tema, el profe de Inglés*
3. die Akzente: *La chica* ***que*** *lleva gafas* vs. *¿**Qué** tomas?*
4. die Artikel: ***la*** *ciudad,* ***el*** *pantalón,* ***el*** *problema*
5. die Präpositionen: *cerca* ***de****, invité* ***a*** *Lucía, gracias* ***por****, voy* ***a*** *casa*
6. die Verschmelzung von Präposition und männlichem Artikel: *el libro* ***del*** *profe, voy* ***al*** *cine*
7. die Verwendung von *ser, hay* und *estar*: ***Soy*** *de Madrid.* ***Estoy*** *en Sevilla. Aquí* ***hay*** *muchos turistas.*
8. ob Verformen an das Subjekt angepasst sind: *(yo) habl**o**, (tú) habl**as**, etc.*
9. ob Adjektive und Begleiter an das Substantiv angepasst sind (Numerus, Genus): *est**a** chic**a**, much**as** ide**as**, chic**os** guap**os***
10. die Stellung der Adjektive: *un jersey* ***verde****,* ***buenas*** *notas*
11. die Verkürzung mancher Adjektive vor Substantiven: *un* ***buen*** *trabajo, una* ***gran*** *amiga, el* ***primer*** *día*
12. ob die Pronomen mit den Wörtern übereinstimmen, die sie ersetzen (Genus, Numerus): *¿**Tarek**?* ***Lo*** *conozco., ¿**Marta y Lucía**?* ***Las*** *vi ayer.*
13. die Verwendung der Vergangenheitszeiten: *Antes* ***vivía*** *en Lima. Ayer* ***llegué*** *a Madrid. ¿Alguna vez* ***has visitado*** *México?*
14. die Verwendung der *subjuntivos*: *Es importante que lo* ***ayudemos****.*

Sprechen

1 **Dialogisches Sprechen**

Partnerkarten

Arbeitsauftrag: *Habla con tu compañero/-a. / Preparad el diálogo.*

- Überlege: Was verlangt deine Rolle und die Gesprächssituation von dir (z. B. duzen oder siezen)? Was ist das Ziel des Gesprächs?
- Partnerkarten auf Spanisch: Lies deine Karte vollständig und kläre unbekannte Wörter.
- Partnerkarten auf Deutsch: Lies deine Karte vollständig und überlege, wie du die Informationen auf Spanisch wiedergeben kannst. Mache dir ggf. Notizen.

Diskutieren

Arbeitsauftrag: *Discute con* […]. */ Discutid.*

- Notiere stichpunktartig deine Argumente, um die Gegenseite zu überzeugen. Überlege dir auch konkrete Beispiele, um deine Argumente zu belegen.
- Welche Argumente wird dein Diskussionspartner vorbringen? Überlege dir Gegenargumente.
- Überlege dir ggf. einen Kompromiss, der für beide Seiten akzeptabel ist.
- Bleibe sachlich und höflich; andere Meinungen solltest du respektieren, auch wenn du sie nicht teilst.

deine Meinung äußern	zustimmen	ablehnen	nachfragen
Pienso/Creo que […]. No pienso/creo que + *subj*. Me parece que […]. Me parece bien / […] que + *subj*. En mi opinión […]. Para mí […].	Estoy de acuerdo. También lo veo así. Tienes razón. Es verdad. ¡Por supuesto! / ¡Claro!	No estoy de acuerdo. No lo veo así. No lo creo. No es verdad. ¡Claro que no!	¿Qué quieres decir con […]? ¿Qué significa para ti […]? ¿Me puedes explicar […]? No entiendo […]. O sea, estás diciendo que […].

2 Monologisches Sprechen

Etwas präsentieren / Ein Referat halten

Aufgabenstellung: *Presenta [...]. / Prepara una presentación sobre [...].*

Vor der Präsentation

- Sammle Information zu deinem Thema. Landeskundliche Informationen zu Spanien/Lateinamerika findest du auf S. 154–157. Nutze mehrere Quellen: Internet, Nachschlagewerke, Fachbücher/-zeitschriften etc.
- Ein Vortrag soll Interesse wecken, überzeugen und Informationen vermitteln. Wähle also Informationen aus, die für das Publikum interessant sind. Behalte immer die Fragestellung bzw. das Thema im Auge.
- Strukturiere deinen Vortrag in Einleitung, Hauptteil und Schluss. Notiere stichpunktartig (z. B. auf Karteikarten) auf Spanisch, was du in jedem Teil sagen willst. Schweife nicht vom Thema ab.
- Bereite den Vortrag ansprechend vor: Nutze visuelle und auditive/audiovisuelle Elemente.
- Stelle ggf. eine Liste mit unbekanntem Vokabular für deine Mitschüler/innen zusammen (Tafel oder Handout).
- Übe deinen Vortrag mehrmals und kürze ihn gegebenenfalls.

Während der Präsentation

- Begrüße dein Publikum und nenne das Thema deines Vortrags. Stelle ggf. kurz deine Gliederung vor.
- Sprich langsam, deutlich und in einfachen Sätzen.
- Nutze deine Stichpunkte als Gedankenhilfe, aber sprich frei und ohne abzulesen.
- Siehe beim Sprechen dein Publikum an und beziehe es mit ein.
- Gib deinem Publikum am Schluss die Gelegenheit, Fragen zu stellen und bedanke dich für die Aufmerksamkeit.

das Thema einführen	den Vortrag strukturieren	das Publikum einbeziehen
Hoy voy a hablar sobre [...].	Primero [...]. / Para empezar [...].	¿Ya sabéis algo sobre [...]?
El tema de mi presentación es [...].	Después [...].	¿Quién nos puede decir [...]?
Quiero presentar (a) [...].	Al final [...]. / Para terminar [...].	¿Tenéis preguntas?

Freies Sprechen: Der Kniff mit dem Knick

Falte ein loses Blatt längs entlang der Mittellinie. In die linke Spalte schreibst du die Sätze oder den Text, die du für deinen Vortrag oder deine Rolle vorbereitet hast. In die rechte Spalte schreibst du nur die wichtigsten Stichwörter.

Beim Vortragen oder Vorspielen sprichst du möglichst frei, dafür kannst du die Stichwörter als Stütze verwenden.

Die Spalte mit dem ausformulierten Text klappst du nach hinten. Wenn du nicht mehr weiterweißt, darfst du aber gerne das Blatt herumdrehen und nachlesen.

Eine Statistik beschreiben

Arbeitsauftrag: *Describe la estadística / el gráfico. / Mira la estadística y explica [...].*

- Gib zunächst das Thema der Statistik/Grafik an.
- Fasse dann die mit (Prozent-)Zahlen und Symbolen ausgedrückten Mengenverhältnisse in Worte.

El/Un 40 por ciento La (gran) mayoría La minoría La mitad[1] Un tercio[2] / Dos tercios Un cuarto[3] / Tres cuartos	de los españoles [...].

1 **la mitad** die Hälfte 2 **un tercio** ein Drittel
3 **un cuarto** ein Viertel

Etwas erzählen

Arbeitsauftrag: *Habla de [...]. / Cuenta sobre [...].*

- Überlege: Welches Wortfeld ist wichtig für das Thema? Notiere dir ggf. wichtiges Vokabular.
- Wenn dir während des Erzählens ein Wort nicht einfällt, umschreibe es.
- Beim Erzählen brauchst du oft die Vergangenheitszeiten *pretérito indefinido* und *pretérito imperfecto* ▶ Grammatik, 58, 59
- Wenn du dir etwas ausdenken sollst oder nicht gut mit dem Thema vertraut bist, hilft dir ein Brainstorming.

Sprachmittlung

1 Wiedergeben bzw. Zusammenfassen von Textinhalten Spanisch ⟷ Deutsch

Arbeitsauftrag: *Explica/Cuenta/Escribe en alemán/español. / Con ayuda del texto, contesta las preguntas en alemán/español.*

- Bei Sprachmittlungsaufgaben stehen oft konkrete Fragen (z. B. *Tu amigo quiere saber* […]). Nur diese Fragen sollst du beantworten.
- Gib die erfragten Textinhalte in der anderen Sprache sinngemäß wieder, ohne wörtlich zu übersetzen. Ignoriere weitere Textinhalte, die für die Fragen nicht relevant sind.
- Berücksichtige und erkläre ggf. kulturelle Unterschiede (z. B. spanisches vs. deutsches Notensystem).
- Verwende je nach Adressat/in einen angemessenen Stil (z. B. duzen oder siezen etc.).

Textinhalte wiedergeben

Según el texto […].
Aquí dice que[1] […].

1 **Aquí dice que** hier steht, dass

2 Dolmetschen

Arbeitsauftrag: *Tus amigos no hablan español/alemán. Ayúdalos a* […]. / *Haz de intérprete entre* […] *y* […].

- Du vermittelst zwischen zwei Personen. Übertrage ihre Äußerungen sinngemäß ins Spanische bzw. ins Deutsche.
- Wenn du eine Äußerung nicht verstehst, frage nach.
- Weißt du nicht, wie man ein Wort auf Spanisch/Deutsch sagt, umschreibe es. ▶ Wörter umschreiben, S. 283
- Verwende die indirekte Rede. ▶ Grammatik, 38

Äußerungen wiedergeben

Él dice que […].
Ella pregunta si/dónde/cuándo […].
Él quiere saber […].

Lesen

1 Texte über ihre Gestaltung erschließen

Das Aussehen eines Textes verrät dir meist schon etwas über seinen Inhalt bzw. über die Art eines Textes (Zeitungsartikel, Blog, E-Mail …).

- Die Überschrift und die Zwischenüberschriften geben dir wichtige Hinweise zum Thema des Textes.
- Fotos und Bilder liefern dir weitere wichtige Informationen.

2 Globales Leseverstehen

Arbeitsauftrag: *¿Cuál es el tema del texto? / ¿De qué trata el texto?*

- Siehe dir zuerst das Textbild an: Was sagen Gestaltung, Fotos, Titel etc. über Textsorte (z. B. Zeitungsinterview, Blogeintrag) und Inhalt/Thema aus?
- Zwischenüberschriften und Bildunterschriften helfen, den Text zu verstehen.
- Überfliege den Text. Wovon handelt er ganz allgemein? Um welche Situation geht es?

3 Selektives Leseverstehen

Arbeitsauftrag: *¿Verdadero o falso? / Contesta las preguntas. / Completa la tabla. / Relaciona las frases. / Ordena las imágenes.*

- Lies zuerst die Fragen, die du beantworten bzw. Sätze, die du vervollständigen sollst.
- Überfliege den Text und suche die erfragten Informationen, z. B. Uhrzeiten, Angaben über Personen etc.

4 Detailgenaues Leseverstehen

Arbeitsauftrag: *Resume el texto. / Explica los argumentos de* […]. / *Justifica* […]. / *Corrige* […].

- Verträge, Rezepte etc. müssen im Detail verstanden werden. Trotzdem musst du nicht jedes Wort verstehen.
- Erschließe dir den Text zuerst global: Textsorte, Thema, ggf. Situation.
- Lies Satz für Satz und versuche möglichst viel zu verstehen.
- Erschließe dir unbekannte Wörter mithilfe des Kontextes, anderer Sprachen oder Wörtern der gleichen Wortfamilie. Schlage ein Wort nur dann nach, wenn es für das Verständnis des Textes unerlässlich ist.

▶ Wörter erschließen, S. 282 ▶ Das Wörterbuch benutzen, S. 285

Hören

1 Orientierendes Hörverstehen

Arbeitsauftrag: *¿Quién/es habla/n? / ¿Dónde está/n? / ¿Cuál es la situación?*

- Höre ein erstes Mal und konzentriere dich auf: Sprecher, Gesprächsart, Situation.
- Achte auch auf Hintergrundgeräusche, Tonfall etc., um die Situation einzuschätzen.

2 Globales Hörverstehen

Arbeitsauftrag: *¿Cuál es el tema? / ¿De qué están hablando? / ¿Por qué discuten?*

- Stehen bei der Höraufgabe Bilder o. ä.? Sie helfen dir, das Thema schon vor dem Hören grob zu erfassen.
- Konzentriere dich auf den groben Inhalt: Wer spricht mit wem? Worüber?

3 Selektives Hörverstehen

Arbeitsauftrag: *¿Verdadero o falso? / Contesta las preguntas. / Completa la tabla. / Relaciona las frases. / Ordena las imágenes.*

- Lies zuerst die Fragen, die du beantworten bzw. Sätze die du vervollständigen sollst.
- Höre den Text und konzentriere dich auf die gesuchten Informationen, z. B. Uhrzeiten etc.
- Notiere beim Hören die gesuchten Informationen stichpunktartig auf einem Zettel oder in einer Tabelle.

4 Detailgenaues Hörverstehen

Arbeitsauftrag: *Escucha y repite/explica/justifica/corrige* [...].

- Manchmal ist es wichtig, viele bzw. alle Einzelheiten zu verstehen (z. B. bei einer Wegbeschreibung).
- Höre den Text mehrmals, um bei jedem Anhören weitere Informationen zu erschließen.
- Notiere dir alle wichtigen Details, die du verstanden hast.

Hör-Seh-Verstehen

Arbeitsauftrag: *Mira la escena. ¿De qué trata? / ¿Cuál es la situación? / ¿Qué sabes sobre las personas?*

- Konzentriere dich beim ersten Sehen auf die Bilder. Leite daraus Informationen über Genre, Figuren, Thema, Situation ab.
- Achte auch auf die Musik: Welche Stimmung schafft sie?
- Konzentriere dich erst am Schluss auf das Gesprochene. Leite aus dem, was du verstehst, die gesuchten Informationen ab.

Wortschatz

1 Wörter erschließen

... mit Hilfe anderer Sprachen

Arbeitsauftrag: *¿Qué (crees que) significan las palabras? / Deduce el significado de las palabras de otras lenguas.*

- Überlege, ob du ein ähnliches Wort in anderen Sprachen kennst und was es bedeutet.
- Überprüfe, ob das spanische Wort die gleiche Bedeutung haben könnte. Siehe dir dazu den Kontext an. Passt die Bedeutung?
- Achtung, «falsche Freunde»: Manche Wörter sind gleich oder ähnlich, haben aber eine andere Bedeutung, z. B. *el mantel* = die Tischdecke ≠ der Mantel.
- Auch in der Grammatik gibt es Parallelen zu anderen Sprachen, z. B. das *gerundio* im Spanischen und das *present progressiv* im Englischen.

Spanisch: *el centro*
Französisch: *le centre*
Englisch: *the centre/center*
Deutsch: *das Zentrum*

… über Wortfamilien

Arbeitsauftrag: *Deduce el significado de las palabras con ayuda de otras palabras de la familia. / Encuentra palabras de la misma familia.*

- Ähnliche spanische Wörter helfen beim Erschließen unbekannter Wörter.
- Um die richtige Bedeutung abzuleiten, ist die Wortart wichtig. ▶ Wortarten erkennen, S. 283

comer (Verb) = essen → *la comida* (Substantiv) = das Essen → *comestible* (Adjektiv) = essbar

… mit Hilfe des Kontextes

Arbeitsauftrag: *Deduce el significado de las palabras con ayuda del contexto.*

- Die Bedeutung vieler unbekannter Wörter lässt sich aus dem Textzusammenhang erschließen.
- Einige Verbformen sind in verschiedenen Zeiten und Modi identisch, z. B. *Tomamos el tren.* Ob es sich um Gegenwart oder Vergangenheit *(pretérito indefinido)* handelt, wird aus dem Textzusammenhang deutlich.
- Auch Abbildungen oder die Gestaltung des Textes können helfen.

Anne es la tía de Marta. Es la hermana de su madre. → *la tía* = die Tante

… mit Hilfe der Wortbildung

- Präfixe (= Vorsilben) geben oft Auskunft über die Bedeutung eines Wortes.

Vorsilben (Präfixe):

a-, i-/ir-, im-/in-	→ nicht, un- *(atípico/-a, irresponsable, imposible)*	co-/com-/con-	→ zusammen *(colaborar)*
		contra-	→ gegen, wider- *(contradecir)*
ante-, pre-	→ vor *(anteayer, prever)*	pos-/post-	→ nach *(la posguerra)*
anti-	→ gegen, un- *(antihigiénico/-a)*	sobre-	→ über- *(sobrevivir)*
bi-	→ zwei *(la bicicleta)*	sub-	→ unter *(el subdesarrollo)*

2 Wortarten erkennen

Arbeitsauftrag: *¿De qué clase de palabras se trata?*

- Um ein Wort im Wörterbuch nachzuschlagen, ist es wichtig, die Wortart zu kennen.
  ▶ Das Wörterbuch benutzen, S. 285
- Aus einigen Suffixen (= Wortendungen) kann man die Wortart (Substantiv, Adjektiv etc.) ableiten.
- Einige Suffixe zeigen, ob ein Substantiv männlich (maskulin) oder weiblich (feminin) ist.

Endungen (Suffixe):

-aje	→ männliches Substantiv *(**el** mensaje)*
-dad/-tad/-tud	→ weibliches Substantiv *(**la** ciudad, **la** dificultad, **la** juventud)*
-ción/-sión	→ weibliches Substantiv *(**la** habitación, **la** profesión)*
-able/-ible	→ Adjektiv *(confortable, sostenible)*

3 Wörter umschreiben

Arbeitsauftrag: *Explica qué es/significa* […]. / *Explica las palabras.*

- Wenn dir ein Wort nicht einfällt oder du jemandem ein Wort erklären sollst, umschreibe es.
- Zum Umschreiben kann man Beispiele, Synonyme (= Wörter mit gleicher Bedeutung), Antonyme (= Wörter mit entgegengesetzter Bedeutung), Überbegriffe, Unterbegriffe etc. nennen.

Es alguien / algo que […].
Es un animal / una planta / […].
Lo usas para […].
Tiene que ver con[1] […].
Es un sinónomo/antónimo de […].

1 tener que ver con zu tun haben mit

4 Wortschatz und Grammatik lernen

- Lege ein Vokabellernsystem an: Vokabelheft, Karteikarten (auf Papier oder digital) etc.
- Schreibe neue Wörter während des Unterrichts mit.
- Wiederhole Vokabeln z. B. beim Busfahren, konjugiere Verben im Kopf etc.
- Lass dich von jemandem abfragen, um zu prüfen, wie gut du die Wörter schon kannst.
- Schwierige Wörter/Strukturen prägen sich gut ein, indem man sie auf Zettel schreibt und im Zimmer / in der Wohnung aufhängt. Lies den Zettel jedes Mal beim Vorbeigehen.
- Schreibe zu jedem Wort / zu jeder Struktur einen Beispielsatz, um dir die Verwendung zu verdeutlichen.
- Ordne Wörter in Gruppen an, z. B. …

… in Sachgruppen

- Eignet sich für Wörter, die thematisch zusammengehören, z. B. Wetter oder Schule.
- Z. B. als Liste, ggf. strukturiert nach Unterthemen oder Wortarten, oder als Mindmap.

el tiempo
hace buen/mal tiempo
hace calor/frío
hace sol/viento/… grados
llueve/nieva

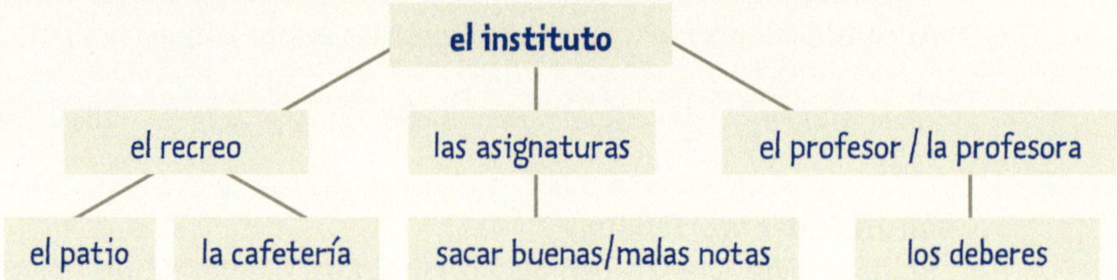

… nach Wortarten

- Z. B. alle Verben, Adjektive, Substantive, die zu einem Thema passen.
- Notiere bei Verben ggf. Besonderheiten in der Konjugation.
- Notiere Substantive immer mit dem Artikel *(el/la)*.
- Notiere bei Adjektiven ggf. Besonderheiten, z. B. Verkürzungen.

… in Wortpaaren

- Eignet sich z. B. bei Gegensatzpaaren und Synonymen.
- Benutze immer die gleichen Symbole, um nicht durcheinanderzukommen.

alto/-a ≠ bajo/-a	el idioma = la lengua
el día ↔ la noche	hablar – charlar

… nach Wortfamilien

- Wortfamilien helfen dir, auch unbekannte Wörter aus der Familie zu verstehen.

interesante – interesar – el interés

… in Kollokationen

- Eignet sich für feststehende Ausdrücke bzw. feste Wortverbindungen (= Kollokationen).

sacar una buena nota	tocar la guitarra
llevar gafas	tomar el pelo a alguien
jugar al voleibol	echar una mano a alguien

Digitale Medien nutzen

- Lerne Vokabeln mit einem Vokabeltrainer am Computer oder auf dem Smartphone, z. B. mit der Vokabel-App.
- Bei vielen Vokabeltrainern oder Apps kannst du dir die Wörter auch anhören und nachsprechen.
- Du kannst digitale Geräte auch zum Lernen nutzen, indem du dich selbst aufnimmst und anhörst.

Das Wörterbuch benutzen

1 **Spanisch – Deutsch**

Arbeitsauftrag: *Busca las palabras y expresiones en un diccionario.*

- Identifiziere zuerst die Wortart des unbekannten Wortes (Substantiv? Verb? Adjektiv?).
- Verben findet man im Wörterbuch immer in der Infinitiv-Form (z. B. *juegan, traté → jugar, tratar*).
- Suche bei Adjektiven nach der maskulinen Form.
- Das „ñ", „ch" und „ll" sind im spanischen Alphabet eigene Buchstaben. Daher steht z. B. das Wort *caña* erst hinter *cantar*.
- Lies den ganzen Eintrag und überprüfe, welche der verschiedenen Bedeutungen in „deinen" Kontext passt.
- Zusammengesetzte Wörter und Ausdrücke stehen manchmal nur unter einem der Teile, z. B. *tomar el pelo* unter *tomar* oder *pelo*.

Genus (bei Substantiven) – Aussprache – Tilde (ersetzt das Stichwort) – deutsche Entsprechung – verschiedene Bedeutungen des Wortes

hora ['oɾa] *f* **1.** *(de un día)* Stunde; **~ de consulta** Sprechstunde; **2.** *(del reloj)* Uhrzeit; **¿qué ~ es?** wie viel Uhr ist es? **3.** *(tiempo)* Zeit; **tener horas de vuelo** sehr erfahren sein

2 **Deutsch – Spanisch**

Arbeitsauftrag: *Escribe un texto/e-mail /* [...]. *Puedes usar el diccionario.*

- Das gleiche Wort kann mehrere Bedeutungen haben, z. B. „Karte": rote Karte (Fußball), Postkarte, Landkarte, Spielkarte, Konzertkarte etc.
- Lies daher den ganzen Eintrag und überprüfe, welche der verschiedenen Bedeutungen in „deinen" Kontext passt. Schlage das ausgewählte Wort ggf. zur Sicherheit im Spanisch-Deutschen Teil nach.
- Umgangssprachliche Wörter sind durch *fam. (= familiar)* gekennzeichnet. Sie sollten nur in informellen Zusammenhängen verwendet werden, z. B. nicht in einem Geschäftsbrief.
- Das ausgewählte Wort muss an den Satz angepasst werden: Genus und Numerus (bei Substantiven), Konjugationsform (bei Verben), Endung von Adjektiven gemäß Bezugswort.
- Zusammengesetzte Wörter wie „Mathelehrer" sind im Wörterbuch oft nicht zu finden. Suche daher die Bestandteile und füge sie zusammen (häufig nach dem Muster Substantiv + *de* + Substantiv): Mathe = *Matemáticas*, Lehrer = *profesor → profesor de Matemáticas*.

spanische Entsprechung – verschiedene Bedeutungen des Wortes – Tilde (ersetzt das Stichwort) – Genus (bei Substantiven) – Aussprache

Uhr **1.** *(Gerät)* reloj *m* [re'lox]; **die ~ aufziehen** dar cuerda al reloj; **2.** *(bei Zeitangaben) f* ['oɾa]; **es ist genau acht ~** son las ocho en punto; **neun ~ drei** las nueve y tres minutos

3 **Ein Online-Wörterbuch nutzen**

Die Verwendung von Online-Wörterbüchern kann zeitsparend und hilfreich sein. Dabei solltest du Folgendes beachten:

- In Online-Wörterbüchern kannst du bei der Suche anstatt des Infinitivs auch konjugierte Verbformen eingeben (z. B. *dormí, sean*) sowie die Plural- oder femininen Formen von Substantiven und Adjektiven (z. B. *profesiones, abogada, necesaria*).
- Einige Online-Wörterbücher ermöglichen es dir, nach zusammengesetzten Begriffen oder kurzen Redewendungen zu suchen (z. B. *irse a la cama, poner la mesa, a lo mejor, ¡Qué vergüenza!*).
- Oft wird dir für ein gesuchtes Wort eine große Anzahl an möglichen Bedeutungen angezeigt. Sieh dir die Suchergebnisse sorgfältig an und finde die Übersetzung, die für deinen Fall zutrifft.
- In Online-Wörterbüchern kannst du dir Wörter auch anhören und nachsprechen, um deine Aussprache zu trainieren.

Medienkompetenz

1 Bedienen und Anwenden

a Texte auf Spanisch mit dem Computer schreiben

Gerade wenn du längere Texte auf Spanisch verfassen willst, ist es nützlich, diese mit einem Textverarbeitungsprogramm auf dem Computer zu schreiben.

- Wenn du die Sprache deines Programms auf Spanisch einstellst, kannst du die Rechtschreibprüfung nutzen und deine Texte einfacher korrigieren.
- Außerdem kannst du die Wörter deines Textes zählen lassen und die Wortanzahl entsprechend anpassen.
- Achte aber darauf, deine Texte nicht immer gleich mit dem Rechtschreibprogramm zu verfassen, damit du eine Kontrolle über deine Fehler hast und feststellen kannst, wo du dich noch verbessern musst.

b Umgang mit persönlichen und fremden Daten

Wenn du mit dem Internet arbeitest oder in deiner Freizeit das Internet, wie z. B. die sozialen Netzwerke nutzt, kommst du an vielen Stellen mit fremden Daten (auch Fotos oder Texten) in Kontakt oder wirst aufgefordert, deine eigenen Daten anzugeben.

Damit deine Daten oder die Daten anderer nicht in falsche Hände geraten:

- Überlege gründlich, wem du welche Daten anvertraust (denke z. B. darüber nach, bei welchen Webseiten oder Portalen du dich mit deiner E-Mail-Adresse registrierst).
- Gib deine Telefonnummer und deine Adresse nur in Ausnahmefällen an.
- Nutze unterschiedliche Passwörter, um anderen den Zugriff auf deine Daten zu erschweren.
- Frage bei anderen Personen nach, bevor du ihre Daten weitergibst (z. B. jemandem die Telefonnummer eines Freundes schickst) oder ein Foto von ihnen veröffentlichst.

2 Informieren und Recherchieren

a Informationen im Internet finden und verwenden

Das Internet bietet sehr viele Informationen. Hier erhältst du ein paar Tipps, wie du zielsicher recherchieren kannst:

- Überlege, was die wichtigsten Stichwörter für dein Thema sind. Je mehr gute Stichwörter du in eine Suchmaschine eingibst, desto genauer sind die Ergebnisse.
- Notiere immer die Quelle, also den Namen der Internetseite und die URL, sowie das Datum, an dem du die Seite besucht hast.
- Wenn du in deiner Präsentation oder deinem Text Fotos, Abbildungen, fremde Texte und Zitate verwendest, gib immer die Quelle an. Suche am besten nach gemeinfreien Bildern (creative commons [cc]) und informiere dich darüber, ob bzw. wie du das Foto weiterverwenden darfst.
- Achte darauf, welche Musik, Bilder oder Videos du kopieren und herunterladen darfst.

Wenn du spezifische Informationen suchst, helfen dir folgende Tricks:

Was du suchst: Du suchst in einer Suchmaschine Informationen über die Sierra de Tramontana und
möchtest nur Informationen auf spanischen Seiten suchen.
Wie du vorgehst:

site:.es „Sierra Nevada"

site:.es	„ "
Sucht nur auf Seiten aus Spanien.	Sucht den oder die exakten Begriffe. Du kannst auch mehrere eingeben.

b Informationen bewerten

- Achte darauf, wer die Webseite oder den Beitrag erstellt hat, um die Qualität der Suchergebnisse einzuschätzen. Sind sie eher zuverlässig (Online-Lexikon, bekannte Medien usw.) oder handelt es sich eher um persönliche Meinungen (Forum, Blog, Fan-Seite usw.)?
- Gleiche die Informationen, die du findest, mit den Informationen von unterschiedlichen Webseiten ab, um zu überprüfen, ob sie stimmen.

3 Produzieren und Präsentieren

Wenn du einen Text z. B. für einen Vortrag gestalten möchtest, helfen dir folgende Tipps:

a Plakat

- Sortiere die Informationen, die du vermitteln willst, und gib deinem Plakat eine klare Struktur. Verwende für jeden neuen Gedanken einen neuen Stichpunkt sowie Überschriften und Zwischenüberschriften.
- Ergänze dein Plakat mit Fotos oder Statistiken. Achte jedoch dabei darauf, dass du diese nur dort einfügst, wo sie sinnvoll sind und einen Zweck erfüllen.

b Präsentationsfolien

Grundsätzlich gilt: Eine Präsentation ist nur eine visuelle Unterstützung für deinen Vortrag. Versuche deine Präsentation deshalb möglichst übersichtlich zu gestalten und den Text auf das Wichtigste zu reduzieren.

- Verwende nicht zu viele Folien.
- Fasse dich kurz: Verwende Schlüsselwörter oder Stichpunkte, keine ganzen Sätze.
- Wähle eine ausreichende Schriftgröße und eine gut lesbare Schrift.
- Achte darauf, dass der Kontrast zwischen Hintergrund und Schrift groß genug ist. Verwende am besten einen hellen Hintergrund und eine dunkle Schriftfarbe.
- Vermeide Spezialeffekte (z. B. verspielte Übergänge oder tanzende Buchstaben).

c Podcast

Bei der Erstellung eines Podcasts gehst du folgendermaßen vor:

- Überlege dir, über welches Thema du sprechen willst, und schreibe einen Text für deinen Podcast
- Es gibt verschiedene Programme, mit denen du deinen Podcast am Computer aufnehmen kannst. Du kannst dazu auch die Aufnahmefunktion eines Smartphones nutzen.
- Übe deinen Text mehrere Male, bevor du den Podcast aufnimmst.
- Nimm dich auf und stelle deinen Podcast deinen Mitschülern zur Verfügung.

Du kannst Podcasts auch als Modell für deinen eigenen Podcast nutzen oder dazu, dein Hörverstehen zu schulen und dich über verschiedene Themen zu informieren. Recherchiere dazu im Internet (▶ Informationen im Internet finden, S. 286), welche spanischsprachigen Podcasts interessant für dich sind, und höre sie dir an. Oft bieten z. B. Radio- oder Fernsehsender ihr eigenes Podcastprogramm.

d Quellendokumentation

Unabhängig vom Medium (Poster, Präsentation oder Podcast) achte immer darauf, welche Musik, Bilder oder Videos du kopieren, herunterladen oder präsentieren darfst.

- Gib immer die Quelle an, aus der du deine Informationen bzw. Musik, Bilder, Videos usw. beziehst.
- Achte darauf, dass du den Urheber und das Datum angibst, an dem du auf die Quelle zugegriffen hast.

Kooperatives Lernen

¡Piensa! – ¡Discute! – ¡Comparte! (Think – Pair – Share)

1. ¡Piensa! (Think): Löse die Aufgabe allein und in Ruhe.
2. ¡Discute! (Pair): Besprecht eure Ergebnisse zu zweit (oder auch schon in der Gruppe). Korrigiert euch gegenseitig, falls nötig.
3. ¡Comparte! (Share): Tragt eure Ergebnisse in der Gruppe oder in der Klasse vor und besprecht sie gemeinsam.

Symbole und Abkürzungen

abc Bei Verben in blauer Schrift musst du auf unregelmäßige Formen achten.
▶ bezeichnet spanische Wörter derselben Wortfamilie.
= bezeichnet Wörter und Wendungen mit gleicher Bedeutung.
≠ bezeichnet Wörter und Wendungen mit gegensätzlicher Bedeutung.
E Englisch
F Französisch
L Latein
⚠ bezeichnet eine sprachliche Besonderheit.

adj.	adjetivo *(Adjektiv, Adj.)*	*jdm*	jemandem
adv.	adverbio *(Adverb)*	*jdn*	jemanden
etw.	etwas	*lat. am.*	lateinamerikanisch
f.	feminino *(Femininum)*	*m.*	masculino *(Maskulinum)*
fam.	familiar *(umgangssprachlich, ugs.)*	*pl.*	plural *(Plural, Pl.)*
ind.	indicativo *(Indikativ, Ind.)*	*sg.*	singular *(Singular, Sg.)*
inf.	infinitivo *(Infinitiv, Inf.)*	*sust.*	sustantivo *(Substantiv, S.)*
inv.	invariable *(invariabel, inv.)*	*subj.*	subjuntivo
abc	ab Unidad 9 sowie in den Modulen wird fakultativer Wortschatz kursiv gekennzeichnet		

Hablamos español ▶ p. 12

¡Hablamos (español)!	Wir sprechen (Spanisch)!	
el español	Spanisch *Sprache*	E Spanish F l'espagnol *m.*
¡Hola!	Hallo!	E Hello!
me llamo	ich heiße	Hola, me llamo Marta.
soy de	ich komme aus	Soy de Sevilla.
soy	ich bin	Soy Manuel.
de	aus, von	F de
Madrid ▶ Cultura, p. 244	*Hauptstadt Spaniens*	
hablo	ich spreche	Hablo español.
y	und	

⚠ Vor Wörtern, die mit *i-* oder *hi-* beginnen, wird die Konjunktion ***y*** zu ***e***.
*Hablo inglés **y** español. Hablo español **e** inglés.*

un poco (de)	ein bisschen	F un peu de
el inglés	Englisch *Sprache*	E English F l'anglais *m.*
yo	ich	
Sevilla ▶ Cultura, p. 244	*Stadt in Spanien*	
también	auch	–Soy de Madrid. –¡Yo también!
el alemán	Deutsch *Sprache*	Hablo alemán y español.

¿Qué tal?	Wie geht's?	Hola, ¿qué tal?
La Coruña ► Cultura, p. 243	*Stadt in Spanien*	
el gallego	Galicisch *Sprache*	También hablo gallego.
el francés	Französisch *Sprache*	F le français
Lima ► Cultura, p. 245	*Hauptstadt Perus*	
la capital	die Hauptstadt	E capital F la capitale

⚠ Anders als im Deutschen werden die Substantive im Spanischen klein geschrieben.

Perú ► Cultura, p. 246	Peru	Lima es la capital de Perú.
el quechua ► Cultura, p. 249	Quechua *Sprache*	Hablo un poco de quechua.
tú	du	Hablo español. ¿Y tú?
¿Cómo te llamas?	Wie heißt du?	–¿Cómo te llamas? –Me llamo Tarek.
¿cómo?	wie?	F comment?
¿De dónde eres?	Woher bist/kommst du?	
¿de dónde?	woher?	–¿De dónde eres? –Soy de Perú.
eres	du bist	
¿Qué lenguas hablas?	Welche Sprachen sprichst du?	–¿Qué lenguas hablas? –Inglés y español.
¿qué?	was?; welche?, welcher?, welches?	
la lengua	die Sprache	E language F la langue L lingua
hablas	du sprichst	–¿Qué lenguas hablas? –Hablo español y alemán.
el ejemplo	das Beispiel	

Unidad 1 / ¡Vamos! ► p. 14

¡Vamos!	*hier:* Los geht's!	
muy bien	sehr gut	–¿Qué tal? –Muy bien.
muy	sehr	
bien *adv.*	gut	F bien L bene
¿Cómo estás?	Wie geht's?	= ¿Qué tal?
fenomenal *adj.*	großartig	
gracias	danke	–¿Qué tal? –Bien, gracias.
él/ella	er/sie	Y ella, ¿de dónde es?
¿quién? *sg.*	wer?	F qui?
es	er/sie ist	Y ella, ¿quién es?
¡Mira!	Sieh mal!	
un, una	ein, eine	F un, une
el amigo, la amiga	der Freund, die Freundin	F l'ami/e *m./f.* L amicus/-a
Alemania ► **alemán**	Deutschland	F l'Allemagne *f.*
encantado, encantada	angenehm, sehr erfreut *Begrüßung*	F enchanté/e
mucho gusto	angenehm, sehr erfreut *Begrüßung*	–Hola, soy Juan. –Mucho gusto.
¡Venga!	Los! *hier:* also	
¡Hasta luego!	Bis später!, Bis dann!	

¡Adiós!	Auf Wiedersehen!	≠ ¡Buenos días!
¡Buenos días!	Guten Tag!	= ¡Hola!
¡Buenas tardes!	Guten Tag! / Guten Abend!	
¡Buenas noches!	Guten Abend! / Gute Nacht!	
más o menos	mehr oder weniger, *hier:* geht so	
mal *adv.*	schlecht	≠ bien **F** mal
fatal *adj.*	mies, furchtbar	= muy mal
el compañero, la compañera (de clase)	der Mitschüler, die Mitschülerin	Manuel es el compañero de clase de Lucía.
la clase	die Klasse, der Unterricht	**E** class, classroom **F** la classe
el compañero de trabajo, la compañera de trabajo	der Arbeitskollege, die Arbeitskollegin	
el trabajo	die Arbeit	**F** le travail

Unidad 1 / Texto A ► p. 17

estudiar ► Grammatik, 1	lernen, *hier:* zur Schule gehen, studieren	**E** to study **L** studere
o	oder	**E** or **F** ou

⚠ Vor Wörtern, die mit *o-* oder *ho-* beginnen, wird die Konjunktion ***o*** zu ***u***.
*¿Eres de Granada **o** Sevilla? ¿Eres de La Coruña **u** Oviedo?*

trabajar ► **el trabajo** ► Grammatik, 1	arbeiten	¿Estudias o trabajas? **F** travailler
charlar ► Grammatik, 1	quatschen, sich unterhalten	= hablar
en	in, an, auf	En clase hablamos español.
la plaza	der Platz	**E** place **F** la place
no	nein	**E** no
no	nicht; kein, keine	Lucía no habla quechua.

⚠ ***No*** kann auf Deutsch sowohl *nein* als auch *nicht* oder *kein* bedeuten.

aquí	hier	¿Eres de aquí?
pero	aber	
ahora	jetzt	
mi, mis *pl.*	mein, meine	Mis amigos son de Madrid.
la madre	die Mutter	**F** la mère **L** mater
ser ► Grammatik, 2	sein	
¿verdad?	stimmt's?, nicht wahr?	Tú eres Alejandro, ¿verdad?
sí	ja	≠ no
el instituto	die weiterführende Schule	Marta estudia en el instituto Parque Aluche.
todavía no	noch nicht	Todavía no trabaja.
todavía	noch (immer)	¿Todavía trabajas en Alemania?

¡Oye! *fam.*	Hör mal!, *hier:* Sag mal!	¡Oye!, ¿cómo te llamas?
hablar ▶ Grammatik, 1	sprechen	Marta habla alemán y español.
pues	naja, also	Pues sí, soy de Alemania.
claro *adv.*	(na) klar, natürlich	
el padre	der Vater	F le père L pater
Múnich	München	Soy de Múnich.
por eso	deshalb	Soy de Múnich, por eso hablo alemán.
en casa	zu Hause	Lucía y Manuel estudian en casa.
la casa	das Haus	L casa
genial *adj.*	genial	= fenomenal
difícil *adj.*	schwierig	E difficult F difficile L difficilis
quedar ▶ Grammatik, 1	sich verabreden, sich treffen	
practicar algo ▶ Grammatik, 1	etw. üben	Manuel practica inglés.
vale	okay, in Ordnung	–¿Quedamos en la plaza? –¡Vale!
la universidad	die Universität	¿Estudias en la universidad?
la cafetería	die Cafeteria	
el hotel	das Hotel	E hotel F l'hôtel *m.*
la empresa	das Unternehmen, der Betrieb	Mi madre trabaja en una empresa.
el restaurante	das Restaurant	¿Quedamos en el restaurante?
el supermercado	der Supermarkt	E supermarket F le supermarché
la discoteca	die Diskothek	E discotheque F la discothèque
tu, tus *pl.*	dein, deine	Tu padre es alemán, ¿verdad?
el señor, la señora	der Herr, die Frau *Anrede*	¿Sabe usted dónde está la señora Ruiz?
Marruecos	Marokko	¿Tienes familia en Marruecos?
el árabe	Arabisch *Sprache*	F l'arabe *m.*

1

Unidad 1 / Texto B ▶ p. 20

preparar algo ▶ Grammatik, 1	etw. vorbereiten	E to prepare F préparer
el examen, los exámenes *pl.*	die Prüfung, der Test	Los exámenes son difíciles. E exam F l'examen *m.*
significar algo ▶ Grammatik, 1	etw. bedeuten	¿Qué significa «casa» en alemán?
la biblioteca	die Bibliothek	Tarek estudia en la biblioteca.
la pregunta	die Frage	
¿cuándo?	wann?	¿Cuándo quedamos? F quand?
el examen de Inglés	die Englischklassenarbeit	
Inglés	Englisch *Schulfach*	

⚠ Wenn das Schulfach gemeint ist, wird ***Inglés*** groß geschrieben.

mañana	morgen	
comprender algo ▶ Grammatik, 1	etw. verstehen	F comprendre
el texto	der Text	E text F le texte
leer algo ▶ Grammatik, 1	etw. lesen	F lire

mucho *adv.*	viel, sehr	Pedro trabaja mucho.
así	so	F ainsi
aprender algo ▶ Grammatik, 1	etw. lernen	Silvia aprende español.
¿por qué?	warum?	F pourquoi?
juntos, juntas	zusammen	Manuel y Lucía estudian juntos.
recibir algo ▶ Grammatik, 1	etw. bekommen, erhalten	E to receive F recevoir
el mensaje	die Nachricht	E message
¡Buena idea!	Gute Idee!	
la idea	die Idee	
entonces	dann, also	Entonces, ¿cuándo quedamos?
escribir algo ▶ Grammatik, 1	etw. schreiben	F écrire
el móvil	das Handy	E mobile phone
el momento	der Moment	F le moment
solo	nur	
¡Ya!	*hier:* Jetzt hab ich's!	
vivir (en + *sust.***)**	(in + *S.*) leben, wohnen	Alejandro vive en Madrid.
cerca	nah, in der Nähe	
primero	zuerst	
después	danach, später	Primero estudiamos, después charlamos.
de acuerdo	einverstanden	F d'accord = vale
la gramática	die Grammatik	
el vocabulario	der Wortschatz	El vocabulario no es difícil.
la película	der Film	
el regalo	das Geschenk	
la letra (de una canción)	der (Lied)text	
España ▶ Cultura, S. 243	Spanien	
bailar ▶ Grammatik, 1	tanzen	¿Quieres bailar?
comer algo ▶ Grammatik, 1	etw. essen	¿Comemos en la cafetería?
descansar ▶ Grammatik, 1	sich entspannen, ausruhen	
comprar algo ▶ Grammatik, 1	etw. kaufen	¿Cuándo compras el regalo?
tomar algo ▶ Grammatik, 1	etw. nehmen, *hier:* etw. trinken	
el diálogo	der Dialog	¿Quién comprende el diálogo?
el tema	das Thema	
el ejercicio	die Übung	E exercise F l'exercice *m.*

Unidad 1 / Texto C ▶ p. 23

¿cuál?, ¿cuáles?	welche?, welcher?, welches?	¿Cuál es tu número de teléfono?
el número de teléfono	die Telefonnummer	F le numéro de téléphone
el número	die Nummer, die Zahl	
el teléfono	das Telefon	= el móvil
subir algo ▶ Grammatik, 1	etw. hochgehen, hochladen *Computer*	
la escalera	die Treppe	Ana sube la escalera.
el vecino, la vecina	der Nachbar, die Nachbarin	F le voisin, la voisine

nuevo, nueva	neu	F neuf/-ve L novus/-a/-um
en serio	wirklich, im Ernst	E seriously
Administración y Finanzas	Verwaltung und Finanzen *Studienfach*	Estudias Administración y Finanzas, ¿verdad?
Informática y Programación	Informatik und Programmierung *Studienfach*	Marta estudia Informática y Programación.
necesitar algo ▸ Grammatik, 1	etw. brauchen	
la ayuda	die Hilfe	Necesito ayuda.
con	mit	Lucía habla con Manuel. L cum
el ordenador	der Computer	
el programa	das Programm	E programme F le programme
la estadística	die Statistik	
funcionar	funktionieren	F fonctionner
para + *inf.*	um zu + *Inf.*	
el café	der Kaffee	¿Tomamos un café?
Mi móvil es el….	Meine Handynummer ist …	Mi móvil es el 003482…
¿Cómo se escribe…?	Wie schreibt man …?	¿Cómo se escribe «puerta»?
Se escribe…	Man schreibt es …	Se escribe pe - u - e - ere - te - a.
perfecto *adv.*	perfekt	E perfect
¡Hasta mañana!	Bis morgen!	
bueno	*hier:* also	
nosotros, nosotras	wir	
algo	etwas	
la puerta	die Tür	
el nombre	der Vorname	¿Cómo se escribe tu nombre?

2

Unidad 2 / ¡Vamos! ▸ p. 26

la gente *sg.*	die Leute	F les gens *f. pl.* L gens
el barrio	der Stadtteil	
la familia	die Familie	E family F la famille
Tengo… años.	Ich bin … Jahre alt.	F J'ai (17) ans.

⚠ Im Spanischen gibt man das Alter mit dem Verb *tener* (= haben) an.
tengo ich habe ***tienes*** du hast ***tiene*** er/sie hat

tengo	ich habe	
el año	das Jahr	F l'an *m.* L annus
los hermanos *pl.*	die Geschwister	Tengo dos hermanos.
los padres *pl.*	die Eltern	Vivo von mis padres en Múnic.
la calle	die Straße	Vivo en la calle Olivar.
el alumno de bachillerato, la alumna de bachillerato	der Oberstufenschüler, die Oberstufen-schülerin	
el alumno, la alumna	der Schüler, die Schülerin	

el bachillerato	das Abitur	F le baccalauréat
su, sus *pl.*	sein/e, ihr/e	Ellas son Ana y su amiga Eva.
el hermano, la hermana	der Bruder, die Schwester	Tengo una hermana.
Andalucía ▶ Cultura, p. 243	Andalusien	
la escuela de formación profesional	die Berufsschule	
la escuela	die Schule	
la formación profesional (= FP *fam.*)	die Berufsausbildung	F la formation professionnelle
pequeño, pequeña	klein	Tengo una hermana pequeña.
se llama	er/sie/es heißt	Mi hermana se llama Eva.
ya	schon	
inteligente	intelligent	Eva es inteligente.
¿Cuántos años tienes?	Wie alt bist du?	
¿dónde?	wo?	¿Dónde vives?
¿con quién?	mit wem?	
el apellido	der Nachname	Mi apellido es Pérez García.
la dirección, las direcciones *pl.*	die Adresse	
el código postal	die Postleitzahl	
la ciudad	die Stadt	Madrid es una ciudad. E city L civitas
el e-mail	die E-Mail (-Adresse)	

⚠ Im Spanischen werden E-Mail-Adressen ohne Sonderzeichen (Akzente, ñ) geschrieben.

la arroba	das @-Zeichen	
el guion bajo	der Unterstrich	amparo_trinidad@talleres.eu
el guion	der Bindestrich	amparo-trinidad@talleres.eu
el punto	der Punkt	

Unidad 2 / Texto A ▶ p. 29

la foto	das Foto	
creo que	ich glaube, dass	Creo que Juan y María son novios.
que *conj.*	*hier:* dass	F que
porque	weil	F parce que

⚠ Unterscheide: ***¿Por qué?*** warum? ***porque*** weil

el recreo	die Pause	F la récréation
querer algo (e → ie) ▶ Grammatik, 9	etw. wollen	¿Qué quieres tomar?
¡Perdón!	Entschuldigung!	
el novio, la novia	der (feste) Freund, die (feste) Freundin	¿Tienes novio?
¡Qué + *adj./adv.*!	Wie + *Adj./Adv.*!	¡Qué bien!

guapo, guapa	hübsch	
simpático, simpática	sympatisch	Marta es muy simpática.
París	Paris	
guay *fam.*	cool	¡Qué guay! = fenomenal, genial
tener algo (e → ie) ► Grammatik, 9	etw. haben	No tengo hermanos.
más	mehr	¿Quieres más café?
¿quiénes? *pl.*	wer?	¿Quiénes son ellos?

> ⚠ ***Wer*** hat im Spanischen eine Singular- und eine Pluralform:
> ***¿Quién es ella?*** **Wer** ist sie? ***¿Quiénes son ellos?*** **Wer** sind sie?

este/esta es, estos/estas son	das ist, das sind	Mira, este es mi amigo Juan. L iste/-a
¡Vaya!	Oh!, Ach!, Wow!	
serio, seria	ernst	E serious F sérieux/-se
estricto, estricta	streng	Él es muy estricto. E strict F strict/e
¡Qué va!	Ach was!, Überhaupt nicht!	
en realidad	eigentlich, in Wahrheit	
la realidad	die Wirklichkeit	
divertido, divertida	lustig	≠ serio/-a
alegre	fröhlich	
tranquilo, tranquila	ruhig	
bastante	ziemlich	Su novia es bastante divertida.
tímido, tímida	schüchtern	F timide
los abuelos	die Großeltern	Sus abuelos viven en una ciudad.
el/la artista	der Künstler, die Künstlerin	E artist F l'artiste *m./f.*
creativo, creativa	kreativ	Eva es creativa.
interesante	interessant	E interesting
aburrido, aburrida	langweilig	≠ interesante
el abuelo, la abuela	der Opa, die Oma	
el tío, la tía	der Onkel, die Tante	
el primo, la prima	der Cousin, die Cousine	
el mejor amigo, la mejor amiga	der beste Freund, die beste Freundin	Ana es mi mejor amiga.
majo, maja	nett, sympathisch	
vago, vaga	faul	

2

Unidad 2 / Texto B ► p. 32

el/la joven, los jóvenes *pl.*	der/die Jugendliche	F le/la jeune *m./f.*
nuestro, nuestra ► Grammatik, 14	unser, unsere	Nuestra vecina es muy simpática.
vuestro, vuestra	euer, eure	¿Sara es vuestra prima?
el grupo	die Gruppe	E group F le groupe
el internet	das Internet	¿Qué lees en internet?
grande	groß	≠ pequeño/-a F grand/e
estar ► Grammatik, 11	sein, sich befinden	–¿Dónde estás? –Estoy aquí.

cerca (de) *adv.*	in der Nähe (von)	
el centro	das Zentrum	¿Vives en el centro? E centre
ruidoso, ruidosa	laut	París es una ciudad ruidosa.
mucho, mucha *adj.*	viel, viele	Tengo muchos amigos.
la vida	das Leben	F la vie
hay	es gibt	
la zona	die Zone, der Bereich	Es una zona tranquila.
poco, poca *adj.*	wenig, wenige	Aquí hay poca gente. ≠ mucho/-a
el tráfico	der Verkehr	Hay mucho tráfico en el centro.
el edificio	das Gebäude	
viejo, vieja	alt	≠ nuevo/-a
el parque	der Park	En Madrid hay muchos parques.
moderno, moderna	modern	E modern F moderne
el polideportivo	das Sportzentrum	
el centro comercial	das Einkaufszentrum	
la tienda	der Laden	
la panadería	die Bäckerei	¿Dónde hay una panadería?
el kiosco	der Kiosk	
buscar algo	etw. suchen	Busco mi móvil. ¿Dónde está?
el gimnasio	das Fitnessstudio	E gym
la heladería	die Eisdiele	Estamos en la heladería.
el helado	das Eis	
al lado de	neben	Estamos al lado de la panadería.
lejos (de)	weit weg (von)	≠ cerca (de)
el pueblo	das Dorf, *auch:* das Volk	Vivo en un pueblo pequeño.
antiguo, antigua	alt, altertümlich	≠ moderno/-a
bonito, bonita	schön	
feo, fea	hässlich	≠ bonito/-a, guapo/-a

Unidad 2 / Texto C ▸ p. 35

¿adónde?	wohin?	≠ ¿de dónde?
ir (a) ▸ Grammatik, 18	gehen (zu, nach)	¿Vamos al parque? L ire
invitar (a)	einladen (zu, nach, in)	E to invite F inviter
a	nach, zu, an, in	Mañana voy a Madrid.
hoy	heute	≠ mañana
poder (o → ue) ▸ Grammatik, 16	können	Hoy no puedo ir al parque.
probar algo (o → ue) ▸ Grammatik, 16	etw. probieren, ausprobieren	¿Quieres probar mi helado?
gratis	kostenlos	E gratis F gratis
el rocódromo	die Kletterhalle	
el taller	der Workshop, die Werkstatt	
el slackline	das Slacklinen *Sport*	E slacklining
la piscina	das Schwimmbad	F la piscine

costar (o → ue) ▸ Grammatik, 16	kosten	El café cuesta un euro. E to cost F coûter
el euro	der Euro	E euro F l'euro *m.*
el centro cultural	das Kulturzentrum	
cultural	kulturell, Kultur- (+ *S.*)	E cultural F culturel/le
la presentación	die Vorstellung, Präsentation	E presentation F la présentation
el libro	das Buch	F le livre
el teatro	das Theater	E theatre F le théâtre
el cine	das Kino	E cinema F le cinéma
el museo	das Museum	E museum F le musée L museum
la visita guiada	die Führung	F la visite guidée
por	*hier:* durch	
siempre	immer	Siempre estudiamos juntos.
hacer algo ▸ Grammatik, 20	etw. machen	¿Qué haces mañana? L facere
la cosa	die Sache	F la chose
casi	fast	Tengo casi 18 años.
a veces	manchmal	A veces voy al teatro.
tener que + *inf.* (e → ie) ▸ Grammatik, 9	etw. tun müssen	Tengo que hacer muchas cosas.
por ejemplo	zum Beispiel	
el chico, la chica	der Junge, das Mädchen	
nunca	nie	≠ siempre
el deporte	der Sport	Hago mucho deporte.
el abrazo	die Umarmung, *hier:* Liebe Grüße	
para	für	El regalo es para Eva.
normalmente *adv.*	normalerweise	

Unidad 3 / ¡Vamos! ▸ p. 44

español, española	spanisch	Maria tiene una madre española.
el tiempo libre	die Freizeit	F le temps libre
el tiempo	die Zeit, *auch:* das Wetter	E time F le temps
libre	frei	F libre
salir ▸ Grammatik, 20	ausgehen	En mi tiempo libre salgo con mis amigos.
escuchar algo / a alguien	etw./jdn hören, jdm zuhören	F écouter
la música	die Musik	
viajar	reisen	Quiero viajar a Marruecos.
usar algo	etw. benutzen	¿Puedo usar tu móvil? E to use
ver algo / a alguien	etw./jdn sehen, ansehen	F voir L videre
la televisión (= la tele *fam.*)	der Fernseher	
el concierto	das Konzert	Mañana hay un concierto en el centro.
la radio	das Radio	¿Te gusta escuchar la radio?
el bar	die Bar, Kneipe	¿Tomamos algo en un bar?
el periódico	die Zeitung	¿Qué periódico lees?
la revista	die Zeitschrift	En el kiosco hay revistas y libros.

la exposición, las exposiciones *pl.*	die Ausstellung	E exposition F l'exposition *f.*
jugar con / a algo (u → ue)	(mit) etw. spielen	¿Juegas al fútbol?
el videojuego	das Videospiel	
el juego	das Spiel	
el vídeo	das Video	
(a mí) me gusta (mucho) + *inf.*	ich mache (sehr) gerne …	A mí me gusta hacer deporte.
No me gusta nada + *inf.*	Ich mache überhaupt nicht gerne …	No me gusta nada ir al cine.
no… nada	überhaupt nicht, nichts	No veo nada.
¿te gusta + *inf.*?	machst du gerne …?	¿Te gusta ir al cine?
A mí también/tampoco.	*hier:* Ich auch (nicht).	
el fútbol	der Fußball *Sportart*	
tampoco	auch nicht	≠ también
¿Y a ti?	Und dir? *hier:* Und du?	
los domingos	sonntags	
tocar + *instrumento*	spielen *Instrument, auch:* berühren	Toco la guitarra.
la guitarra	die Gitarre	A Lucía le gusta tocar la guitarra.

Unidad 3 / Texto A ▸ p. 47

chatear	chatten	E chat
la fiesta	die Party	F la fête
el plan	der Plan	–¿Qué haces hoy? –Todavía no tengo planes.
Alemán	Deutsch *Fach*	F Allemand
el chat ▸ **chatear**	der Chat	Charlo en el chat con amigos.
¿Qué pasa?	Was ist los?, Was gibt's?	
os gusta/n + *sust.*	ihr mögt + *S.*	
gustar + *inf.* ▸ Grammatik, 23	etw. gerne tun	Nos gusta ir al cine.
el rap	der Rap	E/F rap
súper + *adj. fam.*	total, super + *Adj.*	La música es superguay.
hacer cola	sich anstellen	
la cola	die (Warte-)Schlange	
la entrada	die Eintrittskarte, der Eingang	¿Quedamos en la entrada del cine?
¡Mola! fam.	Das ist ja cool!	
¡Qué + *sust.*!	Was für ein/e + *S.*!	
la sorpresa	die Überraschung	¡Qué sorpresa!
contestar (algo)	(etw.) (be)antworten	María hoy no contesta.
estar nervioso, estar nerviosa	nervös sein, aufgeregt sein	Lucía está un poco nerviosa porque tiene un examen.
estar cansado, estar cansada	müde sein, erschöpft sein	–¿Estás muy cansado?
es que	es ist nämlich so, dass	–¿Vamos al cine? –No, es que tengo que estudiar.
no entiendo nada	ich verstehe nichts	
entender algo / a alguien (e → ie) ▸ Grammatik, 9	etw./jdn verstehen	Entendemos un poco de árabe.

tomar el pelo a alguien *fam.*	jdn auf den Arm nehmen	¿Me estás tomando el pelo?
pasar	verbringen Zeit	F passer
el fin de semana, los fines de semana *pl.*	das Wochenende	¿Qué haces el fin de semana?
la semana	die Woche	Una semana tiene siete días.
el fin	das Ende	
pasar por (casa de...)	bei (jdm zu Hause) vorbeigehen	Lucía pasa por casa de Marta. F passer par
estar **feliz,** estar **felices** *pl.*	glücklich sein	L felix
dar **algo a alguien** ► Grammatik, 23	jdm etw. geben	≠ tomar
la hora	die Stunde, Uhrzeit	E hour F l'heure *f.*
mandar algo	etw. schicken	L mandare ≠ recibir
el enlace	*hier:* der Link	
estar **contento,** estar **contenta**	zufrieden sein	F content/e L contentus/-a/-um
unos días	einige Tage	
unos, unas *pl.*	einige, ein paar	
el día	der Tag	
el minuto	die Minute	Una hora son sesenta (60) minutos.
estar **enfermo,** estar **enferma**	krank sein	Estoy enferma.

Unidad 3 / Texto B ► p. 50

3

la ropa	die Kleidung	No tengo ropa de deporte.
la entrevista	das Interview, *hier:* das Vorstellungsgespräch	Estoy nerviosa porque mañana tengo una entrevista.
la prenda	das Kleidungsstück	
antes de + *sust.*	vor (+ *S.*)	Quedamos antes del concierto.
la pandilla	die Clique	
pasear por + *Ort*	spazieren gehen/fahren durch/an + *Ort*	La pandilla pasea por el centro.
¡Qué camisa más chula!	Was für ein hübsches Hemd!	
la camisa	das Hemd	F la chemise
chulo, chula	*hier:* toll, super	
me encanta/n	etw. toll finden	¡Me encanta!
este, esta, estos, estas	dieser, diese, dieses (hier)	
rosa *inv.*	rosa *Farbe*	Busco una camisa rosa.
de manga corta	kurzärmelig	F à manches courtes
la manga	der Ärmel	
corto, corta	kurz	F court/e
el color	die Farbe	E colour F la couleur
gustar ► Grammatik, 23	gefallen	El rap me gusta mucho.
caro, cara	teuer	F cher/chère L carus/-a/-um
preferir **algo** (e → ie) ► Grammatik, 9	etw. lieber mögen, etw. (einer Sache) vorziehen	E to prefer F préférer

blanco, blanca	weiß	F blanc/blanche
azul	blau	Quiero la camisa azul.
echar una mano a alguien	jdm helfen	¿Me echas una mano?
echar algo / a alguien	etw./jdn (raus)werfen	
la mano	die Hand	F la main
las prácticas *pl.*	das Praktikum	
entrar (en) ▸ **la entrada**	hineingehen, eintreten (in)	≠ salir E to enter F entrer L intrare
a ver	mal sehen	A ver qué tenemos aquí.
¿Qué te parece…?	Wie findest du …?	¿Qué te parece la idea?
parecer **algo a alguien (**c → zc**)**	meinen, wirken	
ese, esos, esa/s	dieser, diese, dieses (da)	
el pantalón, los pantalones *pl.*	die Hose	F le pantalon
marrón	braun	No me gustan los pantalones marrón.
ahí	da, dort	
gris	grau	F gris/e
elegante	elegant	F élégant/e
barato, barata	billig	≠ caro/-a
cómodo, cómoda	bequem	
¿cuánto + *verbo***?**	wie viel + *Verb?*	¿Cuánto cuesta?
estar **de oferta**	im Angebot sein	
la oferta	das Angebot	En esta tienda hay muchas ofertas.
el zapato	der Schuh	
de cuero	aus Leder	zapatos de cuero
el cuero	das Leder	A mí me gustan los zapatos de cuero.
práctico, práctica	praktisch	
de buena/mala calidad	guter/schlechter Qualität	
la calidad	die Qualität	
ecológico, ecológica	ökologisch	E ecological F écologique
el cinturón	der Gürtel	
ir **bien con**	zusammenpassen *z. B. bei Kleidung*	
la chaqueta	die Jacke	E jacket
el vendedor, la vendedora	der Verkäufer, die Verkäuferin	
la talla	die Größe *Kleidung*	¿Qué talla tienes? F la taille
llevar algo	etw. mitnehmen, etw. tragen *Kleidung*	
¿Cuánto es?	Wie viel macht das?	
¡De nada!	Bitte sehr!, Gern geschehen!	
la (primera) cita	die (erste) Verabredung	
la cita	der Termin, die Verabredung	
la boda	die Hochzeit	Hoy es la boda de mi hermano.
naranja	orange; *auch:* die Orange	Lucía lleva una camisa naranja.
violeta	violett	Quiero llevar esta chaqueta violeta.
verde	grün	F vert/e
amarillo, amarilla	gelb	Esta camisa amarilla no me gusta nada.
negro, negra	schwarz	≠ blanco/-a F noir/e
rojo, roja	rot	F rouge

la camiseta	das T-Shirt	¡Esta camiseta es muy bonita!
el jersey, los jerséis *pl.*	der Pullover	Marta compra un jersey violeta.
los vaqueros	die Jeanshose	
el vestido	das Kleid	un vestido naranja

Unidad 3 / Texto C ► p. 53

el proyecto	das Projekt	Mi madre tiene muchos proyectos en su trabajo.
el curso	der Kurs, *auch:* der Jahrgang	
la película de aventuras	der Actionfilm	
la aventura	das Abenteuer	
el niño, la niña	das Kind	= el chico, la chica
bajo, baja	niedrig, *hier:* klein *Körpergröße*	Mi prima es muy baja.
delgado, delgada	dünn, schlank	
el pelo	das Haar	Me gusta el pelo corto.
largo, larga	lang	≠ corto/-a
castaño, castaña	braun *Haarfarbe*	Mi hermana tiene el pelo castaño. = marrón
rubio, rubia	blond	Marta no es rubia. ≠ castaño/-a
el ojo	das Auge	Mi madre tiene los ojos verdes.
la publicidad	die Werbung	E publicity F la publicité
que	der, die, das *Relativpronomen*	F qui/que
la experiencia	die Erfahrung	E experience F l'expérience *f.*
la campaña	die Kampagne	
pelirrojo, pelirroja	rothaarig	
liso, lisa	glatt *Haare*	≠ rizado/-a
el compañero de tándem, la compañera de tándem	der Tandempartner, die Tandempartnerin	
nadar	schwimmen	F nager
alto, alta	groß, hoch	≠ bajo/-a
las gafas *pl.*	die Brille	Manuel lleva gafas.
rizado, rizada	lockig	Lucía tiene el pelo rizado.
el/la modelo *inv.*	das Model	
describir algo / a alguien	etw./jdn beschreiben	
la estatura	die Körpergröße	
claro, clara	hell	Mi madre es baja y tiene los ojos claros.
el tatuaje	die Tätowierung	
el piercing	das Piercing	
la nariz	die Nase	
el aspecto físico	das Aussehen	
la moda	die Mode	

Módulo: Mi fin de semana en Barcelona ▶ p. 56

favorito/-a	Lieblings-	El rojo es mi color favorito.
muchísimo	sehr, total	Barcelona me gustó muchísimo.
encantar a alguien	jdm sehr gefallen	= gustar mucho
la primera vez	das erste Mal	
visitar algo / a alguien	etw. / jdn besuchen, besichtigen	E to visit
la Sagrada Familia	*Basilika in Barcelona*	
la obra más famosa	das berühmteste Werk	
la obra	das Werk	El Parque Güell es una obra de Gaudí.
famoso/-a	berühmt	E famous
el arquitecto, la arquitecta	der Architekt, die Architektin	Gaudí es un arquitecto español.
Antoni Gaudí ▶ Cultura, p. 247	*bedeutender katalanischer Architekt*	
el Parc Güell	*von Gaudí erbauter Park*	
faltar	fehlen	Tarek falta en clase, está enfermo.
el rato	die Weile	
el segundo, la segunda	der/die zweite	E second
el Barrio Gótico	Gotisches Viertel *Stadtteil von Barcelona*	
la tarde	der Nachmittag	Hoy por la tarde quedo con Ana.
la Playa de la Barceloneta	*bekannter Strand in Barcelona*	
la playa	der Strand	Marta y sus amigas van a la playa.
el chiringuito	die Strandbar	–¿Tomamos algo en un chiringuito? –¡Claro!
caminar	gehen	Caminamos tres horas por el Parque Güell.
las Ramblas	*Promenade im Zentrum Barcelonas*	Compré este jersey en las Ramblas.
el artista callejero, la artista callejera	der Straßenkünstler, die Straßenkünstlerin	En las Ramblas siempre hay muchos artistas callejeros.
encontrar (o → ue) algo	etw. finden	
todo	alles	≠ nada
positivo, positiva	positiv	
un montón de	eine Menge	
el/la turista	der Tourist, die Touristin	Aquí siempre hay muchos turistas.
a las tres/cuatro de la tarde	um drei/vier Uhr nachmittags	
aparecer (c → zc)	erscheinen	E to appear
cientos de	hunderte von	Cientos de turistas visitan Barcelona.
al mismo tiempo	gleichzeitig	
tomar fotos	Fotos machen	¡Qué bonito! ¿Tomas una foto?
el recuerdo	*hier:* das Souvenir	Compré este recuerdo en Madrid.
desaparecer (c → zc)	verschwinden	
volver (o → ue) ▶ Grammatik, 16	zurückkehren	Siempre vuelvo a casa a las cuatro.
el puerto	der Hafen	F le port
el crucero	das Kreuzfahrtschiff	
¡Qué horror!	wie schrecklich!	≠ ¡Qué bonito!
la turismofobia	die Tourismophobie	
la Font Màgica	*großer Springbrunnen in Barcelona*	

conocer (c → zc) algo / a alguien	etw./jdn kennen (lernen)	–¿Conoces a Andrés? –No, ¿quién es?
el catalán	Katalanisch	En Cataluña hablan catalán y español.
preguntar algo a alguien	jdn etw. fragen	≠ contestar
ayer	gestern	
el último, la última	der/die/das letzte	≠ primero/-a
el Mercat de la Boqueria	*großer Markt in Barcelona*	En el Mercat de la Boqueria probé de todo.
pa amb tomàquet	*katalanisches Gericht: Brot mit Tomate*	
estar rico, rica	lecker	Ayer comí churros. ¡Qué ricos!
la postal	die Postkarte	Marta le escribe una postal a su amiga.
al final	zuletzt	≠ primero
el Tibidabo	*Hausberg Barcelonas*	
en funicular	mit der Bergbahn	
el parque de atracciones	der Freizeitpark	En el Tibidabo hay un parque de atracciones.
el/la habitante	der Einwohner, die Einwohnerin	E inhabitant
la comunidad autónoma	die autonome Region	España tiene 17 comunidades autónomas.
Cataluña ▶ Cultura, p. 243	Katalonien	Cataluña tiene 7,5 millones de habitantes.
nacer (c → zc)	geboren werden	Gaudí nació en 1852.
participar	teilnehmen	E to participate
morir (o → ue) ▶ Grammatik, 16	sterben	
las vacaciones	die Ferien, der Urlaub	Pasamos las vacaciones en Cataluña.
pasado/-a	der/die/das vergangene	

4

Unidad 4 / ¡Vamos! ▶ p. 60

el día a día	der Alltag	A veces, el día a día es aburrido.
¿Qué hora es?	Wie spät ist es?	
Es la... / Son las...	Es ist ... Uhr.	–¿Qué hora es? –Son las siete.

So gibst du die Zeit an:
*–¿**Qué hora es?** –**Es la** una (en punto / menos cuarto / y media).*
*–**Son las** dos (en punto / menos cuarto / y media).*

¿A qué hora...?	Um wieviel Uhr ...?	¿A qué hora quedamos?
empezar algo (e → ie) ▶ Grammatik, 9	etw. anfangen, beginnen	¿A qué hora empieza la clase?
a la... a las...	um ...	¿Quedamos a las ocho?
terminar algo	enden, etw. beenden	¿A qué hora termina el concierto? ≠ empezar
abrir algo	etw. öffnen	La cafetería abre a las diez.
cerrar algo (e → ie) ▶ Grammatik, 9	etw. schließen	La biblioteca cierra a las ocho. ≠ abrir
(las nueve) de la noche	(neun Uhr) abends	Cerramos a las diez de la noche.
la noche	die Nacht, der (späte) Abend	L nox
el festival	das Festival	

de… a… / del… al…	von … bis … / vom … bis zum …	Abrimos de lunes a viernes. Viajo del 2 al 4 de mayo.
el mayo	der Mai	

Los meses del año

enero Januar	***abril*** April	***julio*** Juli	***octubre*** Oktober
febrero Februar	***mayo*** Mai	***agosto*** August	***noviembre*** November
marzo März	***junio*** Juni	***septiembre*** September	***diciembre*** Dezember

¿Qué día…?	An welchem Tag …? / Welcher Tag …?	¿Qué día es tu entrevista?
la mañana	der Morgen	
el jueves	(am) Donnerstag	

La semana

el lunes (am) Montag	***el sábado*** (am) Samstag
el martes (am) Dienstag	***el domingo*** (am) Sonntag
el miércoles (am) Mittwoch	***el fin de semana*** (am) Wochenende
el jueves (am) Donnerstag	
el viernes (am) Freitag	

⚠ ***El martes*** *es el examen.* **Am Dienstag** ist der Test.

⚠ ***Los martes*** *hago deporte.* **Dienstags** mache ich Sport.

el maratón	der Marathon	
la feria (de trabajo)	die (Job-)Messe	
la Noche en Blanco ▶ Cultura, p. 249	*Kulturereignis in Madrid*	
el… de…	am … Datum	El examen es el dos de mayo.

So gibst du das Datum an:
–¿Qué día es hoy?
–Hoy es el (12) de (noviembre).

el cumpleaños (= el cumple *fam.***)**	der Geburtstag	Mi cumple es el 14 de noviembre.
el carnaval	der Karneval	
las vacaciones *pl.*	die Ferien, der Urlaub	Tengo vacaciones en mayo.
público, pública	öffentlich	

Unidad 4 / Texto A ▶ p. 63

el sobresaliente	Sehr gut *Schulnote*	Un sobresaliente es una nota súperbuena.

⚠ In Spanien gibt es die Noten 0 bis 10. Die 10 entspricht der Note „sehr gut“ und 0 bis 4 der Note „ungenügend“. Die Abstufungen „plus“ und „minus“ gibt es nicht.

9–10: *Sobresaliente*	**6–6,9:** *Bien*	**0–4,9:** *Insuficiente*
7–8,9: *Notable*	**5–5,9:** *Suficiente*	

la nota final	die Endnote	
la nota	die Note	F la note
como	wie	F comme

⚠ Unterscheide: *Mi hermana es **como** mi prima.* Meine Schwester ist **wie** meine Cousine.
*¿**Cómo** te llamas?* ¿**Wie** heißt du?

la Selectividad	*Eignungsprüfung für die Aufnahme an einer spanischen Universität*	
el empollón, la empollona	der Streber, die Streberin	= empollar
pensar (en algo/alguien) (e → ie) ▸Grammatik, 9	(an etw./jdn) denken	Los chicos ya piensan en el fin de semana. F penser à L pensare
normal	normal	
la asignatura	das Schulfach	¿Cuál es tu asignatura favorita?
favorito, favorita	Lieblings- (+ *S.*)	E favourite
el profesor, la profesora (= el/la profe *fam.***)**	der Lehrer, die Lehrerin	F le professeur
todos, todas *pron.*	alle *m./f.*	Vamos todos juntos a la fiesta.
explicar algo (a alguien)	(jdm) etw. erklären	¿Me explicas este ejercicio?
Ciencias *f. pl.*	(Natur-)Wissenschaften *Schulfach*	
la (asignatura) optativa	das Wahlfach	
optativo, optativa	fakultativ, Wahl- (+ *S.*)	
Biología *f. pl.*	Biologie *Schulfach*	
Química *f. pl.*	Chemie *Schulfach*	
Medicina *f. pl.*	Medizin *Studiengang*	Quiero estudiar Medicina.
el secreto	das Geheimnis	E secret F le secret
sacar (buenas/malas) notas	(gute/schlechte) Noten bekommen	Siempre saco buenas notas.
sacar algo	etw. herausholen	
bueno, buena	gut	F bon/ne L bonus/-a/-um
malo, mala	schlecht	≠ bueno/-a

⚠ Die Adjektive *bueno* und *malo* stehen meistens vor dem Substantiv: *Tengo **buenas**/**malas** notas.*

importante	wichtig	Los amigos son importantes. E important
poner atención (a algo)	(auf etw.) aufpassen, achten	L ponere No siempre pongo atención en clase.
la atención	die Aufmerksamkeit	E attention F l'attention *f.*
poner algo ▸Grammatik, 20	etw. stellen, setzen, legen	
preguntar	fragen	
todos los días	täglich, jeden Tag	
todos los / todas las + *sust.*	jede/r + *S.*, alle + *S.*	
todo el / toda la + *sust.*	der/die/das ganze + *S.*	Hoy tengo que estudiar todo el día.
suficiente	genug, ausreichend	

la vez, las veces *pl.*	das Mal	
por	*hier:* pro	Hago deporte una vez por semana.
jugar a algo (u → ue)	etw. spielen *Sport*	F jouer à
el voleibol	Volleyball *Sportart*	Juego al voleibol.
el consejo	der Rat(schlag), Tipp	F le conseil L consilium
los deberes *pl.*	die Hausaufgaben	F les devoirs *m. pl.*
con tiempo	(früh)zeitig	
dormir (o → ue) ▸Grammatik, 16	schlafen	Siempre duermo bastante.
otro, otra + *sust.*	der/die/das andere + *S.*, *auch:* noch ein/e	F autre Piensa en otra cosa.

⚠ ***Otro/-a*** steht ohne den unbestimmten Artikel: *Tengo **otra** idea.* Ich habe **eine andere** Idee.
*Quiero **otro** zumo.* Ich möchte **noch einen** Saft.

Unidad 4 / Texto B ▸ p. 66

el dinero	das Geld	
el próximo, la próxima + *sust.*	der/die/das nächste + *S.*	El próximo lunes viajo.
ir a + *inf.* ▸Grammatik, 33	etw. tun werden	¿Qué vais a hacer hoy?
el mundo	die Welt	F le monde L mundus
¡Qué pasada!	Cool!, Abgefahren!, Super!	
saber (+ *inf.*) ▸Grammatik, 35	wissen, können	No sé qué voy a hacer hoy. ¿Sabes nadar? F savoir + *inf.*

Saber verwendet man für erlernte Fähigkeiten.
⚠ *¿**Sabes** nadar?* **Kannst** du schwimmen?
*¿**Puedes** cerrar la puerta?* **Kannst** du die Tür schließen?

¡Mola mogollón! *fam.*	Das ist (der) Hammer!	
venir (e → ie) ▸Grammatik, 34	kommen	≠ ir ¿De dónde vienes? F venir L venire

⚠ Im Spanischen verwendet man das Verb ***venir***, wenn die Bewegung zum Sprecher hin geht.
Geht die Bewegung vom Sprecher weg, verwendet man das Verb ***ir***.
*¿**Vienes**?* **Kommst** du?
Voy. Ich **komme**.

lo siento	es/das tut mir leid	
¡Qué pena!	Schade!	
¡Anda!	Los!, Komm schon!	
quizás	vielleicht	Quizás no tengo tiempo mañana.
el tío, la tía *fam.*	der Kerl, die Frau *informelle Anrede in Spanien*	¿Qué pasa tío?
cocinar algo	etw. kochen	¿Cocinamos algo juntos?
¡No me digas! *fam.*	Ach nee!, Sag bloß!	

otra vez	noch einmal, (schon) wieder	–Quiero ir al cine. –¿Otra vez?
por favor	bitte	
preferir + *inf.* **(e → ie)**	lieber (+ *Inf.*) wollen	Yo prefiero salir mañana.
¿Qué tal si...?	Wie wäre es, wenn ...?	¿Qué tal si cocinamos juntos?
decidir algo	(etw.) entscheiden	F décider
realmente	wirklich, echt	A Max realmente le gusta Alicia.
¡Qué palo!	Wie doof!	
tener ganas de + *inf.*	Lust haben, etw. zu tun	Tengo ganas de ir al cine.
el aeropuerto	der Flughafen	E airport F l'aéroport *m.*
hasta	bis	¡Hasta mañana!

Unidad 4 / Texto C ▸ p. 69

levantarse ▸ Grammatik, 36	aufstehen	Me levanto a las seis. F se lever
acostarse (o → ue) ▸ Grammatik, 16	ins Bett gehen, sich hinlegen	¿A qué hora te acuestas? ≠ levantarse
ducharse ▸ Grammatik, 36	(sich) duschen	Me levanto y después me ducho.
por la mañana/tarde/noche	am Morgen/Nachmittag/Abend, in der Nacht	Siempre me ducho por la mañana.
la tarde	der Nachmittag	
Piura	*Region im Norden von Peru*	
el/la mayor	der/die Älteste	De los seis hermanos, Cintia es la mayor.
ayudar a alguien ▸ **la ayuda**	jdm helfen	¿Me ayudas con los deberes? F aider
aunque	obwohl	
temprano	früh	Me levanto temprano.
ponerse algo ▸ Grammatik, 36	etw. anziehen	A ver... ¿qué ropa me pongo?
el uniforme (escolar)	die (Schul-)Uniform	
mientras	während	
el desayuno	das Frühstück	
después de + *inf.*	nach dem + *Inf.*	Después de comer hago los deberes.
desayunar ▸ **el desayuno**	frühstücken	Siempre desayuno en casa.
(ir) a pie	zu Fuß (gehen)	F (aller) à pied
tomar algo	etw. nehmen *Verkehrsmittel*	Tomo el bus para ir al instituto.
el autobús (= el bus *fam.***)**	der Bus	En el autobús hay mucha gente.
perder (e → ie) ▸ Grammatik, 9	verlieren, *hier:* verpassen	A veces Cintia pierde el bus.
apurarse *lat. am.* ▸ Grammatik, 36	sich beeilen	
llegar tarde	zu spät kommen	A veces Cintia llega tarde.
llegar	kommen, ankommen	El autobús llega en un minuto.
tarde	spät	≠ temprano
cuando	(immer) wenn, als	F quand
llover (o → ue) ▸ Grammatik, 16	regnen	Cuando llueve, tomo el autobús.
quedarse ▸ Grammatik, 36	bleiben, unterkommen	Hoy me quedo en casa.
aguantar algo / a alguien	etw./jdn aushalten, ertragen	
decir (e → i) algo	etw. sagen	

4

sin embargo	trotzdem	
quejarse (de algo)	sich beschweren (über etw.)	Mi padre se queja de su trabajo.
▶ Grammatik, 36		
recoger **algo / a alguien**	etw./jdn abholen	Por la tarde, Cintia recoge a sus hermanos.

> ⚠ Achte darauf, dass das *-g* von ***recoger*** vor *-a* und *-o* zu *-j* wird.
> *Cintia recoge a sus hermanos.*
> *Yo siempre recojo a mi hermano.*

el campo	das Land, *hier:* das Feld	Pasamos unos días en el campo. ≠ la ciudad
poco, poquito *adv. fam.*	wenig	Juan duerme poquito y trabaja mucho. ≠ mucho *adv.*
el papá *lat. am., fam.*	der Papa	= el padre
traer **algo (a alguien)**	(jdm) etw. (mit-)bringen	¿Te traigo algo para comer?
▶ Grammatik, 20		

> ⚠ Im Spanischen verwendet man das Verb ***traer***, wenn die Bewegung zum Sprecher hin geht. Geht die Bewegung vom Sprecher weg, verwendet man das Verb ***llevar***.
> *¿Me **traes** el libro?* **Bringst** du mir das Buch (mit)?
> *Te **llevo** el libro.* Ich **bringe** dir das Buch (mit).

antes de + *inf.*	bevor	≠ después de F avant de
si	ob	No sé si puedo ir al cine mañana.

Unidad 5 / ¡Vamos! ▶ p. 78

el Parque del Buen Retiro	*Park im Zentrum von Madrid*	
si	wenn, falls	Podemos ir al cine, si quieres.
perfecto, perfecta	perfekt	Mi piso es perfecto para descansar.
¡Es muy chulo!	Das ist total cool!	
caminar	wandern, gehen	= ir
alquilar	mieten, vermieten	
la bicicleta (= bici *fam.*)	das Fahrrad	¿Te gusta ir en bici? E bicycle
el Rastro	*bekannter Flohmarkt in Madrid*	
el problema *m.*	das Problem	
tener **cuidado**	vorsichtig sein	
la mochila	der Rucksack	
interesar (algo) a alguien	jdn (etw.) interessieren	–¿Te interesa el arte? –No me interesa mucho.
el arte	die Kunst	Si te gusta el arte puedes ir al museo.
visitar algo / a alguien	etw./jdn besuchen, besichtigen	E to visit F visiter
el/la … más + *adj.*	der/die/das + *Superlativ*	El Retiro es el parque más grande de Madrid.
el cuadro	das Bild	En los museos hay muchos cuadros.
Pablo Picasso ▶ Cultura, p. 247	*spanischer Maler, Grafiker und Bildhauer*	

Salvador Dalí ▸ Cultura, p. 247	*spanischer Maler, Grafiker und Bildhauer*	
Joan Miró ▸ Cultura, p. 247	*spanischer Maler, Grafiker und Bildhauer*	
encontrar algo / a alguien (o → ue) ▸ Grammatik, 16	etw./jdn finden	No encuentro mi jersey. ¿Dónde está? ≠ buscar algo
Malasaña	*Stadtteil von Madrid*	
la tapa ▸ Cultura, p. 249	die Tapa *kleines spanisches Gericht*	¿Qué tapas te gustan?
el tour	die Tour	E tour
(estar) rico, rica	*hier:* lecker	Las tapas están muy ricas.
famoso, famosa (por)	berühmt (für)	Madrid es famoso por sus museos.
el ambiente	die Stimmung	El ambiente en la fiesta es genial.
alternativo, alternativa	alternativ	Malasaña es un barrio alternativo.
vale la pena	es lohnt sich	Vale la pena ir al concierto.
el estadio	das Stadion	Vamos al estadio para ver al Real Madrid.

Unidad 5 / Texto A ▸ p. 81

la habitación	das Zimmer	
Chamberí	*Stadtteil von Madrid*	
compartido, compartida	Gemeinschafts-	
el metro cuadrado (m^2)	der Quadratmeter (m^2)	
el metro	der Meter, *auch:* die U-Bahn	
el mes, los meses *pl.*	der Monat	F le mois
los gastos	*hier:* die Nebenkosten	
estar incluido, estar incluida	inbegriffen sein	Los gastos están incluidos.
interior	innere/r, inneres; Innen-	
la estancia	der Aufenthalt	
mínimo, mínima	*hier:* Mindest-	
estar amueblado, estar amueblada	möbliert sein	La habitación está amueblada.
Retiro	*Stadtteil von Madrid*	
el piso compartido	die WG (Wohngemeinschaft)	Tengo una habitación en un piso compartido.
el piso	die Wohnung, *auch:* das Stockwerk, die Etage	El piso de mis padres es muy caro.
exterior	äußere/r, äußeres	≠ interior
el balcón	der Balkon	Nuestro piso no tiene balcón.
estar semiamueblado, estar semiamueblada	teilmöbliert sein	
la cama	das Bett	Estoy cansada. Me voy a la cama.
el armario	der Schrank	La habitación solo tiene un armario.

Los muebles
la ventana das Fenster ***el sofá*** das Sofa ***la lámpara*** die Lampe ***la mesa*** der Tisch ***la silla*** der Stuhl

hablar por teléfono	telefonieren	

5

ajá	aha	
eso	das	Eso no lo entiendo.
conocer algo / a alguien (c → zc)	etw./jdn kennen, kennen lernen	Oye, ¿tú conoces Madrid? **F** connaître
más (central) que	(zentral)er als *Vergleich*	El barrio de Retiro es más central que Chamberí.
central ▸ **el centro**	zentral	
menos (grande) que	weniger (groß) als *Vergleich*	Esta habitación es menos grande que la otra.
dar al patio/a la calle	*hier:* zum Hof / zur Straße liegen *Wohnung*	Mi habitación da al patio, siempre duermo bien.
el patio	der (Innen-)Hof	
luminoso, luminosa	hell	
tan	so	Ese piso no es tan barato.
mejor (que)	besser (als)	
creer que	glauben, dass	Creo que el piso es muy caro.
tan (grande) como	so (groß) wie *Vergleich*	Esta habitación no es tan grande como la otra.
el alquiler ▸ **alquilar**	die Miete	
el total	der Gesamtbetrag	
la calefacción	die Heizung, *hier:* Heizkosten	
sin	ohne	≠ con **F** sans **L** sine
más	*hier:* zuzüglich	
el compañero, la compañera	*hier:* der Mitbewohner, die Mitbewohnerin	

¿Dónde está?	***encima (del / de la)***	über	***delante (del / de la)***	vor	***al lado (del / de la)***	neben
	debajo (del / de la)	unter	***detrás (del / de la)***	hinter	***entre el... y el...***	zwischen

Unidad 5 / Texto B ▸ p. 84

la oficina	das Büro	**E** office **F** l'office *m.*
la parada	die Haltestelle	¿En qué parada me tengo que bajar?
coger algo	etw. nehmen	Tengo que coger el autobús para ir al instituto.
la línea (de metro)	die (U-Bahn-)Linie	
el metro	die Metro	
en dirección a + *sust.*	in Richtung + *S.*	La línea 1 va en dirección al centro.
bajarse	*hier:* aussteigen	¿Dónde me tengo que bajar?
quinto, quinta	fünfte/r, fünftes	

Los números ordinales

1° el primero	*1ª la primera* ⚠ *el **primer** piso*	*6° el sexto*	*6ª la sexta*
2° el segundo	*2ª la segunda*	*7° el séptimo*	*7ª la séptima*
3° el tercero	*3ª la tercera* ⚠ *el **tercer** piso*	*8° el octavo*	*8ª la octava*
4° el cuarto	*4ª la cuarta*	*9° el noveno*	*9ª la novena*
5° el quinto	*5ª la quinta*	*10° el décimo*	*10ª la décima*

la farmacia	die Apotheke	
por aquí	hier (in der Nähe, entlang)	¿Hay una heladería por aquí cerca?
cruzar algo	etw. überqueren, kreuzen	Tenemos que cruzar la calle.
seguir (e → i) ► Grammatik, 37	*hier:* weitergehen	Tienes que seguir todo recto.

⚠ Achte darauf, dass das ***-gu*** von ***seguir*** vor ***-a*** und ***-o*** zu ***-g*** wird.
Yo sigo todo recto para ir al instituto.
Sigue la calle.

todo recto	geradeaus	
la esquina	die Ecke *Straße*	El restaurante está en la esquina.
a la derecha (de)	rechts (von)	Mi casa está a la derecha del cine.
a la izquierda (de)	links (von)	≠ a la derecha (de)
girar (en)	abbiegen (in)	
la llamada telefónica	das Telefonat	
esperar algo / a alguien	auf etw./jdn warten; *auch:* etw. hoffen	Te espero en la cola.
el GPS	das Navigationssystem	
a mano derecha/izquierda	recher/linker Hand	
repetir (e → i) ► Grammatik, 37	wiederholen	Repito: sigo todo recto…
disculpar algo	etw. entschuldigen	Oiga, disculpe, ¿me puede ayudar?
cargar algo	*hier:* etw. (auf)laden; *auch:* etw. hochladen	
el folleto	der (Werbe-)Prospekt	En las tiendas hay folletos con ofertas.
la información	die Information	
la página	die Seite	
la estación de trenes	der Bahnhof	
la estación	der Bahnhof, die Station	E station F la station
el tren	der Zug	E/F (le) train
Ahora se pone.	Ich gebe ihn/sie dir/Ihnen weiter. *am Telefon*	
ponerse al teléfono	ans Telefon gehen	Soledad se pone al teléfono.
¿De parte de quién?	Wer ist dran?, Wer spricht da? *beim Telefonieren*	–Hola. ¿Está Soledad? –Sí, ¿de parte de quién?
¿Diga?	*hier:* Hallo?; Ja, bitte? *am Telefon*	

5

Unidad 5 Texto C ► p. 87

el sitio	der Platz, Ort	
el café con leche	der Milchkaffee	–¿Qué tomas? –Un café con leche.
la leche	die Milch	
cobrar algo	etw. kassieren, verdienen *Geld*	¿Me cobras, por favor?
Aquí tienes.	Bitte. *beim Bezahlen*	
el blog	der Blog	Soledad escribe un blog en internet.
sobre	über	En su blog escribe algo sobre su vida.
la cultura	die Kultur	
desde hace	seit *Zeitraum*	Mi prima vive en España desde hace un año.
disfrutar de algo	etw. genießen	María disfruta del verano en Madrid.
el/la mejor + *sust.*	der/die/das beste + *S.*	Malasaña es el mejor barrio de Madrid para mí.
la vista	die Aussicht	¡La vista es fantástica!
la Plaza Mayor (Madrid) ► Cultura, p. 248	*zentraler Platz in Madrid*	
turístico, turística	touristisch	La Plaza Mayor es un sitio bastante turístico.
el lugar	der Ort, die Stelle	Este es mi lugar favorito en Madrid.
típico, típica	typisch	E typical F typique
el mercado	der Markt	
el producto	das Produkt	E product
fresco, fresca	frisch	E fresh F frais/fraîche
la carne	das Fleisch	En el mercado hay carne fresca.
el pescado	der Fisch	¿Está fresco el pescado?
la verdura	das Gemüse	
tanto, tanta + sust.	so viel/e + *S.*	Javi no tiene tantos amigos como Juan.
la tortilla de patatas ► Cultura, p. 249	*Kartoffelomelett*	
la patata	die Kartoffel	
después de + *sust.*	nach + *S.*	Después de las clases, los amigos quedan en la cafetería.
la chocolatería	die Konditorei	
el chocolate con churros ► Cultura, p. 248	*frittiertes Spritzgebäck mit Schokolade*	
el chocolate	die Schokolade	
conocido, conocida	bekannt	
riquísimo, riquísima	sehr lecker	Los churros de la «Chocolatería San Ginés» son riquísimos.
adj. **+ ísimo**	sehr + *Adj.*	El café está buenísimo.
especial	besonders, speziell	E special F spécial/e
el templo	der Tempel	
la puesta del sol	der Sonnenuntergang	
el sol	die Sonne	En julio, hace mucho sol. F le soleil L sol
romántico, romántica	romantisch	

por dinero	gegen Bezahlung	
presentar algo	etw. präsentieren, zeigen	**E** to present **F** présenter
la obra de teatro	das Theaterstück	
durar	dauern	**F** durer
entre	zwischen	**F** entre **L** inter
la persona	die Person	En Madrid viven tres millones de personas.
según	laut, gemäß	
la catedral	die Kathedrale	
el palacio	der Palast	Es interesante ver un palacio.
la plaza de toros	die Stierkampfarena	
la paella	die Paella	

Cantidades (Mengenangaben):
un tercio = 1/3 *un cuarto* = 1/4 *la mitad* = 1/2
dos tercios = 2/3 *tres cuartos* = 3/4

Unidad 6 / ¡Vamos! ► p. 90

el país	das Land	**F** le pays
andino, andina	Anden-, andin	Perú es un país andino.
el primer, la primera + *sust.*	der/die/das erste + *S.*	Juan es mi primer novio.
el/la habitante	der Einwohner, die Einwohnerin	
hace	vor + *Zeitangabe*	Hace un mes visité a mi tía.
más de	mehr als + *Zahl*	Tengo más de cien libros.

⚠ Folgt nach ***más*** eine Zahlenangabe, steht es mit ***de***:
*Tengo **más** libros **que** tú.*
*Tengo **más de** cien libros.*

desde	von, ab, seit *Zeitpunkt*	Vivo en España desde 2014.

⚠ ***desde*** = seit (Zeitpunkt) *Estoy en Lima **desde** el viernes.*
desde hace = seit (Zeitraum) *Estoy en Lima **desde hace** tres días.*

el siglo	das Jahrhundert	**F** le siècle
el/la inca ► Cultura, p. 249	der/die Inka	
la región, las regiones *pl.*	die Region	
el sur	der Süden	Vivo en el sur de Alemania.
América Latina ► Cultura, p. 244	Lateinamerika	
en…	*hier:* im Jahr …	En 1492, Colón llegó a América.
Cristóbal Colón ► Cultura, p. 246	Christoph Kolumbus	
América	Amerika	**E** America
Francisco Pizarro ► Cultura, p. 246	*spanischer Eroberer*	

el hombre	der Mann, Mensch, *hier:* Soldat	F l'homme *m.*
la conquista	die Eroberung	
el Imperio inca ▶ Cultura, p. 249	das Inkareich	
el imperio	das Imperium, Reich	E empire F l'empire *m.*
inca *adj.*	Inka-	
el conquistador, la conquistadora	der Eroberer, die Eroberin	
matar a alguien	jdn töten	¿Quién mató a Kennedy?
Atahualpa ▶ Cultura, p. 246	*letzter Herrscher des Inkareiches*	
pasar a ser algo	zu etw. werden	En 1535, Lima pasó a ser la capital de Perú.
la colonia	die Kolonie	E colony F la colonie
lograr algo	etw. erreichen	
la independencia	die Unabhängigkeit	E independence F l'indépendance *f.*
ganar algo	etw. gewinnen, verdienen *Geld*	F gagner ≠ perder
las elecciones *pl.*	die Wahlen	¿Cuándo son las elecciones?
el presidente, la presidenta	der Präsident, die Präsidentin	E president F le/la président(e)
indígena *inv. adj.*	indigen	
la historia	die Geschichte	E history F l'histoire *f.*
el escritor, la escritora	der Schriftsteller, die Schriftstellerin	
peruano, peruana	peruanisch	
Mario Vargas Llosa ▶ Cultura, p. 247	*peruanischer Schriftsteller*	
el Premio Nobel	der Nobelpreis	
la literatura	die Literatur	¿Te gusta la literatura?
el boom	der Aufschwung	E boom
gastronómico, gastronómica	gastronomisch	
el destino	das (Reise-)Ziel, Schicksal	E/F (la) destination

Unidad 6 / Texto A ▶ p. 92

el viaje ▶ **viajar**	die Reise	El viaje a Perú es caro.
la plaza Mayor (Lima) ▶ Cultura, p. 248	*zentraler Platz in Lima*	
el millón, los millones *pl.*	die Million	

⚠ *Tengo mil euros.*
Tengo un millón ***de*** *euros.*

el mismo, la misma + *sust.*	der/die/das gleiche + *S.*; derselbe, dieselbe, dasselbe + *S.*	A mis amigos les gusta la misma música.
el plato nacional	das Nationalgericht	
el plato	das Gericht, der Teller	F le plat
nacional	national	
el ceviche ▶ Cultura, p. 248	*peruanisches Fischgericht*	

la hamburguesa	der Hamburger *Essen*	
la playa	der Strand	A mí me gusta estar en la playa.
fui ▶ Grammatik, 48	ich war, ich ging *indefinido* *1. Pers. Sg. von ser und ir*	Hace dos días fui al cine.
estar **solo,** estar **sola**	allein sein	F seul/e L solus/-a/-um
la fruta	das Obst, die Frucht	E/F (le) fruit
Europa	Europa	
el tipo de + *sust.*	die Art, die Sorte + *S.*	Este tipo de música no me gusta.
la forma	die Form	
la papa *lat. am.*	die Kartoffel	= la patata
la plata	das Silber, *lat. am.* das Geld	
la cumbia	*südamerikanischer Musikstil und Tanz*	
divertirse (e → ie**)** ▶ Grammatik, 9	sich amüsieren, Spaß haben	Me divertí mucho en la discoteca.
pasado, pasada *adj.*	letzte, letzten, letztes	La semana pasada fuimos a Lima. E past ≠ próximo/-a
Cuzco ▶ Cultura, p. 245	*Stadt im Süden von Peru*	
fundar algo	etw. gründen	E to found F fonder
destruir **algo (**i → y**)**	etw. zerstören	E to destroy F détruire
todo *adv.*	alles	≠ nada
construir **algo (**i → y**)**	etw. bauen	E to construct ≠ destruir
la iglesia	die Kirche *Gebäude, Institution*	
los restos *pl.*	die Reste, Überreste	
la arquitectura	die Architektur	
histórico, histórica	historisch	
¡Vaya idea!	Was für eine Idee! / Tolle Idee!	
¡Vaya + *sust.***!** *fam.*	Was für ein/e + *S.*!	¡Vaya fiesta! = ¡Qué + *sust.*!
los Andes ▶ Cultura, p. 244	die Anden	
lindo, linda *lat. am.*	schön	Mira, ¡qué lindo! = bonito/-a
Machu Picchu ▶ Cultura, p. 247	*Ruinenstadt der Inka*	
el/la turista *m./f.* ▶ **turístico/-a**	der Tourist, die Touristin	E tourist F le/la touriste
el Camino Inca ▶ Cultura, p. 248	der Inka-Pfad	
el kilómetro	der Kilometer	Ayer caminé veinte kilómetros.
la altura	die Höhe, die Größe	
ayer	gestern	≠ mañana
Nazca ▶ Cultura, p. 246	*Stadt im Süden von Peru*	
la avioneta	das kleine Flugzeug	= el avión
las líneas de Nazca ▶ Cultura, p. 246	die Nazca-Linien	
el desierto	die Wüste	E desert F le désert
la figura	die Figur, die Abbildung	
el animal	das Tier	E/F (l') animal *m.*
el/la indígena *m./f.*	*hier:* der Nachfahre/die Nachfahrin *der präkolumbischen Bevölkerung*	

6

dibujar algo	etw. zeichnen	
nadie	niemand	≠ todos/-as
el Lago Titicaca ▶ Cultura, p. 245	der Titicacasee	
el lago	der See	F le lac
el parque nacional	der Nationalpark	
la Amazonía	das Amazonasgebiet	

Unidad 6 / Texto B ▶ p. 96

durante + *sust.*	während + *S.*	Durante mi viaje conocí a Ali.
el fotógrafo, la fotógrafa	der Fotograf, die Fotografin	Un fotógrafo hace fotos.
la cámara	die Kamera	E camera F la caméra
la región andina ▶ Cultura, p. 155	die Andenregion	
sacar fotos	Fotos machen	= hacer fotos
impresionante	beindruckend	E impressive F impressionnant/e
inmenso, inmensa	riesig	Lima es una ciudad inmensa.
unir algo / a alguien	etw./jdn vereinen	F unir
Bolivia	Bolivien	
Berlín	Berlin	
la isla	die Insel	E island F l'île *f.*
flotante	schwimmend, schwebend	
la totora	die Binse *Pflanze*	
la planta	die Pflanze	E plant F la plante
crecer (c → zc)	wachsen	
los uros	*indigenes Volk, am Titicacasee ansässig*	
adaptarse a algo/alguien	sich an etw./jdn anpassen	
la hoja de coca ▶ Cultura, p. 249	das Kokablatt	
la hoja	das Blatt	
ponerse + *adj.*	werden *Zustandsveränderung*	Siempre me pongo nervioso.
el alimento	das Nahrungsmittel	
el bote	das Boot	
artesanal	kunsthandwerklich	
el turismo ▶ **turístico/-a, turista**	der Tourismus	E tourism F le tourisme
la fuente de ingresos	die Einnahmequelle	
la fuente	die Quelle	
el estilo de vida	der Lebensstil	
el estilo	der Stil	
diferente	anders, verschieden	E different F différent/e
tradicional	traditionell	E traditional
el panel solar	das Solarmodul	
solar *adj.* ▶ **el sol**	Sonnen-, Solar-	
el televisor ▶ **la televisión**	der Fernseher	

el japonés	Japanisch *Sprache*	
gracias por	danke für	¡Gracias por venir!

⚠ Das deutsche ***für*** hat im Spanischen zwei Entsprechungen: ***por*** und ***para***:
*Gracias **por** tu ayuda.* Danke ***für*** deine Hilfe.
*Lo hago **por** ti.* Ich mache es ***für*** dich (deinetwegen).
*El regalo es **para** ti.* Das Geschenk ist ***für*** dich.

contar **algo (a alguien) (**o → ue**)** ▶ Grammatik, 16	(jdm) etw. erzählen, zählen	¡Cuéntame de tu viaje! F conter
la palabra	das Wort	No entiendo esta palabra.
lo contrario (de algo)	das Gegenteil (von etw.)	
el último, la última + *sust.*	der/die/das letzte + *S.*	L ultimus/-a/-um ≠ primero/-a
descubrir	entdecken	

Módulo: Los medios digitales ▶ p. 108

sin	ohne	≠ con
impensable	undenkbar	
facilitar algo	etw. vereinfachen	Un móvil puede facilitar mucho la vida.
el reto	die Herausforderung	No es fácil, pero es un reto.
los medios digitales	die digitalen Medien	
el mes	der Monat	Enero es el primer mes del año.
la respuesta	die Antwort	≠ la pregunta
alguna vez	jemals	
ciego, ciega	blind	No puede ver, es ciega.
independiente	unabhängig	
hacer **la compra**	den Einkauf machen	Hoy voy al supermercado para hacer la compra.
la aplicación	die App	Esta aplicación es ideal para aprender inglés.
escanear algo	etw. scannen	Escanea el código para saber qué es.
el código	der Barcode	Casi todos los productos tienen un código.
el producto	das Produkt	Solo compran productos de España.
el documento	das Dokument	En este documento lo explican todo.
después de + *inf.*	nachdem	Después de comer voy a descansar.
sacar fotos	Fotos machen	Marta siempre saca muchas fotos.
mantenerse **en forma**	sich fit halten	Hace mucho deporte para mantenerse en forma.
el smart watch	die Smart Watch	
el reloj	die Uhr	¿Qué hora es? Es que no tengo reloj.
registrar algo	etw. registrieren	La aplicación registra todos mis datos.
la actividad	die Aktivität	
contar **(**o → ue**) algo** ▶ Grammatik, 16	etw. zählen; jdm etw. erzählen	Tarek cuenta sobre sus vacaciones.

M

el paso	der Schritt	
la caloría	die Kalorie	Hago deporte para perder calorías.
descargar algo	etw. herunterladen	Siempre descargo nuevas aplicaciones.
los datos *pl.*	die Daten	
la competición	der Wettkampf	E competition
activo, activa	aktiv	
engañar a alguien	jdn betrügen	¡Me han engañado en internet!
la smart TV	das Smart TV	
por	für *Preis*	Hoy he comprado un reloj por 30€.
pagar algo	etw. bezahlen	E to pay
entregar algo	etw. ausliefern	
existir	existieren	
¡qué pasada!	*hier:* Na super! *ironisch*	
sufrir algo	etw. erleiden	E to suffer
el ciberacoso	das Cybermobbing	
el programa	das Programm	
pasar (a alguien)	jdm passieren	¿Qué te pasa?
haber (hay)	es gibt	En España hay muchas cosas que ver.
la bulla	der Krach	
la crítica	die Kritik	
el grupo de chat	die Chatgruppe	Camparto fotos en mi grupo de chat.
difundir algo	etw. verbreiten	Pablo difunde rumores sobre sus compañeros. ¡Qué malo!
el rumor	das Gerücht	E rumour
compartir algo	etw. teilen	Hoy he compartido un vídeo genial.
falsificado, falsificada	gefälscht	¿No ves? ¡Esta foto está falsificada!
comentar algo	etw. kommentieren	
el perfil	das Profil	¿Tienes perfiles en muchas redes sociales?
Amig@s	*Name eines fiktiven sozialen Netzwerks*	
cobarde	feige	
esconderse	sich verstecken	¿Dónde te escondes? No te veo.
detrás de	hinter	Detrás del cine hay un parque.
la pantalla	der Bildschirm	
lo bueno	das Gute	Lo bueno es que mañana empiezan las vacaciones.
el/la ciberayudante	*etwa: Ansprechpartner zu Cybersicherheit*	
donde	wo *Relativpronomen*	Es un parque donde puedes descansar.
informar sobre algo	über etw. informieren	En internet informan sobre las nuevas actividades.
el uso ▸ **usar**	der Gebrauch	
estar **seguro,** estar **segura**	sicher	Estoy seguro de que no llega a la fiesta.
la red	das Netz	= el internet
el conflicto	der Konflikt	Tarek tiene un conflicto con sus padres.
la red social	das soziale Netzwerk	

prevenir (e → ie) algo ▶ Grammatik, 9	etw. vorbeugen	Los ciberayudantes quieren prevenir el ciberacoso.
colgar (o → ue) algo ▶ Grammatik, 16	etw. aufhängen, *hier:* etw. posten	Hoy Tarek ha colgado fotos de sus vacaciones.
arrepentirse (e → ie) de algo ▶ Grammatik, 9	etw. bereuen	–¿Te arrepientes de tu decisión? –¡No!
el post	der Post *Internet*	
una y otra vez	immer wieder	Comparten el vídeo una y otra vez.
la persona	die Person	
el problema	das Problem	Cuando tengo problemas, hablo con mi amiga.
el/la desconocido/-a	der/die Unbekannte	Nunca chateo con desconocidos.
navegar	surfen	Estoy navegando en internet.
crear una cuenta	einen Account eröffnen	

Unidad 7 / ¡Vamos! ▶ p. 112

dedicarse (a algo)	sich (beruflich mit etw.) beschäftigen	–¿A qué te dedicas? –Soy educador.
el educador, la educadora	der Erzieher, die Erzieherin	
para mí	für mich	Para mí el dinero no es tan importante.
ofrecer algo a alguien	jdm etw. (an)bieten	¿Te puedo ofrecer algo de beber?
la educación	die Bildung, die Ausbildung	E education F l'éducation *f.*
el futuro	die Zukunft	En el futuro voy a estudiar más. E future F le futur
acabar de + *inf.*	gerade etw. getan haben	–¿Tomamos algo? –No, acabo de cenar.
Matemáticas *pl.* (= Mates *fam.*)	Mathematik *Schulfach*	No tengo problemas en Matemáticas.
el Bioquímico, la Bioquímica	der Biochemiker, die Biochemikerin	Quiero ser Bioquímico.
el laboratorio	das Labor	Los chicos están en el laboratorio.
el sueño	der Traum, die Müdigkeit	
curar algo / a alguien	etw./jdn heilen	E to cure L curare
la enfermedad	die Krankheit	
el paro	die Arbeitslosigkeit	El paro es un problema inmenso.
optimista *inv.*	optimistisch	
deportista *inv.*	sportlich	Carlos es muy deportista.
me gustaría + *inf.*	ich würde gerne	Me gustaría vivir en Madrid.
Formación profesional de Educación Física y Deporte	Ausbildung zum Sporttrainer	
además	darüber hinaus	
el contacto	der Kontakt	Me gusta tener contacto con la gente.
la profesión, las profesiones *pl.*	der Beruf	¿Cuál es tu profesión?
ideal *inv.*	ideal	Ser educador es la profesión ideal para mí.
el diseñador web, la diseñadora web	der Webdesigner, die Webdesignerin	Me gustaría ser diseñador web.
estar seguro, estar segura	sicher sein	–Quiero ser DJ. –¿Estás seguro?

el/la DJ	der DJ, die Djane	
la discusión	die Diskussion	Juan tiene una discusión con su jefe. E discussion F (la) discussion
la ESO *Educación Secundaria Obligatoria*	die Mittelstufe	
la mecánica de coches	die Automechanik	Me gustaría hacer una FP de mecánica de coches.
la mecánica	die Mechanik	
el coche	das Auto	
el propio, la propia + *sust.*	der, die, das eigene + *S.*	Mi madre tiene su propia tienda.
el jefe, la jefa	der Chef, die Chefin	
la mayoría	die Mehrheit	
sobre todo	vor allem	
el taller	die Werkstatt	
el jardín de infancia	der Kindergarten	Un educador trabaja en un jardín de infancia.
el jardín, los jardines	der Garten	
ya que	da, weil	= como

Unidad 7 / Texto A ▸ p. 115

bienvenido/-a	willkommen	
conmigo	mit mir	
el orientador laboral, la orientadora laboral	der Berufsberater, die Berufsberaterin	
laboral	Arbeits-	No tengo mucha experiencia laboral.
orientar a alguien	*hier:* jdn beraten	
informar a alguien (sobre algo)	jdn (über etw.) informieren	
la opción	die Option	E option F l'option *f.*
el punto fuerte	die Stärke	
fuerte	stark	Mi hermana es una chica fuerte. F fort/e
el punto débil	die Schwäche	¿Cuáles son tus puntos débiles?
débil	schwach	≠ fuerte
Me resulta fácil/difícil	Es fällt mir leicht/schwer	Me resultó difícil el examen de inglés.
Me cuesta + *verbo*	Es fällt mir schwer, etw. zu tun	Me cuesta trabajar por turnos.
muchos, muchas + *sust.*	viele	
el único, la única + *sust.*	der, die, das einzige + *S.*	Estudiar no es la única opción para mí.
el camino ▸ **caminar**	der Weg	
algunos, algunas	einige	
interesarse (por algo/alguien) ▸ **interesante**	sich (für etw./jdn) interessieren	Mi prima se interesa por el arte.
el extranjero	das Ausland	En el futuro quiero vivir en el extranjero. F l'étranger (*m.*)
el voluntariado	der Freiwilligendienst	Mi hermano quiere hacer un voluntariado en América Latina.

el idioma	die Sprache	Marta habla dos idiomas: español y alemán. = la lengua
obligatorio, obligatoria	obligatorisch	
luego	dann, später, nachher	Primero leo y luego veo la tele. = después
la FP (formación profesional) Superior	die Berufsausbildung *Fachschule*	
el/la técnico/-a superior en administración y finanzas	der/die Verwaltungsfachangestellte *Titel*	
la administración	die Verwaltung	
las finanzas	die Finanzen	
la facilidad	das Talent, die Begabung	Tiene facilidad para los idiomas.
la parte	der Teil	E part F la part
la FP Media	die Berufsausbildung *Lehre*	
uno, una	man	Para vivir, uno tiene que trabajar. E one
se + *3. Person Sg. oder Pl.*	man	Se entiende muy bien.
pagar algo	etw. bezahlen	
alguien *inv.*	jemand	–¿Conoces a alguien en la fiesta? –No, a nadie.
presentarse (a algo)	sich bewerben (auf etw.)	
el puesto	die (Arbeits-)Stelle	Me quiero presentar a un puesto en la empresa.
el buen, la buena + *sust.*	der/die/das gute + *S.*	Miguel es un buen amigo.

Vor einem männlichen Substantiv im Singular verlieren die Adjektive *bueno* und *malo* das ***-o***:
*un **buen** día* aber: *una **buena** nota* *un **mal** día* aber: *una **mala** nota*

el currículum	der Lebenslauf	¿Cuántas personas han mandado su currículum?
la carta de presentación	das Anschreiben	
la carta	der Brief	
pedir (algo) a alguien (e → i) ▸ Grammatik, 37	jdn (um etw.) bitten	Se puede pedir ayuda.
el/la gran + *sust.*	der/die/das großartige + *S.*	

Vor einem männlichen und weiblichen Substantiv im Singular verliert das Adjektiv *grande* das ***-de***.
Durch die Voranstellung verschiebt sich auch die Bedeutung von *groß* hin zu *großartig*:
*un **gran** artista* ein großartiger Künstler *una **gran** artista* eine großartige Künstlerin
un hombre grande ein großer Mann *una mujer grande* eine große Frau

la tarea	die Aufgabe, die Arbeit	¡Qué tarea más interesante!
contigo ▸ **conmigo**	mit dir	Me gusta estar contigo.
real	wirklich	
fácil	einfach	≠ difícil
el pago	das Gehalt	
el anuncio	die Ausschreibung	

7

el ingreso	der Eintritt *Firma*	
ser bueno, buena en/con algo	gut sein in/mit etw.	¿En qué eres bueno?
tener dificultades con/para algo	sich mit/bei etw. schwertun	
la dificultad	die Schwierigkeit	

Unidad 7 / Texto B ▶ p. 118

la vida laboral	das Berufsleben	
hacer la maleta	die Koffer packen	
la maleta	der Koffer	
irse ▶ Grammatik, 18	weggehen	En el futuro quiero irme a otro país. ≠ llegar
lidiar con algo/alguien	sich mit jdm/etw. herumärgern müssen	Siempre lidio con el inglés.
la costumbre	die Gewohnheit	La siesta es una costumbre española. E custom
el alemán, la alemana	der/die Deutsche	Jan es alemán, pero vive en Perú. F l'Allemand/e
el español, la española	der Spanier, die Spanierin	Muchos españoles viven en Berlín.
Salamanca	*Stadt in Spanien*	
la carrera	die Karriere, *hier:* der Studiengang	Es difícil elegir una carrera.
el traductor, la traductora	der Übersetzer, die Übersetzerin	
contratar a alguien	jdn anstellen, einstellen	Me presenté a un puesto, pero no me contrataron.
llevar + *Zeitangabe*	seit + *Zeitangabe*	Llevo cuatro años en Berlín.
trabajar como	als … arbeiten	Quiero trabajar como traductora.
el secretario, la secretaria	der Sekretär, die Sekretärin	
sorprender a alguien	jdn überraschen	E to surprise
▶ la sorpresa		
la cantidad	die Anzahl, die Menge	F la quantité
increíble	unglaublich	
el empleo	der Job, die Stelle	= el trabajo E employment F l'emploi *m.*
trabajar media jornada	halbtags arbeiten	Prefiero trabajar media jornada.
la jornada (de trabajo)	der Arbeitstag	
el sueldo	das Gehalt	Mi sueldo es bastante bueno.
el impuesto	die Steuer	
el salario	der Lohn	
la diferencia	der Unterschied	
a todos lados	überallhin	
ni uno/-a ni otro/-a	keine/r, keines von beiden	
ni… ni…	weder … noch …	
simplemente *adv.*	einfach	
Alicante	*Stadt in Spanien*	
por amor	aus Liebe	Yo vine a España por amor.
por	wegen, aus	
el amor	die Liebe	

pronto	bald, gleich	¡Hasta pronto!
el bufete de abogados	die Anwaltskanzlei	
meter la pata	ins Fettnäpfchen treten	
meter algo	etw. setzen, stellen	
tratar a alguien de usted	jdn siezen	
tutearse	sich duzen	En España todos se tutean.
la media mañana	der späte Vormittag	
la pausa	die Pause	
al mediodía	mittags	
en la semana	wochentags	
el horario laboral	die Arbeitszeit	
dejar algo	etw. lassen, jdn verlassen	El trabajo de media jornada deja más tiempo para la vida privada.
la vida privada	Privatleben	
privado, privada	privat	E private F privé/e
la visita	der Besuch	Tengo visita de España.
sorprenderse con	staunen über	
el verano	der Sommer	
hacer calor	heiß sein	En Andalucía hace mucho calor.
el calor	die Hitze, Wärme	¡Qué calor! F la chaleur
coordinar algo	etw. koordinieren	
el grado	Grad *Temperatur*	En verano, hace 40 grados.
estimado señor, estimada señora	sehr geehrter Herr, sehr geehrte Frau *Brief*	
dirigirse a alguien	sich an jdn richten	Este libro se dirige a los estudiantes.
en espera de sus noticias	in Erwartung Ihrer Nachricht	
la noticia	die Nachricht	
saludar a alguien	jdn (be-)grüßen	Eva, ¡saluda tus padres!
atentamente	mit freundlichen Grüßen *Brief*	
adecuado/-a	passend	

Unidad 7 / Texto C ► p. 122

imaginarse algo	sich etw. vorstellen	E to imagine
el robot	der Roboter	
la inteligencia artificial	die Künstliche Intelligenz	
cambiar algo	etw. verändern	La IA cambiará el mundo del trabajo.
la industria	die Industrie	E industry
aumentar	zunehmen	F augmenter
existir	existieren	E to exist
el cajero, la cajera	der Kassierer, die Kassiererin	
el conductor, la conductora	der Fahrer, die Fahrerin	F le conducteur, la conductrice
desaparecer (c → zc)	verschwinden	E to disappear

incluso	sogar	Todos van a la fiesta de Juan, ¡incluso sus abuelos!
permitir algo a alguien	jdm etw. erlauben	E to permit F permettre
el cliente, la clienta	der Kunde, die Kundin	E client
la aplicación	die App	Descargué una nueva aplicación.
reconocer (c → zc) algo / a alguien	jdn / etw. erkennen	¿Quién es? No la reconozco.
el carrito de la compra	der Einkaufswagen	
facturar algo	etw. berechnen, in Rechnung stellen	Me facturaron 100 €. ¡Qué caro!
preocuparse por algo	sich um etw. Sorgen machen	Mucha gente se preocupa por los cambios en el mundo laboral.
el transporte	der Transport	
autónomo, autónoma	selbstständig, *hier:* selbstfahrend	Todavía hay pocos coches autónomos.
el dron	die Drohne	Este paquete llegó con un dron.
el conductor de servicios de Correos	der Postfahrer	
el paquete	das Paket	–Mira, un paquete para ti, ¡ábrelo ya!
transportar algo ► **el transporte**	etw. transportieren	
futurista ► **el futuro**	futuristisch, zukunftsweisend	
el taxi-dron	das Drohnentaxi	
llevar a alguien	jdn bringen	Te llevo a casa.
el préstamo	der Kredit	
el banco	die Bank *Geldinstitut*	Voy al banco para pedir un préstamo.
el empleado, la empleada	der/die Angestellte	E employee
de hecho	im Grunde	No es difícil. De hecho, es muy fácil.
físico, física	physisch	
el proceso	der Prozess	Este proceso necesita mucho tiempo.
online	online	
la máquina	die Maschine	
introducir (c → zc) algo	etw. eingeben, einführen	E to introduce
los datos *pl.*	die Daten	
el portal online	das Onlineportal	
el documento	das Dokument	En este documento encuentras toda la información necesaria.
necesario, necesaria	notwendig	E necessary
tomar una decisión	eine Entscheidung treffen	
la decisión	die Entscheidung	E decision
automatizado, automatizada	automatisiert	
los conocimientos *pl.* ► **conocer**	die Kenntnisse	
el experto del mercado laboral, la experta del mercado laboral	der Arbeitsmarktexperte, die Arbeitsmarktexpertin	La experta del mercado laboral nos explicó los cambios del futuro.
el/la profesional	der Fachmann, die Fachfrau	

técnico, técnica	technisch	Es una profesión muy técnica, prefiero algo creativo.
la formación en telecomunicaciones	die Ausbildung in der Telekommunikation	
la competencia	die Kompetenz, *auch:* der Wettbewerb	La competencia social es importante para todas las profesiones.
digital	digital	
la tecnología	die Technologie	Las nuevas tecnologías serán muy importantes en el futuro del trabajo.
estar al día con algo	mit etw. auf dem Laufenden sein	Siempre está al día con la política.
fijo, fija	fest	
por cierto	übrigens	
el servicio	die Dienstleistung	E service
elegir (e → i) a alguien ▸ Grammatik, 37	jdn wählen	E to elect
el lugar de residencia	der Wohnort	Madrid no es mi lugar de residencia pero trabajo aquí.
la era	die Ära	
radical	radikal	Esto fue un cambio radical.
¡a que…!	wetten, dass …	

Unidad 8 / ¡Vamos! ▸ p. 126

estar situado (en)	liegen (in) + *Ort*	
el norte	der Norden	

la comunidad autónoma	die autonome Gemeinschaft	
Granada ▸ Cultura, p. 243	*Stadt in Andalusien*	
Málaga ▸ Cultura, p. 244	*zweitgrößte Stadt Andalusiens*	
Cádiz ▸ Cultura, p. 243	*Stadt in Andalusien*	
el monumento	das Denkmal, die Sehenswürdigkeit	E/F (le) monument L monumentum
la Alhambra ▸ Cultura, p. 247	*arabische Festung in Granada*	
el gazpacho ▸ Cultura, p. 249	*spanische kalte Gemüsesuppe*	
el flamenco ▸ Cultura, p. 249	*andalusischer Musikstil und Tanz*	
la montaña	der Berg, das Gebirge	E mountain F la montagne
esquiar	Ski fahren	A mí me encanta esquiar.

8

la Sierra Nevada	*höchstes Gebirge Spaniens*	La Sierra Nevada está situada en Andalucía.
el andaluz, la andaluza, los andaluces *pl.*	der Andalusier, die Andalusierin	
exportar algo	etw. exportieren	España exporta muchas frutas.
la economía	die Wirtschaft	E economy F l'économie *f.*
la industria	die Industrie	
la planta de energía solar	die Solaranlage	
la energía	die Energie	
la fábrica	die Fabrik	
el experto, la experta	der Experte, die Expertin	E expert F l'expert/e
¡Felicidades!	Herzlichen Glückwunsch!	F Félicitations!
la unidad	die Lektion	E unit F l'unité *f.*
No pasa nada.	Das macht nichts.	
gótico, gótica	gotisch	
el paisaje	die Landschaft	F paysage
arriba	oben	≠ abajo
abajo	unten	≠ arriba
adelante	vorne, im Vordergrund	
atrás	hinten, im Hintergrund	

Unidad 8 / Texto A ► p. 129

antes *adv.*	vorher, früher	≠ después
cerca de	zirka	
cada + *sust.*	jeder, jede, jedes + *S.*	
andaluz, andaluza, andaluces *pl.*	andalusisch	
causar algo	etw. verursachen	E to cause F causer
el medio ambiente	die Umwelt	
el director, la directora	der Leiter, die Leiterin; der Direktor, die Direktorin	= el/la jefe/-a
el pasado	die Vergangenheit	
el/la periodista	der Journalist, die Journalistin	
inmobiliario, inmobiliaria	Immobilien-	
aquel, aquella, aquellos, aquellas + *sust.*	jener, jene, jenes + *S.*	En aquellos años, la gente trabajaba mucho.
sostenible	nachhaltig	
cuidar algo / a alguien	auf etw./jdn aufpassen	
la situación	die Situation	E situation F la situation
por suerte	zum Glück	
en aquel entonces	damals	
la costa	die Küste	E coast F la côte
la solución	die Lösung	E/F (la) solution
el conflicto	der Konflikt	

primero	erstens	
respetar algo/a alguien	etw./jdn respektieren	E to respect F respecter
intentar algo	etw. versuchen	L tenter
ahorrar	sparen	Tengo que ahorrar dinero.
el agua *f.*	das Wasser	L aqua
el campo de golf	der Golfplatz	
la toalla	das Handtuch	
estar **limpio,** estar **limpia**	sauber sein	
reciclar algo	etw. recyceln	¡Hay que reciclar la basura!
la basura	der Müll	
la ecología	die Ökologie	E ecology F l'écologie *f.*
estar **de acuerdo con algo**	mit etw. einverstanden sein	Estoy de acuerdo contigo.
el acuerdo	die Vereinbarung	
en resumen	zusammenfassend	
el olivo	der Olivenbaum	

Unidad 8 / Texto B ▶ p. 132

nevar (e → ie) ▶ Grammatik, 9	schneien	¡Está nevando desde hace días.

Das Wetter
Hace sol. Die Sonne scheint. *Hace viento.* Es ist windig. *Hace buen/mal tiempo.* Das Wetter ist gut/schlecht.
Hace frío. Es ist kalt. *Hace 20 grados.* Es sind 20 Grad.

el frío	die Kälte	≠ el calor
el viento	der Wind	F le vent
el grado	der Grad	Hace treinta grados. ¡Qué calor!
el tiempo	das Wetter	F le temps
la tormenta	der Sturm, das Gewitter	
estar **nublado,** estar **nublada**	bewölkt sein	El cielo está nublado.
la reserva	die Reservierung	
confirmar algo	etw. bestätigen	Confirmamos la reserva.
la sala de conferencias	der Konferenzraum	
en cuanto a	in Bezug auf	
el horario	*hier:* die Öffnungszeit	
la recepción	die Rezeption	
el precio	der Preis	E price F le prix
la posibilidad	die Möglichkeit	E possibility F la possibilité
cenar	Abendbrot essen	Siempre ceno con mis padres.
por supuesto	natürlich, selbstverständlich	
tener **acceso a algo**	Zugang zu etw. haben	
desear algo a alguien	jdm etw. wünschen	Perdone, ¿desea algo más?
el éxito	der Erfolg	Te deseo mucho éxito.
el congreso	der Kongress	E congress F le congrès

al principio	am Anfang, anfangs	≠ al final
el principio	der Anfang	
al final	am Ende, letztendlich	Al final siempre es lo mismo. ≠ el final, al principio
el final	das Ende	≠ el principio
el día siguiente	der nächste Tag	
siguiente	nächster, nächste; folgend	= próximo/-a
el aire acondicionado	die Klimaanlage	El aire acondicionado (no) funciona.
el aire	die Luft	
el saludo	der Gruß, *hier:* Liebe Grüße *Brief*	Un saludo a tu amiga Nuria.
¡Hasta pronto!	Bis bald!	
la nieve	der Schnee	F la neige
de repente	plötzlich, auf einmal	L repente
el beso	der Kuss, *hier:* Liebe Grüße *Brief*	

Unidad 9 / ¡Vamos! ▶ p. 142

estar **comprometido/-a con**	sich für etw. engagieren	
el planeta	der Planet	Saturno es un planeta.
la asamblea	die Versammlung	
las Naciones Unidas	die Vereinten Nationen	España es parte de las Naciones Unidas.
adoptar un acuerdo	eine Vereinbarung verabschieden	
la agenda	die Agenda	
los Objetivos de Desarrollo Sostenible	die Ziele für nachhaltige Entwicklung	
el objetivo	das Ziel	= la meta
tratarse de algo	sich um etw. handeln	
internacional	international	
acabar (con algo)	enden, etw. beenden	Las Naciones Unidas quieren acabar con la pobreza en el mundo.
la pobreza	die Armut	
luchar contra algo	gegen etw. kämpfen	Los activistas luchan contra el cambio climático.
la injusticia	die Ungerechtigkeit	E injustice
la desigualdad	die Ungleichheit	≠ la igualdad
tener ***vigencia***	Gültigkeit haben	
universal	allgemeingültig	
estar ***interconectado/-a***	miteinander verbunden sein	Muchos ODS están interconectados.
responsable	verantwortlich	E responsible
el cambio ▶ **cambiar**	der Wandel, die Änderung	
el hambre *f.*	der Hunger	¡Qué hambre tengo! ¿Comemos algo?
la salud	die Gesundheit	
el clima	das Klima	
la paz	der Frieden	E peace

dudar (en hacer algo)	zögern (etw. zu tun)	
compartir algo	etw. teilen	Mira, Carla ha compartido este vídeo.
posible	möglich	E possible
rendirse (e → i) ▸ Grammatik, 37	aufgeben	
tirar algo	etw. wegwerfen	Si la comida no está mala, no la tires.
donar algo	etw. spenden	E to donate
cambiar algo por algo	etw. für etw. tauschen	Cambié mi camiseta por este pantalón.
la donación ▸ donar	die Spende	
la organización benéfica	die Wohltätigkeitsorganisation	
el avión	das Flugzeug	Fuimos a Mallorca en avión.
evitar algo	etw. vermeiden	Marta intenta evitar tirar comida.
contaminante	schmutzig, umweltschädlich	
ir en bici/coche	mit dem Fahrrad / Auto fahren	Voy al instituto en bici todos los días.
esencial	unerlässlich	= muy importante
saludable ▸ salud	gesund	Comer verduras es muy saludable.
fumar	rauchen	Fumar es malo para la salud.
demasiado/-a	zu viel	No puedo, tengo demasiados exámenes.
las drogas *pl.*	die Drogen	
escaso/-a	knapp	En ese país el agua es escasa.
malgastar algo	etw. verschwenden	No malgastes el agua.
la canción	Lied	Me gustan las canciones de Shakira.
controlar algo	etw. kontrollieren	
el árbol	der Baum	
proteger algo	etw. beschützen	E to protect
gastar algo	etw. verbrauchen	
el papel	das Papier	No lo puedo imprimir, no tengo papel.
imprimir algo	etw. ausdrucken	
la material	das Material	–¿De qué material es? –Es de papel.
olvidarse de algo	etw. vergessen	No te olvides de hacer los deberes.
el mendigo, la mendiga	der Bettler, die Bettlerin	
la botella	die Flasche	E bottle
el bocadillo	das belegte Brötchen	
la sonrisa	das Lächeln	
la creencia	der Glaube	Hay que respetar otras creencias.
tener miedo a algo	vor etw. Angst haben	No tengas miedo a lo diferente.
rechazar algo	etw. zurückweisen	
la oportunidad	die Gelegenheit	E opportunity
el tuyo, la tuya	der/die/das deinige	–¿Es tu botella? –No, es tuya.
la igualdad	die Gleichheit	≠ la desigualdad

9

Unidad 9 / Texto A ▸ p. 145

la rueda	das Rad	Una bici tiene dos ruedas.

Ciudad de México ▶ Cultura, p. 245	Mexiko Stadt *Hauptstadt Mexikos*	Ciudad de México es la capital mexicana.
despertar (e → ie) ▶ Grammatik, 9	aufwachen	Todos los días me despierto a las siete.
mil	tausend	
el ciudadano, la ciudadana	der Bürger, die Bürgerin	Los ciudadanos de Madrid se llaman madrileños.
estar **lleno, llena**	voll	Por la mañana las calles están llenas de coches.
el atasco	der Stau	
la pesadilla	der Alptraum	Los atascos son una pesadilla.
la contaminación ▶ **contaminante**	die Verschmutzung	
se acabó	es reicht	
el carro	das Auto *lat. am.*	= el coche
correr	laufen	A mí me encanta correr en el parque.
empujar a alguien	jdn schubsen	
ir ***como sardinas***	zusammengedrängt sein wie Sardinen (in der Büchse)	Ay no, ¡tanta gente! Vamos como sardinas.
la hora punta	die Rushhour	
la avenida	die Allee	Esta avenida lleva al centro de la ciudad.
el medio de transporte	das Verkehrsmittel	El metro es un medio de transporte muy importante para Madrid.
rápido/-a	schnell	
Nueva York	New York	
Nueva Delhi	Neu-Delhi *Hauptstadt Indiens*	
la característica	die Eigenschaft	
atmosférico, atmosférica	atmosphärisch	
principal	hauptsächlich, Haupt-	Una razón principal por la contaminación es el tráfico.
el causante	der Grund, der Verursacher	
circular	umherfahren	En Madrid circulan muchos coches.
tanto… como	sowohl … als auch	Tanto mi hermano como mi hermana me ayudan.
el gobierno	die Regierung	
preocupar a alguien	jdm Sorgen machen	Me preocupa que no nos escriban.
el vehículo	das Fahrzeug	E vehicle
empeorar	sich verschlechtern	≠ mejorar
temer algo	etw. fürchten	Temo que no vengan a mi fiesta.
afectar algo	sich auf etw. auswirken	E to affect
poner ***en marcha***	auf den Weg bringen	El gobierno tiene que poner en marcha medidas contra la contaminación.
vario, varia	verschieden	
la medida	die Maßnahme	
reducir (c → zc) **algo**	etw. reduzieren	E to reduce

promover (o → ue) algo	etw. fördern	El gobierno quiere promover el uso de la bici.
el uso ▸ usar	der Gebrauch	
la ciclovía	der Radweg	
el carril	der Fahrstreifen	
paralelo	parallel	
exclusivo/-a	ausschließlich	Este carril es exclusivo para los ciclistas.
el/la ciclista	der Radfahrer, die Radfahrerin	Una persona que va en bici es un ciclista.
el sistema	das System	
la iniciativa	die Initiative	Necesitamos más iniciativas como esta para reducir la contaminación.
moverse (o → ue)	sich bewegen	E to move
el circuito de ciclovías recreativas	*etwa: Radwege zur Erholung*	
el paseo	der Spaziergang	
el patinador, la patinadora	der Skater, die Skaterin	
el peatón, la peatona	der Fußgänger, die Fußgängerin	Una persona que va a pie por la calle es un peatón.
el yoga	das Yoga	
perderse (e → ie) algo	etw. verpassen	No me pierdo nunca las clases de yoga.
la conciencia	das Gewissen	E conscience
alegrarse	sich freuen	Me alegra que vengas a mi fiesta.
poner de buen humor	gute Laune machen	Esta música siempre me pone de buen humor.
participar en algo	an etw. teilnehmen	¿También participas en el curso?
nacer (c → zc)	geboren werden	Felipe VI, rey de España, nació el 30.01.1968.
a principios de	Anfang + *Zeitangabe*	A principios del siglo XIX México logró su independencia.
colombiano/-a	kolumbianisch	La capital colombiana se llama Bogotá.
Bogotá ▸ Cultura, p. 245	*Hauptstadt Kolumbiens*	
los Estados Unidos (EE.UU.)	die Vereinigten Staaten von Amerika	
hacerse popular	beliebt werden	E popular
por un lado… por otro lado	einerseits … andererseits	Por un lado tengo que estudiar, pero otro lado me gustaría salir.
mejorar algo ▸ mejor	etw. verbessern	≠ empeorar
las emisiones	die Abgase	
el gas de efecto invernadero	das Treibhausgas	
el ruido	der Lärm	Chicos, ¡qué ruido! Así no puedo trabajar.
el cambio climático	der Klimawandel	
positivo, positiva	positiv	≠ negativo/-a
la inseguridad ▸ seguro/-a	die Unsicherheit	
molestar a alguien	jdn stören	Me molesta que llueva todo el día.
el/la automovilista	der Autofahrer, die Autofahrerin	Una persona que va en coche es un automovilista.

9

aún	noch	
robar algo	etw. stehlen	Me robaron la bici, por eso voy en bus.
el aspecto	der Aspekt	
la alternativa	die Alternative	
viable	machbar	
ir sobre ruedas	bestens laufen	Es una solución ideal, ¡va sobre ruedas!

Unidad 9 / Texto B ▶ p. 148

Almería ▶ Cultura, p. 243	*Stadt in Andalusien*	
el milagro	das Wunder	E miracle
bajo	unter	= debajo de
el mar	das Meer	Mar y playa para mí son vacaciones ideales.
el plástico	das Plastik	
el proveedor, la proveedora	der Lieferant, die Lieferantin	
la hortaliza	das Gemüse	= verdura
la Unión Europea	die Europäische Union	
la ventaja	der Vorteil	≠ la desventaja
la desventaja	der Nachteil	≠ la ventaja E disadvantage
ecologista	Umweltschutz-	Juan trabaja en un grupo ecologista.
el espacio	der Raum, der Platz	E space
el agricultor, la agricultora	der Landwirt, die Landwirtin	Luisa Ruiz es agricultora en el Ejido.
el empresario, la empresaria	der Unternehmer, die Unternehmerin	
el invernadero	das Gewächshaus	
la hectárea	das Hektar	En El Ejido hay más de 30.000 hectáreas de invernaderos.
el cultivo	der Anbau	El cultivo de hortaliza es muy importante para Andalucía.
cubierto/-a	bedeckt	
los residuos	der Müll	
generar algo	etw. erzeugen	Los invernaderos generan muchos residuos.
el peligro	die Gefahr	
la innovación	die Neuerung, die Innovation	E innovation
tecnológico/-a	technologisch	En el siglo XXI habrá muchas innovaciones tecnológicas.
resistente	widerstandsfähig	E resistent
el reciclaje	die Wiederverwertung	El reciclaje de plástico ayuda al medio ambiente.
ilegal	illegal	
quemar algo	etw. verbrennen	Reciclar la basura es mejor que quemarla.
el control sanitario	die Gesundheitskontrolle	
la opinión	die Meinung	E opinion
el cultivo intensivo	der Intensivanbau	En El Ejido hay mucho cultivo intensivo, así pueden producir muchísima hortaliza.

la producción ▸ producir	die Produktion	
tener razón	Recht haben	Sí, es correcto, tienes razón.
el porciento	das Prozent	La mitad de algo es un 50 porciento.
familiar ▸ la familia	Familien-	
el impacto	die Auswirkung	El cultivo intensivo tiene un impacto al medio ambiente.
enorme	enorm	= muy grande
cierto/-a	sicher	
seco/-a	trocken	¡Qué calor! No ha llovido en semanas.
pobre	arm	≠ rico / Antes Andalucía era una región pobre.
la tierra	die Erde, *auch:* die Heimat	
producir (c → zc) algo	etw. produzieren	¿Qué se produce en tu región?
al límite de la miseria	am Rande der Armut	
transformarse	sich verwandeln	E to transform
rico, rica	reich	≠ pobre / Gana muchísimo dinero, es muy rica.
el ecosistema	das Ökosystem	
probable	wahrscheinlich	Es muy probable que llegue tarde.
el bien	das Wohl	Es para el bien de la gente.
frente	gegenüber	
la escasez ▸ escaso/-a	die Knappheit	
agotarse	ausgehen	En algunas regiones tienen miedo de que el agua se agote.
utilizar algo	etw. verwenden	= usar
riego gota a gota	*etwa: tröpfchenweise Bewässerung*	
la tonelada	die Tonne	Una tonelada son mil kilos.
la exportación	der Export	Para Alemania la exportación es muy importante.
el tomate	die Tomate	¿Sabías que el tomate viene de México?
seguido por	gefolgt von	Madrid es la ciudad española más grande, seguida por Barcelona.
el pimiento	die Paprika	
el pepino	die Gurke	
la condición	die Bedingung	E condition
el/la inmigrante	der Einwanderer, die Einwanderin	
la crítica	die Kritik	
sinceramente	ehrlich gesagt	E sincerely Sinceramente, no creo que tengas razón.
generalizar algo	etw. verallgemeinern	No creo que se pueda generalizar con este tema.
el trabajador, la trabajadora	der Arbeiter, die Arbeiterin	
saltarse las reglas	sich über die Regeln hinwegsetzen	Cuando te saltas las reglas no las respetas.
la regla	die Regel	

9

imprescindible	unerlässlich	Cuando algo es imprescindible es absolutamente necesario.
aceptable	akzeptabel	E acceptable

Unidad 9 / Texto C ▸ p. 152

comprarse algo	sich etw. kaufen	Mira, ayer me compré esta camiseta.
la temporada	die Saison	
la pasarela	der Laufsteg	En las pasarelas presentan las nuevas colecciones de moda.
la red social	das soziale Netzwerk	Paso mucho tiempo en las redes sociales.
recordar (o → ue) a alguien	jdn erinnern	Me recuerdas a un amigo.
el kilo(gramo)	das Kilo(gramm)	¿Me pones un kilo de naranjas, por favor?
importado, importada	importiert	Mucha ropa que llevamos es importada.
el productor, la productora	der Produzent, die Produzentin	
la colección	die Kollektion	Este jersey es de la nueva colección de invierno.
vender algo ▸ **el/la vendedor/a**	etw. verkaufen	Esta tienda vende de todo.
probarse (o → ue) algo	etw. anprobieren	¡Pruébate el jersey gris, es bonito!
llevarse algo	etw. mitnehmen	Me llevé estos libros de la librería.
el céntimo	der Cent	Cien céntimos son un euro.
Zona Franca	*Freihandelszone*	
comúnmente	gewöhnlich	
la maquila	*etwa: die Montagefabrik*	En Centroamérica hay maquilas donde producen ropa.
extendido, extendida	verbreitet	
Centroamérica	Zentralamerika	Panamá es un país de Centroamérica.
la serie (de)	die Reihe (von)	Este proceso tiene una serie de ventajas.
extranjero, extranjera	ausländisch	
invertir (e → ie) en algo	in etw. investieren	El gobierno invierte mucho dinero en este proyecto.
el territorio	das Gebiet	
la multinacional	*in verschiedenen Ländern operierender Konzern*	
a cambio	im Gegenzug	Te ayudo con los deberes y a cambio me dejas tus revistas, ¿vale?
el beneficio	der Vorteil	= la ventaja
los costes ▸ costar	die Kosten	
la mano de obra	die Arbeitskraft	
el arancel	der Zoll	No pagamos aranceles para productos de la Unión Europea.
centroamericano/-a	zentralamerikanisch	Costa Rica es un país centroamericano.
textil	Textil-	

europeo, europea	europäisch	¿Cuál es tu ciudad europea favorita?
el traslado	die Verlegung	
la cadena de producción	die Produktionskette	¿Conoces la cadena de producción de tu ropa?
maquiladora	*Person, die in einer Maquila arbeitet*	Las maquiladoras ganan muy poco dinero.
enviar algo	etw. schicken	= mandar / Marta nos envía una foto.
la instrucción	die Anweisung	E instruction
para que + *subj.*	damit	Os lo explico otra vez para que lo entendáis.
el costurero, la costurera	der Näher, die Näherin	
confeccionar algo	etw. anfertigen	En las maquilas las costureras confeccionan la ropa.
el pedido ▸ pedir	die Bestellung	
coser algo	etw. nähen	
devolver (o → ue) algo a alguien	jdm etw. zurückgeben	¿Cuándo me devuelves los libros que te dejé?
el país de origen	das Herkunftsland	Soy de Francia, es mi país de origen.
el origen, los orígenes	die Herkunft	E origin
poner a la venta	zum Verkauf anbieten	
la venta ▸ **vender**	der Verkauf	
el consumidor, la consumidora	der Konsument, die Konsumentin	
sin que + *subj.*	ohne dass	Siempre lo entiende sin que el profe se lo explique.
la bolsa	die Tüte	
enseñar algo a alguien	jdm etw. zeigen	¡Qué bonito! ¿Me enseñas cómo lo has hecho?
asentir (e → ie)	zustimmen	
la etiqueta	das Etikett	–¿Cuánto cuesta? –Pues, no sé, no tiene etiqueta.
¿eh?	oder? *Ausruf*	= ¿verdad?
hecho, hecha	hergestellt	
el nivel de educación	der Bildungsgrad	
soltero, soltera	alleinstehend	
rural	ländlich	Vive en el campo, es que le gusta la vida rural.
sufrir de algo	an etw. leiden	E to suffer / Sufre de una enfermedad grave.
a causa de	wegen, aufgrund von	A causa del tráfico siempre llega tarde.
a menudo	häufig	
ojalá (que) + *subj.*	hoffentlich	Ojalá que saque una buena nota en el examen.
conseguir (e → i) algo	etw. erlangen	
alcanzar	(aus)reichen	Necesito un nuevo trabajo, el dinero no me alcanza.
la presión de tiempo	der Zeitdruck	Las maquiladoras tienen que trabajar bajo una gran presión de tiempo.
cumplir con algo	etw. erfüllen	

9

atreverse	sich etw. trauen	¡Vamos, atrévete! No es difícil.
el esclavo, la esclava	der Sklave, die Sklavin	Los esclavos no son libres.
injusto, injusta ▸ **injusticia**	ungerecht	
hasta que + *subj.*	bis	Te espero en casa hasta que llegues.
el comercio justo	der *Fairtrade*	

Módulo: La Unión Europea y España ▸ p. 156

la frontera	die Grenze	E frontier
la Unión Europea (UE)	die Europäische Union	España y Alemania son parte de la UE.
enseñar algo a alguien	jdm etw. zeigen	
el pasaporte	der Reisepass	E passport
la moneda	die Währung, die Münze	El euro es la moneda oficial de España.
oficial	offiziell	
cambiar algo	etw. tauschen	¿Cambias tu camiseta por mi jersey?
el valor	der Wert	E value
la comunidad	die Gemeinschaft	
el respeto	der Respekt, die Achtung	
la dignidad humana	die menschliche Würde	La dignidad humana es uno de los valores principales de la UE.
la libertad ▸ **libre**	die Freiheit	E liberty
la democracia	die Demokratie	La democracia nació en Grecia.
la igualdad	die Gleichheit	≠ la desigualdad
el estado de derecho	der Rechtsstaat	
los derechos fundamentales	die Grundrechte	
el miembro	das Mitglied	E member
obligar a alguien	jdn verpflichten	
respetar a alguien / algo	etw. / jdn respektieren	Los miembros de la UE respetan los derechos humanos.
los derechos humanos	die Menschenrechte	
la fundación ▸ **fundar**	die Gründung	¿Cuándo se fundó tu ciudad?
nacer (c → zc)	geboren werden	Picasso nació el 25.10.1881.
el deseo ▸ **desear**	der Wunsch	
acabar con algo	etw. beenden	Tenemos que acabar con la pobreza.
permanente	ständig	
culminar en algo	in etw. gipfeln	Los conflictos culminaron en una guerra.
la guerra	der Krieg	≠ la paz
la Segunda Guerra Mundial	der Zweite Weltkrieg	La Segunda Guerra Mundial duró de 1939 a 1945.
convertirse (e → ie) en algo	etw. werden	Dinamarca se convirtió en miembro de la UE en 1973.
románico/-a	romanisch	Español es una lengua románica.

Países europeos y sus habitantes

Portugal	*el/la portugués/-esa*	*Rumania* (Rumänien)	*el/la rumano/-a*
Italia	*el/la italiano/-a*	*Sucia* (Schweiz)	*el/la suizo/-a*
Francia	*el/la francés/-esa*	*Irlanda* (Irland)	*el/la irlandés/-esa*
Bélgica	*el/la belga*	*Luxemburgo*	*el/la luxemburgués/-esa*
Los Países Bajos (Niederlande)	*el/la neerlandés/-esa*		

el catalán	Katalanisch *Sprache*	
el vasco ▸ Cultura, p. 244	Baskisch *Sprache*	El vasco es una de las lenguas cooficales en España.
el Parlamento Europeo	das Europäische Parlament	El Parlamento Europeo está en Bruselas.
Lisboa	Lissabon *Hauptstadt Portugals*	
ocupar algo	etw. belegen	
la superficie	die Oberfläche	E surface
el planeta	der Planet	La tierra es un planeta.
la India	Indien	
China	China	China tiene 1400 millones de habitantes.
aún	noch	
la economía	die Wirtschaft	E economy
el PIB (producto interior bruto) medio per cápita	das durchschnittliche BIP (Bruttoinlandsprodukt) pro Kopf	El PIB del País Vasco es más alto que el de las Islas Canarias.
exportar algo	etw. exportieren	≠ importar
el aceite de oliva	das Olivenöl	
el vino	der Wein	En España se produce mucho vino.
el europeo, la europea ▸ **Europa**	der Europäer, die Europäerin	
actualmente	derzeit	= ahora
emigrar	auswandern	En el siglo XX muchos europeos emigraron a América.
la situación	die Situation	
la perspectiva	die Perspektive	
la elección ▸ elegir	die Wahl	E elections
el diputado, la diputada	der/die Abgeordnete	¿Cuántos diputados tiene el parlamento de tu país?
calcular algo	etw. errechnen	E calculate
en relación a	im Verhältnis zu	
o sea	und zwar, das heißt	
la demografía	die Demographie	
por cada	pro	
curiosamente	interessanterweise	
la esperanza de vida	die Lebenserwartung	Los italianos tienen una alta esperanza de vida.
la gastronomía	die Gastronomie	
la indicación geográfica	die Herkunftsbezeichnung	Muchos alimentos tienen una indicación geográfica.

proteger algo / a alguien	etw./jdn beschützen	E to protect
queso parmesano	der Parmesankäse	
el jamón ibérico	der Iberische Schinken	
el mazapán	das Marzipan	
en total	insgesamt	En total la UE tiene 27 países miembros.
la diversidad	die Vielfalt	En Europa hay una gran diversidad cultural.
el lema	der Grundgedanke	
unido, unida	vereint	
la lengua cooficial	die zweite Amtssprache	El catalán es una de las lenguas cooficiales de España.
la forma de gobierno	die Regierungsform	
la monarquía parlamentaria	die parlamentarische Monarchie	España tiene una monarquía parlamentaria.
la introducción	die Einführung	E introduction
la Comunidad Económica Europea	die Europäische Wirtschaftsgemeinschaft	

Unidad 10 / ¡Vamos! ▸ p. 160

los recursos naturales	die natürlichen Ressourcen	América Latina tiene muchos recursos naturales.
los minerales	die Mineralien	
el petróleo	das (Erd)öl	Venezuela produce mucho petróleo.
la manufactura	die Manufaktur	
la agricultura	die Landwirtschaft	E agriculture
agrícola *m./f.* ▸ **agricultura**	landwirtschaftlich	
la soja	das Soja	En Argentina se cultiva mucha soja.
el metal	das Metall	
el plátano	die Banane	El plátano es mi fruta favorita.
el cacao	der Kakao	
el cual, la cual	der, die, das *Relativpronomen*	
el Caribe	die Karibik	Cuba es parte del Caribe.
la caña de azúcar	das Zuckerrohr	
la época colonial	die Kolonialzeit	La época colonial en América Latina terminó en el siglo XIX en su mayor parte.

Países de América Latina ▸ Cultura, p. 244

Cuba *la República Dominicana* *Costa Rica* *Argentina*
México *Bolivia* *Colombia* *Venezuela* *Ecuador* [...]

contar (o → ue) con algo	über etw. verfügen	México cuenta con muchas empresas innovadoras.
la reserva	die Reserve	Venezuela tiene reservas muy grandes de petróleo.
Sudamérica	Südamerika	

el hierro	das Eisen	El hierro es un metal.
el cobre	das Kupfer	En Chile hay mucho cobre.
el carbón	die Kohle	
el aluminio	das Aluminium	
el oro	das Gold	Los españoles llevaron mucho oro de América Latina a España.
el silicio	das Silizium	
eléctrico/-a	Elektro-, elektrisch	
la comunicación	die Kommunikation	E communication
servir (e → i) para algo	zu etw. nutzen	¿Para qué sirve esto?
la alimentación ▸ alimento	die Ernährung	
el ganado	das Vieh	El ganado come la soja.
económico, económica	wirtschaftlich	
el que, la que	der, die, das *Relativpronomen*	
Francia	Frankreich	
el sector primario/secundario/terciario	der Primär-/Sekundär-/Tertiärsektor	La agricultura es parte del sector primario.
aportar algo	etw. beitragen	El turismo aporta un 11% al PIB español.
el PIB (producto interior bruto)	das BIP (Bruttoinlandsprodukt)	Cataluña tiene un PIB muy alto.
concretamente	im Einzelnen	
representar	darstellen, *hier:* ausmachen	
cultivar algo	etw. anbauen	En México se cultiva mucho maíz.
la pieza	das Teil	En España se producen muchas piezas de coches.
químico, química	Chemie-, chemisch	
farmacéutico, farmacéutica	pharmazeutisch	

Unidad 10 / Texto A ▸ p. 164

la viticultura	der Weinbau	La viticultura es muy importante para la Rioja.
diverso, diversa	unterschiedlich	
el eje	der Schwerpunkt	La economía española tiene enfoques diferentes.
reflejarse	sich widerspiegeln	
entrevistar a alguien	jdn interviewen	Hoy entrevistamos a seis jóvenes para saber su opinión.
kaixo!	Hallo! *auf Baskisch*	
el/la ingeniero/-a mecánico/-a industrial	der/die Industriemechaniker/in	–¿De qué trabajas? –Soy ingeniera mecánica industrial.
Álava	*Stadt im Baskenland*	
el vino	der Wein	En España se cultiva mucho vino.
la importancia ▸ importante	die Relevanz, die Bedeutung	
la industria pesada	die Schwerindustrie	

10

volver (o → ue)	zurückkehren	–¿A qué hora vuelves a casa? –Vuelvo a las 10.

Las comuniadades autónomas de España ▶ Cultura, p. 243–244
Cataluña *la Comunidad Valenciana* *Extremadura* *Islas Baleares* *Islas Canarias*
el País Vasco (Euskal Herría) *la Rioja* [...]

el parque solar	der Solarpark	
el hogar	der Haushalt	–¿Cuántas personas viven en tu hogar? –Somos cinco.
el/la menor	der/die/das kleinste + *S.*	
el/la consejero/-a en inversiones	der/die Investmentberater/in	
la crisis (financiera)	die (Finanz)krise	En 2008 hubo una crisis financiera en todo el mundo.
total	Gesamt-	
un montón de	eine Menge	En Barcelona siempre hay un montón de turistas.
el área *f.*	der Bereich	Tarek trabaja en el área de telecomunicaciones.
Tenerife	Teneriffa *kanarische Insel*	Tenerife es parte de las Islas Canarias.
temporalmente	vorübergehend	= por un tiempo
la institución	die Institution	
la comida	das Essen	No malgastes comida.
a pesar de	trotz	A pesar de los exámenes Marta quiere salir.
estar **en riesgo de pobreza**	von Armut bedroht sein	No tienen trabajo. Por eso están en riesgo de pobreza.
la plantación	die Plantage	En el Caribe hay muchas plantaciones de caña de azúcar.
concentrarse	sich konzentrieren; *hier:* sich sammeln	Marta no siempre se concentra en clase.
el cítrico	die Zitrusfrucht	La naranja es un cítrico.
falta (de)	Mangel (an)	Muchos jóvenes emigran por falta de trabajo.
la plaga	die Plage	
la importación	der Import	≠ exportación
Sudáfrica	Südafrika	
estar **abandonado/-a**	verlassen	En estas tierras no cultivan nada, están abandonadas.
rentable	rentabel, lohnend	
deber	sollen	
urgentemente	dringend	Necesitamos ayuda, urgentemente.
ningún, ninguna	kein/e	
el vino	der Wein	
la zona vitivinícola	das Weinbaugebiet	La zona vitivinícola más grande del mundo está en España.

La Mancha	*Region im Zentrum Spaniens*	
la bodega	der Weinkeller	Tienen muchas botellas de vino en su bodega.
cortar algo	etw. schneiden	–¿Te cortaste el pelo? –Sí, ayer.
la uva	die Weintraube	El 31 de diciembre en medianoche se comen doce uvas en España.
resultar (fácil)	(leicht) sein	
la tradición	die Tradition	¿Qué tradiciones de Navidad hay en tu país?

Unidad 10 / Texto B ▸ p. 168

la materia prima	der Rohstoff	
seguir (e → i) + *gerundio*	weiterhin etw. tun	Ya son las 12 de la noche, pero Manuel sigue estudiando para el examen.
diseñar algo	etw. entwerfen	
la autoridad de tráfico aéreo	die Raumfahrtbehörde	
la CoNAE (Comisión Nacional de Actividades Espaciales)	*Argentiniens nationale Kommission für Weltraumaktivitäten*	
innovador, innovadora	innovativ	Es una empresa muy innovadora.
la compañía	das Unternehmen	= la empresa
mexicano, mexicana	mexikanisch	Guadalajara es una ciudad mexicana.
la semilla	der Kern	
el aguacate	die Avocado	El guacamole se hace con aguacates.
la pajita	der Strohhalm	
los cubiertos *pl.*	das Besteck	
biodegradable	biologisch abbaubar	Estos cubiertos son biodegradables.
el emprendedor, la emprendedora	der Unternehmer, die Unternehmerin	
el/la gerente	der/die Geschäftsführer/in	¿Quién es la gerente de esta empresa?
el/la estudiante ▸ estudiar	der Student, die Studentin	
la Ingeniería Química	Chemieingenieurwesen *Studiengang*	
Monterrey	*drittgrößte Stadt Mexikos*	
especializarse en algo	sich in etw. spezialisieren	Durante mis estudios me especialicé en literatura clásica.
el bioplástico	der Biokunststoff	
abundante	reichlich (vorhanden)	
el negocio	das Geschäft	Es un negocio muy rentable.
la inversión ▸ invertir	die Investition	
basarse en algo	auf etw. basieren	Este negocio se basa en inversiones.
Michoacán	*Bundesstaat im Südwesten Mexikos*	Michoacán es un estado de México.
el departamento	die Abteilung	–¿En qué departamento trabajas? –Trabajo en distribución y marketing.
distribución y marketing	Vertrieb und Marketing	
la investigación	die Forschung	

10

el objeto	der Gegenstand	
Australia	Australien	–¿Alguna vez has ido a Australia? –Sí, ¡a Sídney!
el distribuidor, la distribuidora	der Vertriebspartner, die Vertriebspartnerin	Esta empresa busca nuevos distribuidores en todo el mundo.
el potencial	das Potenzial	Tu idea tiene mucho potencial.
el tratado de (libre) comercio	das (Frei)handelsabkommen	El T-MEC es un tratado de libre comercio entre México, EE.UU. y Canadá.
el tratado	der Vertrag	
gracias a + *sust.*	dank + *S.*	Gracias a tu ayuda aprobé el examen.
Canadá	Kanada	
facilitar algo ▸ **fácil**	etw. vereinfachen	
aún más	noch mehr, mehr noch	
por una parte… por otra parte	zum einen … zum anderen	Por una parte, es bastante caro, pero por otra parte, es de muy buena calidad.
contribuir (i → y) a algo	zu etw. beitragen	Esta medida contribuye a la lucha contra la pobreza.
la lucha ▸ **luchar**	der Kampf	
contra	gegen	Hoy el Real Madrid juega contra el FC Barcelona.
convencional	herkömmlich	
bajar	sinken	
llamar la atención sobre algo	auf etw. aufmerksam machen	Con esta campaña llamamos la atención de los clientes sobre nuestros productos.
el desempleo	die Arbeitslosigkeit	= paro
la perspectiva	die Perspektive	
emigrar	auswandern	Emigró a EE.UU. para encontrar trabajo.
la razón	der Grund	
la voluntad	der Wille	
realizar algo	etw. verwirklichen	Siempre realiza sus ideas.

Unidad 10 / Texto C ▸ p. 172

el horizonte	der Horizont	
la distancia	die Entfernung	E distance
mudarse	umziehen	El año pasado me mudé a Granada.
el extremo	*hier:* das Ende	
el informático, la informática	der Informatiker, die Informatikerin	Julia es informática, trabaja en una empresa de telecomunicaciones.
Noruega	Norwegen	La capital de Noruega es Oslo.
la informática	die Informatik	
la solicitud	die Bewerbung	Este puesto me parece interesante. Les mando una solicitud.
el noruego	Norwegisch *Sprache*	En Noruega se habla noruego.

aparte de	abgesehen von	–¿Qué te gusta de este lugar aparte de la naturaleza? –Me gusta mucho la comida.
llevarse bien/mal con algo/ alguien	gut/schlecht mit etw./jdm zurecht kommen	Marta y Soledad se llevan muy bien aunque a veces tienen opiniones diferentes.
el invierno	der Winter	≠ el verano
la sensación	das Gefühl	
a todas partes	überall (hin)	
la naturaleza	die Natur	La naturaleza en Noruega es impresionante.
el fiordo	der Fjord	
sentirse **(e → ie)**	sich fühlen	Me quedo en casa, es que no me siento bien.
echar de menos algo / a alguien	etw./jdn vermissen	Echo de menos a mi familia.
Quito ► Cultura, p. 245	*Hauptstadt Ecuadors*	
Murcia	*Stadt im Südosten Spaniens*	Murcia me gustó mucho, es una ciudad muy bonita.
dar ***vueltas a algo***	etw. hin und herüberlegen	= pensar algo mucho
el marido	der Ehemann	
finalmente	schließlich	Finalmente me ofrecieron el puesto.
la meta	das Ziel	
el enfermero de ancianos, la enfermera de ancianos	der Altenpfleger, die Altenpflegerin	Soy enfermero de ancianos porque me gusta trabajar con gente.
plantearse algo	über etw. nachdenken	= pensar algo
aceptar algo	etw. annehmen	E to accept
mientras tanto	währenddessen	
Triacastela	*Dorf in Galicien*	
Santiago de Compostela	*Hauptstadt Galiciens*	Santiago de Compostela es famosa por el Camino de Santiago.
Galicia ► Cultura, p. 243	Galicien *autonome Region Spaniens*	
el Camino de Santiago	der Jakobsweg	El Camino de Santiago termina en Santiago de Compostela.
el peregrino, la peregrina	der Pilger, die Pilgerin	
el albergue	die Herberge	En las vacaciones Pablo trabaja en un albergue.
Administración de empresas	Betriebswirtschaft *Studiengang*	Andrés estudia Administración de empresas.
la tranquilidad	die Ruhe	≠ el ruido
► tranquilo/-a		
vacío, vacía	leer	≠ lleno/-a
el anciano, la anciana	der alte Mann, die alte Frau	≠ el/la joven
un día	eines Tages	

10

Hier in den alphabetischen Listen findest du alle Vokabeln, die du gelernt hast. Die Zahl hinter der Übersetzung zeigt die Fundstelle an. Verben, die unregelmäßig sind oder Besonderheiten aufweisen, sind blau gedruckt.

A

a nach, zu, an, in 2/C; ~ **causa de** wegen 9/C; ~ **menudo** oft 9/C; ~ **pesar de** trotz 10/A; ~ **principios de** Anfang + *Zeitangabe* 9/A; ~ **veces** manchmal 2/C; ~ **todos lados** überallhin 7/B; **¿~ qué hora…?** Um wieviel Uhr …? 4/V
abajo unten 8/V
estar **abandonado/-a** verlassen 10/A
el **abrazo** die Umarmung, *hier:* Liebe Grüße 2/C
el **abril** der April 4/V
abrir algo etw. öffnen 4/V
el/la **abuelo/-a** der Opa, die Oma 2/A
los **abuelos** die Großeltern 2/A
abundante reichlich (vorhanden) 10/B
aburrido/-a langweilig 2/A
acabar (con algo) enden, etw. beenden 9/V; **se acabó** es reicht 9/A
acabar de + *inf.* gerade etw. getan haben 7/V
el **aceite de oliva** das Olivenöl M3
aceptable akzeptabel 9/B
aceptar algo etw. annehmen 10/C
acostarse (o → ue) ins Bett gehen, sich hinlegen 4/C
la **actividad** die Aktivität M2
activo/-a aktiv M2
actualmente derzeit M3
el **acuerdo** die Vereinbarung 8/A; **adoptar un** ~ eine Vereinbarung verabschieden 9/V; **de** ~ einverstanden 1/B; estar **de ~ con algo** mit etw. einverstanden sein 8/A
adaptarse a algo sich an etw./jdn anpassen 6/B
adecuado/-a passend 7/B
adelante vorne, im Vordergrund 8/V
además darüber hinaus 7/V
¡Adiós! Auf Wiedersehen! 1/V
la **administración** die Verwaltung 7/A
Administración y Finanzas Verwaltung und Finanzen *Studienfach* 1/C
Administración de empresas Betriebswirtschaft *Studiengang* 10/C
¿adónde? wohin? 2/C
el **aeropuerto** der Flughafen 4/B
afectar algo etw. beeinträchtigen 9/A
la **agenda** die Agenda 9/V
el **agosto** der August 4/V
agotarse ausgehen 9/B
agrícola *m./f.* landwirtschaftlich 10/V
el/la **agricultor/a** der/die Landwirt/in 9/B
la **agricultura** die Landwirtschaft 10/V
el **agua** *f.* das Wasser 8/A
el **aguacate** die Avocado 10/B
aguantar algo etw./jdn aushalten, ertragen 4/C
ahí da, dort 3/B
ahora jetzt 1/A; ~ **se pone.** Ich gebe ihn/sie dir/Ihnen weiter. *Am Telefon* 5/B
ahorrar sparen 8/A
el **aire** die Luft 8/B
el **aire acondicionado** die Klimaanlage 8/B
al final am Ende, letztendlich 8/B
al lado de neben 2/B
al principio am Anfang, anfangs 8/B
el **albergue** die Herberge 10/C
alcanzar (aus)reichen 9/C
alegrarse sich freuen 9/A
alegre fröhlich 2/A
el **alemán** Deutsch *Sprache* HE
Alemán Deutsch *Fach* 3/A
el/la **alemán/-ana** der/die Deutsche 7/B
Alemania Deutschland 1/V
algo etwas 1/C
alguien jemand 7/A
algunos/-as einige 7/A
la **alimentación** die Ernährung 10/V
el **alimento** das Nahrungsmittel 6/B
alquilar mieten, vermieten 5/V
el **alquiler** die Miete 5/A
la **alternativa** die Alternative 9/A
alternativo/-a alternativ 5/V
alto/-a groß, hoch 3/C
la **altura** die Höhe, die Größe 6/A
el **aluminio** das Aluminium 10/V
el **alumno/-a** der/die Schüler/in 2/V
amarillo/-a gelb 3/B
la **Amazonía** das Amazonasgebiet 6/A
el **ambiente** die Stimmung 5/V
América Amerika 6/V
América Latina Lateinamerika 6/V
el/la **amigo/-a** der/die Freund/in 1/V
el **amor** die Liebe 7/B; **por** ~ aus Liebe 7/B
amueblado/-a (estar) möbliert 5/A
el/la **anciano/-a** der alte Mann, die alte Frau 10/C
¡Anda! Los!, Komm schon! 4/B
andaluz/a andalusisch 8/A
el/la **andaluz/a** der/die Andalusier/in 8/V
los **Andes** die Anden 6/A
andino/-a Anden-, andin 6/V
el **animal** das Tier 6/A
el **año** das Jahr 2/V
antes *adv.* vorher, früher 8/A; ~ **de** + *inf.* bevor 4/C; ~ **de** + *sust.* vor (+ *S.*) 3/B
antiguo/-a alt, altertümlich 2/B
el **anuncio** die Ausschreibung 7/A
aparecer (c → zc) erscheinen M1
aparte de abgesehen von 10/C
el **apellido** der Nachname 2/V
la **aplicación** die App 7/C, M2
aportar algo etw. beitragen 10/V
aprender algo etw. lernen 1/B
apurarse *lat.am.* sich beeilen 4/C
aquel/la, aquellos/-as jener, jene, jenes + *S.* 8/A
aquí hier 1/A
el **árabe** Arabisch *Sprache* 1/A

el **arancel** der Zoll 9/C
el **árbol** der Baum 9/V
el **área** *f.* der Bereich 10/A
Argentina Argentinien 10/V
el **armario** der Schrank 5/A
el/la **arquitecto/-a** der/die Architekt/in M1
la **arquitectura** die Architektur 6/A
arrepentirse (e → ie) de algo etw. bereuen M2
arriba oben 8/V
la **arroba** das @-Zeichen 2/V
el **arte** die Kunst 5/V
artesanal kunsthandwerklich 6/B
el/la **artista** der/die Künstler/in 2/A; el/la ~ **callejero/-a** der/die Straßenkünstler/in M1
la **asamblea** die Versammlung 9/V
asentir (e → ie) zustimmen 9/C
así so 1/B
la **asignatura** das Schulfach 4/A; la ~ **optativa** das Wahlfach 4/A
el **aspecto** der Aspekt 9/A
el **aspecto físico** das Aussehen 3/C
el **atasco** der Stau 9/A
la **atención** die Aufmerksamkeit 4/A; **llamar la ~ sobre algo** auf etw. aufmerksam machen 10/B
poner atención (a algo) aufpassen (auf etw.), achten 4/A
atentamente mit freundlichen Grüßen *Brief* 7/B
atmosférico/-a atmosphärisch 9/A
atrás hinten, im Hintergrund 8/V
atreverse a sich etw. trauen 9/C
aumentar zunehmen 7/C
aún noch 9/A
aunque obwohl 4/C
Australia Australien 10/B
el **autobús (= el bus** *fam.***)** der Bus 4/C
automatizado/-a automatisiert 7/C
el/la **automovilista** der/die Autofahrer/in 9/A
autónomo/-a selbstständig, *hier:* selbstfahrend 7/C
la **autoridad de tráfico aéreo** die Raumfahrtbehörde 10/B
la **avenida** die Allee 9/A
la **aventura** das Abenteuer 3/C
el **avión** das Flugzeug 9/V
la **avioneta** das kleine Flugzeug 6/A
ayer gestern 6/A
la **ayuda** die Hilfe 1/C
ayudar a alguien jdm helfen 4/C
azul blau 3/B

B

el **bachillerato** das Abitur 2/V
bailar tanzen 1/B
bajar sinken 10/B
bajarse *hier:* aussteigen 5/B
bajo unter 9/B
bajo/-a niedrig, *hier:* klein *Körpergröße* 3/C
el **balcón** der Balkon 5/A
el **banco** die Bank *Geldinstitut* 7/C
el **bar** die Bar, Kneipe 3/V
barato/-a billig 3/B
el **barrio** der Stadtteil 2/V
basarse en algo auf etw. basieren 10/B
bastante ziemlich 2/A
la **basura** der Müll 8/A
Bélgica Belgien M3
el **beneficio** der Vorteil 9/C
el **beso** der Kuss, *hier:* Liebe Grüße *Brief* 8/B
la **biblioteca** die Bibliothek 1/B
la **bicicleta (= bici** *fam.***)** das Fahrrad 5/V
el **bien** das Wohl 9/B; ~ *adv.* gut 1/V
bienvenido/-a willkommen 7/A
biodegradable biologisch abbaubar 10/B
Biología *f.* Biologie *Schulfach* 4/A
el **bioplástico** der Biokunststoff 10/B
el/la **bioquímico/-a** der/die Biochemiker/in 7/V
blanco/-a weiß 3/B
el **blog** der Blog 5/C
el **bocadillo** das belegte Brötchen 9/V
la **boda** die Hochzeit 3/B
la **bodega** der Weinkeller 10/A
Bolivia Bolivien 10/V
la **bolsa** die Tüte 9/C
bonito/-a schön 2/B
el **boom** der Aufschwung 6/V
el **bote** das Boot 6/B
la **botella** die Flasche 9/V
bueno gut 4/A; also 1/C; **lo ~** das Gute M2
¡Buena idea! Gute Idee! 1/B; **¡Buenas noches!** Guten Abend! / Gute Nacht! 1/V; **¡Buenas tardes!** Guten Tag! / Guten Abend! 1/V; **¡Buenos días!** Guten Tag! 1/V
el **bufete de abogados** die Anwaltskanzlei 7/B
la **bulla** der Krach M2
buscar algo etw. suchen 2/B

C

el **cacao** der Kakao 10/V
cada + *sust.* jeder, jede, jedes + *S.* 8/A
el **café** der Kaffee 1/C; el ~ **con leche** der Milchkaffee 5/C
la **cafetería** die Cafeteria 1/A
el/la **cajero/-a** der/die Kassierer/in 7/C
calcular algo etw. errechnen M3
la **calefacción** die Heizung, Heizkosten 5/A
la **calidad** die Qualität 3/B; **de buena/mala ~** von guter/schlechter Qualität 3/B
la **calle** die Straße 2/V
el **calor** die Hitze, Wärme 7/B
la **caloría** die Kalorie M2
la **cama** das Bett 5/A
la **cámara** die Kamera 6/B
cambiar algo etw. verändern 7/C; ~ **algo por algo** etw. für etw. tauschen 9/V
el **cambio** der Wandel, die Änderung 9/V; el ~ **climático** der Klimawandel 9/A; **a ~** im Gegenzug 9/C
caminar wandern, gehen 5/V
el **camino** der Weg 7/A; el **Camino de Santiago** der Jakobsweg 10/C
la **camisa** das Hemd 3/B
la **camiseta** das T-Shirt 3/B
la **campaña** die Kampagne 3/C
el **campo** das Land, *hier:* das Feld 4/C
el **campo de golf** der Golfplatz 8/A
la **caña de azúcar** das Zuckerrohr 10/V
Canadá Kanada 10/B

la **canción** das Lied 9/V
cansado/-a (estar) müde, erschöpft 3/A
la **cantidad** die Anzahl, die Menge 7/B
la **capital** die Hauptstadt HE
la **característica** die Eigenschaft 9/A
el **carbón** die Kohle 10/V
cargar algo *hier:* etw. (auf) laden, *auch:* etw. hochladen 5/B
el **Caribe** die Karibik 10/V
el **carnaval** der Karneval 4/V
la **carne** das Fleisch 5/C
caro/-a teuer 3/B
la **carrera** die Karriere, *hier:* der Studiengang 7/B
el **carril** der Fahrstreifen 9/A
el **carrito de la compra** der Einkaufswagen 7/C
el **carro** das Auto *lat. am.* 9/A
la **carta** der Brief 7/A
la **carta de presentación** das Anschreiben 7/A
la **casa** das Haus 1/A; **en ~** zu Hause 1/A
casi fast 2/C
castaño/-a braun *Haarfarbe* 3/C
el **catalán** Katalanisch M1
Cataluña Katalonien M1; 10/A
la **catedral** die Kathedrale 5/C
el **causante** der Grund, der Verursacher 9/A
causar algo etw. verursachen 8/A
cenar Abendbrot essen 8/B
el **céntimo** der Cent 9/C
central zentral 5/A
el **centro** das Zentrum 2/B; el **~ comercial** das Einkaufszentrum 2/B; el **~ cultural** das Kulturzentrum 2/C
Centroamérica Zentralamerika 9/C
centroamericano/-a, zentralamerikanisch 9/C
cerca nah, in der Nähe 1/B; **~ de** zirka 8/A
cerca (de) *adv.* in der Nähe (von) 2/B
cerrar (e → ie) **algo** etw. schließen 4/V
el **ceviche** *peruanisches Fischgericht* 6/A
la **chaqueta** die Jacke 3/B
charlar quatschen, sich unterhalten 1/A
el **chat** der Chat 3/A
chatear chatten 3/A
el/la **chico/-a** der Junge, das Mädchen 2/C
China China M3
el **chiringuito** die Strandbar M1
el **chocolate** die Schokolade 5/C; el **~ con churros** *frittiertes Spritzgebäck mit Schokolade* 5/C
la **chocolatería** Café, Schokoladenhaus 5/C
chulo/-a *hier:* toll, super 3/B; **¡Es muy ~!** Das ist total cool! 5/V
el **ciberacoso** das Cybermobbing M2
el/la **ciclista** der/die Radfahrer/in 9/A
la **ciclovía** der Radweg 9/A
ciego/-a blind M2
Ciencias *f. pl.* Naturwissenschaften *Schulfach* 4/A
cientos de hunderte von M1
cierto/-a sicher 9/B
el **cine** das Kino 2/C
el **cinturón** der Gürtel 3/B
circular umherfahren 9/A
la **cita** der Termin, die Verabredung 3/B; **la primera cita** die (erste) Verabredung 3/B
el **cítrico** die Zitrusfrucht 9/A
la **ciudad** die Stadt 2/V
el/la **ciudadano/-a** der/die Bürger/in 9/A
claro *adv.* (na) klar, natürlich 1/A
claro/-a hell 3/C
la **clase** die Klasse, der Unterricht 1/V
el **cliente,** la **clienta** der/die Kunde/-in 7/C
el **clima** das Klima 9/V
cobarde feige M2
cobrar algo etw. kassieren, verdienen *Geld* 5/C
el **cobre** das Kupfer 10/V
el **coche** das Auto 7/V
cocinar algo etw. kochen 4/B
el **código** der Barcode M2
el **código postal** die Postleitzahl 2/V
coger **algo** etw. nehmen 5/B
la **cola** die (Warte-)Schlange 3/A; hacer ~ sich anstellen 3/A
la **colección** die Kollektion 9/C
colgar (o → ue) **algo** etw. aufhängen, *hier:* etw. posten M2
Colombia Kolumbien 10/V
colombiano/-a, kolumbianisch 9/A
la **colonia** die Kolonie 6/V
el **color** die Farbe 3/B
comentar algo etw. kommentieren M2
comer algo etw. essen 1/B
el **centro comercial** das Einkaufszentrum 2/B
el **comercio justo** der *Fairtrade* 9/C
la **comida** das Essen 10/A
como wie 4/A
¿cómo estás? Wie geht's? 1/V; **¿~ te llamas?** Wie heißt du? HE; **¿~?** wie? HE
cómodo/-a bequem 3/B
el/la **compañero/-a** der/die Partner/in 3/C; **~ de tándem** der/die Tandempartner/in 3/C; **~ de trabajo** der/die Arbeitskollege/-in 1/V; **~ (de piso)** *hier:* der/die Mitbewohner/in 5/A; **~ (de clase)** der/die Mitschüler/in 1/V
la **compañía** das Unternehmen 10/B
compartido/-a Gemeinschafts- 5/A
compartir algo etw. teilen M2, 9/V
la **competencia** die Kompetenz 7/C
la **competición** der Wettkampf M2
comprar algo etw. kaufen 1/B; **comprarse algo** sich etw. kaufen 9/C
comprender algo etw. verstehen 1/B
estar **comprometido/-a con** sich für etw. engagieren 9/V
la **comunicación** die Kommunikation 10/V
la **comunidad** die Gemeinschaft M3; la **~ Económica Europea** die Europäische Wirtschaftsgemeinschaft M3; la **~ autónoma** die autonome Gemeinschaft 8/V, M1
comúnmente gewöhnlich 9/C

con mit **1/C**
concentrarse sich konzentrieren **10/A**
la **conciencia** das Gewissen **9/A**
el **concierto** das Konzert **3/V**
concretamente im Einzelnen **10/V**
la **condición** die Bedingung **9/B**
el/la **conductor/a** der/die Fahrer/in **7/C**; ~ **de servicios de Correos** der/die Postfahrer/in
confeccionar algo etw. anfertigen **9/C**
confirmar algo etw. bestätigen **8/B**
el **conflicto** der Konflikt **8/A**, **M2**
el **congreso** der Kongress **8/B**
conmigo mit mir **7/A**
conocer (c → zc) **algo / a alguien** etw./jdn kennen, kennenlernen **5/A**
conocido/-a bekannt **5/C**
los **conocimientos** *pl.* die Kenntnisse **7/C**
la **conquista** die Eroberung **6/V**
el/la **conquistador/a** der/die Eroberer/in **6/V**
contratar a alguien jdn anstellen, einstellen **7/B**
conseguir (e → i) **algo** etw. erlangen **9/C**
el/la **consejero/-a en inversiones** der/die Investmentberater/in **10/A**
el **consejo** der Rat(schlag), Tipp **4/A**
construir (i → y) **algo** etw. bauen **6/A**
el/la **consumidor/a** der/die Konsument/in **9/C**
el **contacto** der Kontakt **7/V**
la **contaminación** die Verschmutzung **9/A**
contaminante schmutzig, umweltschädlich **9/V**
contar (o → ue) **algo a alguien** (jdm) etw. erzählen, zählen **6/B**; ~ **con algo** über etw. verfügen **10/V**
contento/-a (estar) zufrieden **3/A**
contestar (algo) (etw.) (be)antworten **3/A**
contigo mit dir **7/A**
contra gegen **10/B**
lo contrario (de algo) das Gegenteil (von etw.) **6/B**
contribuir (i → y) **a algo** zu etw. beitragen **10/B**
el **control sanitario** die Gesundheitskontrolle **9/B**
controlar algo etw. kontrollieren **9/V**
coordinar algo etw. koordinieren **7/B**
el **e-mail** die E-Mail **2/V**
correr laufen **9/A**
cortar algo etw. schneiden **10/A**
corto/-a kurz **3/B**
la **cosa** die Sache **2/C**
coser algo etw. nähen **9/C**
la **costa** die Küste **8/A**
Costa Rica Costa Rica **10/V**
costar (o → ue) kosten **2/C**; **Me cuesta +** *verbo* Es fällt mir schwer, etw. zu tun. **7/A**
los **costes** die Kosten **9/C**
la **costumbre** die Gewohnheit **7/B**
el/la **costurero/-a** der/die Näher/in **9/C**
crear una cuenta ein Konto eröffnen **M2**
creativo/-a kreativ **2/A**
crecer (c → zc) wachsen **6/B**
la **creencia** der Glaube **9/V**
creer que glauben, dass **5/A**
la **crisis (financiera)** die (Finanz) krise **10/A**
la **crítica** die Kritik **M2**, **9/B**
el **crucero** das Kreuzfahrtschiff **M1**
cruzar algo etw. überqueren, kreuzen **5/B**
el **cuadro** das Bild **5/V**
el **cual, la cual** der, die, das *Relativpronomen* **10/V**
¿cuál/es? welche?, welcher?, welches? **1/C**
cuando (immer) wenn, als **4/C**
¿cuándo? wann? **1/B**
¿cuánto + *verbo*? wie viel + *Verb*? **3/B**; **¿~ es?** Wie viel macht das? *Preis* **3/B**
el **cuarto** das Viertel **5/C**; **cuarto/-a** vierte/r, viertes **5/B**
Cuba Kuba **10/V**
cubierto/-a bedeckt **9/B**
los **cubiertos** *pl.* das Besteck **10/B**
el **cuero** das Leder **3/B**; **de ~** aus Leder **3/B**
cuidar algo auf etw./jdn aufpassen **8/A**
culminar en algo in etw. gipfeln **M3**
cultivar algo etw. anbauen **10/V**
el **cultivo** der Anbau **9/B**; el **~ intensivo** der Intensivanbau **9/B**
la **cultura** die Kultur **5/C**
cultural kulturell, Kultur- (+*S.*) **2/C**
la **cumbia** *südamerikanischer Musikstil und Tanz* **6/A**
el **cumpleaños (= el cumple** *fam.***)** der Geburtstag **4/V**
cumplir (con) algo etw. erfüllen **9/C**
curar algo / a alguien etw./jdn heilen **7/V**
curiosamente interessanterweise **M3**
el **currículum** der Lebenslauf **7/A**
el **curso** der Kurs, der Jahrgang *Schule* **3/C**

D

dar **algo a alguien** jdm etw. geben **3/A**; ~ **vueltas a algo** etw. hin und herüberlegen **10/C**; ~ **al patio / a la calle** *hier:* zum Hof / zur Straße liegen *Wohnung* **5/A**
los **datos** *pl.* die Daten **7/C**
de aus, von **HE**; ~ **hecho** im Grunde **7/C**; **¡De nada!** Bitte sehr!, Gern geschehen! **3/B**; **¿~ dónde?** woher? **HE**; ~ **repente** plötzlich, auf einmal **8/B**; **~… a** von … bis … / vom … bis zum … **4/V**
debajo de unter **5/A**
deber sollen **10/A**
los **deberes** *pl.* die Hausaufgaben **4/A**
débil schwach **7/A**
el **punto débil** die Schwäche **7/A**
decidir algo etw. entscheiden **4/B**
décimo/-a zehnte/r, zehntes **5/B**

decir (e → i) **algo a alguien** jdm etw. sagen 4/C
la **decisión** die Entscheidung 7/C; **tomar una ~** eine Entscheidung treffen 7/C
dedicarse a algo sich mit etw. beschäftigen 7/V
dejar algo etw. lassen *auch:* jdn verlassen 7/B
delante de vor 5/A
delgado/-a dünn, schlank 3/C
demasiado/-a zu viel 9/V
la **democracia** die Demokratie M3
la **demografía** die Demographie M3
el **departamento** die Abteilung 10/B
el **deporte** der Sport 2/C
deportista sportlich 7/V
(a la) derecha (de) rechts (von) 5/B
los **derechos fundamentales** die Grundrechte M3
desaparecer (c → zc) verschwinden 7/C
desayunar frühstücken 4/C
el **desayuno** das Frühstück 4/C
descansar sich entspannen, ausruhen 1/B
descargar algo etw. herunterladen M2
el/la **desconocido/-a** der/die Unbekannte M2
descubrir entdecken 6/B
desde von, ab, seit *Zeitpunkt* 6/V
desde hace seit *Zeitraum* 5/C
desear algo a alguien jdm etw. wünschen 8/B
el **desempleo** die Arbeitslosigkeit 10/B
el **deseo** der Wunsch M3
el **desierto** die Wüste 6/A
la **desigualdad** die Ungleichheit 9/V
despertar(se) (e → ie) aufwachen 9/A
después danach, später 1/B; **~ de** + *inf.* nachdem 4/C; **~ de** + *sust.* nach + *S.* 5/C
el **destino** das (Reise-)Ziel, Schicksal 6/V
destruir (i → y) **algo** etw. zerstören 6/A
la **desventaja** der Nachteil 9/B
detrás de hinter 5/A, M2
devolver (o → ue) **algo a alguien** jdm etw. zurückgeben 9/C
el **día** der Tag 3/A; el **~ siguiente** der nächste Tag 8/B; **estar al ~ con algo** mit etw. auf dem Laufenden sein 7/C; **todos los ~s** täglich, jeden Tag 4/A; **un ~** eines Tages 10/C
el **día a día** der Alltag 4/V
el **diálogo** der Dialog 1/B
dibujar algo etw. zeichnen 6/A
el **diciembre** der Dezember 4/V
la **diferencia** der Unterschied 7/B
diferente anders, verschieden 6/B
difícil schwierig 1/A
la **dificultad** die Schwierigkeit 7/A; **tener ~es con / para algo** sich mit/bei etw. schwertun 7/A
difundir algo etw. verbreiten M2
¿Diga? *hier:* Hallo?; Ja, bitte? *Am Telefon* 5/B
digital digital 7/C
la **dignidad humana** die menschliche Würde M3
el **dinero** das Geld 4/B
el/la **diputado/-a** der/die Abgeordnete M3
la **dirección** die Adresse 2/V; **en ~ a** + *sust.* in Richtung auf + *S.* 5/B
el/la **director/a** der/die Leiter/in; der/die Direktor/in 8/A
dirigirse a alguien sich an jdn richten 7/B
la **discoteca** die Diskothek 1/A
disculpar algo etw. entschuldigen 5/B
la **discusión** die Diskussion 7/V
el/la **diseñador/a web** der/die Webdesigner/in 7/V
diseñar algo etw. entwerfen 10/B
disfrutar de algo etw. genießen 5/C
la **distancia** die Entfernung 10/C
distribución y marketing Vertrieb und Marketing 10/B
el/la **distribuidor/a** der/die Vertriebspartner/in 10/B
la **diversidad** die Vielfalt M3
diverso/-a unterschiedlich 10/A
divertido/-a lustig 2/A
divertirse (e → ie) sich amüsieren, Spaß haben 6/A
el **documento** das Dokument 7/C
el **domingo** der Sonntag 4/V
los **domingos** sonntags 3/V
la **donación** die Spende 9/V
donar algo etw. spenden 9/V
donde wo *Relativpronomen* M2
¿de dónde? woher? HE
¿dónde? wo? 2/V
dormir (o → ue) schlafen 4/A
las **drogas** *pl.* die Drogen 9/V
el **dron** die Drohne 7/C
ducharse (sich) duschen 4/C
dudar (en hacer algo) zögern (etw. zu tun) 9/V
durante + *sust.* während + *S.* 6/B
durar dauern 5/C

E

echar algo / a alguien etw./jdn (raus)werfen 3/B; **~ de menos algo / a alguien** etw./jdn vermissen 10/C; **~ una mano a alguien** jdm helfen 3/B
la **ecología** die Ökologie 8/A
ecológico/-a ökologisch 3/B
ecologista Umweltschutz- 9/B
la **economía** die Wirtschaft 8/V
económico/-a wirtschaftlich 10/V
el **ecosistema** das Ökosystem 9/B
Ecuador Ecuador 10/V
el **edificio** das Gebäude 2/B
la **educación** die Bildung, die Ausbildung 7/V; el **nivel de ~** der Bildungsgrad 9/C
Formación profesional de Educación Física y Deporte die Ausbildung zum Sporttrainer 7/V
el/la **educador/a** der/die Erzieher/in 7/V
¿eh? oder? *Ausruf* 9/C
el **eje** der Schwerpunkt 10/A
el **ejemplo** das Beispiel HE
el **ejercicio** die Übung 1/B
el… de… am … *Datum* 4/V
la **elección** die Wahl M3
las **elecciones** *pl.* die Wahlen 6/V
eléctrico/-a Elektro-, elektrisch 10/V
el **e-mail** die E-Mail 2/V

elegante elegant 3/B
elegir (e → i) algo etw. wählen 7C, M3
emigrar auswandern 10/B; M3
las **emisiones** die Abgase 9/A
empeorar sich verschlechtern 9/A
empezar (e → ie) algo etw. anfangen, beginnen 4/V
el/la **empleado/-a** der/die Angestellte 7/C
el **empleo** der Job, die Stelle 7/B
el/la **empollón/-ona** der/die Streber/in 4/A
el/la **emprendedor/a**, der/die Unternehmer/in 10/B
la **empresa** das Unternehmen, der Betrieb 1/A
empujar a alguien jdn schubsen 9/A
en in, an, auf 1/A; ~ **cuanto a** in Bezug auf 8/B; ~ **espera de sus noticias** in Erwartung Ihrer Nachricht 7/B; ~ **funicular** mit der Bergbahn M1; ~ **resumen** zusammenfassend 8/A; ~ **total** insgesamt M3
encantado/-a angenehm, sehr erfreut *Begrüßung* 1/V
encantar a alguien jdm sehr gefallen M1; **me encanta/n** ich finde … toll 3/B
encima de über 5/A
encontrar (o → ue) algo / a alguien etw./jdn finden 5/V
la **energía** die Energie 8/V
el **enero** der Januar 4/V
la **enfermedad** die Krankheit 7/V
el/la **enfermero/-a de ancianos** der/die Altenpfleger/in 10/C
enfermo/-a (estar) krank 3/A
engañar a alguien jdn betrügen M2
el **enlace** der Link 3/A
enorme enorm 9/B
enseñar algo a alguien jdm etw. zeigen 9/C
entender (e → ie) algo etw./jdn verstehen 3/A
entonces dann, also 1/B; **en aquel** ~ damals 8/A
la **entrada** die Eintrittskarte, der Eingang 3/A
entrar (en) hineingehen, eintreten (in) 3/B
entre zwischen 5/A
entregar algo etw. ausliefern M2
la **entrevista** das Interview, das Vorstellungsgespräch 3/B
entrevistar a alguien jdn interviewen 10/A
enviar algo etw. schicken 9/C
la **época colonial** die Kolonialzeit 10/V
la **era** die Ära 7/C
Es la… / Son las… Es ist … Uhr. 4/V
es que Es ist nämlich so, dass 3/A
la **escalera** die Treppe 1/C
escanear algo etw. scannen M2
la **escasez** die Knappheit 9/B
escaso/-a knapp 9/V
el/la **esclavo/-a** der/die Sklave/-in 9/C
esconderse sich verstecken M2
escribir algo etw. schreiben 1/B
el/la **escritor/a** der/die Schriftsteller/in 6/V
escuchar algo etw./jdn hören, jdm zuhören 3/V
la **escuela** die Schule 2/V
ese, esa diese/r, dieses (da) 3/B
esencial unerlässlich 9/V
eso das 5/A
la **ESO** *Educación Secundaria Obligatoria* die Mittelstufe 7/V
el **espacio** der Raum, der Platz 9/B
el **español** Spanisch *Sprache* HE
español/a spanisch 3/V; der Spanier, die Spanierin 7/B
especial besonders, speziell 5/C
especializarse en algo sich in etw. spezialisieren 10/B
esperar algo / a alguien auf etw./jdn warten, *auch:* etw. hoffen 5/B
esquiar Ski fahren 8/V
la **esquina** die Ecke *Straße* 5/B
la **estación** der Bahnhof, die Station 5/B
la **estación de trenes** der Bahnhof 5/B
el **estadio** das Stadion 5/V
la **estadística** die Statistik 1/C
el **estado de derecho** der Rechtsstaat M3
los **Estados Unidos (EE.UU.)** die Vereinigten Staaten von Amerika 9/A
la **estancia** der Aufenthalt 5/A
estar sein, sich befinden 2/B
la **estatura** die Körpergröße 3/C
el **este** der Osten 8/V
este, esta dieser, diese, dieses (hier) 3/B
el **estilo** der Stil 6/B; el ~ **de vida** der Lebensstil 6/B
estimado/-a señor/a sehr geehrter Herr, sehr geehrte Frau *Brief* 7/B
estricto/-a streng 2/A
el/la **estudiante** der/die Student/in 10/B
estudiar lernen, *hier:* zur Schule gehen, studieren 1/A
la **etiqueta** das Etikett 9/C
el **euro** der Euro 2/C
Europa Europa 6/A
europeo/-a europäisch 9/C
Euskal Herría Baskenland *auf Baskisch* 10/A
evitar algo etw. vermeiden 9/V
el **examen** die Prüfung, der Test 1/B
exclusivo/-a ausschließlich 9/A
existir existieren 7/C
el **éxito** der Erfolg 8/B
la **experiencia** die Erfahrung 3/C
el/la **experto/-a** der/die Experte/-in 8/V; ~ **del mercado laboral** der/die Arbeitsmarktexperte/-in 7/C
explicar algo (a alguien) (jdm) etw. erklären 4/A
la **exportación** der Export 9/B
exportar algo etw. exportieren 8/V
la **exposición** die Ausstellung 3/V
extendido/-a verbreitet 9/C
exterior äußere/r, äußeres 5/A
el **extranjero** das Ausland 7/A; **extranjero/-a** ausländisch 9/C
Extremadura Extremadura *autonome Region Spaniens* 10/A
el **extremo** *hier:* das Ende 10/C

F

la **fábrica** die Fabrik 8/V
fácil einfach 7/A
la **facilidad** das Talent, die Begabung 7/A
facilitar algo etw. vereinfachen M2, 10/B
facturar algo etw. berechnen, in Rechnung stellen 7/C
falsificado/-a gefälscht M2
falta (de) Mangel (an) 10/A
faltar fehlen M1
la **familia** die Familie 2/V
familiar Familien- 9/B
famoso/-a berühmt (für) 5/V
farmacéutico/-a pharmazeutisch 10/V
la **farmacia** die Apotheke 5/B
fatal mies, furchtbar 1/V
favorito/-a Lieblings- (+ *S.*) 4/A, M1
el **febrero** der Februar 4/V
¡Felicidades! Herzlichen Glückwunsch! 8/V
feliz (estar) glücklich 3/A
fenomenal (estar) großartig 1/V
feo/-a hässlich 2/B
el **festival** das Festival 4/V
la **fiesta** die Party 3/A
la **figura** die Figur, die Abbildung 6/A
fijo/-a fest 7/C
el **fin** das Ende 3/A
el **fin de semana** das Wochenende 3/A
el **final** das Ende 8/B
finalmente schließlich 10/C
las **finanzas** die Finanzen 7/A
el **fiordo** der Fjord 10/C
físico/-a physisch 7/C
flotante schwimmend, schwebend 6/B
el **folleto** der (Werbe-)Prospekt 5/B
la **forma** die Form 6/A
la **formación en telecomunicaciones** die Ausbildung in der Telekommunikation 7/C
la **formación profesional (= FP** *fam.***)** die Berufsausbildung 2/V; la **escuela de ~** die Berufsschule 2/V; la **FP (~ superior)** die Berufsausbildung *Fachsschule* 7/A;
la **FP Media** die Berufsausbildung *Lehre* 7/A
la **foto** das Foto 2/A
el/la **fotógrafo/-a** der/die Fotograf/in 6/B
el **francés** Französisch *Sprache* HE; el ~, la **francesa** der Franzose, die Französin M3
Francia Frankreich 10/V
frente a gegenüber 9/B
fresco/-a frisch 5/C
el **frío** die Kälte 8/B; **Hace ~.** Es ist kalt. 8/B
la **frontera** die Grenze M3
la **fruta** das Obst, die Frucht 6/A
la **fuente** die Quelle 6/B; la ~ **de ingresos** die Einnahmequelle 6/B
fuerte stark 7/A
fumar rauchen 9/V
funcionar funktionieren 1/C
la **fundación** die Gründung M3
fundar algo etw. gründen 6/A
el **fútbol** der Fußball *Sportart* 3/V
futurista futuristisch, zukunftsweisend 7/C
el **futuro** die Zukunft 7/V

G

las **gafas** *pl.* die Brille 3/C
Galicia Galicien *autonome Region Spaniens* 10/C
el **gallego** Galicisch *Sprache* HE
el **ganado** das Vieh 10/V
ganar verdienen 6/V
el **gas de efecto invernadero** das Treibhausgas 9/A
gastar algo etw. verbrauchen 9/V
los **gastos** *hier:* die Nebenkosten 5/A
la **gastronomía** die Gastronomie M3
gastronómico/-a gastronomisch 6/V
generalizar algo etw. verallgemeinern 9/B
generar algo etw. erzeugen 9/B
genial genial 1/A
la **gente** *sg.* die Leute 2/V
el/la **gerente** der/die Geschäftsführer/in 10/B
el **gimnasio** das Fitnessstudio 2/B
girar (en) abbiegen (in) 5/B
el **gobierno** die Regierung 9/A; la **forma de ~** die Regierungsform M3
gótico/-a gotisch 8/V
el **GPS** das Navigationssystem 5/B
gracias danke 1/V; **~ a** + *sust.* dank + *S.* 10/B
el **grado** der Grad 7/B; **Hace 20 ~s.** Es sind 20 Grad. 8/B
la **gramática** die Grammatik 1/B
el/la **gran** + *sust.* der/die/das großartige + *S.* 7/A
grande groß 2/B
gratis kostenlos 2/C
gris grau 3/B
el **grupo** die Gruppe 2/B; el **~ de chat** die Chatgruppe M2
guapo/-a hübsch 2/A
guay *fam.* cool 2/A
la **Segunda Guerra Mundial** der Zweite Weltkrieg M3
la **visita guiada** die Führung 2/C
el **guion** der Bindestrich 2/V
el **guion bajo** der Unterstrich 2/V
la **guitarra** die Gitarre 3/V
gustar gefallen 3/B; **~ +** *inf.* etw. gerne tun 3/A; **a mí me gusta (mucho)** ich mache (sehr) gerne 3/V; **me gustaría** + *inf.* ich würde gerne 7/V

H

haber/hay es gibt M2
la **habitación** das Zimmer 5/A
el/la **habitante** der/die Einwohner/in 6/V, M1
hablar sprechen 1/A; **~ por teléfono** telefonieren 5/A
hacer **algo** etw. machen 2/C; **~ calor** heiß sein 7/B; **~ la compra** den Einkauf machen M2; **~ la maleta** die Koffer packen 7/B
hace… vor … *Zeit* 6/V
el **hambre** *f.* der Hunger 9/V
la **hamburguesa** der Hamburger *Essen* 6/A
hasta bis 4/B; **~ que** bis 9/C; **¡~ luego!** Bis später!, Bis dann! 1/V; **¡~ mañana!** Bis morgen! 1/C; **¡~ pronto!** Bis bald! 8/B
hay (haber) es gibt 2/B
hecho hergestellt 9/C

la **hectárea** das Hektar 9/B
la **heladería** die Eisdiele 2/B
el **helado** das Eis 2/B
el/la **hermano/-a** der Bruder, die Schwester 2/V
los **hermanos** *pl.* die Geschwister 2/V
el **hierro** das Eisen 10/V
la **historia** die Geschichte 6/V
histórico/-a historisch 6/A
el **hogar** der Haushalt 10/A
la **hoja** das Blatt 6/B; la ~ **de coca** das Kokablatt 6/B
¡Hola! Hallo! HE
el **hombre** der Mann, Mensch, *hier:* Soldat 6/V
Honduras Honduras 10/V
la **hora** die Stunde, Uhrzeit 3/A; la ~ **punta** die Rushhour 9/A
el **horario** die Öffnungszeit 8/B; el ~ **laboral** die Arbeitszeit 7/B
¡Qué horror! wie schrecklich! M1
el **horizonte** der Horizont 10/C
la **hortaliza** das Gemüse 9/B
el **hotel** das Hotel 1/A
hoy heute 2/C

I

la **idea** die Idee 1/B
ideal ideal 7/V
el **idioma** die Sprache 7/A
la **iglesia** die Kirche *Gebäude, Institution* 6/A
la **igualdad** die Gleichheit 9/V
ilegal illegal 9/B
imaginarse algo sich etw. vorstellen 7/C
el **impacto** die Auswirkung 9/B
impensable undenkbar M2
el **imperio** das Imperium, Reich 6/V
el **Imperio inca** das Inkareich 6/V
la **importación** der Import 10/A
importado/-a importiert 9/C
la **importancia** die Relevanz 10/A
importante wichtig 4/A
imprescindible unerlässlich 9/B
impresionante beeindruckend 6/B
imprimir algo etw. ausdrucken 9/V
el **impuesto** die Steuer 7/B
inca Inka- 6/V
el/la **inca** der/die Inka 6/V
incluido/-a (estar) inbegriffen 5/A
incluso sogar 7/C
increíble unglaublich 7/B
la **independencia** die Unabhängigkeit 6/V
independiente unabhängig M2
la **India** Indien M3
la **indicación geográfica** die Herkunftsbezeichnung M3
indígena indigen 6/V
la **industria** 7/C; la ~ **pesada** die Schwerindustrie 10/A
la **información** die Information 5/B
informar a alguien sobre algo jdn über etw. informieren 7/A, M2
la **informática** die Informatik 10/C
Informática y Programación Informatik und Programmierung *Studienfach* 1/C
el/la **informático/-a** der/die Informatiker/in 10/C
la **Ingeniería Química** Chemieingenieurwesen *Studiengang* 10/B
el/la **ingeniero/-a mecánico/-a industrial** der/die Industriemechaniker/in 10/A
el **inglés** Englisch *Sprache* HE
Inglés Englisch *Schulfach* 1/B
el **ingreso** der Eintritt *Firma* 7/A
la **iniciativa** die Initiative 9/A
la **injusticia** die Ungerechtigkeit 9/V
injusto/-a ungerecht 9/C
inmenso/-a riesig 6/B
el/la **inmigrante** der/die Einwanderer/in 9/B
inmobiliario/-a Immobilien- 8/A
la **innovación** die Neuerung, die Innovation 9/B
innovador/a innovativ 10/B
la **inseguridad** die Unsicherheit 9/A
la **institución** die Institution 10/A
el **instituto** die weiterführende Schule 1/A
la **instrucción** die Anweisung 9/C
la **inteligencia artificial** die Künstliche Intelligenz 7/C
inteligente intelligent 2/V
intentar algo etw. versuchen 8/A
estar **interconectado/-a** miteinander verbunden sein 9/V
interesante interessant 2/A
interesar (algo) a alguien jdn (etw.) interessieren 5/V
interesarse por algo sich (für etw./jdn) interessieren 7/A
interior innere/r, inneres; Innen- 5/A
internacional international 9/V
el **internet** das Internet 2/B
la **introducción** die Einführung M3
introducir (c → zc) **algo** etw. eingeben 7/C
el **invernadero** das Gewächshaus 9/B
la **inversión** die Investition 10/B
invertir (e → ie) **en algo** in etw. investieren 9/C
la **investigación** die Forschung 10/B
el **invierno** der Winter 10/C
invitar (a) einladen (zu, nach, in) 2/C
ir (a) gehen 2/C; ~ **a** + *inf.* etw. tun werden 4/B; ~ **bien con** zusammenpassen *Kleidung* 3/B; ~ **como sardinas** zusammengedrängt sein wie Sardinen (in der Büchse) 9/A; ~ **a pie** zu Fuß gehen 4/C; ~ **en bici/coche** mit dem Fahrrad/Auto fahren 9/V
Irlanda Irland M3
irse weggehen 7/B
la **isla** die Insel 6/B
Islas Baleares die Balearischen Inseln 10/A
las **Islas Canarias** die Kanarischen Inseln 10/A
Italia Italien M3
el **italiano** *Sprache* Italienisch M3; el ~, la **italiana** der/die Italiener/in M3
(a la) izquierda (de) links (von) 5/B

J

el **jamón ibérico** der Iberische Schinken M3
el **japonés** Japanisch *Sprache* 6/B
el **jardín**, los **jardines** der Garten 7/V; ~ **de infancia** der Kindergarten 7/V

el/la **jefe/-a** der/die Chef/in **7/V**
el **jersey** der Pullover **3/B**
la **jornada (de trabajo)** der Arbeitstag **7/B**
el/la **joven** der/die Jugendliche **2/B**
el **juego** das Spiel **3/V**
el **jueves** (am) Donnerstag **4/V**
jugar (u → ue) (con algo) (mit etw.) spielen **3/V**; ~ **a algo** etw. spielen *Sport* **4/A**
el **julio** der Juli **4/V**
el **junio** der Juni **4/V**
juntos/-as zusammen **1/B**

K

el **kilo(gramo)** das Kilo(gramm) **9/C**
el **kilómetro** der Kilometer **6/A**
el **kiosco** der Kiosk **2/B**

L

laboral Arbeits- **7/A**; el/la **orientador/a** ~ der/die Berufsberater/in **7/A**
el **laboratorio** das Labor **7/V**
el **lago** der See **6/A**
la **lámpara** die Lampe **5/A**
largo/-a lang **3/C**
la **leche** die Milch **5/C**
leer algo etw. lesen **1/B**
lejos (de) weit weg (von) **2/B**
el **lema** der Grundgedanke **M3**
la **lengua** die Sprache **HE**; la ~ **cooficial** die Ko-Amtssprache **M3**
la **letra (de una canción)** der (Lied)text **1/B**
levantarse aufstehen **4/C**
la **libertad** die Freiheit **M3**
libre frei **3/V**
el **libro** das Buch **2/C**
lidiar con algo/alguien sich mit jdm/etw. herumärgern müssen **7/B**
limpio/-a (estar) sauber **8/A**
lindo/-a schön **6/A**
la **línea (de metro)** die (U-Bahn-) Linie **5/B**
Lisboa Lissabon **M3**
liso/-a glatt *Haare* **3/C**
la **literatura** die Literatur **6/V**
llamarse heißen **HE**
la **llamada telefónica** das Telefonat **5/B**
llegar kommen, ankommen **4/C**; ~ **tarde** zu spät kommen **4/C**
estar lleno/-a voll **9/A**
llevar + *Zeitangabe* seit + *Zeitangabe* **7/B**; ~ **a alguien** jdn bringen **7/C**; ~ **algo** etw. mitnehmen, etw. tragen *Kleidung* **3/B**
llevarse algo etw. mitnehmen **9/C**; ~ **bien/mal con algo/alguien** gut/schlecht mit etw./jdm zurechtkommen **10/C**
llover (o → ue) regnen **4/C**
Lo siento. Es/Das tut mir leid. **4/B**
lograr algo etw. erreichen **6/V**
la **lucha** der Kampf **10/B**
luchar contra algo gegen etw. kämpfen **9/V**
luego dann, später, nachher **7/A**
el **lugar** der Ort, die Stelle **5/C**; el ~ **de residencia** der Wohnort **7/C**
luminoso/-a hell **5/A**
el **lunes** der Montag **4/V**
Luxemburgo Luxemburg **M3**

M

la **madre** die Mutter **1/A**
majo/-a nett, sympathisch **2/A**
mal *adv.* schlecht **1/V**
la **maleta** der Koffer **7/B**
malgastar algo etw. verschwenden **9/V**
malo/-a schlecht **4/A**
mañana morgen **1/B**; der Morgen **4/V**
mandar algo etw. schicken **3/A**
la **manga** der Ärmel **3/B**; **de ~ corta** kurzärmelig **3/B**
la **mano** die Hand **3/B**; la ~ **de obra** die Arbeitskraft **9/C**; **a ~ derecha/izquierda** rechter/linker Hand **5/B**
mantenerse en forma sich fit halten **M2**
la **manufactura** die Manufaktur **10/V**
la **máquina** die Maschine **7/C**
el **mar** das Meer **9/B**
el **maratón** der Marathon **4/V**
el **marido** der Ehemann **10/C**
marrón braun **3/B**
Marruecos Marokko **1/A**
el **martes** der Dienstag **4/V**
el **marzo** der März **4/V**
más mehr **2/A**; zuzüglich **5/A**; ~ **de** mehr als + *Zahl* **6/V**; ~ **o menos** mehr oder weniger, *hier:* geht so **1/V**; **aún** ~ noch mehr, mehr noch **10/B**
matar a alguien jdn töten **6/V**
Matemáticas *pl.* (= **Mates** *fam.*) Mathematik *Schulfach* **7/V**
la **materia prima** der Rohstoff **10/B**
el **material** das Material **9/V**
el/la **mayor** der Älteste, die Älteste **4/C**
la **mayoría** die Mehrheit **7/V**
el **mazapán** das Marzipan **M3**
la **mecánica de coches** die Automechanik **7/V**
la **mecánica** die Mechanik **7/V**
trabajar media jornada halbtags arbeiten **7/B**
Medicina *f.* Medizin *Studiengang* **4/A**
la **medida** die Maßnahme **9/A**
el **medio ambiente** die Umwelt **8/A**
al **mediodía** mittags **7/B**
la **media mañana** der späte Vormittag **7/B**
los **medios digitales** die digitalen Medien **M2**
mejor (que) besser (als) **5/A**; **el/la** ~ + *sust.* der/die/das beste + *S.* **5/C**
mejorar algo etw. verbessern **9/A**
el/la **mendigo/-a** der/die Bettler/in **9/V**
el/la **menor** der/die/das kleinste + *S.* **10/A**
menos (grande) que weniger (groß) als *Vergleich* **5/A**
el **mensaje** die Nachricht **1/B**
el **mercado** der Markt **5/C**
el **mes** der Monat **M2, 5/A**
la **mesa** der Tisch **5/A**
la **meta** das Ziel **10/C**
el **metal** das Metall **10/V**
meter algo etw. (hinein)legen **7/B**; ~ **la pata** ins Fettnäpfchen treten **7/B**
el **metro** der Meter, die U-Bahn **5/A**; el ~ **cuadrado** der Quadratmeter **5/A**

mexicano/-a mexikanisch 10/B
México Mexiko 10/V; **Ciudad de ~** Mexiko Stadt *Hauptstadt Mexikos* 9/A
el **miembro** das Mitglied M3
mientras während 4/C; ~ **tanto** währenddessen 10/C
el **miércoles** der Mittwoch 4/V
mil tausend 9/A
el **milagro** das Wunder 9/B
el **millón** die Million 6/A
los **minerales** die Mineralien 10/V
mínimo/-a *hier:* Mindest- 5/A
el **minuto** die Minute 3/A
¡Mira! Sieh mal! 1/V
el/la **mismo/-a** der/die/das gleiche; derselbe, dieselbe, dasselbe 6/A
la **mitad** die Hälfte 5/C
la **mochila** der Rucksack 5/V
la **moda** die Mode 3/C
el/la **modelo** das Model 3/C
moderno/-a modern 2/B
¡Mola mogollón! *fam.* Das ist (der) Hammer! 4/B; **¡Mola!** *fam.* Das ist ja cool! 3/A
molestar a alguien jdn stören 9/A
el **momento** der Moment 1/B
la **monarquía parlamentaria** die parlamentarische Monarchie M3
la **moneda** die Währung, die Münze M3
la **montaña** der Berg, das Gebirge 8/V
el **monumento** das Denkmal, die Sehenswürdigkeit 8/V
morir (o → ue) sterben M1
moverse (o → ue) sich bewegen 9/A
el **móvil** das Handy 1/B
muchísimo sehr, total M1
mucho *adv.* viel, sehr 1/B
¡Mucho gusto! Angenehm, sehr erfreut. *Begrüßung* 1/V
mucho/-a viel, viele 2/B
mudarse umziehen 10/C
el **mundo** die Welt 4/B
Múnich München 1/A
el **museo** das Museum 2/C
la **música** die Musik 3/V
muy sehr 1/V

N

nacer (c → zc) geboren werden 9/A, M1
nacional national 6/A
las **Naciones Unidas** die Vereinten Nationen 9/V
nadar schwimmen 3/C
nadie niemand 6/A
naranja orange 3/B; la ~ die Orange
la **nariz** die Nase 3/C
la **naturaleza** die Natur 10/C
navegar surfen M2
necesario/-a notwendig 7/C
necesitar algo etw. brauchen 1/C
el **negocio** das Geschäft 10/B
negro/-a schwarz 3/B
nervioso/-a (estar) nervös, aufgeregt 3/A
nevar (e → ie) schneien 8/B
ni uno/-a ni otro/-a keine, keiner, keines von beiden 7/B
la **nieve** der Schnee 8/B
el **niño/-a** das Kind 3/C
no nein 1/A; nicht; kein, keine 1/A
no… nada überhaupt nicht, nichts 3/V
¡No me digas! *fam.* Ach nee!, Sag bloß! 4/B
ni… ni… weder … noch … 7/B
la **noche** die Nacht, der (späte) Abend 4/V
el **nombre** der Vorname 1/C
normal normal 4/A
normalmente *adv.* normalerweise 2/C
el **norte** der Norden 8/V
Noruega Norwegen 10/C
el **noruego** Norwegisch *Sprache* 10/C
la **nota** die Note 4/A; la ~ **final** die Endnote 4/A
la **noticia** die Nachricht 7/B
noveno/-a neunte/r, neuntes 5/B
el **noviembre** der November 4/V
el/la **novio/-a** der/die (feste) Freund/in 2/A
nublado/-a (estar) bewölkt 8/B
Nueva Delhi Neu-Delhi *Hauptstadt Indiens* 9/A
Nueva York New York 9/A
nuevo/-a neu 1/C
el **número** die Nummer, die Zahl 1/C; el ~ **de teléfono** die Telefonnummer 1/C
nunca nie 2/C

O

o oder 1/A
o sea und zwar, das heißt M3
el **objetivo** das Ziel 9/V; los **Objetivos de Desarrollo Sostenible** die Ziele für nachhaltige Entwicklung 9/V
el **objeto** der Gegenstand 10/B
obligar a alguien jdn verpflichten M3
obligatorio/-a obligatorisch 7/A
la **obra** das Werk M1; la ~ **de teatro** das Theaterstück 5/C
octavo/-a achte/r, achtes 5/B
octubre der Oktober 4/V
ocupar algo etw. belegen M3
el **oeste** der Westen 8/V
la **oferta** das Angebot 3/B; **estar de ~** im Angebot sein 3/B
oficial offiziell M3
la **oficina** das Büro 5/B
ofrecer (c → zc) **algo a alguien** jdm etw. (an-)bieten 7/V
ojalá (que) + *subj.* hoffentlich 9/C
el **ojo** das Auge 3/C
el **olivo** der Olivenbaum 8/A
olvidarse de algo etw. vergessen 9/V
la **opción** die Option 7/A
la **opinión** die Meinung 9/B
la **oportunidad** die Gelegenheit 9/V
la **asignatura optativa** das Wahlfach 4/A
optativo/-a fakultativ, Wahl- 4/A
optimista optimistisch 7/V
el **ordenador** der Computer 1/C
la **organización benéfica** die Wohltätigkeitsorganisation 9/V
orientar a alguien jdn beraten 7/A
el **origen, los orígenes** die Herkunft 9/C
el **oro** das Gold 10/V

otro/-a der/die/das andere + *S.* 4/A; **otra vez** noch einmal, (schon) wieder 4/B
¡Oye! *fam.* Hör mal!, *hier:* Sag mal! 1/A

P

el **padre** der Vater 1/A
los **padres** *pl.* die Eltern 2/V
la **paella** die Paella 5/C
pagar algo etw. bezahlen 7/A
la **página** die Seite 5/B
el **pago** das Gehalt 7/A
el **país** das Land 6/V; el ~ **de origen** das Herkunftsland 9/C
el **País Vasco** das Baskenland 10/A
el **paisaje** die Landschaft 8/V
los **Países Bajos** die Niederlande M3
la **pajita** der Strohhalm 10/B
la **palabra** das Wort 6/B
el **palacio** der Palast 5/C
la **panadería** die Bäckerei 2/B
la **pandilla** die Clique 3/B
la **pantalla** der Bildschirm M2
los **pantalones** die Hose 3/B
la **papa** *lat.am.* die Kartoffel 6/A
el **papá** *lat.am., fam.* der Papa 4/C
el **papel** das Papier 9/V
el **paquete** das Paket 7/C
para für 2/C; ~ + *inf.* um zu + *Inf.* 1/C; ~ **mí** für mich 7/V
para que + *subj.* damit 9/C
la **parada** die Haltestelle 5/B
paralelo parallel 9/A
parecer (c → zc) a alguien meinen, wirken, scheinen 3/B
el **Parlamento Europeo** das Europäische Parlament M3
el **paro** die Arbeitslosigkeit 7/V
el **parque** der Park 2/B; el ~ **de atracciones** der Freizeitpark M1; ~ **nacional** der Nationalpark 6/A; el ~ **solar** der Solarpark 10/A
la **parte** der Teil 7/A; **a todas ~s** überall (hin) 10/C; **por una ~... por otra ~** zum einen ... zum anderen 10/B
participar en algo an etw. teilnehmen 9/A
¡qué pasada! So ein Mist! M2
el **pasado** die Vergangenheit 8/A;
pasado/-a letzte/r, letztes *Zeit* 6/A, M1
el **pasaporte** der Reisepass M3
pasar verbringen *Zeit* 3/A; ~ **(a alguien)** jdm passieren M2; ~ **por (casa de...)** bei jdm (zu Hause) vorbeigehen 3/A; **No pasa nada.** Das macht nichts. 8/V
pasar a ser algo zu etw. werden 6/V
la **pasarela** der Laufsteg 9/C
pasear por + *Ort* spazieren gehen/fahren durch + *Ort* 3/B
el **paseo** der Spaziergang 9/A
el **paso** der Schritt M2
la **patata** die Kartoffel 5/C
el/la **patinador/a** der/die Skater/in 9/A
el **patio** der (Innen-)Hof 5/A
la **pausa** die Pause 7/B;
la **paz** der Frieden 9/V
el **peatón**, la **peatona** der/die Fußgänger/in 9/A
el **pedido** die Bestellung 9/C
pedir (e → i) algo a alguien jdn um etw. bitten 7/A
la **película** der Film 1/B; la ~ **de aventuras** der Actionfilm 3/C
el **peligro** die Gefahr 9/B
pelirrojo/-a rothaarig 3/C
el **pelo** das Haar 3/C
pensar (e → ie) (en) algo etw. denken, an etw./jdn denken 4/A
el **pepino** die Gurke 9/B
pequeño/-a klein 2/V
perder (e → ie) verlieren, *hier:* verpassen 4/C; **perderse algo** etw. verpassen 9/A
¡Perdón! Entschuldigung! 2/A
el/la **peregrino/-a** der/die Pilger/in 10/C
perfecto *adv.* perfekt 1/C
perfecto/-a perfekt 5/V
el **perfil** das Profil M2
el **periódico** die Zeitung 3/V
el/la **periodista** der/die Journalist/in 8/A
permanente ständig M3
permitir algo a alguien jdm etw. erlauben 7/C
pero aber 1/A
la **persona** die Person 5/C
la **perspectiva** die Perspektive 10/B
peruano/-a peruanisch 6/V
la **pesadilla** der Alptraum 9/A
el **pescado** der Fisch 5/C
el **petróleo** das (Erd)öl 10/V
el **PIB (Producto Interior Bruto)** das BIP (Bruttoinlandsprodukt) 10/V
el **piercing** das Piercing 3/C
la **pieza** das Teil 10/V
el **pimiento** die Paprika 9/B
la **piscina** das Schwimmbad 2/C
el **piso** die Wohnung, *auch:* das Stockwerk, die Etage 5/A; el ~ **compartido** die WG (Wohngemeinschaft) 5/A
la **plaga** die Plage 10/A
el **plan** der Plan 3/A
el **planeta** der Planet 9/V
la **planta** die Pflanze 6/B
la **planta de energía solar** die Solaranlage 8/V
la **plantación** die Plantage 10/A
plantearse algo über etw. nachdenken 10/C
el **plástico** das Plastik 9/B
la **plata** das Silber, *lat. am.* das Geld 6/A
el **plátano** die Banane 10/V
el **plato** das Gericht, der Teller 6/A; el ~ **nacional** das Nationalgericht 6/A
la **playa** der Strand 6/A, M1
la **plaza** der Platz 1/A; la ~ **de toros** die Stierkampfarena 5/C
pobre arm 9/B
la **pobreza** die Armut 9/V; **estar en riesgo de ~** von Armut bedroht sein 10/A
poco/-a wenig, wenige 2/B; **un ~ (de)** ein bisschen HE
poder (o → ue) können 2/C
el **polideportivo** das Sportzentrum 2/B
poner algo etw. stellen, setzen, legen 4/A; ~ **a la venta** zum Verkauf anbieten 9/C; ~ **atención (a algo)** aufpassen (auf etw.), achten 4/A; ~ **de buen humor** gute Laune machen 9/A; ~ **en marcha** auf den Weg bringen 9/A

ponerse + *adj.* werden *Zustandsveränderung* 6/B; ~ **al teléfono** ans Telefon gehen 5/B; ~ **algo** etw. anziehen 4/C
popular beliebt 9/A
poco, poquito *adv. fam.* wenig 4/C
por wegen, aus 7/B; für *Preis* M2; pro 4/A; ~ **aquí** hier (in der Nähe, entlang) 5/B; ~ **cada** pro M3; ~ **cierto** übrigens 7/C; ~ **dinero** gegen Bezahlung 5/C; ~ **ejemplo** zum Beispiel 2/C; ~ **eso** deshalb 1/A; ~ **favor** bitte 4/B; ~ **la mañana/tarde/noche** am Morgen/Nachmittag/Abend, in der Nacht 4/C; ~ **suerte** zum Glück 8/A; ~ **supuesto** natürlich, selbstverständlich 8/B; ~ **un lado…** ~ **otro lado** einerseits … andererseits 9/A; **gracias** ~ danke für 6/B
¿por qué? warum? 1/B
el **porciento** das Prozent 9/B
porque weil 2/A
el **portal online** das Onlineportal 7/C
Portugal Portugal 10/V
el **portugués** *Sprache* Portugiesisch M3
la **posibilidad** die Möglichkeit 8/B
posible möglich 9/V
positivo/-a positiv 9/A, M1
el **post** der Post *Internet* M2
la **postal** die Postkarte M1
el **potencial** das Potenzial 10/B
practicar algo etw. üben 1/A
las **prácticas** *pl.* das Praktikum 3/B
práctico/-a praktisch 3/B
el **precio** der Preis 8/B
preferir (e → ie) + *inf.* lieber (+ *Inf.*) wollen 4/B; ~ **algo** etw. lieber mögen, etw. (einer Sache) vorziehen 3/B
la **pregunta** die Frage 1/B
preguntar fragen 4/A
el **Premio Nobel** der Nobelpreis 6/V
la **prenda** das Kleidungsstück 3/B
preocupar a alguien jdm Sorgen machen 9/A
preocuparse por algo sich um etw. Sorgen machen 7/C
preparar algo etw. vorbereiten 1/B
la **presentación** die Vorstellung, Präsentation 2/C
presentar algo etw. präsentieren, zeigen 5/C
presentarse a algo sich bewerben auf etw. 7/A
el/la **presidente/-a** der/die Präsident/in 6/V
el **préstamo** der Kredit 7/C
prevenir (e → ie) algo etw. vorbeugen M2
primero zuerst 1/B; ~ erstens 8/A; ~, **primera** erste/r, erstes 5/B
el/la **primo/-a** der/die Cousin/e 2/A
principal hauptsächlich, Haupt- 9/A
el **principio** der Anfang 8/B
privado/-a privat 7/B
probable wahrscheinlich 9/B
probar (o → ue) algo etw. probieren, ausprobieren 2/C
probarse (o → ue) algo etw. anprobieren 9/C
el **problema** das Problem 5/V
el **proceso** der Prozess 7/C
la **producción** die Produktion 9/B; **la cadena de** ~ die Produktionskette 9/C
producir (c → zc) algo etw. produzieren 9/B
el **producto** das Produkt 5/C
el/la **productor/a** der/die Produzent/in 9/C
la **profesión** der Beruf 7/V
el/la **profesional** der Fachman, die Fachfrau 7/C
el/la **profesor/a** der/die Lehrer/in 4/A
el **programa** das Programm 1/C
promover (o → ue) algo etw. fördern 9/A
pronto bald, gleich 7/B
el/la **propio/-a** + *sust.* der, die, das eigene + *S.* 7/V
proteger algo etw. beschützen 9/V, M3
el/la **proveedor/a** der/die Lieferant/in 9/B
próximo/-a der/die/das nächste + *S.* 4/B
el **proyecto** das Projekt 3/C
la **publicidad** die Werbung 3/C
público/-a öffentlich 4/V
el **pueblo** das Dorf *auch:* das Volk 2/B
la **puerta** die Tür 1/C
el **puerto** der Hafen M1
pues naja, also 1/A
el **puesto de trabajo** die (Arbeits-)Stelle 7/A
el **punto** der Punkt 2/V; el ~ **débil** die Schwäche 7/A; el ~ **fuerte** die Stärke 7/A

Q

que der, die, das *Relativpronomen* 3/C; ~ *conj.* dass 2/A; **el** ~, **la** ~ der, die, das *Relativpronomen* 10/V
¡Qué + *sust./adj./adv.*! Was für ein/e + *S.*! 3/A; **¡~ palo!** Wie doof! 4/B; **¡~ pasada!** Cool!, Abgefahren!, Super! 4/B; **¡~ pena!** Schade! 4/B; **¡~ va!** Ach was!, Überhaupt nicht! 2/A; **¿~ pasa?** Was ist los?, Was gibt's? 3/A
¿qué? was?; welche?, welcher?, welches? HE; **¿~ hora es?** Wie spät ist es? 4/V; **¿~ lenguas hablas?** Welche Sprachen sprichst du? HE; **¿~ tal si…?** Wie wäre es, wenn …? 4/B; **¿~ tal?** Wie geht's? HE; **¿~ te parece…?** Wie findest du …? 3/B
el **quechua** Quechua *Sprache* HE
quedar sich verabreden, sich treffen 1/A
quedarse bleiben, unterkommen 4/C
quejarse de algo sich beschweren (über etw.) 4/C
quemar algo etw. verbrennen 9/B
querer (e → ie) algo etw. wollen 2/A
queso parmesano der Parmesankäse M3
¿quién/es? wer? 1/V; **¿con ~?** mit wem? 2/V; **¿~** wer? 2/A
Química *f.* Chemie *Schulfach* 4/A

químico/-a Chemie-, chemisch 10/V
quinto/-a fünfte/r, fünftes 5/B
quizás vielleicht 4/B

R

radical radikal 7/C
la **radio** das Radio 3/V
el **rap** der Rap 3/A
rápido/-a schnell 9/A
la **razón** der Grund 10/B
real wirklich 7/A
la **realidad** die Wirklichkeit 2/A; **en ~** eigentlich, in Wahrheit 2/A
realizar algo etw. verwirklichen 10/B
realmente *adv.* wirklich, echt 4/B
la **recepción** die Rezeption 8/B
rechazar algo etw. zurückweisen 9/V
recibir algo etw. bekommen, erhalten 1/B
el **reciclaje** die Wiederverwertung 9/B
reciclar algo etw. recyceln 8/A
recoger algo / a alguien etw./ jdn abholen 4/C
reconocer (c → cz) algo / a alguien jdn / etw. erkennen 7/C
recordar (o → ue) a alguien jdn erinnern 9/C
el **recreo** die Pause *Schule* 2/A
el **recuerdo** *hier:* das Souvenir M1
los **recursos naturales** die natürlichen Ressourcen 10/V
la **red** das Netz M2; la **~ social** das soziale Netzwerk M2, 9/C
reducir (c → zc) algo etw. reduzieren 9/A
reflejarse sich widerspiegeln 10/A
el **regalo** das Geschenk 1/B
la **región** die Region 6/V
registrar algo etw. registrieren M2
la **regla** die Regel 9/B; **saltarse las ~s** sich über die Regeln hinwegsetzen 9/B
en relación a im Verhältnis zu M3
el **reloj** die Uhr M2
rendirse (e → i) aufgeben 9/V
rentable rentabel, lohnend 10/A
repetir (e → i) wiederholen 5/B
representar darstellen, *hier:* ausmachen 10/V
la **República Dominicana** die Dominikanische Republik 10/V
la **reserva** die Reserve 10/V; die Reservierung 8/B
los **residuos** der Müll 9/B
resistente widerstandsfähig 9/B
respetar algo / a alguien etw./ jdn respektieren 8/A
el **respeto** der Respekt, die Achtung M3
responsable verantwortlich 9/V
la **respuesta** die Antwort M2
el **restaurante** das Restaurant 1/A
los **restos** *pl.* die Reste, die Überreste 6/A
resultar (fácil) (leicht) sein 10/A; **Me resulta fácil/difícil.** Es fällt mir leicht/schwer. 7/A
el **reto** die Herausforderung M2
la **revista** die Zeitschrift 3/V
rico/-a reich 9/B; **~ (estar)** lecker 5/V
rizado/-a lockig 3/C
robar algo etw. stehlen 9/A
el **robot** der Roboter 7/C
el **rocódromo** die Kletterhalle 2/C
rojo/-a rot 3/B
románico/-a romanisch M3
romántico/-a romantisch 5/C
la **ropa** die Kleidung 3/B
rosa rosa *Farbe* 3/B
rubio/-a blond 3/C
la **rueda** das Rad 9/A; **ir sobre ~s** bestens laufen 9/A
el **ruido** der Lärm 9/A
ruidoso/-a laut 2/B
el **rumano** *Sprache* Rumänisch M3
el **rumor** das Gerücht M2
rural ländlich 9/C

S

el **sábado** der Samstag 4/V
saber (+ *inf.*) wissen, können 4/B
sacar algo etw. herausholen 4/A; **~ (buenas/malas) notas** (gute/ schlechte) Noten bekommen 4/A; **~ fotos** Fotos machen 6/B
la **sala de conferencias** der Konferenzraum 8/B
el **salario** der Lohn 7/B
salir ausgehen 3/V
la **salud** die Gesundheit 9/V
saludable gesund 9/V
saludar a alguien jdn (be-) grüßen 7/B
el **saludo** der Gruß, *hier:* Liebe Grüße *Brief* 8/B
seco/-a trocken 9/B
el/la **secretario/-a** der/die Sekretär/ in 7/B
el **secreto** das Geheimnis 4/A
el **sector primario/secundario/ terciario** der Primär-/Sekundär-/Tertiärsektor 10/V
seguido por gefolgt von 9/B
seguir (e → i) *hier:* weitergehen 5/B; **~ +** *gerundio* weiterhin etw. tun 10/B
según laut, gemäß 5/C
segundo/-a zweite/r, zweites 5/B
seguro/-a sicher M2, 7V
la **semana** die Woche 3/A; **en la ~** wochentags 7/B
semiamueblado/-a (estar) teilmöbliert 5/A
la **semilla** der Kern 10/B
el/la **señor/a** der Herr, die Frau *Anrede* 1/A
la **sensación** das Gefühl 10/C
sentirse (e → ie) sich fühlen 10/C
el **septiembre** der September 4/V
séptimo/-a siebte/r, siebtes 5/B
ser sein 1/A
la **serie (de)** die Reihe (von) 9/C
serio/-a ernst 2/A; **en ~** wirklich, im Ernst 1/C
el **servicio** der Dienst 7/C
servir (e → i) para algo zu etw. nutzen 10/V
sexto/-a sechste/r, sechstes 5/B
si wenn, falls 5/V; ob 4/C
sí ja 1/A
siempre immer 2/C
el **siglo** das Jahrhundert 6/V
significar algo etw. bedeuten 1/B
siguiente nächster, nächste; folgend 8/B
el **silicio** das Silizium 10/V

la **silla** der Stuhl 5/A
simpático/-a sympathisch 2/A
simplemente *adv.* einfach 7/B
sin ohne 5/A; ~ **que** + *subj.* ohne dass 9/C
sin embargo trotzdem 4/C
sinceramente ehrlich gesagt 9/B
el **sistema** das System 9/A
el **sitio** der Platz, Ort 5/C
la **situación** die Situation 8/A
estar **situado/-a en** liegen in 8/V
el **slackline** die Slackline *Sport* 2/C
la **smart TV** das Smart TV M2
el **smart watch** die Smart Watch M2
sobre über 5/C; ~ **todo** vor allem 7/V
el **sobresaliente** Sehr gut *Schulnote* 4/A
el **sofá** das Sofa 5/A
la **soja** das Soja 10/V
el **sol** die Sonne 5/C; **Hace ~.** Die Sonne scheint. 8/B; la **puesta del ~** der Sonnenuntergang 5/C
solar *adj.* Sonnen-, Solar- 6/B; el **panel ~** das Solarmodul 6/B
la **solicitud** die Bewerbung 10/C
solo nur 1/B
solo/-a (estar) allein 6/A
la **solución** die Lösung 8/A
la **sonrisa** das Lächeln 9/V
sorprender a alguien jdn überraschen 7/B; **sorprenderse** staunen 7/B
la **sorpresa** die Überraschung 3/A
sostenible nachhaltig 8/A
subir algo etw. hochgehen, hochladen *Computer* 1/C
Sudáfrica Südafrika 10/A
Sudamérica Südamerika 10/V
Suecia die Schweiz M3
el **sueldo** das Gehalt 7/B
el **sueño** der Traum, die Müdigkeit 7/V
suficiente genug, ausreichend 4/A
sufrir algo etw. erleiden M2; ~ **de algo** an etw. leiden 9/C
súper + *adj. fam.* total, super + *Adj.* 3/A
la **superficie** die Oberfläche M3
el **supermercado** der Supermarkt 1/A
el **sur** der Süden 6/V

T

la **talla** die Größe *Kleidung* 3/B
el **taller** der Workshop, die Werkstatt 2/C
también auch HE
tampoco auch nicht 3/V
tan so 5/A; ~ **(grande) como** so (groß) wie *Vergleich* 5/A
tanto… como sowohl … als auch 9/A
tanto/-a + *sust.* so viel/e + *S.* 5/C
la **tapa** die Tapa *kleines spanisches Gericht* 5/V
la **tarde** der Nachmittag 4/C; spät 4/C
la **tarea** die Aufgabe, die Arbeit 7/A
el **tatuaje** die Tätowierung 3/C
el **taxi-dron** das Drohnentaxi 7/C
¿te gusta + *inf.*? machst du gerne …? 3/V
el **teatro** das Theater 2/C
técnico/-a technisch 7/C
el/la **técnico/-a superior en administración y finanzas** der/die Verwaltungsfachangestellte *Titel* 7/A
la **tecnología** die Technologie 7/C
tecnológico/-a technologisch 9/B
el **teléfono** das Telefon 1/C
la **televisión (= la tele** *fam.***)** das Fernsehen 3/V
el **televisor** der Fernseher 6/B
el **tema** das Thema 1/B
temer algo etw. fürchten 9/A
el **templo** der Tempel 5/C
la **temporada** die Saison 9/C
temporalmente vorübergehend 10/A
temprano früh 4/C
tener (e → ie) **algo** etw. haben 2/A; ~ **acceso a algo** Zugang zu etw. haben 8/B; ~ **cuidado** vorsichtig sein 5/V; ~ **ganas de** + *algo/inf.* Lust haben auf etw. / etw. zu tun 4/B; ~ **miedo a algo / de hacer algo** Angst haben vor etw. / etw. zu tun 9/V; ~ **razón** Recht haben 9/B; ~ **vigencia** Gültigkeit haben 9/V; ~ **que** + *inf.* etw. tun müssen 2/C
Tenerife Teneriffa *kanarische Insel* 10/A
tercero/-a zweite/r, zweites 5/B
el **tercio** das Drittel 5/C
terminar algo enden, etw. beenden 4/V
el **territorio** das Gebiet 9/C
textil Textil- 9/C
el **texto** der Text 1/B
el **tiempo** die Zeit 3/V; das Wetter 8/B; el ~ **libre** die Freizeit 3/V; **al mismo ~** gleichzeitig M1; **con ~** (früh)zeitig 4/A; **Hace buen/mal ~.** Das Wetter ist gut/schlecht. 8/B; la **presión de ~** der Zeitdruck 9/C
la **tienda** der Laden 2/B
la **tierra** die Erde 9/B
tímido/-a schüchtern 2/A
el/la **tío/-a** der Onkel, die Tante 2/A; der Typ, die Frau *informelle Anrede in Spanien* 4/B
típico/-a typisch 5/C
el **tipo de** + *sust.* die Art, die Sorte + *S.* 6/A
tirar algo etw. wegwerfen 9/V
la **toalla** das Handtuch 8/A
tocar + *instrumento* spielen; berühren 3/V
todavía noch (immer) 1/A; ~ **no** noch nicht 1/A
todo alles 6/A; ~ **el / toda la** + *sust.* der/die/das ganze + *S.* 4/A, ~ **recto** geradeaus 5/B
todos los / todas las + *sust.* jede/r, jedes + *S.*, alle + *S.* 4/A
tomar algo etw. nehmen (*Verkehrsmittel*) 4/C; etw. trinken, etw. nehmen 1/B; ~ **el pelo a alguien** *fam.* jdn auf den Arm nehmen 3/A; ~ **una decisión** eine Entscheidung treffen 7/C
el **tomate** die Tomate 9/B
la **tonelada** die Tonne 9/B
la **tormenta** der Sturm, das Gewitter 8/B
la **tortilla de patatas** *Kartoffelomelett* 5/C

el **total** der Gesamtbetrag 5/A; Gesamt- 10/A
la **totora** die Binse *Pflanze* 6/B
el **tour** die Tour 5/V
el/la **trabajador/a** der/die Arbeiter/in 9/B
trabajar arbeiten 1/A; ~ **como…** als … arbeiten 7/B
el **trabajo** die Arbeit 1/V
la **tradición** die Tradition 10/A
tradicional traditionell 6/B
el/la **traductor/a** der/die Übersetzer/in 7/B
traer **algo (a alguien)** (jdm) etw. (mit-)bringen 4/C
el **tráfico** der Verkehr 2/B
la **tranquilidad** die Ruhe 10/C
tranquilo/-a ruhig 2/A
transformarse sich verwandeln 9/B
transportar algo etw. transportieren 7/C
el **transporte** der Transport 7/C; el **medio de** ~ das Verkehrsmittel 9/A
el **traslado** die Überführung 9/C
el **tratado** der Vertrag 10/B; el ~ **de libre comercio** das (Frei)handelsabkommen 10/B
tratar a alguien de usted jdn siezen 7/B; **tratarse de algo** sich um etw. handeln 9/V
el **tren** der Zug 5/B
el **turismo** der Tourismus 6/B
la **turismofobia** die Tourismophobie M1
el/la **turista** der/die Tourist/in 6/A
turístico/-a touristisch 5/C
tutearse sich duzen 7/B
el/la **tuyo/-a** der/die/das deinige 9/V

U

el/la **último/-a** der/die/das letzte + *S.* 6/B
un, una ein/e 1/V
el/la **único/-a** + *sust.* der, die, das einzige + *S.* 7/A
la **unidad** die Lektion 8/V
el **uniforme (escolar)** die (Schul-)Uniform 4/C
la **Unión Europea** die Europäische Union 9/B
unir algo / a alguien etw./jdn vereinen 6/B
universal allgemein 9/V
la **universidad** die Universität 1/A
uno man 7/A
unos/-as *pl.* einige, ein paar 3/A
un montón de eine Menge 10/A
urgentemente dringend 10/A
usar algo etw. benutzen 3/V
el **uso** der Gebrauch 9/A, M2
utilizar algo etw. verwenden 9/B
la **uva** die Weintraube 10/A

V

las **vacaciones** *pl.* die Ferien, der Urlaub 4/V
vacío/-a leer 10/C
vago/-a faul 2/A
vale okay, in Ordnung 1/A
valer la pena es lohnt sich 5/V
el **valor** der Wert M3
¡Vamos! *hier:* Los geht's! 1/V
los **vaqueros** die Jeans 3/B
vario/-a verschieden 9/A
el **vasco** *Sprache* Baskisch M3
¡Vaya + *sust.*! *fam.* Was für ein/e + *S.*! 6/A; **¡~ idea!** Was für eine Idee! / Tolle Idee! 6/A; **¡~!** Oh!, Ach!, Wow! 2/A
el/la **vecino/-a** der/die Nachbar/in 1/C
el **vehículo** das Fahrzeug 9/A
el/la **vendedor/a** der/die Verkäufer/in 3/B
vender algo etw. verkaufen 9/C
Venezuela Venezuela 10/V
¡Venga! Los! *hier:* also 1/V
venir (e → ie) kommen 4/B
la **venta** der Verkauf 9/C
la **ventaja** der Vorteil 9/B
la **ventana** das Fenster 5/A
ver **algo** etw./jdn sehen, ansehen 3/V; **a** ~ mal sehen 3/B
el **verano** der Sommer 7/B
¿verdad? stimmt's?, nicht wahr? 1/A
verde grün 3/B
la **verdura** das Gemüse 5/C
el **vestido** das Kleid 3/B
la **vez** das Mal 4/A; **alguna** ~ jemals M2; **la primera** ~ das erste Mal M1; **una y otra** ~ immer wieder M2
viable machbar 9/A
viajar reisen 3/V
el **viaje** die Reise 6/A
la **vida** das Leben 2/B; la ~ **laboral** das Berufsleben 7/B; la ~ **privada** das Privatleben 7/B; la **esperanza de** ~ die Lebenserwartung M3
el **vídeo** das Video 3/V
el **videojuego** das Videospiel 3/V
viejo/-a alt 2/B
el **viento** der Wind 8/B; **Hace ~.** Es ist windig. 8/B
el **viernes** der Freitag 4/V
el **vino** der Wein 10/A
violeta violett 3/B
la **visita** der Besuch 7/B; la ~ **guiada** die Führung 2/C
visitar algo / a alguien etw. besichtigen, jdn besuchen 5/V
la **vista** die Aussicht 5/C
la **viticultura** der Weinbau 10/A
vivir (en + *sust.*) leben, wohnen (in + *S.*) 1/B
el **vocabulario** der Wortschatz 1/B
el **voleibol** Volleyball *Sportart* 4/A
la **voluntad** der Wille 10/B
el **voluntariado** der Freiwilligendienst 7/A
volver (o → ue) zurückkehren M1, 10/A

Y

y und HE
ya schon 2/V; **¡Ya!** *hier:* Jetzt hab ich's! 1/B
ya que da, weil 7/V
el **yoga** das Yoga 9/A

Z

el **zapato** der Schuh 3/B
la **zona** die Zone, der Bereich 2/B; la ~ **vitivinícola** das Weinbaugebiet 10/A

A

ab desde 6/V
abbiegen (in) girar (en) 5/B
Abbildung la figura 6/A
Abendbrot essen cenar 8/B
Abenteuer la aventura 3/C
aber pero 1/A
Abgase las emisiones 9/A
Abgeordnete el/la diputado/-a M3
abgesehen von aparte de 10/C
abholen (etw./jdn) recoger algo / a alguien 4/C
Abitur el bachillerato 2/V
Abteilung el departamento 10/B
Ach was! ¡Qué va! 2/A
achte/r, achtes octavo/-a 5/B
Achtung el respeto M3
Actionfilm la película de aventuras 3/C
Adresse la dirección, las direcciones *pl.* 2/V
Agenda la agenda 9/V
aktiv activo/-a M2
Aktivität la actividad M2
akzeptabel aceptable 9/B
alle + *S.* todos los + *sust.*, todas las + *sust.* 4/A
Allee la avenida 9/A
allein estar solo/-a 6/A
alles todo 6/A
allgemein universal 9/V
Alltag el día a día 4/V
Alptraum la pesadilla 9/A
als cuando 4/C
also bueno 1/C; entonces 1/B
alt antiguo/-a 2/B; viejo/-a 2/B
Altenpfleger/in el/la enfermero/-a de ancianos 10/C
alternativ alternativo/-a 5/V
Alternative la alternativa 9/A
Älteste el/la mayor 4/C
Aluminium el aluminio 10/V
am … *Datum* el… de… 4/V
am Anfang al principio 8/B
am Ende al final 8/B
Amazonasgebiet la Amazonía 6/A
Amerika América 6/V
an en 1/A
Anbau el cultivo 9/B
anbauen (etw.) cultivar algo 10/V
anbieten (jdm etw.) ofrecer (c → zc) algo a alguien 7/V
Andalusien Andalucía 2/V
Andalusier/in el/la andaluz/a, los andaluces *pl.* 8/V
andalusisch andaluz/a, andaluces *pl.* 8/A
Anden los Andes 6/A; **Anden-** andino/-a 6/V
Andenregion la región andina 6/B
andere/r, anderes el otro, la otra + *sust.* 4/A
anders diferente 6/B
Anfang el principio 8/B; ~ + *Zeitangabe* a principios de 9/A
anfangen (etw.) empezar (e → ie) algo 4/V
anfertigen (etw.) confeccionar algo 9/C
Angebot la oferta 3/B; **im ~ sein** estar de oferta 3/B
Angenehm *Begrüßung* ¡Mucho gusto! 1/V; encantado/-a 1/V
Angestellte el/la empleado/-a 7/C
Angst el miedo 9/V; **~ haben vor etw.** tener miedo a algo 9/V; **~ haben etw. zu tun** tener miedo de hacer algo
ankommen llegar 4/C
annehmen (etw.) aceptar algo 10/C
anpassen (sich an etw./jdn) adaptarse a algo/alguien 6/B
anprobieren (etw.) probarse (o → ue) algo 9/C
ans Telefon gehen ponerse al teléfono 5/B
Anschreiben la carta de presentación 7/A
anstellen (sich) hacer cola 3/A
Antwort la respuesta M2
antworten contestar (algo) 3/A
Anwaltskanzlei el bufete de abogados 7/B
Anweisung la instrucción 9/C
Anzahl la cantidad 7/B
anziehen (etw.) ponerse algo 4/C
Apotheke la farmacia 5/B
App la aplicación 7/C, M2
April el abril 4/V
Ära la era 7/C
Arabisch *Sprache* el árabe 1/A
Arbeit la tarea 7/A; el trabajo 1/V
arbeiten trabajar 1/A
arbeiten (als) trabajar como… 7/B
Arbeiter/in el/la trabajador/a 9/B
Arbeits- laboral 7/A
Arbeitskollege/-in el/la compañero/-a de trabajo 1/V
Arbeitskraft la mano de obra 9/C
Arbeitslosigkeit el desempleo 10/B; el paro 7/V
Arbeitsmarktexperte/-in el/la experto/-a del mercado laboral 7/C
Arbeitsstelle el puesto 7/A
Arbeitstag la jornada (de trabajo) 7/B
Arbeitszeit el horario laboral 7/B
Architekt/in el/la arquitecto/-a M1
Architektur la arquitectura 6/A
Argentinien Argentina 10/V
arm pobre 9/B
Ärmel la manga 3/B
Armut la pobreza 9/V; **von ~ bedroht sein** estar en riesgo de pobreza 10/A
Art + *S.* el tipo de + *sust.* 6/A
Aspekt el aspecto 9/A
atmosphärisch atmosférico/-a 9/A
auch también HE; **~ nicht** tampoco 3/V
auf en 1/A; encima (de) 5/A; **~ den Arm nehmen (jdn)** tomar el pelo a alguien *fam.* 3/A; **~ Wiedersehen!** ¡Adiós! 1/V
Aufenthalt la estancia 5/A
Aufgabe la tarea 7/A
aufgeben rendirse (e → i) 9/V
aufgeregt estar nervioso/-a 3/A
aufhängen (etw.) colgar (o → ue) algo M2
Aufmerksamkeit la atención 4/A
aufpassen (auf etw.) poner atención (a algo) 4/A; cuidar algo / a alguien 8/A
Aufschwung el boom 6/V
aufstehen levantarse 4/C
aufwachen despertar(se) (e → ie) 9/A
Auge el ojo 3/C
August el agosto 4/V
aus de HE
Ausbildung la educación 7/V; **~ in der Telekommunikation** la formación en telecomunicaciones 7/C
Ausbildung zum Sporttrainer Formación profesional de Educación Física y Deporte 7/V
ausschließlich exclusivo/-a 9/A
ausdrucken (etw.) imprimir algo 9/V
ausgehen agotarse 9/B; salir 3/V
aushalten (etw./jdn) aguantar algo / a alguien 4/C
Ausland el extranjero 7/A
ausländisch extranjero/-a 9/C

ausliefern (etw.) entregar algo **M2**
ausmachen representar **10/V**
ausreichen alcanzar **9/C**; **es reicht** se acabó **9/A**
Ausschreibung el anuncio **7/A**
Aussehen el aspecto físico **3/C**
äußere/r, äußeres exterior **5/A**
Aussicht la vista **5/C**
aussteigen bajarse **5/B**
Ausstellung la exposición, las exposiciones *pl.* **3/V**
Australien Australia **10/B**
auswählen (etw.) elegir algo (e → i) **7/C**
auswandern emigrar **10/B, M3**
Auswirkung el impacto **9/B**
Auto el coche **7/V**; *lat. am.* el carro **9/A**
Autofahrer/in el/la automovilista **9/A**
automatisiert automatizado/-a **7/C**
Automechanik la mecánica de coches **7/V**
autonome Gemeinschaft la comunidad autónoma **8/V**
autonome Region la comunidad autónoma **M1**
Avocado el aguacate **10/B**

B

Bäckerei la panadería **2/B**
Bahnhof la estación (de trenes) **5/B**
bald pronto **7/B**
Balkon el balcón **5/A**
Banane el plátano **10/V**
Bank el banco **7/C**
Bar el bar **3/V**
Barcode el código **M2**
basieren (auf etw.) basarse en algo **10/B**
Baskenland el País Vasco **10/A**; *auf Baskisch* Euskal Herría **10/A**
Baskisch el vasco *Sprache* **M3**
bauen (etw.) construir (i → y) algo **6/A**
Baum el árbol **9/V**
beantworten (etw.) contestar (algo) **3/A**
bedeckt cubierto/-a **9/B**
bedeuten (etw.) significar algo **1/B**
Bedingung la condición **9/B**
beeilen (sich) apurarse *lat.am.* **4/C**
beeinträchtigen (etw.) afectar algo **9/A**
beenden (etw.) acabar (con algo) **9/V**; terminar algo **4/V**
befinden (sich) estar **2/B**
beindruckend impresionante **6/B**
Beispiel el ejemplo **HE**; **zum ~** por ejemplo **HE**
beitragen (etw.) aportar algo **10/V**; **~ zu etw.** contribuir (i → y) a algo **10/B**
bekannt conocido/-a **5/C**
bekommen (etw.) recibir algo **1/B**
belegen (etw.) ocupar algo **M3**
Belgien Bélgica **M3**
beliebt popular **9/A**
benutzen (etw.) usar algo **3/V**
bequem cómodo/-a **3/B**
beraten (jdn) orientar a alguien **7/A**
berechnen (etw.) facturar algo **7/C**
Bereich el área *f.* **10/A**; la zona **2/B**
bereuen (etw.) arrepentirse (e → ie) de algo **M2**
Berg la montaña **8/V**
Beruf la profesión, las profesiones *pl.* **7/V**
Berufsausbildung la formación profesional (= FP *fam.*) **2/V**
Berufsausbildung *Fachschule* la FP (formación profesional) superior **7/A**
Berufsausbildung *Lehre* la FP Media **7/A**
Berufsberater/in el/la orientador/a laboral **7/A**
Berufsleben la vida laboral **7/B**
Berufsschule la escuela de formación profesional **2/V**
berühmt (für) famoso/-a (por) **5/V**
beschäftigen (sich mit) dedicarse a algo **7/V**
beschützen (etw./jdn) proteger algo / a alguien **M3, 9V**
beschweren (sich über etw.) quejarse de algo **4/C**
besichtigen (etw.) visitar algo **5/V**
besonders especial **5/C**
besser (als) mejor (que) **5/A**
bestätigen (etw.) confirmar algo **8/B**
beste el/la mejor + *sust.* **5/C**
Besteck los cubiertos *pl.* **10/B**
Bestellung el pedido **9/C**
bestens laufen ir sobre ruedas **9/A**
Besuch la visita **7/B**
besuchen (etw. jdn) visitar algo / a alguien **5/V**
Betriebswirtschaft *Studiengang* Administración de empresas **10/C**
betrügen (jdn) engañar a alguien **M2**
Bett la cama **5/A**; **ins ~ gehen** acostarse (o → ue) **4/C**
Bettler/in el/la mendigo/-a **9/V**
bevor antes de + *inf.* **4/C**
bewegen (sich) moverse (o → ue) **9/A**
bewerben (sich auf etw.) presentarse a algo **7/A**
Bewerbung la solicitud **10/C**
bewölkt estar nublado/-a **8/B**
bezahlen (etw.) pagar algo **7/A**
bezüglich en cuanto a **8/B**
Bibliothek la biblioteca **1/B**
bieten (jdm etw.) ofrecer (c → zc) algo a alguien **7/V**
Bild el cuadro **5/V**
Bildschirm la pantalla **M2**
Bildung la educación **7/V**
Bildungsgrad el nivel de educación **9/C**
billig barato/-a **3/B**
Bindestrich el guion **2/V**
Binse *Pflanze* la totora **6/B**
Biochemiker/in el/la bioquímico/-a **7/V**
Biokunststoff el bioplástico **10/B**
Biologie *Schulfach* Biología *f.* **4/A**
biologisch abbaubar biodegradable **10/B**
BIP (Bruttoinlandsprodukt) el PIB (Producto Interior Bruto) **10/V**
bis hasta **4/B**; hasta que + *subj.* **9/C**; **~ bald!** ¡Hasta pronto! **8/B**; **~ morgen!** ¡Hasta mañana! **1/C**; **~ später/dann!** ¡Hasta luego! **1/V**
bisschen un poco (de) **HE**
bitte por favor **4/B**; **~.** *beim Bezahlen* Aquí tienes. **5/C**; **~ sehr!** ¡De nada! **3/B**
bitten (jdn um etw.) pedir (e → i) algo a alguien **7/A**
Blatt la hoja **6/B**
blau azul **3/B**
bleiben quedarse **4/C**
blind ciego/-a **M2**
Blog el blog **5/C**
blond rubio/-a **3/C**
Bolivien Bolivia **6/B**
Boot el bote **6/B**
brauchen (etw.) necesitar algo **1/C**
braun marrón **3/B**; **~** *Haarfarbe* castaño/-a **3/C**
Brief la carta **7/A**
Brille las gafas *pl.* **3/C**

bringen (jdm etw.) traer algo a alguien 4/C; ~ **(jdn)** llevar a alguien 7/C
Brötchen (belegtes) el bocadillo 9/V
Bruder el hermano 2/V
Buch el libro 2/C
Bürger/in el/la ciudadano/-a 9/A
Büro la oficina 5/B
Bus el autobús (= el bus *fam.*) 4/C

C

(Schokoladen)Café la chocolatería 5/C
Cafeteria la cafetería 1/A
Cent el céntimo 9/C
Chat el chat 3/A
chatten chatear 3/A
Chef/in el jefe, la jefa 7/V
Chemie *Schulfach* Química *f.* 4/A
Chemie-, chemisch químico/-a 10/V
Chemieingenieurwesen *Studiengang* la Ingeniería Química 10/B
China China M3
Clique la pandilla 3/B
Computer el ordenador 1/C
cool guay *fam.* 2/A; **Das ist total ~!** ¡Es muy chulo! 5/V
Costa Rica Costa Rica 10/V
Cousin/e el/la primo/-a 2/A
Cybermobbing el ciberacoso M2

D

da ahí 3/B
damals en aquel entonces 8/A
damit para que + *subj.* 9/C
dank + *S.* gracias a + *sust.* 10/B
danke gracias 1/V; ~ **für** gracias por 6/B
dann entonces 1/B
darstellen representar 10/V
darüber hinaus además 7/V
das eso 5/A
das Gute lo bueno M2
dass que *conj.* 2/A
Daten los datos *pl.* 7/C
dauern durar 5/C
deinige el tuyo, la tuya 9/V
Demographie la demografía M3
Demokratie la democracia M3
denken (etw., an etw./jdn) pensar (e → ie) algo, pensar en algo/alguien 4/A
Denkmal el monumento 8/V
der Laden la tienda 2/B
der, die, das *Relativpronomen* el cual, la cual 10/V; el que, la que 10/V
derselbe, dieselbe, dasselbe el/la mismo/-a + *sust.* 6/A
derzeit actualmente M3
deshalb por eso 1/A
Deutsch *Fach* Alemán 3/A; ~ *Sprache* el alemán HE
Deutsche/r el alemán, la alemana 7/B
Deutschland Alemania 1/V
Dezember el diciembre 4/V
Dialog el diálogo 1/B
die Balearischen Inseln las Islas Baleares 10/A
Dienst el servicio 7/C
Dienstag el martes 4/V
diese/r, dieses (da) ese, esa 3/B
diese/r, dieses (hier) este, esta 3/B
digital digital 7/C; ~ **Medien** los medios digitales M2
Diskothek la discoteca 1/A
Diskussion la discusión 7/V
Dokument el documento 7/C
Dominikanische Republik la República Dominicana 10/V
Donnerstag (am) el jueves 4/V
Dorf el pueblo 2/B
dort ahí 3/B
dringend urgentemente 10/A
Drittel el tercio 5/C
Drogen las drogas *pl.* 9/V
Drohne el dron 7/C
Drohnentaxi el taxi-dron 7/C
dünn delgado/-a 3/C
durch por 2/C
duschen (sich) ducharse 4/C
duzen (sich) tutearse 7/B

E

echt realmente *adv.* 4/B
Ecke *Straße* la esquina 5/B
Ecuador Ecuador 10/V
Ehemann el marido 10/C
ehrlich gesagt sinceramente 9/B
Eigenschaft la característica 9/A
eigene (der/die/das) el/la propio/-a + *sust.* 7/V
eigentlich en realidad 2/A
ein paar unos, unas *pl.* 3/A
eine Menge un montón de 10/A
einerseits … andererseits por un lado… por otro lado 9/A
eines Tages un día 10/C
einfach fácil 7/A; simplemente *adv.* 7/B
Einführung la introducción M3
Eingang la entrada 3/A
eingeben (etw.) introducir (c → zc) algo 7/C
einige algunos/-as 7/A; unos, unas *pl.* 3/A
Einkaufswagen el carrito de la compra 7/C
Einkaufszentrum el centro comercial 2/B
einladen (zu, nach, in) invitar (a) 2/C
Einnahmequelle la fuente de ingresos 6/B
einstellen (jdn) contratar a alguien 7/B
Eintritt *Firma* el ingreso 7/A
Eintrittskarte la entrada 3/A
einverstanden de acuerdo 1/B; ~ **sein (mit etw.)** estar de acuerdo con algo 8/A
Einwanderer/in el/la inmigrante 9/B
Einwohner/in el/la habitante 6/V, M1
Eis el helado 2/B
Eisdiele la heladería 2/B
Eisen el hierro 10/V
elegant elegante 3/B
elektrisch eléctrico/-a 10/V
Eltern los padres *pl.* 2/V
E-Mail el e-mail 2/V
Ende el fin 3/A; el final 8/B; el extremo 10/C
enden terminar 4/V
Endnote la nota final 4/A
Energie la energía 8/V
engagieren (sich, für etw.) estar comprometido/-a con 9/V
Englisch *Schulfach* Inglés 1/B; *Sprache* el inglés HE
enorm enorme 9/B
entdecken descubrir 6/B
Entfernung la distancia 10/C
entscheiden (etw.) decidir algo 4/B
Entscheidung la decisión 7/C; **eine ~ treffen** tomar una decisión 7/C
entschuldigen (etw.) disculpar algo 5/B
Entschuldigung! ¡Perdón! 2/A
entspannen (sich) descansar 1/B
entwerfen (etw.) diseñar algo 10/B
Erde la tierra 9/B
Erdöl el petróleo 10/V
Erfahrung la experiencia 3/C
Erfolg el éxito 8/B
erfüllen (etw.) cumplir (con) algo 9/C

erinnern (jdn) recordar (o → ue) a alguien 9/C
erkennen (jdn / etw.) reconocer (c → cz) algo / a alguien 7/C
erklären (etw., jdm etw.) explicar algo (a alguien) 4/A
erlangen (etw.) conseguir (e → i) algo 9/C
erlauben (jdm etw.) permitir algo a alguien 7/C
erleiden (etw.) sufrir algo M2
Ernährung la alimentación 10/V
ernst serio/-a 2/A
Eroberer/in el/la conquistador/a 6/V
Eroberung la conquista 6/V
eröffnen (ein Konto) crear una cuenta M2
errechnen (etw.) calcular algo M3
erreichen (etw.) lograr algo 6/V
erscheinen aparecer (c → zc) M1
erste/r, erstes el/la primero/-a 5/B
erstens primero 8/A
ertragen (etw./jdn) aguantar algo / a alguien 4/C
erzählen (jdm etw.) contar (o → ue) algo a alguien 6/B
erzeugen (etw.) generar algo 9/B
Erzieher/in el/la educador/a 7/V
Es fällt mir leicht/schwer. Me resulta fácil/difícil. 7/A; Me cuesta + *verbo* 7/A
Es/Das tut mir leid. Lo siento. 4/B
Essen la comida 10/A
essen (etw.) comer algo 1/B
Etikett la etiqueta 9/C
etw. tragen *Kleidung* llevar algo 3/B
etwas algo 1/C
Euro el euro 2/C
europäisch europeo/-a 9/C
Europäisches Parlament el Parlamento Europeo M3
Europäische Union la Unión Europea 9/B
Europäische Wirtschaftsgemeinschaft la Comunidad Económica Europea M3
existieren existir 7/C
Experte/-in el/la experto/-a 8/V
Export la exportación 9/B
exportieren (etw.) exportar algo 8/V
Extremadura autonome Gemeinschaft 10/A

F

Fabrik la fábrica 8/V
Fachfrau la profesional 7/C
Fachmann el profesional 7/C
fahren (mit dem Fahrrad/Auto) ir en bici/coche 9/V
Fahrer/in el/la conductor/a 7/C
Fahrrad la bicicleta (= bici *fam.*) 5/V
Fahrstreifen el carril 9/A
Fahrzeug el vehículo 9/A
fakultativ optativo/-a 4/A
falls si 5/V
Familie la familia 2/V; **Familien-** familiar 9/B
Fairtrade el comercio justo 9/C
Farbe el color 3/B
fast casi 2/C
faul vago/-a 2/A
Februar el febrero 4/V
fehlen faltar M1
feige cobarde M2
Feld el campo 4/C
Fenster la ventana 5/A
Ferien las vacaciones *pl.* 4/V
Fernsehen la televisión (= la tele *fam.*) 3/V
Fernseher el televisor 6/B
fest fijo/-a 7/C
Festival el festival 4/V
Fettnäpfchen (ins ~ treten) meter la pata 7/B
Figur la figura 6/A
Film la película 1/B
Finanzen las finanzas 7/A
(Finanz)krise la crisis (financiera) 10/A
finden (etw./jdn) encontrar (o → ue) algo / a alguien 5/V
Fisch el pescado 5/C
fit halten (sich) mantenerse en forma M2
Fitnessstudio el gimnasio 2/B
Fjord el fiordo 10/C
Flasche la botella 9/V
Fleisch la carne 5/C
Flughafen el aeropuerto 4/B
Flugzeug el avión 9/V; **kleines ~** la avioneta 6/A
folgend siguiente 8/B
fördern (etw.) promover (o → ue) algo 9/A
Form la forma 6/A
Forschung la investigación 10/B
Foto la foto 2/A; **Fotos machen** sacar/tomar fotos 6/B
Fotograf/in el/la fotógrafo/-a 6/B
Frage la pregunta 1/B
fragen preguntar 4/A
Frankreich Francia 10/V
Franzose, Französin el francés, la francesa M3
Französisch *Sprache* el francés HE
Frau la señora 1/A; **alte ~** la anciana 10/C
frei libre 3/V
(Frei)handelsabkommen el tratado de (libre) comercio 10/B
Freiheit la libertad M3
Freitag el viernes 4/V
Freiwilligendienst el voluntariado 7/A
Freizeit el tiempo libre 3/V
Freizeitpark el parque de atracciones M1
freuen (sich) alegrarse 9/A
Freund/in el/la amigo/-a 1/V; **feste/r ~** el/la novio/-a 2/A
Frieden la paz 9/V
frisch fresco/-a 5/C
fröhlich alegre 2/A
früh temprano 4/C
früher antes *adv.* 8/A
Frühstück el desayuno 4/C
frühstücken desayunar 4/C
fühlen (sich) sentirse (e → ie) 10/C
Führung la visita guiada 2/C
fünfte/r, fünftes el/la quinto/-a 5/B
funktionieren funcionar 1/C
für para 2/C; **~** *Preis* por M2
furchtbar fatal *adj.* 1/V
fürchten (etw.) temer algo 9/A
Fußball *Sportart* el fútbol 3/V
Fußgänger/in el peatón, la peatona 9/A
futuristisch futurista 7/C

G

Galicisch *Sprache* el gallego HE
Galicien Galicia 10/C
ganz todo/-a el/la + *sust.* 4/A
Garten el jardín, los jardines 7/V
Gastronomie la gastronomía M3
gastronomisch gastronómico/-a 6/V
Gebäude el edificio 2/B
geben (jdm etw.) dar algo a alguien 3/A; **es gibt** hay 2/B; haber (hay) M2
Gebiet el territorio 9/C

Gebirge la montaña 8/V
geboren werden nacer 9/A, M1
Gebrauch el uso M2, 9/A
Geburtstag el cumpleaños (= el cumple *fam.*) 4/V
Gefahr el peligro 9/B
gefallen gustar 3/B, ~ **(jdm sehr)** encantar a alguien M1
gefälscht falsificado/-a M2
gefolgt von seguido por 9/B
Gefühl la sensación 10/C
gegen contra 10/B; ~ **Bezahlung** por dinero 5/C
Gegenstand el objeto 10/B
Gegenteil (von etw.) lo contrario (de algo) 6/B
gegenüber frente 9/B
Gehalt el pago 7/A; el sueldo 7/B
Geheimnis el secreto 4/A
gehen (nach) ir (a) 2/C; caminar 5/V; **geht so** más o menos 1/V; **zu Fuß** ~ ir a pie 4/C
gelb amarillo/-a 3/B
Geld el dinero 4/B; la plata 6/A
Gelegenheit la oportunidad 9/V
gemäß según 5/C
Gemeinschaft la comunidad M3; **autonome** ~ la comunidad autónoma 8V
Gemeinschafts- compartido/-a 5/A
Gemüse la hortaliza 9/B; la verdura 5/C
genial genial 1/A
genießen (etw.) disfrutar de algo 5/C
genug suficiente 4/A
gerade (etw. getan haben) acabar de + *inf.* 7/V
geradeaus todo recto 5/B
Gericht el plato 6/A
Gern geschehen! ¡De nada! 3/B
Gerücht el rumor M2
Gesamt- total 10/A; **~betrag** el total 5/A
Geschäft el negocio 10/B
Geschäftsführer/in el/la gerente 10/B
Geschenk el regalo 1/B
Geschichte la historia 6/V
Geschwister los hermanos *pl.* 2/V
gestern ayer 6/A, M1
gesund saludable 9/V
Gesundheit la salud 9/V
Gesundheitskontrolle el control sanitario 9/B
Gewächshaus el invernadero 9/B
Gewissen la conciencia 9/A
Gewitter la tormenta 8/B
Gewohnheit la costumbre 7/B
gewöhnlich comúnmente 9/C
gipfeln (in etw.) culminar en algo M3
Gitarre la guitarra 3/V
glatt *Haare* liso/-a 3/C
Glaube la creencia 9/V
glauben creer 5/A
gleich pronto 7/B
gleiche el/la mismo/-a + *sust.* 6/A
Gleichheit la igualdad 9/V
gleichzeitig al mismo tiempo M1
Glück la suerte 8A; **zum** ~ por suerte 8A
glücklich estar feliz, felices *pl.* 3/A
Gold el oro 10/V
Golfplatz el campo de golf 8/A
gotisch gótico/-a 8/V
Grad el grado 7/B; **Es sind 20 Grad.** Hace 20 grados. 8/B
Grammatik la gramática 1/B
grau gris 3/B
Grenze la frontera M3
groß grande 2/B; alto/-a *Körpergröße* 3/C
großartig (estar) fenomenal 1/V; ~ + *S.* el/la gran + *sust.* 7/A
Größe la altura 6/A; *Kleidung* la talla 3/B
Großeltern los abuelos 2/A
grün verde 3/B
Grund el causante 9/A; la razón 10/B
gründen (etw.) fundar algo 6/A
Grundgedanke el lema M3
Grundrechte los derechos fundamentales M3
Gründung la fundación M3
Gruppe el grupo 2/B
Gruppenchat el grupo de chat M2
Gruß el saludo 8/B
grüßen (jdn) saludar a alguien 7/B
Gurke el pepino 9/B
Gürtel el cinturón 3/B
gut bien *adv.* 1/V; bueno/-a 4/A; **~/schlecht mit etw./jdm zurecht kommen** llevarse bien/mal con algo/alguien 10/C; ~ **Idee!** ¡Buena idea! 1/B; ~ **Nacht!** ¡Buenas noches! 1/V; ~ **Abend!** ¡Buenas noches! 1/V; ¡Buenas tardes! 1/V; ~ **Tag!** ¡Buenas tardes! 1/V; ¡Buenos días! 1/V

H

Haar el pelo 3/C
haben (etw.) tener (e → ie) algo 2/A; **Gültigkeit** ~ tener vigencia 9/V; **Recht** ~ tener razón 9/B
Hafen el puerto M1
halbtags arbeiten trabajar media jornada 7/B
Hälfte la mitad 5/C
Hallo! ¡Hola! HE
Haltestelle la parada 5/B
Hamburger *Essen* la hamburguesa 6/A
Hand la mano 3/B
handeln (sich, um etw.) tratarse de algo 9/V
Handtuch la toalla 8/A
handwerklich artesanal 6/B
Handy el móvil 1/B
hässlich feo/-a 2/B
hauptsächlich, Haupt- principal 9/A
Hauptstadt la capital HE
Haus la casa 1/A
Hausaufgaben los deberes *pl.* 4/A
Haushalt el hogar 10/A
heilen (etw./jdn) curar algo / a alguien 7/V
heiß sein hacer calor 7/B
heißen llamarse HE
Heizkosten la calefacción 5/A
Heizung la calefacción 5/A
Hektar la hectárea 9/B
helfen (jdm) ayudar a alguien 4/C; echar una mano a alguien 3/B
hell claro/-a 3/C; luminoso/-a 5/A
Hemd la camisa 3/B
Herausforderung el reto M2
herausholen (etw.) sacar algo 4/A
Herberge el albergue 10/C
hergestellt hecho/-a 9/C
Herkunft el origen, los orígenes 9/C
Herkunftsbezeichnung la indicación geográfica M3
Herkunftsland el país de origen 9/C
herumärgern müssen (sich mit jdm/etw.) lidiar con algo/alguien 7/B
herunterladen (etw.) descargar algo M2
Herzlichen Glückwunsch! ¡Felicidades! 8/V
heute hoy 2/C
hier aquí 1/A; ~ **(in der Nähe, entlang)** por aquí 5/B
Hilfe la ayuda 1/C

hin und herüberlegen (etw.) dar vueltas a algo 10/C
hineingehen entrar (en) 3/B
hineinlegen (etw.) meter algo 7/B
hinten (im Hintergrund) atrás 8/V
hinter detrás de 5/A, M2
historisch histórico/-a 6/A
Hitze el calor 7/B
hoch alto/-a 3/C
hochgehen (etw.) subir algo 1/C
hochladen (etw.) cargar algo 7/C; ~ *Computer* subir algo 1/C
Hochzeit la boda 3/B
hoffen esperar 5/B
hoffentlich ojalá (que) + *subj.* 9/C
Höhe la altura 6/A
Honduras Honduras 10/V
Hör Mal! ¡Oye! *fam.* 1/A
hören (etw./jdn) escuchar algo / a alguien 3/V
Horizont el horizonte 10/C
Hose los pantalones *pl.* 3/B
Hotel el hotel 1/A
hübsch guapo/-a 2/A
hunderte von cientos de M1
Hunger el hambre *f.* 9/V

I

Iberischer Schinken el jamón ibérico M3
ideal ideal 7/V
Idee la idea 1/B
illegal ilegal 9/B
immer siempre 2/C; ~ **wieder** una y otra vez M2
Immobilien- inmobiliario/-a 8/A
Import la importación 10/A
importiert importado/-a 9/C
in en 1/A; **im Gegenzug** a cambio 9/C; **im Grunde** de hecho 7/C; **im Einzelnen** concretamente 10/V; **im Verhältnis zu** en relación a M3
inbegriffen (estar) incluido/-a 5/A
Indien la India M3
indigen indígena *inv.* 6/V
Industrie la industria 7/C
Industriemechaniker/in el/la ingeniero/-a mecánico/-a industrial 10/A
Informatik la informática 10/C
Informatik und Programmierung *Studienfach* Informática y Programación 1/C
Informatiker/in el/la informático/-a 10/C
Information la información 5/B
informieren (jdn über etw.) informar a alguien sobre algo 7/A; M2
Initiative la iniciativa 9/A
Inka el/la inca 6/V; **Inka-** inca *adj.* 6/V
Inka-Pfad el Camino Inca 6/A
Inkareich el Imperio inca 6/V
Innen- interior 5/A
Innenhof el patio 5/A
innere/r/s interior 5/A
Innovation la innovación 9/B
innovativ innovador/a 10/B
Insel la isla 6/B
insgesamt en total M3
Institution la institución 10/A
intelligent inteligente 2/V
Intensivanbau el cultivo intensivo 9/B
interessant interesante 2/A
interessanterweise curiosamente M3
interessieren (jdn) interesar a alguien 5/V; ~ **(sich für etw.)** interesarse (por algo/alguien) 7/A
international internacional 9/V
Internet el internet 2/B
Interview la entrevista 3/B
interviewen (jdn) entrevistar a alguien 10/A
investieren (in etw.) invertir (e → ie) en algo 9/C
Investition la inversión 10/B
Investmentberater/in, el consejero/-a en inversiones 10/A
Irland Irlanda M3
Italien Italia M3
Italiener/in el/la italiano/-a M3
Italienisch el italiano *Sprache* M3

J

ja sí 1/A; ~, **bitte?** *Am Telefon* ¿Diga? 5/B
Jacke la chaqueta 3/B
Jahr el año 2/V
Jahrgang el curso 3/C
Jahrhundert el siglo 6/V
Jakobsweg el Camino de Santiago 10/C
Januar el enero 4/V
Japanisch *Sprache* el japonés 6/B
jdm passieren pasar (a alguien) M2
jdn stören molestar a alguien 9/A
Jeans los vaqueros 3/B
jede/r, jedes + *S.* cada + *sust.* 8/A; todos/-as los/las + *sust.* 4/A
jemals alguna vez M2
jemand alguien *inv.* 7/A
jene/r, jenes + *S.* aquel, aquella, aquellos, aquellas + *sust.* 8/A
jetzt ahora 1/A
Job el empleo 7/B
Journalist/in el/la periodista 8/A
Jugendliche el/la joven, los jóvenes *pl.* 2/B
Juli el julio 4/V
Junge el chico 2/C
Juni el junio 4/V

K

Kaffee el café 1/C
Kakao el cacao 10/V
Kalorie la caloría M2
kalt (sein) hacer frío 8/B
Kälte el frío 8/B
Kamera la cámara 6/B
Kampagne la campaña 3/C
Kampf la lucha 10/B
kämpfen (gegen etw.) luchar contra algo 9/V
Kanada Canadá 10/B
Kanarische Inseln las Islas Canarias 10/A
Karibik el Caribe 10/V
Karneval el carnaval 4/V
Karriere la carrera 7/B
Kartoffel la patata 5/C; la papa *lat.am.* 6/A
kassieren (etw.) cobrar algo 5/C
Kassierer/in el/la cajero/-a 7/C
Katalanisch el catalán M1
Katalonien Cataluña M1, 10/A
Kathedrale la catedral 5/C
kaufen (etw.) comprar algo 1/B; ~ **(sich etw.)** comprarse algo 9/C
kein/e no 1/A; ~ **von beiden** ni uno/-a ni otro/-a 7/B
kennen (etw./jdn) conocer (c → zc) algo / a alguien 5/A
kennenlernen (etw./jdn) conocer (c → zc) algo / a alguien 5/A
Kenntnisse los conocimientos *pl.* 7/C
Kern la semilla 10/B
Kilo(gramm) el kilo(gramo) 9/C
Kilometer el kilómetro 6/A
Kind el/la niño/-a 3/C
Kindergarten el jardín de infancia 7/V

Kino el cine 2/C
Kiosk el kiosco 2/B
Kirche la iglesia 6/A
Klasse la clase 1/V
Kleid el vestido 3/B
Kleidung la ropa 3/B
Kleidungsstück la prenda 3/B
klein pequeño/-a 2/V
klein *Körpergröße* bajo/-a 3/C
kleinste + *S.* el/la menor 10/A
Kletterhalle el rocódromo 2/C
Klima el clima 9/V
Klimaanlage el aire acondicionado 8/B
Klimawandel el cambio climático 9/A
knapp escaso/-a 9/V
Knappheit la escasez 9/B
Kneipe el bar 3/V
Koofizielle Amtssprache la lengua cooficial M3
kochen (etw.) cocinar algo 4/B
Koffer la maleta 7/B; ~ **packen** hacer la maleta 7/B
Kohle el carbón 10/V
Kokablatt la hoja de coca 6/B
Kollektion la colección 9/C
Kolonialzeit la época colonial 10/V
Kolonie la colonia 6/V
kolumbianisch colombiano/-a 9/A
Kolumbien Colombia 10/V
kommen venir (e → ie) 4/B; **Komm schon!** ¡Anda! 4/B
kommentieren (etw.) comentar algo M2
Kommunikation la comunicación 10/V
Kompetenz la competencia 7/C
Konferenzraum la sala de conferencias 8/B
Konflikt el conflicto 8/A, M2
Kongress el congreso 8/B
können poder (o → ue) 2/C; saber (+ *inf.*) 4/B
Konsument/in el/la consumidor/a 9/C
Kontakt el contacto 7/V
kontrollieren (etw.) controlar algo 9/V
konzentrieren (sich) concentrarse 10/A
Konzert el concierto 3/V
koordinieren (etw.) coordinar algo 7/B
Körpergröße la estatura 3/C
kosten costar (o → ue) 2/C
Kosten los costes 9/C
kostenlos gratis 2/C
Krach la bulla M2
krank enfermo/-a (estar) 3/A
Krankheit la enfermedad 7/V
kreativ creativo/-a 2/A
Kredit el préstamo 7/C
kreuzen (etw.) cruzar algo 5/B
Kreuzfahrtschiff el crucero M1
Kritik la crítica M2, 9/B
Kuba Cuba 10/V
Kultur la cultura 5/C
kulturell, Kultur- (+ *S.*) cultural 2/C
Kulturzentrum el centro cultural 2/C
Kunde, Kundin el cliente, la clienta 7/C
Kunst el arte 5/V
Künstler/in el/la artista 2/A
Künstliche Intelligenz la inteligencia artificial 7/C
Kupfer el cobre 10/V
Kurs el curso 3/C
kurz corto/-a 3/B
kurzärmlig de manga corta 3/B
Kuss el beso 8/B
Küste la costa 8/A

L

Labor el laboratorio 7/V
Lächeln la sonrisa 9/V
laden (etw.) cargar algo 5/B
Lampe la lámpara 5/A
Land el campo 4/C; el país 6/V
ländlich rural 9/C
Landschaft el paisaje 8/V
Landwirt/in el/la agricultor/a 9/B
Landwirtschaft la agricultura 10/V
landwirtschaftlich agrícola *m./f.* 10/V
lang largo/-a 3/C
langweilig aburrido/-a 2/A
Lärm el ruido 9/A
lassen (etw.) dejar algo 7/B
Lateinamerika América Latina 6/V
laufen correr 9/A
Laufsteg la pasarela 9/C
laut ruidoso/-a 2/B
Leben la vida 2/B
leben (in + *S.*) vivir (en + *sust.*) 1/B
Lebenserwartung la esperanza de vida M3
Lebenslauf el currículum 7/A
Lebensstil el estilo de vida 6/B
lecker (estar) rico/-a 5/V
Leder el cuero 3/B
leer vacío/-a 10/C
Lehrer/in el/la profesor/a (= el/la profe *fam.*) 4/A
leicht fácil 7/A; ~ **sein** resultar (fácil) 10/A
leiden (an etw.) sufrir de algo 9/C
Leiter/in el/la director/a 8/A
Lektion la unidad 8/V
lernen estudiar 1/A
lernen (etw.) aprender algo 1/B
lesen (etw.) leer algo 1/B
letzte/r, letztes + *S.* el/la último/-a + *sust.* 6/B
Leute la gente *sg.* 2/V
Liebe el amor 7/B
Liebe Grüße *Brief* el saludo 8/B; un beso 8/B; el abrazo 2/C
lieber (+ *Inf.*) **wollen** preferir (e → ie) + *inf.* 4/B
lieber mögen (etw.) preferir (e → ie) algo 3/B
Lieblings- favorito/-a M1, 4/A
Lied la canción 9/V
Liedtext la letra (de una canción) 1/B
Lieferant/in el/la proveedor/a 9/B
liegen in estar situado en 8/V
Link el enlace 3/A
links (von) a la izquierda (de) 5/B
Lissabon *Hauptstadt Portugals* Lisboa M3
Literatur la literatura 6/V
lockig rizado/-a 3/C
Lohn el salario 7/B
lohnen (sich) valer la pena 5/V
lohnend rentable 10/A
Los! ¡Anda! 4/B; ¡Venga! 1/V; **Los geht's!** ¡Vamos! 1/V
Lösung la solución 8/A
Luft el aire 8/B
Lust haben auf etw. / etw. zu tun tener ganas de + *inf.* 4/B
lustig divertido/-a 2/A
Luxemburg Luxemburgo M3

M

machen (etw.) hacer algo 2/C; **auf etw. aufmerksam** ~ llamar la atención sobre algo 10/B; **gute Laune** ~ poner de buen humor 9/A; **den Einkauf** ~ hacer la compra M2; **Sorgen** ~ **(jdm)** preocupar a alguien 9/A; **Sorgen** ~ **(sich um etw.)** preocuparse por algo 7/C; **machst du gerne …?** ¿te gusta + *inf.*? 3/V
machbar viable 9/V
Mädchen la chica 2/C

Mal la vez, las veces *pl.* 4/A; **das erste ~** la primera vez M1; **~ sehen** a ver 3/B
manchmal a veces 2/C
Mangel (an) falta (de) 10/A
Mann el hombre 6/V; **alter ~** el anciano 10/C
Manufaktur la manufactura 10/V
Marathon el maratón 4/V
Markt el mercado 5/C
Marokko Marruecos 1/A
März el marzo 4/V
Marzipan el mazapán M3
Maschine la máquina 7/C
Maßnahme la medida 9/A
Material el material 9/V
Mathematik *Schulfach* Matemáticas *pl.* (= Mates *fam.*) 7/V
Mechanik la mecánica 7/V
Medizin *Studiengang* Medicina *f.* 4/A
Meer el mar 9/B
mehr más 2/A; **~ als** + *Zahl* más de 6/V; **~ oder weniger** más o menos 1/V
Mehrheit la mayoría 7/V
meinen (scheinen) parecer (c → zc) a alguien 3/B
Meinung la opinión 9/B
Menge la cantidad 7/B
Mensch el hombre 6/V
Metall el metal 10/V
Meter el metro 5/A
mexikanisch mexicano/-a 10/B
Mexiko México 10/V
Mexiko Stadt Ciudad de México 9/A
Miete el alquiler 5/A
mieten alquilar 5/V
Milch la leche 5/C
Milchkaffee el café con leche 5/C
Million el millón, los millones *pl.* 6/A
Mindest- mínimo/-a 5/A
Mineralien los minerales 10/V
Minute el minuto 3/A
mit con 1/C; **~ der Bergbahn** en funicular M1; **~ freundlichen Grüßen** atentamente 7/B
Mitbewohner/in el/la compañero/-a de piso 5/A
mitbringen (jdm etw.) traer algo (a alguien) 4/C
Mitglied el miembro M3
mitnehmen (etw.) llevar algo 3/B; llevarse algo 9/C
Mitschüler/in el/la compañero/-a (de clase) 1/V
mittags al mediodía 7/B
Mittelstufe la ESO *Educación Secundaria Obligatoria* 7/V
Mittwoch el miércoles 4/V
möbliert (estar) amueblado/-a 5/A
Mode la moda 3/C
Model el/la modelo 3/C
modern moderno/-a 2/B
möglich posible 9/V
Möglichkeit la posibilidad 8/B
Moment el momento 1/B
Monat el mes M2; 5/A
Montag el lunes 4/V
morgen mañana 1/B; der **Morgen** la mañana 4/V
müde estar cansado/-a 3/A
Müdigkeit el sueño 7/V
Müll la basura 8/A; los residuos 9/B
München Múnich 1/A
Münze la moneda M3
Museum el museo 2/C
Musik la música 3/V
müssen (etw. tun) tener (e → ie) que + *inf.* 2/C
Mutter la madre 1/A

N

nach a 2/C; después de + *inf./sust.* 1/B; 4/C
Nachbar/in el/la vecino/-a 1/C
nachdem después de + *inf.* M2, 4C
nachdenken (über etw.) plantearse algo 10/C
nachhaltig sostenible 8/A
nachher luego 7/A
Nachmittag la tarde 4/C
Nachname el apellido 2/V
Nachricht el mensaje 1/B; la noticia 7/B
nächste/r, nächstes el/la siguiente 8/B; el/la próximo/-a 4/B
Nacht la noche 4/V
Nachteil la desventaja 9/B
nah, in der Nähe cerca 1/B
nähen (etw.) coser algo 9/C
Näher/in el/la costurero/-a 9/C
Nahrungsmittel el alimento 6/B
naja pues 1/A
Nase la nariz 3/C
national nacional 6/A
Nationalgericht el plato nacional 6/A
Nationalpark parque nacional 6/A
Natur la naturaleza 10/C
natürlich claro *adv.* 1/A
Naturwissenschaften *Schulfach* Ciencias *f. pl.* 4/A
Navigationssystem el GPS 5/B
neben al lado de 2/B; aparte de 10/C
Nebenkosten los gastos 5/A
nehmen (etw.) coger algo 5/B; *Verkehrsmittel* tomar algo 4/C
nein no 1/A
nett majo/-a 2/A
Netz la red M2
neu nuevo/-a 1/C
Neu-Delhi Nueva Delhi 9/A
Neuerung la innovación 9/B
neunte/r, neuntes el/la noveno/-a 5/B
New York Nueva York 9/A
nicht no 1/A
nichts nada 3/V; **Das macht nichts.** No pasa nada. 8/V
nie nunca 2/C
Niederlande los Países Bajos M3
niedrig bajo/-a 3/C
niemand nadie 6/A
Nobelpreis el Premio Nobel 6/V
noch aún 9/A; **~ (immer)** todavía 1/A; **~ einmal** otra vez 4/B; **~ mehr** aún más 10/B; **~ nicht** todavía no 1/A
Norden el norte 8/V
normal normal 4/A
normalerweise normalmente *adv.* 2/C
Norwegen Noruega 10/C
Norwegisch *Sprache* el noruego 10/C
Note la nota 4/A; **gute/schlechte Noten bekommen** sacar (buenas/malas) notas 4/A
notwendig necesario/-a 7/C
November el noviembre 4/V
Nummer el número 1/C
nur solo 1/B
nutzen (zu etw.) servir (e → i) para algo 10/V

O

ob si 4/C
oben arriba 8/V
Oberfläche la superficie M3
obligatorisch obligatorio/-a 7/A
Obst la fruta 6/A
obwohl aunque 4/C

oder o 1/A; **oder?** *Ausruf* ¿eh? 9/C
öffentlich público/-a 4/V
öffnen (etw.) abrir algo 4/V
Öffnungszeit el horario 8/B
offiziell oficial M3
oft a menudo 9/C
ohne sin 5/A; ~ **dass** sin que + *subj.* 9/C
okay vale 1/A
Ökologie la ecología 8/A
ökologisch ecológico/-a 3/B
Ökosystem el ecosistema 9/B
Oktober octubre 4/V
Olivenbaum el olivo 8/A
Olivenöl el aceite de oliva M3
Oma la abuela 2/A
Onkel el tío 2/A
Onlineportal el portal online 7/C
Opa el abuelo 2/A
optimistisch optimista *inv.* 7/V
Option la opción 7/A
orange naranja 3/B
Orange la naranja 3/B
Ort el lugar 5/C; el sitio 5/C
Osten el este 8/V

P

Paella la paella 5/C
Paket el paquete 7/C
Palast el palacio 5/C
Papa el papá *lat.am., fam.* 4/C
Papier el papel 9/V
Paprika el pimiento 9/B
parallel paralelo 9/A
Paris París 2/A
Park el parque 2/B
parlamentarische Monarchie la monarquía parlamentaria M3
Parmesankäse queso parmesano M3
Partner/in el/la compañero/-a (de clase) 1/V
Party la fiesta 3/A
passend adecuado/-a 7/B
Pause la pausa 7/B
Pause *Schule* el recreo 2/A
perfekt perfecto *adv.* 1/C; perfecto/-a 5/V
Person la persona 5/C
Perspektive la perspectiva 10/B
peruanisch peruano/-a 6/V
Pflanze la planta 6/B
pharmazeutisch farmacéutico/-a 10/V
physisch físico/-a 7/C
Piercing el piercing 3/C
Pilger/in el/la peregrino/-a 10/C
Plage la plaga 10/A
Plan el plan 3/A
Planet el planeta 9/V
Plantage la plantación 10/A
Plastik el plástico 9/B
Platz el espacio 9/B; la plaza 1/A
plötzlich de repente 8/B
Portugal Portugal 10/V
Portugiesisch el portugués *Sprache* M3
positiv positivo/-a 9/A, M1
Post *Internet* el post M2
posten (etw.) colgar (o → ue) algo M2
Postfahrer/in el/la conductor/a de servicios de Correos 7/C
Postkarte la postal M1
Postleitzahl el código postal 2/V
Potenzial el potencial 10/B
Praktikum las prácticas *pl.* 3/B
praktisch práctico/-a 3/B
Präsentation la presentación 2/C
Präsident/in el/la presidente/-a 6/V
Preis el precio 8/B
Primär-/Sekundär-/Tertiärsektor el sector primario/secundario/terciario 10/V
privat privado/-a 7/B
Privatleben la vida privada 7/B
pro por 4/A; por cada M3
probieren (etw.) probar (o → ue) algo 2/C
Problem el problema *m.* 5/V
Produkt el producto 5/C
Produktion la producción 9/B
Produktionskette la cadena de producción 9/C
Produzent/in el/la productor/a 9/C
produzieren (etw.) producir (c → zc) algo 9/B
Profil el perfil M2
Programm el programa 1/C
Projekt el proyecto 3/C
Prospekt el folleto 5/B
Prozent el porciento 9/B
Prozess el proceso 7/C
Prüfung el examen, los exámenes *pl.* 1/B
Pullover el jersey 3/B
Punkt el punto 2/V

Q

Quadratmeter el metro cuadrado 5/A
Qualität la calidad 3/B
quatschen charlar 1/A
Quechua *Sprache* el quechua HE
Quelle la fuente 6/B

R

Rad la rueda 9/A
Radfahrer/in el/la ciclista 9/A
radikal radical 7/C
Radio la radio 3/V
Radweg la ciclovía 9/A
Rap el rap 3/A
Rat(schlag) el consejo 4/A
rauchen fumar 9/V
Raum el espacio 9/B
Raumfahrtbehörde la autoridad de tráfico aéreo 10/B
rechter/linker Hand a mano derecha/izquierda 5/B
rechts (von) a la derecha (de) 5/B
Rechtsstaat el estado de derecho M3
recyceln (etw.) reciclar algo 8/A
reduzieren (etw.) reducir (c → zc) algo 9/A
Regel la regla 9/B; **sich über die Regeln hinwegsetzen** saltarse las reglas 9/B
Regierung el gobierno 9/A
Regierungsform la forma de gobierno M3
Region la región 6/V
registrieren (etw.) registrar algo M2
regnen llover (o → ue) 4/C
Reich el imperio 6/V
reich rico/-a 9/B
reichlich (vorhanden) abundante 10/B
Reihe (von) la serie (de) 9/C
Reise el viaje 6/A
reisen viajar 3/V
Reisepass el pasaporte M3
Reiseziel el destino 6/V
Relevanz la importancia 10/A
rentabel rentable 10/A
Reserve la reserva 10/V
Reservierung la reserva 8/B
Respekt el respeto M3
respektieren (etw.) respetar algo / a alguien 8/A
Ressourcen (natürliche) los recursos naturales 10/V

Restaurant el restaurante 1/A
Reste los restos *pl.* 6/A
Rezeption la recepción 8/B
richten (sich an jdn) dirigirse a alguien 7/B
riesig inmenso/-a 6/B
Roboter el robot 7/C
Rohstoff la materia prima 10/B
romanisch románico/-a M3
romantisch romántico/-a 5/C
rosa *Farbe* rosa 3/B
rot rojo/-a 3/B
rothaarig pelirrojo/-a 3/C
Rucksack la mochila 5/V
Ruhe la tranquilidad 10/C
ruhig tranquilo/-a 2/A
Rumänisch el rumano *Sprache* M3
Rushhour la hora punta 9/A

S

Sache la cosa 2/C
Sag bloß! ¡No me digas! *fam.* 4/B
Sag mal! ¡Oye! *fam.* 1/A
sagen (jdm, etw.) decir (e → i) algo a alguien 4/C
Saison la temporada 9/C
Samstag el sábado 4/V
sauber estar limpio/-a 8/A
scannen (etw.) escanear algo M2
Schade! ¡Qué pena! 4/B
schicken (etw.) enviar algo 9/C; mandar algo 3/A
Schicksal el destino 6/V
schlafen dormir (o → ue) 4/A
schlecht mal *adv.* 1/V; malo/-a 4/A
schließen (etw.) cerrar (e → ie) algo 4/V
schließlich finalmente 10/C
schmutzig contaminante 9/V
Schnee la nieve 8/B
schneiden (etw.) cortar algo 10/A
schneien nevar (e → ie) 8/B
schnell rápido/-a 9/A
Schokolade el chocolate 5/C
schon ya 2/V; ~ **wieder** otra vez 4/B
schön bonito/-a 2/B; lindo/-a *lat. am.* 6/A
Schrank el armario 5/A
schreiben (etw.) escribir algo 1/B
Schriftsteller/in el/la escritor/a 6/V
Schritt el paso M2
schubsen (jdn) empujar a alguien 9/A
schüchtern tímido/-a 2/A
Schuh el zapato 3/B
Schule la escuela 2/V
Schüler/in el/la alumno/-a 2/V
Schulfach la asignatura 4/A
schwach débil 7/A
Schwäche el punto débil 7/A
schwarz negro/-a 3/B
Schweiz Suecia M3
Schwerindustrie la industria pesada 10/A
Schwerpunkt el eje 10/A
schwertun (sich mit/bei etw.) tener dificultades con/para algo 7/A
Schwester la hermana 2/V
schwierig difícil 1/A
Schwierigkeit la dificultad 7/A
Schwimmbad la piscina 2/C
schwimmen nadar 3/C
schwimmend flotante 6/B
sechste/r, sechstes el/la sexto/-a 5/B
See el lago 6/A
sehen (etw./jdn) ver algo / a alguien 3/V; **Sieh mal!** ¡Mira! 1/V
Sehenswürdigkeit el monumento 8/V
sehr mucho *adv.* 1/B; muy 1/V; muchísimo M1; ~ **geehrte/r Frau/Herr** estimado/-a señor/a 7/B; ~ **gut** *Schulnote* el sobresaliente 4/A; ~ + *Adj.* *adj.* + ísimo 5/C
sein estar 2/B; ser 1/A; **mit etw. auf dem Laufenden** ~ estar al día con algo 7/C
seit desde 6/V; desde hace 5/C; ~ + *Zeitangabe* llevar + *Zeitangabe* 7/B
Seite la página 5/B
Sekretär/in el/la secretario/-a 7/B
selbstfahrend autónomo/-a 7/C
selbstständig autónomo/-a 7/C
selbstverständlich por supuesto 8/B
September el septiembre 4/V
setzen (etw.) poner algo 4/A, meter algo
sicher cierto/-a 9/B; estar seguro/-a M2, 7V
siebte/r, siebtes el/la séptimo/-a 5/B
siezen (jdn) tratar a alguien de usted 7/B
Silber la plata 6/A
Silizium el silicio 10/V
sinken bajar 10/B
Situation la situación 8/A
Skater/in el/la patinador/a 9/A
Ski fahren esquiar 8/V
Sklave, die Sklavin el/la esclavo/-a 9/C
Slackline *Sport* el slackline 2/C
Smart TV la smart TV M2
Smart Watch el smart watch M2
so así 1/B; tan 5/A; **Es ist nämlich so, dass** es que 3/A
Sofa el sofá 5/A
sogar incluso 7/C
Soja la soja 10/V
Solaranlage la planta de energía solar 8/V
Solarmodul el panel solar 6/B
Solarpark el parque solar 10/A
sollen deber 10/A
Sommer el verano 7/B
Sonne el sol 5/C; **Die ~ scheint.** Hace sol. 8/B
Sonnen- solar *adj.* 6/B
Sonnenuntergang la puesta del sol 5/C
Sonntag el domingo 4/V; **sonntags** los domingos 3/V
Souvenir el recuerdo M1
sowohl … als auch tanto… como 9/A
soziales Netzwerk la red social M2, 9/C
Spanien España 1/B
Spanier/in el/la español/a 7/B
spanisch español/a 3/V; *Sprache* el español HE
sparen ahorrar 8/A
Spaß haben divertirse (e → ie) 6/A
spät tarde 4/C; **zu ~ kommen** llegar tarde 4/C; später **Vormittag** la media mañana 7/B
später después 1/B; luego 7/A
spazieren gehen pasear por + *Ort* 3/B
Spaziergang el paseo 9/A
Spende la donación 9/V
spenden (etw.) donar algo 9/V
spezialisieren (sich, in etw.) especializarse en algo 10/B
Spiel el juego 3/V
spielen (etw.) jugar (u → ue) a algo Sport 4/A; ~ **(mit etw.)** jugar (con algo) 3/V; ~ *Instrument* tocar + *instrumento* 3/V
Sport el deporte 2/C
sportlich deportista 7/V
Sportzentrum el polideportivo 2/B
Sprache el idioma 7/A; la lengua HE

sprechen hablar 1/A
Stadion el estadio 5/V
Stadt la ciudad 2/V
Stadtteil el barrio 2/V
ständig permanente M3
stark fuerte 7/A
Stärke el punto fuerte 7/A
Statistik la estadística 1/C
Stau el atasco 9/A
staunen sorprenderse 7/B
stehlen (etw.) robar algo 9/A
Stelle el lugar 5/C
stellen (etw.) poner algo 4/A
sterben morir (o → ue) M1
Steuer el impuesto 7/B
Stierkampfarena la plaza de toros 5/C
Stil el estilo 6/B
stimmt's? ¿verdad? 1/A
Stimmung el ambiente 5/V
Stockwerk el piso 5/A
Strand la playa 6/A, M1
Strandbar el chiringuito M1
Straße la calle 2/V
Straßenkünstler/in el/la artista callejero/-a M1
Streber/in el empollón, la empollona 4/A
streng estricto/-a 2/A
Strohhalm la pajita 10/B
Student/in el/la estudiante 10/B
Studiengang la carrera 7/B
Stuhl la silla 5/A
Stunde la hora 3/A
suchen (etw.) buscar algo 2/B
Südafrika Sudáfrica 10/A
Südamerika Sudamérica 10/V
Süden el sur 6/V; 8/V
super + *Adj.* súper + *adj. fam.* 3/A; **Super!** ¡Qué pasada! 4/B
Supermarkt el supermercado 1/A
surfen navegar M2
sympatisch simpático/-a 2/A
System el sistema 9/A

T

Tag el día 3/A
täglich todos los días 4/A
Talent la facilidad 7/A
Tandempartner/in el/la compañero/-a de tándem 3/C
Tante la tía 2/A
tanzen bailar 1/B
Tapa la tapa 5/V
Tätowierung el tatuaje 3/C
tauschen (etw. für etw.) cambiar algo por algo 9/V
tausend mil 9/A
technisch técnico/-a 7/C
Technologie la tecnología 7/C
technologisch tecnológico/-a 9/B
Teil la parte 7/A; la pieza 10/V
teilen (etw.) compartir algo M2, 9/V
teilmöbliert (estar) semiamueblado/-a 5/A
teilnehmen (an etw.) participar en algo 9/A
Telefon el teléfono 1/C
Telefonat la llamada telefónica 5/B
telefonieren hablar por teléfono 5/A
Telefonnummer el número de teléfono 1/C
Teller el plato 6/A
Tempel el templo 5/C
haben (etw.) tener (e → ie) algo 2/A
Teneriffa Tenerife 10/A
Termin la cita 3/B
teuer caro/-a 3/B
Text el texto 1/B
Textil- textil 9/C
Theater el teatro 2/C
Theaterstück la obra de teatro 5/C
Thema el tema 1/B
Tier el animal 6/A
Tipp el consejo 4/A
Tisch la mesa 5/A
toll chulo/-a 3/B
Tomate el tomate 9/B
Tonne la tonelada 9/B
töten (jdn) matar a alguien 6/V
Tour el tour 5/V
Tourismophobie la turismofobia M1
Tourismus el turismo 6/B
Tourist/in el/la turista 6/A
touristisch turístico/-a 5/C
Tradition la tradición 10/A
traditionell tradicional 6/B
Transport el transporte 7/C
transportieren (etw.) transportar algo 7/C
trauen (sich, etw.) atreverse 9/C
Traum el sueño 7/V
treffen (sich) quedar 1/A
Treibhausgas el gas de efecto invernadero 9/A
Treppe la escalera 1/C
trinken (etw.) tomar algo 1/B
trocken seco/-a 9/B
trotz a pesar de 10/A
trotzdem sin embargo 4/C
T-Shirt la camiseta 3/B
tun werden (etw.) ir a + *inf.* 4/B
Tür la puerta 1/C
Tüte la bolsa 9/C
Typ *informelle Anrede in Spanien* tío *fam.* 4/B
typisch típico/-a 5/C

U

U-Bahn el metro 5/A; **U-Bahn-Linie** la línea (de metro) 5/B
üben (etw.) practicar algo 1/A
über encima de 5/A; sobre 5/C
überall (hin) a todas partes 7/B
überhaupt nicht(s) no… nada 3/V
überraschen (jdn) sorprender a alguien 7/B
Überraschung la sorpresa 3/A
Überrest los restos *pl.* 6/A
Übersetzer/in el/la traductor/a 7/B
übrigens por cierto 7/C
Übung el ejercicio 1/B
Uhr el reloj M2; **Um wieviel ~?** ¿A qué hora…? 4/V; **Es ist … Uhr.** Es la… / Son las… 4/V
Uhrzeit la hora 3/A
um zu + *Inf.* para + *inf.* 1/C
Umarmung el abrazo 2/C
umherfahren circular 9/A
Umwelt el medio ambiente 8/A
Umweltschutz- ecologista 9/B
umweltschädlich contaminante 9/V
umziehen mudarse 10/C
unabhängig independiente M2
Unabhängigkeit la independencia 6/V
Unbekannte el/la desconocido/-a M2
und y HE; ~ **zwar** o sea M3
undenkbar impensable M2
unerlässlich esencial 9/V; imprescindible 9/B
ungerecht injusto/-a 9/C
Ungerechtigkeit la injusticia 9/V
unglaublich increíble 7/B
Ungleichheit la desigualdad 9/V
Uniform el uniforme (escolar) 4/C
Universität la universidad 1/A
Unsicherheit la inseguridad 9/A

unten abajo 8/V
unter bajo 9/B; debajo de 5/A
unterhalten (sich) charlar 1/A
Unternehmen la compañía 1/A
Unternehmer/in el/la emprendedor/a 10/B
Unterricht la clase 1/V
Unterschied la diferencia 7/B
unterschiedlich diverso/-a 10/A
Unterstrich el guion bajo 2/V
Urlaub las vacaciones *pl.* 4/V

V

Vater el padre 1/A
Venezuela Venezuela 10/V
verabreden (sich) quedar 1/A
Verabredung la cita 3/B
verallgemeinern (etw.) generalizar algo 9/B
verändern (etw.) cambiar algo 7/C
verantwortlich responsable 9/V
verbessern (etw.) mejorar algo 9/A
verbrauchen (etw.) gastar algo 9/V
verbreiten (etw.) difundir algo M2
verbreitet extendido/-a 9/C
verbrennen (etw.) quemar algo 9/B
verbringen *Zeit* pasar 3/A
verbunden (sein, miteinander) estar interconectado/-a 9/V
verdienen (etw.) cobrar algo 5/C; ganar 6/V
Vereinbarung el acuerdo 8/A; **eine ~ verabschieden** adoptar un acuerdo 9/V
vereinen (etw./jdn) unir algo / a alguien 6/B
vereinfachen (etw.) facilitar algo 10/B, M2
Vereinigte Staaten von Amerika los Estados Unidos (EE.UU.) 9/A
Vereinte Nationen las Naciones Unidas 9/V
verfügen (über etw.) contar (o → ue) con algo 10/V
verganene/r pasado/-a *adj.* 6/A; M1
Vergangenheit el pasado 8/A
vergessen (etw.) olvidarse de algo 9/V
Verkauf la venta 9/C; **zum ~ anbieten** poner a la venta 9/C
verkaufen (etw.) vender algo 9/C
Verkäufer/in el/la vendedor/a 3/B
Verkehr el tráfico 2/B
Verkehrsmittel el medio de transporte 9/A
verlassen estar abandonado/-a 10/A
Verlegung el traslado 9/C
verlieren perder (e → ie) 4/C
vermeiden (etw.) evitar algo 9/V
vermieten alquilar 5/V
vermissen (etw./jdn) echar de menos algo / a alguien 10/C
verpassen perder (e → ie) 4/C; perderse (e → ie) algo 9/A
verpflichten (jdn) obligar a alguien M3
Versammlung la asamblea 9/V
verschieden vario/-a 9/A
verschlechtern (sich) empeorar 9/A
Verschmutzung la contaminación 9/A
verschwenden (etw.) malgastar algo 9/V
verschwinden desaparecer (c → zc) 7/C
verstecken (sich) esconder(se) M2
verstehen (etw./jdn) comprender algo 1/B; entender (e → ie) algo / a alguien 3/A
versuchen (etw.) intentar algo 8/A
Vertrag el tratado 10/B
Vertrieb und Marketing distribución y marketing 10/B
Vertriebspartner/in el/la distribuidor/a 10/B
verursachen (etw.) causar algo 8/A
Verursacher el causante 9/A
Verwaltung la administración 7/A
Verwaltung und Finanzen *Studienfach* Administración y Finanzas 1/C
Verwaltungsfachangestellte el/la técnico/-a superior en administración y finanzas 7/A
verwandeln (sich) transformarse 9/B
verwenden (etw.) utilizar algo 9/B
verwirklichen (etw.) realizar algo 10/B
Videospiel el videojuego 3/V
Vieh el ganado 10/V
viel mucho *adv.* 1/B
viel, viele mucho, mucha *adj.* 2/B
Vielfalt la diversidad M3
vielleicht quizás 4/B
vierte/r, viertes el/la cuarto/-a 5/B
Viertel el cuarto 5/C
violett violeta 3/B
Volk el pueblo 2/B
voll estar lleno/-a 9/A
Volleyball *Sportart* el voleibol 4/A
von de HE; **~ ... bis** de... a... / del... al... 4/V
vor delante de 5/A; **~ zeitlich** antes de + *sust.* 3/B; **~ allem** sobre todo 7/V; **~ ...** *Zeit* hace... 6/V
vorbeigehen (bei jdm zu Hause) pasar por (casa de...) 3/A
vorbereiten (etw.) preparar algo 1/B
vorbeugen (etw.) prevenir (e → ie) algo M2
vorher antes *adv.* 8/A
Vorname el nombre 1/C
vorne adelante 8/V
vorsichtig sein tener cuidado 5/V
vorstellen (etw.) presentar algo 5/C; **~ (sich etw.)** imaginarse algo 7/C
Vorstellungsgespräch la entrevista 3/B
Vorteil el beneficio 9/C; la ventaja 9/B
vorübergehend temporalmente 10/A
vorziehen (etw.) preferir (e → ie) algo 3/B

W

wachsen crecer (c → zc) 6/B
Wahl la elección M3
Wahl- optativo/-a 4/A
wählen (etw.) elegir (e → i) algo 7C
Wahlfach la (asignatura) optativa 4/A
während mientras 4/C; **~ + S.** durante + *sust.* 6/B
währenddessen mientras tanto 10/C
wahrscheinlich probable 9/B
Währung la moneda M3
Wandel el cambio 9/V
wandern caminar 5/V
wann? ¿cuándo? 1/B
Wärme el calor 7/B
warten (auf etw./jdn) esperar algo / a alguien 5/B
Warteschlange la cola 3/A
warum? ¿por qué? 1/B
was? ¿qué? HE; **~ für ein/e + *S.*!** ¡Qué + *sust.*! 3/A; ¡Vaya + *sust.*! *fam.* 6/A; **~ ist los?** ¿Qué pasa? 3/A
Wasser el agua *f.* 8/A
Webdesigner/in el/la diseñador/a web 7/V
weder ... noch ... ni... ni... 7/B
Weg el camino 7/A; **auf den ~ bringen** poner en marcha 9/A
wegen a causa de 9/C; por 7/B

weggehen irse 7/B
wegwerfen (etw.) tirar algo 9/V
weil porque 2/A; ya que 7/V
Wein el vino 10/A
Weinbau la viticultura 10/A
Weinbaugebiet la zona vitivinícola 10/A
Weinkeller la bodega 10/A
Weintraube la uva 10/A
weiß blanco/-a 3/B
weit weg (von) lejos (de) 2/B
weiterführende Schule el instituto 1/A
weitergehen seguir (e → i) 5/B
weiterhin etw. tun seguir (e → i) + *gerundio* 10/B
welche/r?, welches? ¿qué? HE; ¿cuál?, ¿cuáles? 1/C
Welt el mundo 4/B
wenig poco, poquito *adv. fam.* 4/C;
wenig/e poco/-a *adj.* 2/B
weniger (groß) als *Vergleich* menos (grande) que 5/A
wenn cuando 4/C; si 5/V
wer? ¿quién? *sg.* 1/V; ¿quiénes? *pl.* 2/A
Werbung la publicidad 3/C
werden (zu etw.) pasar a ser algo 6/V
werden *Zustandsveränderung* ponerse + *adj.* 6/B
werfen (etw.) echar algo / a alguien 3/B
Werk la obra M1
Werkstatt el taller 2/C
Wert el valor M3
Westen el oeste 8/V
Wetter el tiempo 8/B; **Das Wetter ist gut/schlecht.** Hace buen/mal tiempo. 8/B
Wettkampf la competición M2
WG (Wohngemeinschaft) el piso compartido 5/A
wichtig importante 4/A
widerspiegeln (sich) reflejarse 10/A
widerstandsfähig resistente 9/B
wie como 4/A; ~ + *Adj./Adv.*! ¡Qué +*adj./adv.*! 2/A; ~ **doof!** ¡Qué palo! 4/B; ~ **geht's?** ¿Cómo estás? 1/V; ¿Qué tal? HE; ~ **heißt du?** ¿Cómo te llamas? HE; ~ **schreibt man ...?** ¿Cómo se escribe ...? 1/C; ~ **spät ist es?** ¿Qué hora es? 4/V; ~ **wäre es, wenn ...?** ¿Qué tal si...? 4/B; ~ **schrecklich!** ¡Qué horror! M1
wie? ¿cómo? HE
wiederholen repetir (e → i) 5/B
Wiederverwertung el reciclaje 9/B
Wille la voluntad 10/B
willkommen bienvenido/-a 7/A
Wind el viento 8/B
windig (sein) hacer viento. 8/B
Winter el invierno 10/C
wirken parecer (c → zc) a alguien 3/B
wirklich en serio 1/C; real 7/A; realmente *adv.* 4/B
Wirklichkeit la realidad 2/A
Wirtschaft la economía 8/V
wirtschaftlich económico/-a 10/V
wissen saber (+ *inf.*) 4/B
wo? ¿dónde? 2/V
wo *Relativpronomen* donde M2
Woche la semana 3/A
Wochenende el fin de semana 3/A
wochentags en la semana 7/B
woher? ¿de dónde? HE
wohin? ¿adónde? 2/C
Wohl el bien 9/B
Wohltätigkeitsorganisation la organización benéfica 9/V
wohnen (in + *S.*) vivir (en + *sust.*) 1/B
Wohnort el lugar de residencia 7/C
Wohnung el piso 5/A
wollen (etw.) querer (e → ie) algo 2/A
Workshop el taller 2/C
Wort la palabra 6/B
Wortschatz el vocabulario 1/B
Wow! ¡Vaya! 2/A
Wunder el milagro 9/B
Wunsch el deseo M3
wünschen (jdm etw.) desear algo a alguien 8/B
Würde (menschliche) la dignidad humana M3
Wüste el desierto 6/A

Y

Yoga el yoga 9/A

Z

zählen contar (o → ue) 6/B
zehnte/r, zehntes el/la décimo/-a 5/B
zeichnen (etw.) dibujar algo 6/A
zeigen (jdm etw.) enseñar algo a alguien 9/C
Zeit el tiempo 3/V
Zeitdruck la presión de tiempo 9/C
zeitig con tiempo 4/A
Zeitschrift la revista 3/V
Zeitung el periódico 3/V
zentral central 5/A
Zentralamerika Centroamérica 9/C
zentralamerikanisch centroamericano/-a 9/C
Zentrum el centro 2/B
zerstören (etw.) destruir (i → y) algo 6/A
Ziel la meta 10/C; el objetivo 9/V; **Ziele für nachhaltige Entwicklung** los Objetivos de Desarrollo Sostenible (ODS) 9/V
ziemlich bastante 2/A
Zimmer la habitación 5/A
zirka cerca de 8/A
Zitrusfrucht el cítrico 9/A
zögern (etw. zu tun) dudar (en hacer algo) 9/V
Zoll el arancel 9/C
zu a 2/C; ~ **Hause** en casa 1/A
zu viel demasiado/-a 9/V
Zuckerrohr la caña de azúcar 10/V
zuerst primero 1/B
zufrieden estar contento/-a 3/A
Zug el tren 5/B
Zugang haben (zu etw.) tener acceso a algo 8/B
zuhören (jdm) escuchar algo / a alguien 3/V
Zukunft el futuro 7/V
zum einen ... zum anderen por una parte... por otra parte 10/B
zunehmen aumentar 7/C
zurückgeben (jdm etw.) devolver (o → ue) algo a alguien 9/C
zurückkehren volver (o → ue) M1, 10/A
zurückweisen (etw.) rechazar algo 9/V
zusammen juntos/-as 1/B
zusammenfassend en resumen 8/A
zusammenpassen *Kleidung* ir bien con 3/B
zustimmen asentir (e → ie) 9/C
zuzüglich más 5/A
Zweiter Weltkrieg la Segunda Guerra Mundial M3
zweite/r, zweites el/la segundo/-a 5/B
zwischen entre 5/A

RED DE METRO Y METRO LIGERO *Metro and Light Rail Network*

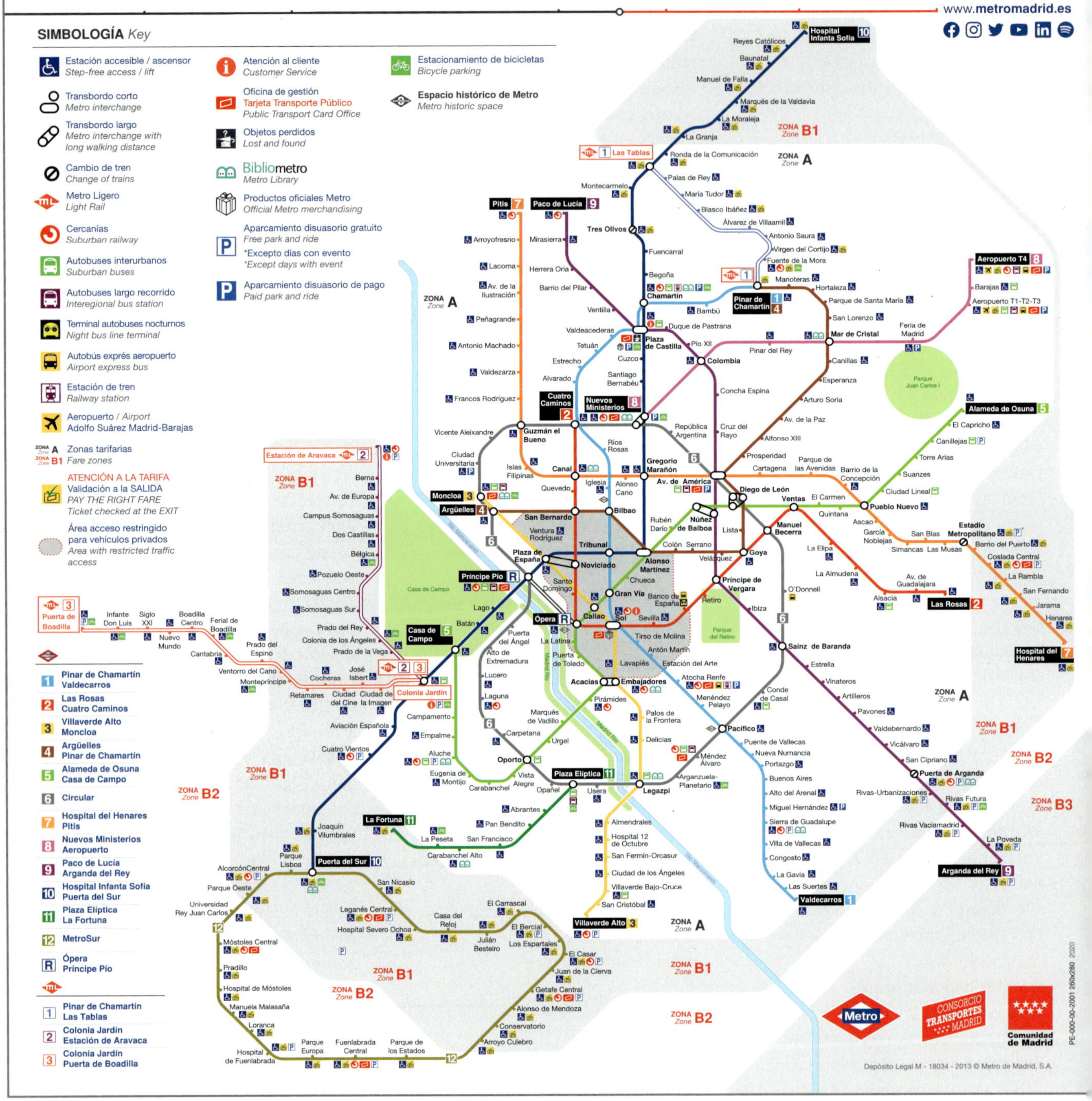

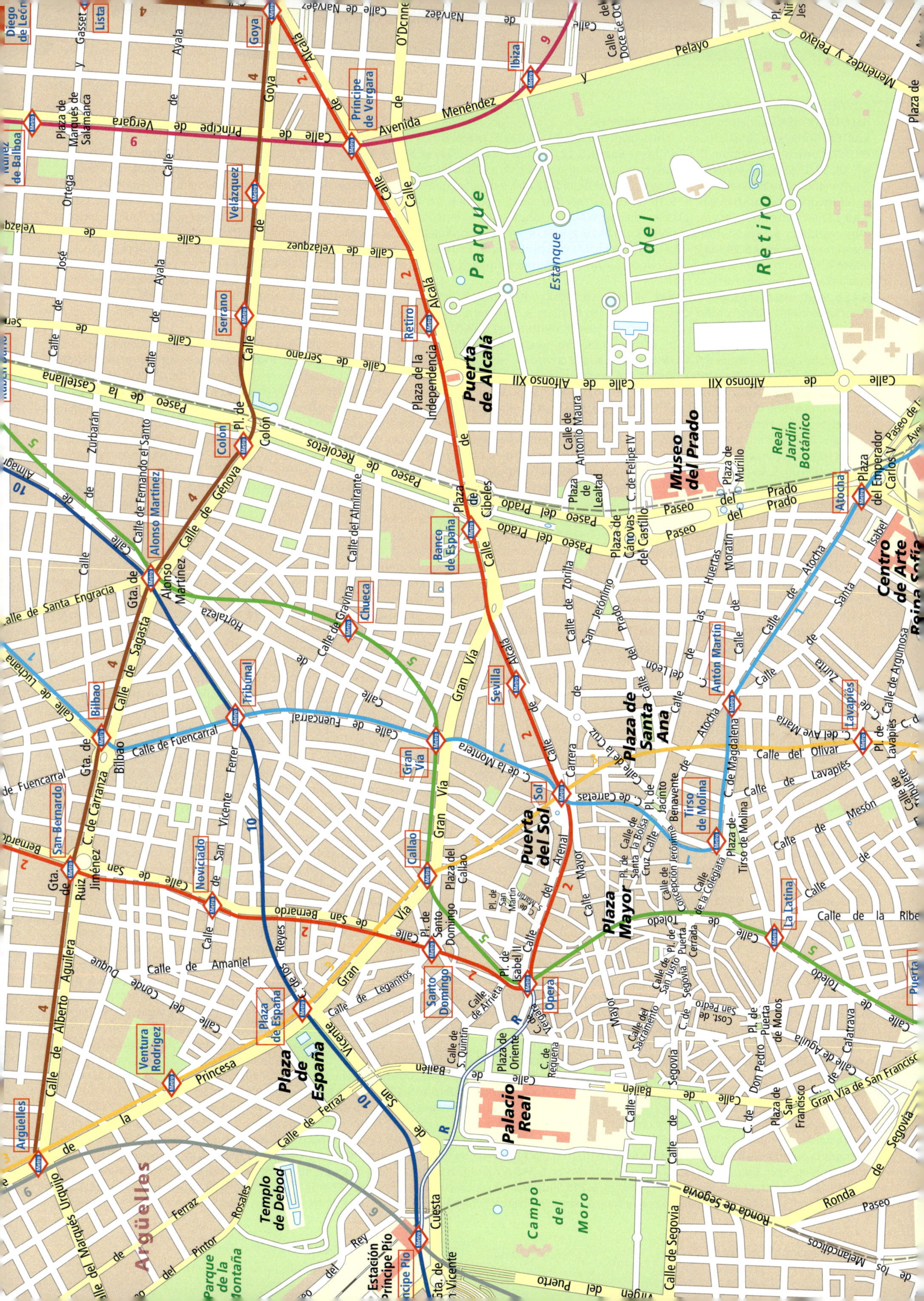

Diego de León
Lista
Goya
Príncipe de Vergara
Ibiza
Calle de Narváez
Calle O'Donnell
Menéndez y Pelayo
Avenida Menéndez Pelayo
Plaza de Marqués de Salamanca
Núñez de Balboa
Calle de Príncipe de Vergara
Calle de Velázquez
Velázquez
Calle de Goya
Calle de Ortega y Gasset
Calle de José Ortega y Gasset
Calle de Ayala
Serrano
Calle de Serrano
Retiro
Calle de Alcalá
Parque del Retiro
Estanque
Plaza de la Independencia
Puerta de Alcalá
Calle de Alfonso XII
Paseo de la Castellana
Calle de Zurbarán
Colón
Pl. de Colón
Paseo de Recoletos
Calle del Almirante
Alonso Martínez
Calle de Fernando el Santo
Calle de Génova
Plaza de Cibeles
Banco de España
Paseo del Prado
Calle de Antonio Maura
Plaza de la Lealtad
Calle de Felipe IV
Museo del Prado
Plaza de Murillo
Real Jardín Botánico
Atocha
Plaza del Emperador Carlos V
Centro de Arte Reina Sofía
Plaza de Cánovas del Castillo
Calle de Santa Engracia
Gta. de Alonso Martínez
Calle de Sagasta
Calle de Hortaleza
Chueca
Calle de Gravina
Calle de Zorrilla
Carrera de San Jerónimo
Calle del Prado
Calle de las Huertas
Calle de Moratín
Calle de Atocha
Calle de Santa Isabel
Calle de Zurita
Calle de Argumosa
Calle de Luchana
Bilbao
Tribunal
Gta. de Bilbao
Calle de Fuencarral
Gran Vía
Sevilla
Calle de la Montera
Plaza de Santa Ana
Calle del León
Antón Martín
Lavapiés
Calle del Ave María
Calle del Olivar
Calle de Lavapiés
San Bernardo
Gta. de Ruiz Jiménez
C. de Carranza
Calle de San Vicente Ferrer
Sol
Puerta del Sol
Calle de Carretas
Calle del Arenal
Calle Mayor
Pl. de Jacinto Benavente
Tirso de Molina
Plaza de Tirso de Molina
C. de Magdalena
Calle del Mesón
Noviciado
Calle de San Bernardo
Callao
Plaza del Callao
Pl. de Santo Domingo
Pl. de San Martín
Plaza Mayor
Calle de Toledo
Pl. de Puerta Cerrada
La Latina
Calle de la Ribera
Calle de la Colegiata
Calle de Alberto Aguilera
Calle de Amaniel
Calle del Conde Duque
Calle de los Reyes
Plaza de España
Santo Domingo
Calle de Leganitos
Calle de Arrieta
Pl. de Isabel II
Ópera
Calle de Segovia
Calle del Sacramento
Calle de San Justo
Pl. de Puerta de Moros
Calle de Don Pedro
Calle de Calatrava
Calle de Aguila
Puerta de Toledo
Ventura Rodríguez
Calle de la Princesa
Cuesta de San Vicente
Calle de Ferraz
Calle de Bailén
Plaza de Oriente
C. de Requena
Palacio Real
Plaza de San Francisco
Gran Vía de San Francisco
Argüelles
Calle del Marqués de Urquijo
Calle del Pintor Rosales
Templo de Debod
Parque de la Montaña
Calle del Rey
Estación Príncipe Pío
Príncipe Pío
Gta. de San Vicente
Paseo de la Virgen del Puerto
Campo del Moro
Calle de Segovia
Ronda de Segovia
Paseo de los Melancólicos

COVER: mauritius images/age fotostock
ILLUSTRATIONEN: Cornelsen/Laurent Lalo, Nouméa
KARTEN: Cornelsen/Christian Görke (Umschlagseite 3, S. 42, 90, 373); Cornelsen/Dr. Volkhard Binder (Umschlagseite 2, S. 140)
BILDER: Cornelsen/Lucentum Digital/Chema Bazán: S. 12 (*Alejandro, Lucia*); S. 13 (*Manuel*); 14–15; 17; 19 u.; 20; 23; 26; 27; 32 (*Marta*); 34; 44 u.; 45 u.; 47; 48; 58 u.; 68 o.; **U2:** *Weltkugel* Shutterstock.com/arjuno; **S. 12** *Mateo* Shutterstock.com/pkchai; *Hintergrund 1* Shutterstock.com/Matej Kastelic; *2* Shutterstock.com/leoks; *3* stock.adobe.com/Anibal Trejo; **S. 13** *María Ángeles* Shutterstock.com/pio3; *Hintergrund 4* stock.adobe.com/FotoMak; *5* Shutterstock.com/Christian Vinces; **S. 16** *li.* stock.adobe.com/pure-life-pictures; *re.* stock.adobe.com/Javier Castro; **S. 18** Shutterstock.com/g-stockstudio; **S. 19** *1* Shutterstock.com/JP WALLET/Jean-Philippe WALLET; *2* Shutterstock.com/Goodluz; *3* Shutterstock.com/Photographee.eu; **S. 22** Shutterstock.com/Minerva Studio; **S. 25** *o.* Shutterstock.com/India Picture; *u.* Shutterstock.com/Rawpixel.com; **S. 28** *o.* stock.adobe.com/luckybusiness; *u.* Shutterstock.com/Iakov Filimonov; **S. 29** *Handy* stock.adobe.com/Marco Scisetti; *o* stock.adobe.com/Anastasiia Kazakova; *Mitte* stock.adobe.com/.shock; *u.* stock.adobe.com/diego cervo; **S. 31** *li.* Shutterstock.com/Monkey Business Images; *re.* stock.adobe.com/Daniel Ernst; **S. 32** *o.* Shutterstock.com/trabantos; *Paula* stock.adobe.com/Svetlana Fedoseeva; *smiley* stock.adobe.com/nezezon; **S. 35** stock.adobe.com/nezezon; **S. 36** stock.adobe.com/Antonioguillem; **S. 41** *o.* Shutterstock.com/Jose Luis Vega; *Mitte* Shutterstock.com/Monkey Business Images; *u.* Shutterstock.com/Helder Almeida; **S. 43** *o. li.* stock.adobe.com/Alfonso de TomÃ¡s; *o. Mitte* ddp images/United Archives; *o. re.* mauritius images/United Archives/TopFoto; *u. li.* Shutterstock.com/Marcos Mesa Sam Wordley; *u. Mitte* Shutterstock.com/Jaguar PS; *u. re.* Shutterstock.com/Shelly Wall; **S. 44** *1* stock.adobe.com/luckybusiness; *2* stock.adobe.com/mooshny; *3* stock.adobe.com/kite_rin; *4* stock.adobe.com/pressmaster; **S. 45** *5* stock.adobe.com/cristina_conti; *6* stock.adobe.com/BillionPhotos.com; *7* stock.adobe.com/SolisImages; **S. 47** *smileys* stock.adobe.com/nezezon; **S. 50** *Polohemd* stock.adobe.com/Eric Hood; *Hose* stock.adobe.com/ludmilafoto; *Gürtel* stock.adobe.com/Taweesak Thiprod; *Schuhe* stock.adobe.com/ZIQUIU; *Hemd und Jackett* stock.adobe.com/the_lightwriter; **S. 52** stock.adobe.com/bst2012; **S. 53** *Kork* stock.adobe.com/A_Bruno; **S. 54** *1* mauritius images/alamy stock photo/JEP Celebrity Photos; *2* mauritius images/alamy stock photo/London Entertainment; *3* mauritius images/Uwe Kraft; *4* mauritius images/alamy stock photo/David Gato; *5* mauritius images/Cinema Legacy Collection; *6* dpa Picture-Alliance/NurPhoto/Oscar Gonzalez; **S. 56** *1* stock.adobe.com/kanuman; *2* stock.adobe.com/TTstudio; *3* Shutterstock.com/Georgios Tsichlis; *4* mauritius images/alamy stock photo/Lucas Vallecillos; *5* Shutterstock.com/Kert; **S. 57** *6* mauritius images/robertharding; *8* mauritius images/Markus Lange; *7* Panther Media GmbH/Chris DeSilver; *9* stock.adobe.com/ulldellebre; *10* stock.adobe.com/FSEID; *Smiley* Shutterstock.com/PremiumVector; **S. 56–57** *Herz* stock.adobe.com/Galina; **S. 58** *Gaudí* akg-images/UIG/Universal History Archive; **S. 59** *o.* Shutterstock.com/savageultralight; *1* mauritius images/Carlos Sánchez Pereyra; *2* stock.adobe.com/Mistervlad; *3* Shutterstock.com/Artur Bogacki; *4* Panther Media GmbH/Gabriela Insuratelu; *5* Shutterstock.com/Siro_Rodenas; *6* mauritius images/Jose Fuste Raga; *7* Shutterstock.com/Fotokon; *8* Shutterstock.com/Alexandr23; **S. 60** *1* stock.adobe.com/YakobchukOlena; *2* Shutterstock.com/BlueSkyImage; *re. o.* stock.adobe.com/Sergey Nivens; *re. Mitte* stock.adobe.com/pavel1964; *re. u.* Shutterstock.com/Interior Design; **S. 61** *3* stock.adobe.com/WavebreakMediaMicro; *4* stock.adobe.com/Syda Productions; *5* stock.adobe.com/AntonioDiaz; *6* stock.adobe.com/zinkevych; **S. 63** stock.adobe.com/iordani; **S. 66** *Plakat o.* Shutterstock.com/ESB Professional; *u* stock.adobe.com/portraitfoto.in; **S. 68** *u. li.* stock.adobe.com/LIGHTFIELD STUDIOS; *u. Mitte* stock.adobe.com/Dale Mitchell; *u. re.* stock.adobe.com/Richard Laschon; **S. 69** *o.* stock.adobe.com/PixieMe; **S. 72** *Hemd* Shutterstock.com/Simone Andress; *1* Shutterstock.com/Stockforlife; *2* stock.adobe.com/eightstock; *3* stock.adobe.com/photobalance; *4* stock.adobe.com/vinzstudio; *5* stock.adobe.com/Maksym Yemelyanov; *u. Eva Y Sofía* stock.adobe.com/Kaponia Aliaksei; *Alicia* stock.adobe.com/karelnoppe; *Felipe* stock.adobe.com/pathdoc; *Abel Y María* stock.adobe.com/Sergey Furtaev; **S. 74** stock.adobe.com/industrieblick; **S. 76** *o. li.* stock.adobe.com/JUAN CARLOS MUNOZ; *o. re.* stock.adobe.com/joserpizarro; *Mitte* Shutterstock.com/lunamarina; *u. li.* Shutterstock.com/Iakov Filimonov; *u. re.* stock.adobe.com/kertis; *Fahne* Shutterstock.com/SurfsUp; **S. 77** *o. li.* mauritius images/alamy stock photo/Steve Davey Photography; *o. re.* mauritius images/alamy stock photo/Kimberly Kradel; *u.* Shutterstock.com/phatymak's studio; *Fahnen: Spanien* stock.adobe.com/Regormark, *Mexiko* stock.adobe.com/promesaartstudio, *Peru* Shutterstock.com/SurfsUp; **S. 78** *o. li.* Shutterstock.com/Beer Pintusan; *o. re.* mauritius images/Masterfile RM; *Mitte* mauritius images/alamy stock photo/Serge Mouraret; **S. 79** *o.* mauritius images/alamy stock photo/Jon Bilous; *li.* FOTOFINDER/hemis.fr/MAISANT Ludovic; *re.* Imago Sportfotodienst GmbH/Imagebroker; **S. 80** *1* mauritius images/alamy stock photo/julie woodhouse; *2* stock.adobe.com/petrrgoskov; *3* stock.adobe.com/Fotos 593; **S. 81** Shutterstock.com/Photographee.eu; **S. 83** *re.* stock.adobe.com/UnitedPhotoStudio; **S. 84** *o.* stock.adobe.com/Syda Productions; **S. 87** *o. li.* stock.adobe.com/jonbilous; *o. re.* stock.adobe.com/maylat; *Mitte li.* stock.adobe.com/nikla; *Mitte re.* stock.adobe.com/skabarcat; *u. li.* stock.adobe.com/gerardo rodriguez pa; *u. re.* mauritius images/alamy stock photo/angel manzano; **S. 89** *o. li.* Shutterstock.com/nito; *o. re.* stock.adobe.com/Johanna Mühlbauer; *u. li.* stock.adobe.com/josfor; *u. re.* stock.adobe.com/Sea Wave; **S. 90** *2* Bridgeman Images/; *3* akg-images/IAM; **S. 91** *4* stock.adobe.com/Ariane Citron; *5* mauritius images/alamy stock photo/JSPhoto; *6* Shutterstock.com/mircea dobre; **S. 94** *1* stock.adobe.com/Aliaksei; *2* stock.adobe.com/emperorcosar; *3* stock.adobe.com/Martin; *4* stock.adobe.com/Staffan Widstrand; **S. 96** *o. li.* mauritius images/robertharding; *o. re.* Shutterstock.com/Elisa Locci; *u.* stock.adobe.com/flocu; **S. 97** stock.adobe.com/donyanedomam; **S. 98** *o.* Shutterstock.com/Serjio74; *Mitte* Shutterstock.com/Omri Eliyahu; *u.* stock.adobe.com/vitals; **S. 99** stock.adobe.com/eteri; **S. 100** *u.* Shutterstock.com/Jess Kraft; **S. 101** *o.* stock.adobe.com/Bruno Coelho; *Mitte* stock.adobe.com/Roman Samokhin; *u.* stock.adobe.com/Fischer Food Design; **S. 102** *li.* stock.adobe.com/Sergio Martínez; *re. von o. nach u.* stock.adobe.com/volkerr; stock.adobe.com/Markus Mainka; stock.adobe.com/rdnzl; Shutterstock.com/Daniel Taeger; stock.adobe.com/emuck; **S. 103** stock.adobe.com/mishimanohiroshi; **S. 106** stock.adobe.com/eyetronic; **S. 107** stock.adobe.com/mahey; **S. 108/109** *o.* stock.adobe.com/DisobeyArt; **S. 109** *u.* stock.adobe.com/Karl; **S. 111** Handysektor – ein Angebot der Landesanstalt für Kommunikation (LFK) Baden- Württemberg, Landesanstalt für Kommunikation (LFK) Baden-Württemberg/www.handysektor.de; **S. 112** *re.* stock.adobe.com/Mat Hayward; *Mitte* mauritius images/TEK IMAGE/Science Photo Library; *re.* stock.adobe.com/contrastwerkstatt; **S. 113** *li.* stock.adobe.com/YakobchukOlena; *Mitte* stock.adobe.com/hurricanehank; *re.* stock.adobe.com/Rob Byron; **S. 115** stock.adobe.com/agnormark; **S. 117** Shutterstock.com/Cookie Studio; **S. 118** *li. Carla* stock.adobe.com/VadimGuzhva; *li. Hintergrund* stock.adobe.com/Christian Schmidt; *re. Jan* stock.adobe.com/cristovao31; *re. Hintergrund* stock.adobe.com/Patryk Kosmider; **S. 121** *o. li.* Shutterstock.com/oneinchpunch; *o. re.* stock.adobe.com/ruslanita; *Mitte* stock.adobe.com/Dan Race; *u.* Shutterstock.com/MIND AND I; **S. 122** *li.* stock.adobe.com/fotomek; *re.* stock.adobe.com/phonlamaiphoto; *Hintergrund* stock.adobe.com/Funtap; *Hintergrund Überschrift* stock.adobe.com/gaihong; **124** *o. re.* stock.adobe.com/elenabsl; **S. 125** *o.* Panther Media GmbH/Antonio Guillen Fernández; *u.* stock.adobe.com/djile; **S. 126** *1* stock.adobe.com/kun_kun; *6* stock.adobe.com/palomadelosrios; *7* akg-images/Imagno/Franz Hubmann; **S. 127** *3* stock.adobe.com/pillerss; *4* stock.adobe.com/Shchipkova Elena; *5* stock.adobe.com/yuliiaholovchenko; **S. 126–127** *Hintergrund* Shutterstock.com/Javier Martin; **S. 128** mauritius images/imageBroker/Heiner Heine; **S. 129** *li.* stock.adobe.com/bortnikau; *re.* stock.adobe.com/dancodan; **S. 130** stock.adobe.com/GordonGrand; **S. 131** stock.adobe.com/joserpizarro; **S. 133** *1* stock.adobe.com/Matsuda; *2* stock.adobe.com/joserpizarro; *3* stock.adobe.com/pacoparra; **S. 135** Piffl Medien GmbH; **S. 136** *u.* stock.adobe.com/LucVi; **S. 137** *li.* stock.adobe.com/Budimir Jevtic; *re.* Shutterstock.com/ArtisticPhoto; **S. 139** *o. li.* stock.adobe.com/Clemens Schüßler; *o. re.* stock.adobe.com/Andy Ilmberger; *u. li.* stock.adobe.com/Andy Ilmberger; *u. re.* stock.adobe.com/ChristArt; **S. 141** *von li. nach re.* Shutterstock.com/Brian Maudsley; Shutterstock.com/LianeM; stock.adobe.com/IanGibson; stock.adobe.com/Sergii Figurnyi; *u.* stock.adobe.com/boule1301; **S. 142** https://www.un.org/sustainabledevelopment/. "The content of this publication has not been approved by the United Nations and does not reflect the views of the United Nations or its officials or Member States"; **S. 143** *o.* Shutterstock.com/NPeter; **S. 144** *o.* Shutterstock.com/Koyso Studio; *u.* stock.adobe.com/Piman Khrutmuang; *Icons Daumen* stock.adobe.com/warmworld; **S. 145** *o.* mauritius images/alamy stock photo/Frank Nowikowski; *Mitte* stock.adobe.com/zsuriel; *u.* Shutterstock.com/meandering images; **S. 146** Shutterstock.com/Gerardo C.Lerner; **S. 147** *o.* Shutterstock.com/My Good Images; *u.* stock.adobe.com/Alexandra; **S. 148** *li.* stock.adobe.com/neftali; *re.* stock.adobe.com/photlook; **S. 150** *o. li.* Shutterstock.com/cheapbooks; *o. re.* Shutterstock.com/

Gelpi; *Mitte li.* stock.adobe.com/Krakenimages.com; *Mitte re.* Shutterstock.com/mimagephotography; *u. li.* Shutterstock.com/ZouZou; *u. re.* Shutterstock.com/Diego Cervo; **S. 151** Shutterstock.com/Rich Carey; **S. 152/153** *Hintergrund* Shutterstock.com/Kakoli Dey; **S. 153** *7* Shutterstock.com/Myriam B; **S. 154** *u* stock.adobe.com/Marco2811; **S. 155** *o.* Shutterstock.com/Pressmaster; *u.* stock.adobe.com/Julien Eichinger; **S. 156** *Sterne* Shutterstock.com/vectorlight; **S. 157** *Landkarte* stock.adobe.com/pyty; **S. 158** stock.adobe.com/Morphart; **S. 159** *Mitte* © Europäische Kommission 2017, Agencia Erasmus+ (https://ec.europa.eu/programmes/erasmus-plus/anniversary/spotlight-jobs-tomorrow_es); *u.* Shutterstock.com/Zdenek Sasek; **S. 160** *o. li. (Lupe)* Shutterstock.com/Aboutme Photography; *o. li.* stock.adobe.com/openwater; *o. Mitte* stock.adobe.com/mabofoto@icloud.com; *o. Mitte (Lupe)* ClipDealer GmbH/zorka vuckovic; *o. re.* mauritius images/alamy stock photo/Peter M. Wilson; *u. li.* Shutterstock.com/Everton Lourenco; *Landkarte* Shutterstock.com/dikobraziy; **S. 161** *li.* Shutterstock.com/Fotokostic; *Mitte* stock.adobe.com/neftali; *re.* stock.adobe.com/JackF; *Hintergrundkarte* Shutterstock.com/dikobraziy; **S. 162** *li.* stock.adobe.com/evenfh; *Mitte* stock.adobe.com/Danaan; *re.* stock.adobe.com/MarioAntonio; **S. 163** stock.adobe.com/Yakov; **S. 164** *1* stock.adobe.com/AmadeoAV; *2* stock.adobe.com/Noradoa; *3* Shutterstock.com/Nataliya Hora; **S. 165** *4* stock.adobe.com/Luciano Mortula-LGM; *5* stock.adobe.com/Alex Tihonov; *6* stock.adobe.com/cegli; *Landkarte* Shutterstock.com/Porcupen; **S. 167** *1* stock.adobe.com/Jeanette Dietl; *2* stock.adobe.com/Lumi Images; *3* stock.adobe.com/Mint Images; *4* stock.adobe.com/Guerilla; *u* stock.adobe.com/Xangai; **S. 168** *o.* Shutterstock.com/GiroScience; *re.* Shutterstock.com/Steph Islas; *li.* Shutterstock.com/Fascinadora; *u. (Wasserzeichen)* Shutterstock.com/JONGSUK; **S. 169** *1* Shutterstock.com/Wachiwit; *2* Panther Media GmbH/Norikazu Satomi; *3* stock.adobe.com/SHANE GROSS/Stocksy; *4* Shutterstock.com/Andrey_Popov; *u.* mauritius images/alamy stock photo/Cum Okolo; **S. 171** *Icons o. li.* Shutterstock.com/Honza Hruby; *Poster Empápate und Gourmet* @Extremadura Tourist Board; **S. 172** *von o. nach u. 1. Bild* stock.adobe.com/KikoStock; *3. Bild* stock.adobe.com/Shmel; *5. Bild* stock.adobe.com/Katja Wickert; **S. 174** Shutterstock.com/Denis Klimov 3000; *Logo and text* used by courtesy of Volvemos (https://volvemos.org); **S. 175** *o.* Cornelsen/© Duden Learnattack GmbH – www.learnattack.de; *u.* stock.adobe.com/Kenishirotie; **S. 176** stock.adobe.com/bravajulia; **S. 178** stock.adobe.com/gdvcom; **S. 179** *o.* Shutterstock.com/F8 studio; *u.* stock.adobe.com/Rudie; **S. 181** stock.adobe.com/franck; **S. 182** *o. re.* mauritius images/alamy stock photo/Christian Bertrand; *u. li.* mauritius images/alamy stock photo/Franz Perc; *Note o.* stock.adobe.com/warmworld, *Wasserzeichen* stock.adobe.com/Belozersky; **S. 183** *o. li. und re.* mauritius images/United Archives/PictureLux; *o. Filmklappe* Shutterstock.com/Talvi; *u. li.* mauritius images/alamy stock photo/Agence Locevaphotos/Laurent Lairys; *u. re.* dpa Picture-Alliance/nordphoto; *u. Sporticons* stock.adobe.com/Icons Studio; **S. 184** *o.* Shutterstock.com/Delpixel; *u. 1* stock.adobe.com/Mariano_Duran18; *2* stock.adobe.com/Galyna Andrushko; *3* Shutterstock.com/Martin Wheeler III; *u.* Shutterstock.com/Betacam-SP; **S. 185** *Landkarte* Shutterstock.com/ZiaMary; *4* Shutterstock.com/ichywong; *5* Shutterstock.com/Ammit Jack; *6* Shutterstock.com/Jose L. Stephens; **S. 186** *li.* Shutterstock.com/Esdelval; *re.* Shutterstock.com/Teo Tarras; **S. 187** *li.* Shutterstock.com/R.M. Nunes; *Mitte o.* Shutterstock.com/Rafal Kubiak; *Mitte* mauritius images/Science Source; *Mitte u.* Shutterstock.com/Iryna Savina; *re.* stock.adobe.com/Pter Hermes; **S. 188** *o. li.* Shutterstock.com/makinajp; *o. re.* Shutterstock.com/R.M. Nunes; **S. 190** *o. li.* Shutterstock.com/Aneta_Gu; **S. 193** *o. li.* mauritius images/alamy stock photo/Odyssey-Images; *o. Mitte* mauritius images/alamy stock photo/Néstor J. Beremblum; *o. re.* mauritius images/alamy stock photo/Keystone Press; *u. li.* mauritius images/alamy stock photo/VWPics/Federico Tovoli; *u. Mitte* stock.adobe.com/zwiebackesser; **S. 194** *o.* stock.adobe.com/ajr_images; *u.* stock.adobe.com/gustavofrazao; **S. 196** *o.* stock.adobe.com/Via Nova; *u.* stock.adobe.com/likee68; **S. 197** *o.* mauritius images/Guenter Fischer; *u. li.* mauritius images/Goran Šafarek/Alamy; *u. re.* mauritius images/alamy stock photo/Mark Kerrison; **S. 198** *Fahnen* stock.adobe.com/VectorShop; *Mitte re.* mauritius images/alamy stock photo/Kim Karpeles; *u.* stock.adobe.com/VadimGuzhva; **S. 199** *o. li.* Shutterstock.com/balabolka; *o. re.* Shutterstock.com/Diego Grandi; *u. li.* Shutterstock.com/Bumble Dee; **S. 200** *li.* Shutterstock.com/balabolka; *Mitte* mauritius images/STOCK4B; *re.* mauritius images/alamy stock photo/R.M. Nunes; **S. 201** Shutterstock.com/Pino Mastrullo; **S. 202** *o.* stock.adobe.com/Cezary Wojtkowski; *Mitte* stock.adobe.com/Max Ferrero; *u.* stock.adobe.com/Mariana Ianovska; **S. 203** *o. re.* stock.adobe.com/Luana; *Mitte li.* mauritius images/CuboImages; *Mitte re.* dpa Picture-Alliance/imageBROKER; *u. li.* stock.adobe.com/Agota Kadar; **S. 204** *li.* Shutterstock.com/Lux Blue; *o. re.* Shutterstock.com/PK55; *u.* Shutterstock.com/cge2010; **S. 205** *li.* stock.adobe.com/joserpizarro; *re.* Shutterstock.com/LEOCHEN66; **S. 207** *o.* Shutterstock.com/Barone Firenze; *u.* stock.adobe.com/dietwalther; **S. 208** *o. re.* stock.adobe.com/dudlajzov; *Mitte li.* Shutterstock.com/Sergey Fatin; *u. li.* Shutterstock.com/Agri Food Supply; *Mitte re.* Shutterstock.com/totojang1977; *u. re.* Shutterstock.com/javi_indy; **S. 209** *1* Shutterstock.com/Benny Marty; *2* Shutterstock.com/amphaiwan; *3* Shutterstock.com/Dm_Cherry; *4* stock.adobe.com/aterrom; *5* Shutterstock.com/Philip Lange; *6* stock.adobe.com/Bruno Bleu; *u.* Shutterstock.com/Leonid Andronov; **S. 213** bpk/Alinari Archives; **S. 214** *o.* Shutterstock.com/De Visu; *u.* Shutterstock.com/agsaz; **S. 215** *o.* mauritius images/United Archives/Hansmann; *u.* Bridgeman Images/Pablo Picasso/VG Bild-Kunst. Guernica was created in response to the bombing of Guernica, in northern Spain, by German and Italian warplanes at the behest of the Spanish Nationalist forces on 26 April 1937 during the Spanish Civil War; **S. 216** mauritius images/alamy stock photo/Photo 12; **S. 217** *o.* bpk/Hanns Hubmann; *Mitte* Shutterstock.com/mimagephotography; *u.* bpk; **S. 218** *o. li.* akg-images/IMAGNO/Votava; *o. re.* Photo © Marcello Mencarini/Bridgeman Images; *2. Reihe li.* mauritius images/alamy stock photo/BNA Photographic; *re.* Shutterstock.com/symbiot; *3. Reihe li.* mauritius images/Carlos Sánchez Pereyra; *re.* mauritius images/alamy stock photo/Konrad Zelazowski; *letzte Reihe li.* stock.adobe.com/BullRun; *u. (Striche)* Shutterstock.com/xpixel; **S. 219** *o. li.* mauritius images/alamy stock photo/Mark Kerrison; *o. re.* mauritius images/alamy stock photo/David R. Frazier Photolibrary, Inc.; *Mitte* Shutterstock.com/marcogarrincha; *u.* Shutterstock.com/fizkes; **S. 218–219** *Reißzwecken* Shutterstock.com/Picsfive; *Hintergrund* Shutterstock.com/Chananchida Ch; **S. 221** *o.* Shutterstock.com/Minerva Studio; *u.* Shutterstock.com/India Picture; **S. 222** stock.adobe.com/luckybusiness; **S. 224** stock.adobe.com/bst2012; **S. 230** *o. li.* stock.adobe.com/Aliaksei; *o. re.* stock.adobe.com/Martin; *u. li.* stock.adobe.com/emperorcosar; *u. re.* stock.adobe.com/Staffan Widstrand; **S. 232–233**: Handysektor – ein Angebot der Landesanstalt für Kommunikation (LFK) Baden- Württemberg, Landesanstalt für Kommunikation (LFK) Baden-Württemberg/www.handysektor.de; **S. 234** Panther Media GmbH/Antonio Guillen Fernández; **S. 235** stock.adobe.com/joserpizarro; **S. 236** Piffl Medien GmbH; **S. 240** *Spanien* stock.adobe.com/siraanamwong; *USA* stock.adobe.com/4zevar; *Großbritannien* Shutterstock.com/Globe Turner; *Deutschland, Frankreich, Russland* stock.adobe.com/12ee12; *Griechenland* stock.adobe.com/moonrun; *Italien* ClipDealer GmbH/pdesign; *Marokko* Shutterstock.com/grebeshkovmaxim; *Niederlande* stock.adobe.com/CosmoShiva; *Polen* Shutterstock.com/CryptoSkylark; *Portugal* Shutterstock.com/Loveshop; *Syrien* Shutterstock.com/Piotr Przyluski; *Türkei, China* Shutterstock.com/a_b_t; **S. 242** *o.* Shutterstock.com/Cabeca de Marmore; *u. von li. nach re.* Shutterstock.com/pixelheadphoto digitalskillet; Shutterstock.com/AJR_photo; Shutterstock.com/G-Stock Studio; **S. 243** *li.* stock.adobe.com/Colors PhotoStock; *re.* stock.adobe.com/saiko3p; **S. 244** *li.* stock.adobe.com/Foto Zihlmann; *re.* stock.adobe.com/R.M. Nunes; **S. 245** *li.* stock.adobe.com/diegograndi; *re.* stock.adobe.com/christian vinces; **S. 246** stock.adobe.com/donyanedomam; **S. 247** stock.adobe.com/Taiga; **S. 248** *li.* stock.adobe.com/ArTo; *re.* stock.adobe.com/eqroy; **S. 249** *o.* stock.adobe.com/Demian; *u.* stock.adobe.com/Nelea Reazanteva; **S. 259** www.coulorbox.de; **S. 261** stock.adobe.com/Atlantis; **S. 262** stock.adobe.com/Atlantis; **S. 271** Shutterstock.com/Globe Turner; **277** stock.adobe.com/Rido; **S. 325** stock.adobe.com/kun_kun; **S. 372** © Metro de Madrid, S.A.

TEXTE: S. 42 Instituto Cervantes, Informe 2015 – El español, una lengua viva (https://cvc.cervantes.es/lengua/espanol_lengua_viva/pdf/espanol_lengua_viva_2015.pdf); **S. 96–97** Yvonne Miller: Mala conexión, 2016; **S. 106** Cuando me siento bien. Value added Team S L; BMG Rights Management GmbH, Berlin; La Sucursal Producciones Musicales S L /Neue Welt Musikverlag GmbH, Hamburg; M2 Music Group Promociones Discograficas y Gestion S L/Text: Jose Luis Latorre Jimenez, Javier Ramon Moreno Casino, Nauzet Rodriguez Barreto, Arturo Sosa Betancourt, Ivan Torres Trujillo; **S. 107** Fuertes, Gloria: Yo soy así (1995), Mujer de verso en pecho 1996; **S. 117** Bundesagentur für Arbeit: Duale Berufsausbildung in Deutschland, August 2014 (http://ausbildungsinteressierte.thejobofmylife.de/de/informationen/die-broschuere.html); **S. 151** Nicolai Kwasniewski, DER SPIEGEL 26.03.2018, https://www.spiegel.de/wirtschaft/sojaanbau-in-suedamerikaentwaldung- fuer-deutsches-tierfutter-a-1199151.html; **S. 174** Logo und Text mit freundlicher Genehmigung von Volvemos (https://volvemos.org); **S. 180** Bucay, Jorge: Las ranitas en la nata, in: Déjame que te cuente. RBA Libros, S.A., Barcelona 2002; **S. 191** Jordi Sierra y Fabra: La memoria de los seres perdidos, Fundación Santa María-Ediciones SM 2018

a_tope.com
Berufliche Schulen

Spanischlehrwerk für Spätbeginner

Im Auftrag des Verlages erarbeitet von:
Gloria Bürsgens, Martin Drüeke, Alejandra Davila, Yvonne Miller, Araceli Vicente Álvarez, María Dolores Vidal García, Manuel Vila Baleato, Gisela Weber, Katja Zerck

Projektleitung und Redaktion: Dirk Kessing
sowie Heike Malinowski, Yvonne Miller, Natascha Remmert, Soledad Rodríguez, Henrike Zumstrull

Beratende Mitwirkung:
Natividad Başar, Susanne Bronsch, Vera Beeker, Joachim Golly, Elke Hildenbrand, Melanie Krämer, Babette Moser, Julia Platz, Carmen Sage, Wolfgang Steveker und Dr. Christine Wlasak-Feik

Layout und technische Umsetzung: graphitecture book & edition sowie werkstatt für gebrauchsgrafik, Berlin
Umschlaggestaltung: vitaledesign

Begleitmaterialien zu a_tope.com:

Schülerbuch (E-Book)	978-3-06-451939-8
Arbeitsheft	978-3-06-452237-4
Unterrichtsmanager	978-3-06-121259-9
Video-DVD	978-3-06-451944-2
Handreichungen für den Unterricht	978-3-06-451941-1
Grammatikheft	978-3-06-452235-0
Kommunikationskarten	978-3-06-452236-7

www.cornelsen.de

Die mit einem Sternchen * gekennzeichneten Texte wurden aus didaktischen Gründen gekürzt.

Die mit zwei Sternchen ** gekennzeichneten Texte wurden aus didaktischen Gründen gekürzt und vereinfacht.

1. Auflage, 2. Druck 2022

Alle Drucke dieser Auflage sind inhaltlich unverändert und können im Unterricht nebeneinander verwendet werden.

Druck und Bindung: Livonia Print, Riga

ISBN 978-3-06-451938-1

PEFC
PEFC/12-31-006

PEFC zertifiziert
Dieses Produkt stammt aus nachhaltig bewirtschafteten Wäldern und kontrollierten Quellen.

www.pefc.de